权威·前沿·原创

皮书系列为
"十二五""十三五"国家重点图书出版规划项目

江西蓝皮书

BLUE BOOK OF
JIANGXI

江西经济社会发展报告
（2018）

ANNUAL REPORT ON ECONOMIC AND SOCIAL DEVELOPMENT
OF JIANGXI (2018)

主　编／张　勇　梁　勇
副主编／陈石俊　龚建文

社会科学文献出版社
SOCIAL SCIENCES ACADEMIC PRESS (CHINA)

图书在版编目（CIP）数据

江西经济社会发展报告.2018/张勇，梁勇主编
.--北京：社会科学文献出版社，2018.4
（江西蓝皮书）
ISBN 978-7-5201-2654-0

Ⅰ.①江… Ⅱ.①张…②梁… Ⅲ.①区域经济发展
-研究报告-江西-2018②社会发展-研究报告-江西-
2018 Ⅳ.①F127.56

中国版本图书馆 CIP 数据核字（2018）第 077483 号

江西蓝皮书

江西经济社会发展报告（2018）

主　编/张　勇　梁　勇
副 主 编/陈石俊　龚建文

出 版 人/谢寿光
项目统筹/邓泳红　陈　颖
责任编辑/桂　芳　贺拥军

出　　版/社会科学文献出版社·皮书出版分社（010）59367127
　　　　　地址：北京市北三环中路甲 29 号院华龙大厦　邮编：100029
　　　　　网址：www.ssap.com.cn
发　　行/市场营销中心（010）59367081　59367018
印　　装/三河市龙林印务有限公司

规　　格/开　本：787mm×1092mm　1/16
　　　　　印　张：27.25　字　数：411 千字
版　　次/2018 年 4 月第 1 版　2018 年 4 月第 1 次印刷
书　　号/ISBN 978-7-5201-2654-0
定　　价/98.00 元

皮书序列号/PSN B-2015-484-1/2

摘　要

新时代赋予新使命，新征程呼唤新作为。2018 年是贯彻党的十九大精神的开局之年，是改革开放 40 周年，是决胜全面建成小康社会、实施"十三五"规划承上启下的关键一年。进入新时代，江西发展面临许多新机遇，处在创新发展、动能转换的窗口期，生态强省、绿色崛起的加速期，全面小康、兴赣富民的关键期，全省将以习近平新时代中国特色社会主义思想为指引，奋力迈出富裕美丽幸福现代化江西建设新步伐。《江西经济社会发展报告（2018）》对江西经济社会发展中的热点、难点、重点问题展开研究，本书主要由总报告、分报告、专题报告和典型调查四大部分组成。

总报告从全球、全国、全省三个层面系统阐释了 2018 年江西经济社会发展面临的困难与挑战，从经济总量、经济结构、经济效益、发展动能、改革开放、生态建设、人民生活等方面回顾了江西经济社会发展状况，并在系统分析现状、深刻把握未来发展趋势的基础上，就推动江西经济平稳增长与社会和谐稳定提出五条对策建议。

分报告主要围绕江西投资、工业、农业、旅游、商务、财政、金融及科教文卫、人力资源、生态环保、社会稳定等热点问题展开研讨，既有对2017 年发展成效、主要举措、困难与挑战的全面回顾，又有对 2018 年发展形势、发展目标、发展举措的分析与展望。

专题报告与典型调查紧紧围绕与江西发展紧密相关的全局性、战略性、前瞻性问题进行研究。重点对加快构建现代化经济体系、实施乡村振兴战略、推进国家生态文明试验区建设、健全现代文化产业体系、推进绿色金融改革创新试验区建设、赣商精神时代价值及其推动实体经济发展、打赢脱贫攻坚战、打造共建共治共享社会治理格局等专题，及南康家具产业转型升级、鹰潭智慧城市发展、靖安生态文明建设、永丰家庭农场等典型案例进行研究。

Abstract

New Era entrusts new mission, new journey calls for new performance. As the 40th anniversary of the reform and opening up, and the beginning year to carry out the spirit of the Communist Party of China's 19th National Congress, the year of 2018 is a crucial year to secure a decisive victory in building a moderately prosperous society in all respects, and to implement the 13th Five-Year Plan. The development of Jiangxi Province is facing with new opportunities, as the present period is the window period of innovation development and economic engines transition, the acceleration period of ecological green development, the critical period to build a moderately prosperous society. Jiangxi Province will use Xi Jinping Thought on Socialism with Chinese Characteristics for a New Era as the guidance, and will strive to build a wealthy, well-being and beautiful province. *Annual Report on Economic and Social Development of Jiangxi* 2018 was composed of four parts: general report, sectional reports, monographic reports and typical investigations, focusing on the popular, difficult and important issues in Jiangxi's economic and social development.

The general report elucidated the difficulties and challenges of Jiangxi economic and social development from global, national and provincial levels. It also reviewed development status from economic aggregate, economic structure, ecological construction, economic benefit, driving force for development, the reform and openning up policy, and people's livelihood. And meanwhile, on the basis of systematically analysis about the present situation and develop trend, the report makes 5 suggestions to form a stable and harmony economic and social development.

The sectional reports mainly conducted discussions and researches according to the present situations of investment, industry, agriculture, tourism, business, finance and banking, as well as the popular issues including science, education, culture and health, human resources, eco-environmental protection, social stability and others. Within this part, there were comprehensive reviews on development results, main measures, difficulties and challenges in 2017, as well as analysis and prospective for the trend, target and measures of development in 2018.

The monographic reports and typical investigations researched the strategic issues of overall importance and perspective. The major monographic reports focused on the following topics: accelerating the construction of a modern economic system, implementing the rural vitalization strategy, promoting the construction of National ecological civilization pilot zone, improving the modern cultural industry system, promoting the pilot zones construction for green finance reform and innovations, promoting the real economy by "Jiangxi business" spiritual value, poverty alleviation program, establishing a social governance model based on collaboration, participation, and common interests. And typical investigations concentrated on the topics including transformation and upgrading of furniture industry in Nankang County, smart-city construction in Yingtan City, the eco-civilization demonstration area construction in Jing'an County, family farms in Yongfeng County.

目 录

Ⅰ 总报告

Ⅱ 分报告

Ⅲ 专题报告

Ⅳ　典型调查

皮书数据库阅读**使用指南**

CONTENTS

I General Report

II Sectional Reports

Ⅲ　Monographic Reports

Ⅳ　Typical Investigations

总 报 告

General Report

B.1

江西经济社会形势分析与展望

江西省社会科学院课题组*

摘 要: 2017年,面对经济下行压力,江西省委省政府坚持稳中求进
工作总基调,扎实推进供给侧结构性改革,着力培植新经济
和新动力,全省经济运行总体稳定,主要经济指标增速高于
全国平均水平,位居全国第一方阵。2018年,江西面临经济
增长下行压力仍然较大、新旧动能接续转换任务艰巨、实体
经济发展出现不少困难、经济发展内生动力不足等问题。要
继续保持持续稳定增长,就必须进一步优化投资结构,提高
投资效率;进一步降低企业成本,着力推进实体经济发展;
进一步激发生产要素活力,推进经济高质量发展;进一步深
化改革开放,激发经济发展活力;以实施乡村振兴战略为契

---

* 课题组:梁勇,江西省社会科学院院长、研究员,研究方向为区域经济;麻智辉,江西省社
会科学院经济研究所所长、研究员,研究方向为区域经济。

机，加速推进城乡融合发展。

关键词： 高质量　稳中向好　实体经济

2017年是江西站在新起点克难奋进的一年。面对经济下行压力，在省委、省政府坚强领导下，坚持以习近平新时代中国特色社会主义思想为指导，全面贯彻党的十八大、十九大精神，深入落实习近平总书记对江西工作的重要指示要求，面对复杂的经济形势，坚持稳中求进工作总基调，扎实推进供给侧结构性改革，着力培植新经济和新动力，全省经济运行呈现"稳中有进、质效提升、持续向好"的良好态势。

一　2017年江西经济社会发展回顾

2017年，全省经济社会稳步发展，主要经济指标增速高于全国平均水平，位居全国第一方阵，社会发展指标表现良好。

经济运行稳中向好。主要经济指标延续上一年持续快速增长的势头。2017年全省地区生产总值达20818.5亿元，首次突破2万亿大关，增长9%，稳定在中高速增长区间，保持在全国"第一方阵"。2017年江西规模以上工业增加值增长9.1%，比全国平均水平高2.5个百分点，位居中部六省第一；固定资产投资为21770.4亿元，增长12.3%，比全国平均水平高5.1个百分点，位居中部六省第二；社会消费品零售总额为7448.1亿元，增长12.3%，比全国平均水平高2.1个百分点，位居中部六省第一。

经济结构持续优化。全省三次产业结构由2016年的10.3∶47.7∶42.0调整为2017年的9.4∶47.9∶42.7。其中，第一产业下降0.9个百分点，第二、第三产业分别上升0.2个和0.7个百分点。从工业内部构成看，高新技术产业增加值增长11.1%，较2016年提高0.3个百分点，占规上工业的30.9%，提高0.8个百分点；战略性新兴产业增加值增长11.6%，较2016

表1　2017 年江西主要经济指标

指标	单位	2016 年		2017 年	
		绝对值	增长（%）	绝对值	增长（%）
生产总值	亿元	18364.4	9.0	20818.5	8.9
财政总收入	亿元	3143.0	4.0	3447.4	9.7
一般公共预算收入	亿元	2151.4	0.7	2246.9	4.4
规模以上工业增加值	亿元	7803.6	9.0	—	9.1
固定资产投资	亿元	19378.7	14.0	21770.4	12.3
社会消费品零售总额	亿元	6634.6	12.0	7448.1	12.3
#限额以上消费品零售额	亿元	2687.8	13.2	3135.1	14.1
进出口总值	亿元	2643.9	0.6	3020.0	14.5
#出口	亿元	1966.9	-4.1	2222.6	13.3
实际利用外商直接投资	亿美元	104.4	10.2	114.64	9.8
居民消费价格指数	上年同期为100	102.30	2.3	102.0	—
金融机构人民币存款余额	亿元	28893.1	16.6	32325	11.9
金融机构人民币贷款余额	亿元	21721.8	18.4	25713	18.4
全省居民人均可支配收入	元	20110	9.1	22031	9.6
城镇居民人均可支配收入	元	28673	8.2	31198	8.8
农村居民人均可支配收入	元	12138	9.0	13242	9.1

数据来源：江西省统计局。

年提高0.9 个百分点，占规上工业的15.1%，提高0.2 个百分点。装备制造业增加值增长13.6%，高于全省规上工业增速4.5 个百分点；六大高耗能行业增加值增长5.1%，较上年回落1.0 个百分点，低于全省规上工业增速4.0 个百分点。同时传统产业的产品结构由低加工度向高加工度转化，由产业链前端向中后端延伸。

质量效益逐步提升。2017 年，全省规模以上工业企业主营业务收入35585.1 亿元，同比增长11.1%。38 个行业大类中，34 个行业主营业务收入同比实现增长，有色金属冶炼和压延加工业，电气机械和器材制造业，计算机、通信和其他电子设备制造业，黑色金属冶炼和压延加工业，汽车制造业等行业主营业务收入分别增长 11.7%、12.8%、19.5%、23.6% 和18.4%。主营业务收入超百亿元的企业 17 家。2017 年，规模以上企业主营业务收入利润率6.96%，比上年提高 0.41 个百分点，高出全国平均 0.5 个百分点。每百元主营业务收入中成本为 86.97 元，较上年下降 0.73 元。

发展动力加速转换。投资拉动作用日益减弱。2017 年，全省固定资产投资达 21770.43 亿元，比上年增长 12.3%，增速较上年回落 1.7 个百分点，尤其是基础设施投资增速明显回落，2017 年全省基础设施投资 3999.49 亿元，增长 14.6%，比上年回落了 8.3 个百分点，延续了近年来投资增速持续下行态势。消费拉动作用不断增强。全省社会消费品零售总额 2017 年突破 7000 亿元，达 7448.1 亿元，同比增长 12.3%，高于全国平均水平 2.1 个百分点。消费对经济增长的贡献率继续保持了自 2014 年以来逐年提升的趋势。消费品市场呈现经营业态多元化、多品种、多模式、多行业的发展态势，集商业零售、餐饮、休闲养生、娱乐文化、教育等多项服务功能于一体的城市商业综合体，作为一种新型经济业态在全省迅速发展，成为拉动区域经济的新增长点。服务业拉动经济增长更加明显。2017 年第三产业对经济增长贡献率为 48.0%，高于第二产业 1.0 个百分点，同比提高 0.4 百分点，拉动经济增长 4.3 个百分点。其中，其他营利性服务业、金融业、房地产业、批发零售业分别增长 22.9%、12.2%、8.6% 和 6.2%，占服务业的比重分别为 24.6%、13.3%、10.0% 和 15.3%，对服务业增长的贡献率超七成，分别达 46.3%、16.3%、6.6% 和 10.0%。

改革开放步伐加快。"放管服"改革进程取得重大突破，到 2017 年底，江西已取消下放行政审批事项 463 项，省市县三级行政审批事项分别精简 72%、68% 和 34%，省本级 170 多项政务服务已经实现"一次不跑"办好。投融资、财税金融、国资国企、农业农村、科技体制等重点领域改革纵深推进。市场活力集聚释放，市场主体大幅增加，全省新登记市场主体增长 26.4%，平均每天新登记 1361 户。其中，新登记企业增长 27.2%，平均每天新登记 413 户。2017 年，全省进出口总值 3020.0 亿元，同比增长 14.5%，增速较上年提高 13.9 个百分点，高于全国 0.3 个百分点。其中，出口值 2222.6 亿元，增长 13.3%，较上年提高 17.4 个百分点，增速居全国第 10 位；进口值 797.5 亿元，增长 17.9%，较上年提高 0.7 个百分点。实际利用外商直接投资较快增长，新批外商投资企业 495 家，合同金额 101.3

表2 2017年中部六省主要经济指标

指标	单位	江西省		湖南省		湖北省		安徽省		河南省		山西省	
		绝对值	增长%	绝对值	增长%	绝对值	增长%	绝对值	增长%	绝对值	增长%	绝对值	增长%
生产总值	亿元	20818.5	9.0	34590.56	8	36522.95	7.8	27518.7	8.5	44988.16	7.8	14973.51	7.0
财政总收入	亿元	3447.4	9.7	4565.69	7.38	5441	9.4	4858	11.1	5238.3	10.7	—	—
一般公共预算收入	亿元	2246.9	4.4	—	—	3248	8.4	—	—	3397	10.4	1866.8	19.9
规模以上工业增加值	亿元	—	9.1	—	7.3	—	7.4	—	9.0	—	8.0	—	7.0
固定资产投资	亿元	21770.4	12.3	31328.08	13.1	31872.57	11.0	29186	11	43890.36	10.4	5722.2	6.3
社会消费品零售总额	亿元	7448.1	12.3	14854.87	10.6	17394.10	11.1	11192.6	11.9	19666.77	11.6	6918.1	6.8
进出口总值	亿元	3020.0	14.5	2434.27	39.8	3134.30	20.6	3631.6	23.7	5232.8	10.9	1161.9	5.6
出口总额	亿元	2222.6	13.3	1565.5	33.3	2064.10	20.2	2065.2	9.8	3171.8	11.8	690.3	5.3
实际利用外商直接投资	亿美元	114.64	9.8	—	—	109.94	8.5	158.9	7.6	—	—	—	—
金融机构人民币存款余额	万亿元	3.23	11.9	4.67	11.3	5.24	10.7	4.56	11.6	—	—	—	—
金融机构人民币贷款余额	万亿元	2.57	18.4	3.19	15.7	3.96	14.6	3.45	14.2	—	—	—	—
城镇居民人均可支配收入	元	31198	8.8	33948	8.5	31889	8.5	31640	8.5	29557.86	8.5	29132	6.5
农村居民人均可支配收入	元	13242	9.1	12936	8.4	13182	8.5	12758	8.9	12719.18	8.7	10788	7.0

亿美元,增长35.2%;实际利用外商直接投资114.6亿美元,增长9.8%,增速居全国第7位。对外承包工程总量居全国第7位,这是近年来江西开放型经济总量指标取得的全国最高排名。主要总量指标在全国位次前移,据商务部和海关统计,全省实际利用外资、外贸出口、对外承包工程营业额在全国位次分别比2016年末前移了1位、1位、2位。

生态环境持续优化。全省国家考核断面水质优良率92%,年末地表水Ⅰ~Ⅲ水质达标比例为88.5%,11个设区市环境空气质量优良率为83.9%。绿色生态优势持续巩固,完成植树造林134.1万亩、森林抚育572.2万亩,全省森林覆盖率稳定在63.1%,赣州国家山水林田湖草生态保护修复试点开始启动。万元GDP能耗下降4.9%左右,节能减排成效明显。48个县市污水管网建设任务已经完成,90%的行政村纳入城乡生活垃圾收运处理体系,垃圾焚烧处理能力达到3400吨/日。

人民生活水平稳步提高。城乡居民收入持续增长,2017年江西全省居民人均可支配收入22031元,比上年增长9.6%,较上年提高0.5个百分点,高出全国0.6个百分点。其中,城镇居民人均可支配收入31198元,首次突破3万元,增幅居全国第4位、中部六省第1位;农村居民人均可支配收入13242元,增长9.1%,增幅居全国第8位、中部六省第1位,连续三年保持中部六省增幅第一。城乡居民收入差距进一步缩小,城乡居民收入比从2015年的2.38缩小到2017年的2.36。脱贫攻坚扎实推进,50万人摆脱贫困,贫困发生率由12.6%下降至2.37%。

二 2018年江西经济社会影响因素及走势判断

(一)影响经济社会发展的国际因素分析

从国际宏观经济环境来看,总体向好。2017年世界经济从复苏乏力转向普遍复苏,全球约75%的国家经济实现正增长。据2018年1月世界银行预测,2017年世界经济增速将达3%,比2016年加快0.6个百分点,比此前预测值提高了 0.3 个百分点；国际货币基金组织三次上调对全球增长的预期，将世界经济增速由 3.5% 调至 3.6%，调高 0.1 个百分点；英国共识公司于 2017 年年中将世界经济增速由 2.8% 调至 3.0%，调高 0.2 个百分点。经济合作与发展组织监测的 45 个经济体全部实现正增长，GDP 排名前 50 的经济体有 32 个 2017 年增速预计超过 2016 年。2017 年，全球约 120 个经济体经济增长，这是自 2010 年以来最广泛的全球同步增长。其中，发达经济体增长势头较强，欧元区经济增长 2.4%，美国和日本经济增速紧随其后，分别达 2.3% 和 1.7%，复苏程度好于预期；新兴经济体和发展中国家的快速增长是拉动全球经济强劲复苏的主要动力，增速将达到 4.6%。

不利的因素是，2017 年美国连续三次加息，或将导致全球流动性无序收紧，引发国际货币和资本市场动荡。2017 年 12 月份，美国特朗普政府税改法案获通过，将于 2018 年落地实施，或将引起美元升值，英、法等国也在酝酿较大力度的减税政策，可能对我国吸引国际资本形成持续压力。美国吸引制造业回流将挤压我国实体经济发展空间。同时，贸易保护主义持续抬头，部分国家面临债务高企、资产泡沫，国际和地区热点问题升级等，使全球经济发展存在较大的不确定性。

（二）影响经济社会发展的国内因素分析

从国内经济环境来看，2017 年我国经济出现明显的回暖迹象，全年国内生产总值为 827122 亿元，首次登上 80 万亿元的门槛，同比增长 6.9%，是 2011 年以来首次实现经济增长提速；规模以上工业增加值同比增长 6.6%，增速比上年提升 0.6 个百分点，创 2014 年以来新高。2017 年我国货物贸易进出口总额、出口额和进口额同比分别增长 14.2%、10.8% 和 18.7%，增速创下 6 年来新高。

创新发展持续发力，新动能继续较快增长。全年新登记企业 607.4 万户，比上年增长 9.9%，日均新登记企业 1.66 万户。新产业新产品蓬勃发展，战略性新兴产业增加值比上年增长 11.0%，增速比规模以上工业高 4.4 个百分点。预警指标稳定向好，制造业采购经理指数（PMI）整体走势稳中有升，保持在扩张区间，2017 年各月均值为 51.6%，高于上年 1.3 个百分点，经济增长势头良好。

2017 年 12 月 11 日，联合国在纽约总部发布了《2018 年世界经济形势与展望》。报告指出，全球经济增长趋势增强，东亚和南亚仍是世界上最具经济活力的区域，中国 2017 年对全球的经济贡献约占 1/3。展望未来，在强劲内需和宽松的宏观政策带动下，预计中国经济增长速度将保持稳定。

我国特色社会主义进入了新时代，我国经济发展也进入了新时代，我国经济已由高速增长阶段转向高质量发展阶段，我国新一轮发展大潮正在到来。

（三）2018年江西经济社会走势判断

从经济社会发展的趋势看，江西经济发展先行指标信号增强，发展预期向好。

1. 存贷款稳定增加

2017 年末，全省金融机构人民币各项存款余额 32325 亿元，同比增长 11.9%，比年初增加 3431.8 亿元。金融机构人民币各项贷款余额 25713 亿元，同比增长 18.4%，比年初增加 3990.8 亿元。贷款增速高于存款增速 6.5 个百分点。

2. 用电量平稳增长

2017 年，全省全社会用电量 1293.98 亿千瓦时，同比增长 9.4%，较上年提高 0.6 个百分点。其中，工业用电量 840.66 亿千瓦时，增长 8.9%，提高 3.1 个百分点；第三产业用电量 189.75 亿千瓦时，同比增长 11.7%，较全社会用电量增速高 2.3 个百分点。

3. 货物运输稳步增长

2017 年，公路货运量 138074 万吨，增长 12.4%，较上年提高 6.0 个百分点；公路货物周转量 3433 亿吨公里，增长 9.1%，较上年提高 5.0 个百分点。铁路货运量 4787 万吨，增长 11.4%，较上年提高 2.4 个百分点；铁路货物周转量 532 亿吨公里，增长 3.4%，较上年回落 0.2 个百分点。

4. 居民消费价格指数基本平稳

2017 年，全省居民消费价格同比上涨 2.0%，涨幅与上年持平，全年涨幅均保持在 3% 的通胀控制目标之内。其中，12 月份上涨 2.3%，环比回落 0.1 个百分点。

综合上述各种因素，展望 2018 年，江西经济运行有望延续稳中有进、经济增速快于全国的基本态势，保持在全国第一方阵，增长质量有望继续提高，实现党的十九大之后经济发展的良好开局。

三 当前江西经济运行中存在的主要困难和问题

江西经济社会发展中还存在不少困难和问题。主要表现如下。

（一）经济增长下行压力仍然较大

2017 年，江西全年 GDP 增速 8.9%，比前三季度回落 0.1 个百分点，比 2016 年回落 0.1 个百分点，是近五年来的最低增速。固定资产投资增长 12.3%，同比回落 1.7 个百分点；基础设施投资增长 14.6%，比上年回落了 8.3 个百分点；外向型经济投资降幅较大，港澳台商投资完成 335.76 亿元，比 2016 年下降 13.8%，外商投资 159.34 亿元，同比下降 41.7%。互联网金融、房地产、政府性债务、安全生产等领域的风险隐患不容忽视。

（二）新旧动能接续转换任务艰巨

一方面，江西工业增长主要依靠传统产业拉动，有色、钢铁、石化、食品、纺织、建材等六大产业占规上工业比重超过 60%，但传统增长动力受产能过剩、需求减弱的影响，已经过了高速增长期，开始逐步回落。另一方面，新一代信息技术、航空制造、新能源汽车、智能装备、大健康、工业设计等新兴产业成长虽然较快，但目前总量仍偏小，只占规上工业的 15%，尚未成为主导力量。高技术产业投资占全部固定资产投资的比重仅为

14.83%，高新技术产业增加值比重比广东、江苏、浙江等沿海省份低 10 个百分点左右，比湖南、湖北、安徽等中部省份低 5 个百分点左右。

（三）实体经济发展面临不少困难

虽然通过连续两年的降成本优环境专项活动，江西企业综合成本有了较大的下降，但与全国平均水平相比仍然较高，工业每百元主营业务收入成本达 87.13 元，比全国平均高 1.87 元。同时，实体经济发展的各项要素成本如原材料成本、人工费、物流费、燃气费、广告费等快速上升，及金融"脱实向虚"融资难、融资贵现象依然突出等，都给企业发展带来较大困扰。

（四）经济发展内生动力不足

2017 年江西省全社会研发经费投入预计达到 280 亿元，占 GDP 的比重为 1.4%，比全国平均水平低 0.75 个百分点。开展研发活动的企业占规上企业的比重仅为 20%，规上企业研发投入强度为 0.49%，仅为全国平均水平的一半左右。现有国家级研发平台 50 个，其中国家工程（技术）研究中心 8 个、国家重点实验室 4 个、国家级企业技术中心 15 个，科技研发平台和科技创新指标在全国均居中下游水平。创新驱动能力不强、创新意愿不强、企业研发投入少、高端人才奇缺、科技创新成果转化利用率不高的问题仍然比较突出。

（五）民生领域存在不少短板

江西经济社会发展不平衡、不协调的问题依旧突出，社会矛盾和问题交织叠加，脱贫攻坚任务艰巨，城乡区域发展和收入分配差距依然较大，群众在就业、教育、医疗、居住、养老等方面还有不少难题，优质公共服务资源覆盖仍有漏洞，城乡公共服务不均等，"房价贵""看病难"等问题依然存在，社会管理方式滞后，安居保障、养老服务等设施距满足人民群众美好生活需求仍有较大差距。

四　加快江西经济社会发展的政策建议

（一）进一步降低企业成本，着力推进实体经济发展

坚持质量第一、效益优先、有保有压、扶优劣汰的原则，把发展经济的着力点放在实体经济上，把提高供给体系质量作为主攻方向，继续抓好"三去一降一补"重点工作，着力在"破、立、降"上下功夫，降低企业用地成本、用能成本、融资成本、物流成本和税费负担。严格执行环保、质量、安全等相关法规和标准，化解过剩产能、淘汰落后产能，打击非法产能，加大"僵尸企业"处置力度。推动企业综合评价与规范企业间要素交易行为相结合，进一步降低企业关闭、停产、退地、要素交易、并购重组等过程中的交易环节费用，建立投资强度和产出效益市场准入标准，将投资强度、亩均税收、亩均增加值、全员劳动生产率、单位能耗增加值、单位排放增加值、R&D 经费支出与主营业务收入之比等作为重点考核指标，加快推动各种优质资源要素向综合评价优质企业集聚，提升企业竞争力。

（二）进一步优化投资结构，提高投资效率

2017 年江西固定资产投资额已经超过 GDP，在无法大幅提高投资率的情况下，优化投资结构，增加有效投资，把投资重点放在补短板、提升产业水平和竞争力上，围绕产业转型升级、公共服务供给等新增长点，加大对重点产业和重点项目的投资力度，主要投向战略性新兴产业、高新技术产业、现代服务业、高端制造业等领域，同时注意提高投资效率，使有限的投资发挥更大的乘数效应。严格控制高耗能、高污染和产能过剩行业投资。进一步激活民间投资，营造权利公平、机会公平、规则公平的投资环境，积极推广政府与社会资本合作（PPP）模式，为社会有效投资拓展更大空间，打破行业垄断和市场壁垒，让更多领域向社会投资特别是民间资本敞开大门，鼓励

民间资本以并购、参股、控股等多种方式，进入基础产业、基础设施、市政公用事业、社会事业、金融服务等领域。

（三）进一步激发生产要素活力，推进经济高质量发展

加快新旧动能接续转换，培育壮大战略性新兴产业，提高经济创新力和竞争力，实现高质量发展。以现代化新兴产业重大基地、重大工程和重大专项建设为主要依托，以高端制造、智能制造、绿色制造、精品制造和服务型制造为主攻方向，以集成电路、北斗通信、虚拟现实、智能终端等领域为突破重点，培育具有国际竞争力的新一代信息技术、新能源、新材料、航空制造、高端装备等新兴产业集群。支持传统产业优化升级，加快新技术、新管理、新模式运用，推动互联网、大数据、人工智能和实体经济深度融合，推进传统产业在产品形态、销售渠道、服务方式、盈利模式等多方面变革。积极推进工业企业资源集约利用综合评价，促进要素向高效益、高产出、高技术、高成长性企业集聚，加快形成大中小微企业分工协作的产业生态体系，促进全产业链整体跃升。开展质量提升行动，加强全面质量监管，打响"江西制造"品牌，为高质量发展提供持久强劲动力。加速推动互联网应用由消费领域向生产领域拓展，积极拓展物联网、云计算、下一代互联网、新一代移动通信等网络信息技术在设计、生产、运营等核心环节的深入应用，发展网络化研发、智能化生产、协同化制造和个性化服务。

（四）进一步深化改革开放，激发经济发展活力

深化"放管服"改革，完善省级部门权责清单，进一步下放审批权限，削平市场准入门槛，降低垄断程度，推进"不见面审批服务"和基层政务公开标准化、规范化建设，稳步扩大相对集中行政许可权改革试点，公开涉企行政事业性收费目录，减压各类行政审批中介服务收费，做到目录清单之外无收费。深化"多证合一"和"证照分离"改革，积极推进"照后减证"，推广实施电子证照、虚拟证照。完善"双随机、一公开"监管，深化

综合执法改革。全面建成全省政务服务"一张网"，加快推进一网通办、不见面审批。深化金融、财税、科技、人才、国企国资、国土资源等重点领域改革，激发经济发展动力和活力。加快推进开放型经济升级发展，提升开放型经济水平，坚持"引进来"和"走出去"协调互动，优化化国内开放布局，着力打造"一带一路"重要支点和长江经济带战略支撑，促进赣粤、赣闽、赣浙、赣湘、赣鄂、赣皖等周边区域合作，积极参与长三角、泛珠三角区域发展。加快外贸转型升级，优化外贸结构，培育外贸新业态新模式，支持跨境电子商务、市场采购贸易、外贸综合服务等新型业态发展，提升江西产业和企业在全球价值链中的地位。提高出口产品质量和附加值，加大高新技术、高端装备、关键零部件、优质消费品等进口，促进外贸"优进优出"。把引进外资作为促进高质量发展的重大举措，进一步提升引进外资质量，着力引进有牵动性支撑性的大项目、补链强链扩链型好项目，带动江西企业嵌入全球产业链、价值链、创新链。拓展"五定"班列（轮）新路线，促进赣新欧班列持续稳定运营。加强国际产能合作，推动优势产能"走出去"，大力发展加工、转口和新型贸易，提升经济外向度。

（五）以实施乡村振兴战略为契机，加速推进城乡融合发展

把实施乡村振兴战略作为新时代"三农"工作总抓手，积极推进农业供给侧结构性改革，把提高农业供给体系质量和效率作为主攻方向，把促进农民增收作为核心目标，构建现代农业产业体系、生产体系、经营体系。用现代设施、装备、技术手段武装农业，发展绿色生产，提高农业良种化、机械化、科技化、信息化、标准化水平。以规模化种养基地为基础，依托农业产业化龙头企业带动，聚集现代生产要素，发展设施农业、精准农业、精深加工、现代营销，发展农业产业化联合体，推动农业全环节升级、全链条增值。加快促进农村一二三产业融合发展，拓展农业多种功能，实施休闲农业和乡村旅游提升工程，推进农业与休闲旅游、教育文化、健康养生等深度融合，发展观光农业、体验农业、创意农业等新产业新业态，打造田园共同体。健全体制机制，深入推进农村土地制度、集体产权制度、农村金融等各

项改革和制度创新，加快建立城乡统一的人才、土地、科技、资本等要素市场，促进城乡基础设施互联互通、共建共享，加快补齐农村居民基本公共服务短板，逐步实现城乡居民基本权益平等化、城乡公共服务均等化、城乡居民收入均衡化、城乡要素配置合理化和城乡产业发展融合化，促进城乡共同繁荣。

参考文献

江西省统计局、国家统计局江西调查总队：《2017 年江西经济迈上新的台阶》，2018年 1 月 22 日，江西统计局网站。

王军：《世界经济稳健复苏　中国经济作出贡献》，2018 年 1 月 19 日，国家统计局网站。

朱菲娜：《从达沃斯论坛看世界贸易形势新情况》，《中国经济时报》2018 年 2 月1 日。

《推动江西工业加速崛起实现高质量发展》，《江西日报》2018 年 1 月 23 日。

《农业部关于推进农业供给侧结构性改革的实施意见》，《农民日报》2017 年 2 月7 日。

分 报 告

Sectional Reports

B.2

江西投资形势分析与展望

江西省发展和改革委员会课题组*

摘 要: 2017 年,全省投资运行总体平稳,主要呈现民间投资增长较快、工业投资比重提高、重大项目加快推进、新动能投资更加活跃、民生补短板投资持续增加等特点。综合分析,全省投资保持平稳运行存在有利因素,也面临较多困难挑战。2018 年将采取着力加强投资运行监测分析、突出抓好重大项目推进实施、切实强化重大项目谋划储备、大力促进民间投资健康发展、规范有序推广运用 PPP 模式、充分发挥政府投资引导带动作用、进一步推进投融资体制改革等重点举措,

---

* 课题组组长:张和平,江西省发展和改革委员会主任。副组长:王前虎,江西省发展和改革委员会党组成员、副主任。成员:王云刚,江西省发展和改革委员会投资处处长;刘振强,江西省发展和改革委员会投资处副处级干部;刘竟,江西省发展和改革委员会投资处副处级干部。

　　努力促进投资平稳运行。

关键词：　固定资产投资　运行分析　预期目标　重点举措

　　2017 年，面对错综复杂的发展环境，全省上下在省委、省政府的坚强领导下，坚持稳中求进工作总基调，着力抓项目、扩投资，着力促进民间投资增长，着力深化投融资体制改革，多措并举促进固定资产投资平稳运行。

一　2017年固定资产投资运行情况

　　2017 年，全省全社会固定资产投资 22085.3 亿元，比上年增长 12.1%。其中，固定资产投资（不含农户）21770.4 亿元，增长 12.3%，固定资产投资增速高出全国平均水平 5.1 个百分点，居全国第 10 位、中部第 2 位。

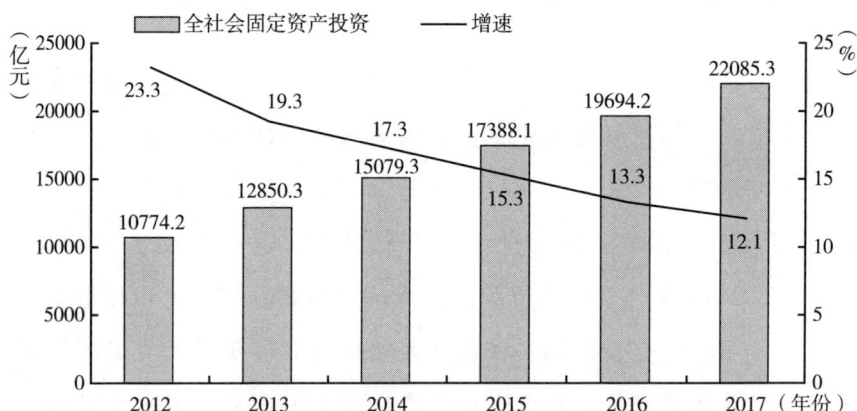

图1　2012～2017 年江西全社会固定资产投资及增速情况

　　主要呈现以下特点。

　　——民间投资增长较快。全省民间投资完成 15631.8 亿元，增长 13%，高于全部投资增速 0.7 个百分点，比上年提高 3.2 个百分点。民间投资占全部投资比重达 71.8%，同比提高 0.4 个百分点，对全部投资增长的贡献率达 75.3%，成为拉动投资增长的主力军。

——工业投资比重提高。全省工业投资完成 11782.9 亿元，增长 14.6%，高于全部投资增速 2.3 个百分点；占全部投资的比重达 54.1%，同比提高 1 个百分点。其中，制造业投资完成 10791.3 亿元，增长 17.4%，比全部投资增速和工业投资增速分别高 5.1 个、2.8 个百分点；占工业投资的比重达 91.6%，同比提高 2.2 个百分点。

——重大项目加快推进。全省亿元以上施工项目 7345 个，同比增加 2483 个，完成投资 13837 亿元，增长 23%；亿元以上新开工项目 3801 个，同比增加 1297 个，完成投资 6930.9 亿元，增长 41.9%。尤其是组织召开省市县三级重大项目推进动员大会，进一步完善落实重点工程管理、重大项目调度推进等制度，省重点重大项目进展顺利。198 个省重点工程完成投资 1200 亿元以上，全面完成年度计划；980 个省大中型项目完成投资 3727.9 亿元，比当年预计投资高 109 亿元；1060 个亿元以上省市县三级联动推进开工重大项目开工 1053 个。

——新动能投资更加活跃。全省新产业、新业态投资快速增长，投资新动力、新支撑不断增强。高新技术产业投资增长 22.8%，比全部投资增速和工业投资增速分别高 10.5 个、8.2 个百分点，完成投资额占全部投资的比重达 14.8%，同比提高 1.2 个百分点；计算机通信电子设备制造业、仪器仪表制造业、生态保护和环境管理业、汽车制造业、废弃资源综合利用业等新兴产业投资分别增长 76.2%、49.3%、45.5%、23% 和 18.4%；金融业、软件和信息技术、商务等创新类服务业投资分别增长 27.9%、23.2% 和 20.9%。

——民生补短板投资持续加大。全省文化艺术业投资增长 1.22 倍，公共管理、社会保障和社会组织投资增长 79.6%，卫生和社会工作事业投资增长 38.9%，公共设施管理投资增长 28.3%，开工建设保障性安居工程 24.23 万套，基本建成保障性安居工程 25.57 万套。

总的来看，2017 年全省投资运行总体平稳，但也存在一些问题需要关注。一是基础设施投资增速明显回落。受公共财政收入增长放缓、土地出让收入减少、严控地方政府债务、地方融资平台投融资能力受限等因素影响，2017年全省基础设施投资仅增长7.9%，低于全部投资增速4.4个百分点，比上年回落15个百分点。二是外向型经济投资下滑明显。2017年，全省外商投资、港澳台投资均为负增长，分别下降30.8%和13.8%，比上年分别回落1.25倍和1.28倍。三是新开工项目不足。尽管全省亿元以上新开工项目个数大幅增长51.8%，但全部新开工项目个数仅增长4.8%。

二　2018年固定资产投资运行形势分析

经济发展新常态下，投资放缓的态势仍将持续。综合分析，2018年全省固定资产投资保持平稳运行存在有利因素，也面临较多困难挑战。

从有利因素看：一是世界经济有望继续复苏。国际货币基金组织两次上调2018年世界经济增长预测值，全球投资贸易有望稳步回升，总体上将有利于提振市场主体的投资信心。二是我国经济长期向好的基本面不会改变。党的十九大将习近平新时代中国特色社会主义思想确定为行动指南，进一步增强了各方面对我国未来发展的信心；新发展理念深入贯彻，供给侧结构性改革成效进一步显现，国家宏观政策将保持连续性和稳定性。经济增长稳中有进、长期向好的大背景，为投资保持平稳运行提供了坚实基础。三是全省经济稳中向好的发展势头更加巩固。全省经济已实现"两个突破、两个转折性变化"，即经济总量突破2万亿元、城镇居民人均可支配收入突破3万元、非农产业占比超过90%、服务业占比超过工业占比。党的十九大提出实施乡村振兴战略、区域协调发展战略、建设"美丽中国"，为江西带来了新的发展机遇和战略空间，全省对接实施"一带一路"、长江经济带、新一轮中部崛起、国家生态文明试验区、苏区振兴发展等国家倡议、战略将向纵深推进。更加深入实施创新驱动"1＋N"政策体系，新动能培育有望加速，新技术、新产业、新业态、新模式将不断涌现。这些必将进一步释放全省新的投资潜力和空间，催生新的投资动力和活力。

从困难挑战看：国际国内环境方面，全球经济不确定不稳定因素仍然较多，特别是美国大幅减税的外溢效应仍有待观察，针对我国的贸易保护主义更加明显，可能通过多种途径影响投资运行。我国经济仍面临周期性波动和结构性矛盾的双重制约，市场需求总体不旺，导致企业投资的积极性短时期内难以根本好转。同时，国家层面进一步严控金融风险和地方债务风险，也将一定程度制约投资增长。江西实际情况方面，不仅传统产业回暖基础不稳，实体经济仍较困难，工业园区产业聚集能力不强、活力不足，创新能力有待增强，产业转型升级尚需时日，各地在建和储备的重大项目明显偏少，投资动力有所减弱；而且受各方面因素影响，预计基础设施投资、房地产投资的拉动作用仍将减弱，这些都将制约 2018 年及今后一段时期全省投资的平稳增长。

三 2018年固定资产投资工作总体要求、预期目标及重点举措

（一）总体要求

2018 年是全面贯彻党的十九大精神开局之年，是改革开放 40 周年，是决胜全面建成小康社会、实施"十三五"规划承上启下的关键一年。做好今年的固定资产投资工作，发挥有效投资对优化供给结构的关键性作用，对促进全省经济社会持续健康发展具有重要意义。

2018 年全省固定资产投资工作的总体要求是：全面贯彻党的十九大和中央经济工作会议精神，以习近平新时代中国特色社会主义思想为指导，认真落实江西省委十四届五次全会和全省"两会"部署，按照高质量发展的要求，坚持稳中求进工作总基调，坚持以供给侧结构性改革为主线，着力加强投资运行监测，着力推进重大项目建设，着力激发民间投资活力，着力深化投融资体制改革，促进固定资产投资平稳运行，充分发挥有效投资对优化供给结构的关键性作用。

（二）预期目标

2018 年，全省固定资产投资预期完成 24160 亿元，增长 11%。其中：第一产业投资预期完成 600 亿元，增长 15.6%；第二产业投资预期完成 13260 亿元，增长 12.3%；第三产业投资预期完成 10300 亿元，增长 9.1%。

（三）重点举措

——着力加强投资运行监测分析。密切跟踪固定资产投资及民间投资运行、重大项目推进等情况，加大监测频次密度，强化形势分析研判，准确把握运行态势，切实增强投资运行分析的时效性、预见性、指导性，及时研究提出针对性、操作性较强的对策建议。

——突出抓好重大项目推进实施。重点推进 1900 个省大中型建设项目，继续实行按季调度通报制度，确保年度完成投资 5900 亿元以上。其中，省级层面重点抓好 60 个 50 亿元以上重大项目，实行省级重大项目推进机制，确保年度完成投资 1200 亿元以上。围绕骨干铁路快速化，开工建设昌景黄铁路，建成皖赣铁路涝溪口水库段改线工程，加快推进昌吉赣客专、蒙华铁路、赣深客专、兴泉铁路、安九客专等 5 条铁路建设，积极推进长赣铁路、昌九客专、瑞梅铁路项目前期工作；围绕公路建设网络化，全年改造升级 800 公里国省道，开工建设大广高速南康至龙南段扩容、萍乡至莲花、上饶至蒲城，续建广昌至吉安、南昌至九江改扩建、都九江高速都昌至星子段等高速公路项目；围绕水运航道高等化，加快推进井冈山、新干、信江八字嘴、航电枢纽等项目；围绕机场建设通用化，开工建设吉安桐坪机场二期，建成赣州黄金机场改扩建主体、井冈山机场二期扩建、宜春明月山机场站坪扩建、南昌昌北国际机场 1 号航站楼整体改造等工程，加快推进瑞金机场、抚州机场及一批通用机场前期工作；围绕能源建设清洁化，积极稳妥发展光伏发电、风力发电，加快推进省天然气管网建设；围绕水利设施现代化，加快推进四方井水利枢纽、廖坊灌区二期、南昌幸福水系综合整治等项目建设，力争建成寒山水库等项目。同时，加大产业项目建设力度，重点推进100个10亿元以上重大工业项目、100个重点技改升级项目、100个新兴产业和新动能项目，不断增强产业转型升级后劲。

——切实强化重大项目谋划储备。部署开展全省重大项目谋划储备工作，紧盯国家重大战略和投资导向，找准区域发展定位，按照有利于增加供给、满足需求、优化结构、改善民生、保护生态的原则，突出基础设施"成网"、产业升级"强链"、公共服务"补短"、生态环保"扩面"，围绕"十三五"后两年和"十四五"时期，切实加强基础设施、产业升级、公共服务、生态环保领域的重大项目谋划储备，特别是抓紧谋划储备一批预计"十三五"后两年开工的50亿元以上重大项目。对谋划提出的重大项目实行分级储备制度，估算总投资50亿元及以上的项目，建立省级重大项目储备库，由省级层面重点调度推进；估算总投资50亿元以下的项目，由各市县、各部门分级建立重大项目储备库。推动各地、各部门对入库储备的项目抓紧推进前期工作，明确时间节点，力争尽快开工，特别是争取更多项目进入国家"笼子""盘子"，确保全省重大项目建设一波接一波、一茬压一茬。

——大力促进民间投资健康发展。重点围绕政策再细化、帮扶再精准、成效再凸显、宣传再加力、督查再加强五个方面，继续"精准、深入"推进降成本优环境专项行动，确保130条政策措施落地见效，切实帮助企业减轻负担，提振民间投资信心，增强民间投资动力。全面贯彻促进民间投资的政策措施，推动落实《江西省进一步激发民间有效投资活力 促进经济持续健康发展的实施意见》，着力营造公平开放企业投资环境，抓好民间投资准入放开，为民间资本创造平等投资机会。努力破解融资难题，大力支持符合条件的民营企业申报发行企业债券、公司债券，积极梳理高质量的民间投资项目向金融机构集中推介，为民间资本提供多样化融资服务，积极扩大民间投资融资渠道。

——规范有序推广运用PPP模式。加强PPP项目统筹规划，在充实完善PPP项目库的同时，对已入库PPP项目进行清理规范，切实防范隐性债务风险。继续向社会发布推介条件成熟、吸引力强的 PPP 示范项目，重点推介以使用者付费为主的特许经营类项目，审慎推介完全依靠政府付费的 PPP 项目。督促地方严格执行投资管理规定，加强 PPP 项目可行性研究论证，不该上的项目坚决不上。支持符合条件的 PPP 项目开展资产证券化，利用多种 PPP 运作方式盘活存量资产，形成良性投资循环。

——充分发挥政府投资的引导带动作用。依托国家重大项目建设库，深入实施三年滚动投资计划和政府投资年度计划，充实完善覆盖各地区、各单位的政府投资项目库，建立健全政府投资项目信息统一管理机制，科学合理安排政府投资。密切跟踪中央预算内投资方向和结构调整，积极争取使全省更多的重大项目、民生工程建设获得中央预算内投资支持。进一步强化中央预算内投资项目管理，继续实行按月调度制度，督促、推动各地、各部门加快中央预算内投资项目建设进度，确保尽快发挥中央投资效益。

——进一步深入推进投融资体制改革。深入贯彻《中共江西省委　江西省人民政府关于深化投融资体制改革的实施意见》（赣发〔2017〕5号），加大工作协调力度，推动各项改革任务加快推进。制定出台企业投资项目核准和备案管理办法，进一步落实企业投资自主权，规范政府对企业投资项目的核准和备案行为，实现便利、高效服务和有效管理，依法保护企业合法权益。认真总结企业投资项目承诺制、投资项目审批首问负责制等改革试点成效，适时在全省推广。加强投资项目事中事后监管，分类完善企业投资项目执法体系和政府投资项目稽查体系，健全协同监管和联合执法机制。

参考文献

黄瑜南：《城镇居民金融资产投资组合研究——以江西省为例》，《统计与管理》2017 年第 7 期。

吴华风、童敏慧、杨建仁：《新常态下江西省产业结构调整分析》，《现代商贸工业》

2018 年第 2 期。

方学:《国家发展改革委多措并举促进民间投资健康发展》,《中国经济导报》2016年 10 月 15 日。

李屏:《落实自主权　企业投资项目核准与备案制将实施》,《中国工业报》2017 年3 月 30 日。

《企业投资项目核准和备案管理办法》,《中华人民共和国国务院公报》2017 年第 26期。

B.3
江西工业形势分析与展望

江西省工业和信息化委员会课题组[*]

摘　要： 本文从稳增长、调结构、深改革、扩开放、促转型、强党建、优服务、争支持等八个方面，回顾总结了 2017 年江西工业发展取得的成绩，分析了当前存在的问题和不足。2018 年，江西省工业紧扣高质量发展要求，践行新发展理念，以供给侧结构性改革为主线，深入实施工业强省战略，促进工业经济高质量、更加均衡充分发展，奋力谱写新时代工业强省建设新篇章。

关键词： 工业强省　高质量发展　供给侧结构性改革

　　2017 年，江西省认真贯彻落实中央、省委省政府决策部署，以供给侧结构性改革为主线，坚持稳中求进工作总基调，深入实施工业强攻、制造升级行动，工业经济呈现总体平稳、稳中向好、稳中有进的良好发展态势。2018 年，将以习近平新时代中国特色社会主义思想为指导，围绕江西省工业强省战略目标，着力构建现代化产业体系，推动工业经济高质量发展。

* 课题组组长：杨贯平，江西省工业和信息化委员会党组书记、主任。副组长：江明成，江西省工业和信息化委员会党组成员、副主任。成员：刘运明，江西省工业和信息化委员会综合处处长；武飞，江西省工业和信息化委员会副调研员；王小永，江西省工业和信息化委员会综合处干部；陈焕标，江西省工业和信息化委员会综合处干部；黄金城，江西省工业和信息化委员会综合处干部；梅斌，江西省工业和信息化委员会综合处干部。

一 2017年江西工业发展回顾

2017 年，江西省深入学习贯彻党的十九大精神，遵循新发展理念，贯彻省委工作方针，以供给侧结构性改革为主线，以提质增效为中心，深入实施工业强省战略，认真抓好各项工作，工业经济呈现总体平稳、稳中向好、稳中有进的良好发展态势。

（一）基本情况

2017 年，全省规模以上工业增加值增长 9.1%，比上年提高 0.1 个百分点，比全国平均水平高 2.5 个百分点，增速列全国第五位、中部第一位。实现主营业务收入 35585.1 亿元、增长 11.1%，比上年提高 2.5 个百分点；实现利润总额 2475.7 亿元、增长 18%，比上年提高 6.1 个百分点。

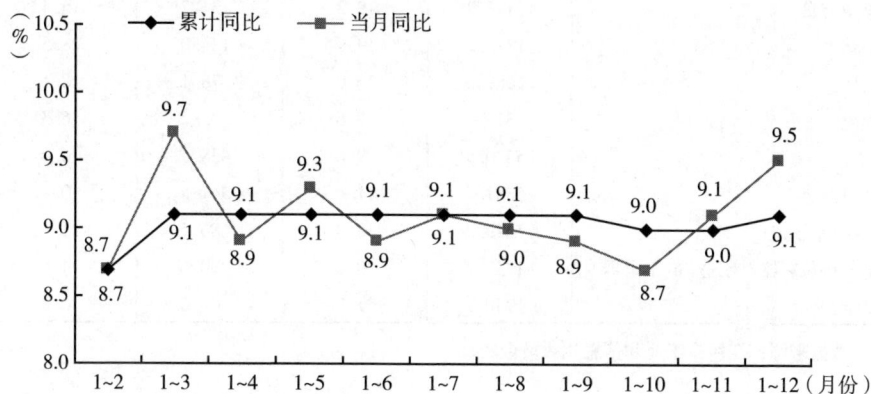

图1　2017 年江西规模以上工业增加值分月增长情况

（二）基本特点

——工业生产稳中向好。一是工业行业增长面平稳。全省 38 个行业大类中，有 34 个行业增加值保持增长，增长面达 89.5%。其中，电子、汽车制造、电气机械、医药等制造业行业均保持两位数以上增长。二是产品产量增速良好。全省重点监测主要工业产品中，近三分之二实现增长，四成实现两位数以上增长。工业新产品中，新能源汽车增长1.5倍，太阳能电池增长46.9%，光缆增长51.2%，稀土磁性材料增长21.1%。三是工业用电量显著提升。全省工业用电量增长8.87%，比上年提高3.08个百分点。

表1   2017年江西省主要产业发展情况

行业	主营业务收入		利润总额	
	总量（亿元）	同比（%）	总量（亿元）	同比（%）
全省规上工业	35585.1	11.1	2475.7	18.0
有色	6726.0	11.6	300.6	25.2
石化	3142.0	11.7	250.0	14.3
钢铁	2387.0	17.5	217.1	122.4
建材	3088.8	8.1	271.7	6.3
食品	2858.3	5.1	225.8	14.1
纺织	2435.1	0.7	179.9	6.1
电子信息	2173.2	19.2	131.7	16.4
医药	1373.3	13.9	134.0	28.5
光伏	1089.6	16.0	78.1	8.1
锂电	319.6	27.6	33.2	46.3
轻工	5370.9	9.6	438.5	6.0
装备制造	5381.7	11.4	341.8	10.4
#汽车制造	1625.2	18.4	86.5	11.6
电气机械和器材制造（电工电器）	1357.4	9.8	80.6	14.5
航空	740.1	21.7	47.3	30.8

数据来源：江西省工业和信息化委员会。

——工业结构持续优化。一是高新技术产业占比提升。2017年，高新技术产业增加值增长11.1%，占规上工业的30.9%，比上年提高0.8个百分点。二是装备制造业稳步提升。装备制造业增加值增长13.6%，高于规上工业增速4.5个百分点，占规上工业的25.6%。三是战略性新兴产业快速发展。战略性新兴产业增加值增长11.6%，占规上工业的15.1%，比上年提高0.5个百分点。四是高耗能行业增速趋缓。六大高耗能行业增加值增速比规上工业低 4.0 个百分点。

——工业投资平稳增长。2017 年，全省工业投资 11782.9 亿元，增长 14.6%，增速比全国平均高 11 个百分点，列全国第三位、中部第一位。一是技术改造投资占比提高。全省工业技术改造投资 2543 亿元、增长 28.4%，占工业投资的比重为 21.6%，比上年提高 2.4 个百分点。二是高新技术投资占比提高。高新技术产业投资 3228 亿元、增长 22.8%，占工业投资的比重为 27.4%，比上年提高 1.8 个百分点。三是装备制造业投资占比提高。装备制造业投资 3547 亿元、增长 22.9%，占工业投资的比重为 30.1%，比上年提高 2.0 个百分点。

——企业效益持续改善。一是企业盈利水平提高。2017 年，规上企业主营业务收入利润率 6.96%，比上年提高 0.41 个百分点，高出全国平均 0.5 个百分点。每百元主营业务收入中成本为 86.97 元，下降 0.73 元。在 38 个行业大类中，30 个行业利润总额实现不同程度增长。二是企业亏损额下降。2017 年，亏损企业亏损总额 57.6 亿元，下降 27.6%，比上年大幅回落 39.5 个百分点。三是企业发展信心更足。随着降成本优环境活动持续推进，惠企政策惠及面扩大，企业受惠比例提高，企业家"获得感"显著增强，对未来经济判断逐步好转。2017 年 12 月份，制造业采购经理人指数（PMI）为 52.7%，连续 22 个月处在 50% 荣枯线之上。

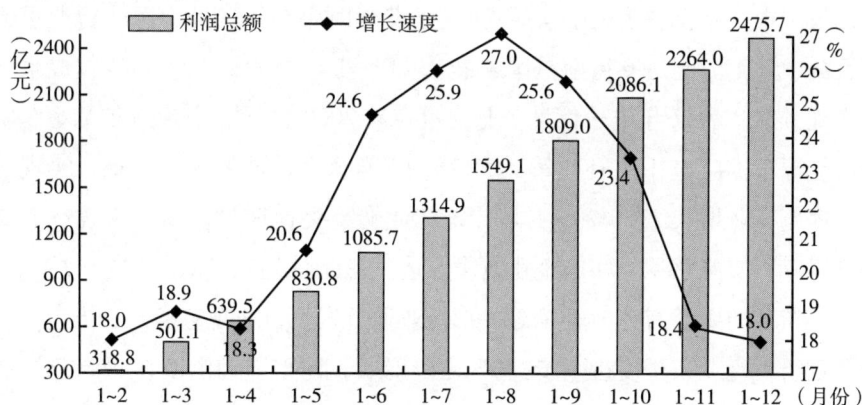

图2　2017 年江西规模以上工业企业利润情况

（三）基本经验

——多措并举稳增长。扩投资、帮企业、强调度、稳增长取得骄人业绩。一是工业投资提速。开展工业项目落实年活动，推进亿元以上项目2839项。省级重点调度的100项10亿元以上重大项目中，20项新开项目全部开工，80项续建项目35项完工或部分投产。二是精准帮扶提效。省领导连续四年刚过春节就实地走访企业，联点企业反映问题解决率达93%。建成运行省市两级企业帮扶APP平台，并实现全省联通，企业诉求办结率达82.4%。会同有关部门共同开展"百家银行进千企"活动，针对中小企业专门开通"中小通"融资产品。组织产业链对接帮扶活动，组建网络信息安全、中医药、有机硅等一批省级产业联盟（协会）。全年新增规上企业1628户、总数达11734户。三是调控水平提升。出台稳增长若干措施，组织两次专题督导。抓实"日、旬、月、季、年"监测分析，每月底对当月运行情况进行分析研判，加强主要指标、运行态势、工业用电、价格等预测预警，进一步夯实了工作基础，提高了工业运行调控水平。

——全力以赴调结构。抓好战略性新兴产业倍增、传统产业转型升级和新经济新动能培育三大工程，调结构取得明显成效。一是战略性新兴产业规模不断提升。实施省重点创新产业化升级工程，支持联创电子等一批重点项目建设。中国（南昌）中医药科创城建设全面启动，一批中医药行业重大项目集中开工。制定支持南昌国家硅基LED工程技术研究中心科技成果转化实施方案，2017年电子信息产业规模突破2000亿元、实现三年翻番。实施新能源车推广应用奖补政策，2017年新能源汽车产销3.6万辆，实现倍增。锂电行业增长27.6%。二是传统产业转型提速增效。出台传统产业转型升级工程实施意见。实施企业技术改造"三千计划"，重点开展"2+11"改造。指导纺织、有色、轻工等一批企业通过国家行业规范准入。推进水泥企业重组，行业集中度进一步提升。在钢铁行业推广应用40多项绿色制造技术。帮助6家食品企业通过诚信管理体系评价并获得诚信证书。积极推进长江经济带化工企业污染防治。九江石化60万吨PX项目成功列入年度开工计划。纺织行业创意设计、电子商务等平台不断健全，国家纺织面料馆江西分馆即将投入使用。三是新经济新动能加速涌现。出台贯彻新理念培育新动能实施意见，支持一批新经济新动能项目建设。工业设计实施创新券奖补政策，引导制造企业与设计企业对接合作。培育认定 18 个省级工业设计中心，江铃获国家级工业设计中心认定、实现全省零的突破。南昌 VR 产业基地全面投入运营。出台大数据发展行动计划，认定宜春省级锂电新能源产业大数据中心和上饶省级大数据产业基地。发布移动物联网发展战略和规划组建移动物联网产业联盟，鹰潭建成国内首个全域覆盖窄带物联网网络城市。培育 3 户国家级、10 户省级服务型制造示范企业。出台智慧健康养老产业发展工作方案，4 个单位被列为国家示范。

——聚精会神推进改革。全面完成重点改革任务，改革增动力、添活力、强竞争力取得实实在在的成效。一是供给侧结构性改革顺利推进。第一，去产能成果不断巩固。坚决彻底清除"地条钢"，取缔地条钢产能 591 万吨，顺利通过国家督（抽）查，钢铁去产能工作获国务院通报表彰。制定综合标准依法依规推动落后产能退出实施意见。第二，降成本效果逐步显现。省政府召开深化降成本优环境专项行动大会。落实 100 条降成本措施，出台"新 30 条"。清减涉企保证金 12 项，清退金额达 9 亿元。第三，发展短板明显补强。江西稀土功能材料研究院完成注册，有机硅、LED、虚拟现实 3 个省级制造业创新中心投入实际运营。省级企业技术中心超过 300 家。新增国家级技术创新示范企业 2 户、品牌培育试点企业 32 户、产业集群区域品牌建设试点 4 个。开发省级新产品 570 项。开展工业"三品"专项行动，评定省级示范试点城市 2 个、示范企业 10 户。出台引导企业创新管理提质增效实施意见，开展企业管理现代化创新成果评选，227 项成果通过评审入围。二是"放管服"改革推进有力。江西省工信委仅保留行政审批事项 16 项（含子项），取消非行政许可事项 2 项、职业资格认定事项 7 项，转移 2 项。规范行政许可流程，审批时间平均缩短 10 天。清理地方性法规 13 件、政府规章 1 件、政府性文件 103 件和部门规范性文件 28 件。稳步推进"双随机一公开"工作。三是盐业改革取得实质性突破。以完善专营、放开市场、政企分开、调整职能、理顺关系为目标，扎实推进盐业体制改革。移交食盐质量安全与市场监管职能。建立政府食盐储备网上管理系统，查处"臭脚"盐，食盐市场保持总体稳定。

——千方百计扩大开放。坚持引进来和走出去并举，工业开放发展水平迈上新台阶。一是重大活动亮点纷呈。成功筹办 2017 年中国 500 强企业高峰论坛，开展服务在赣 500 强、500 强看江西、走进 500 强三大专题活动。与 500 强企业签约 133 个项目、金额 2018 亿元，其中 77 个项目年底前已开工。二是全方位合作开创新局。江西省政府与华为合作建设云上江西，与中兴合作发展大数据。组团参加上合组织和金砖国家地区小型企业论坛。赴"一带一路"沿线国家推介重点产业。争取建设中欧中小企业合作区。萍乡建设赣湘合作试验区上栗园、湘东园和"飞地工业园"。

——持之以恒促进转型。融合、绿色、集群发展提速，江西制造能级水平不断提升。一是两化融合进程加快。累计建设 481 个数字化车间，推广应用智能装备 6625 台（套）。新获批 4 个国家级、认定 40 个省级智能制造试点示范项目，6 个项目首获国家专项支持。新增国家两化融合管理体系贯标试点企业 24 户、示范企业 2 户，省级两化融合示范企业 50 户、示范园区 2 个。举办工业机器人技术应用技能大赛。二是绿色发展步伐加快。出台绿色制造体系建设实施方案，在赣江新区开展绿色制造体系建设试点，8 户企业和 1 个园区被列入国家级示范。实施 166 户企业国家重大工业节能监察、315 户高耗能行业企业能耗专项监察。推动 35 户企业开展自愿清洁生产审核并通过评估。三是集聚集约水平提高。利用财政奖补政策推动新建标准厂房超过 2000 万平方米，入驻中小微企业超过 5000 户，带动直接就业超过 10 万人。园区建立各类科技创新平台 1146 个，82 个园区建成管理信息化平台，85 个园区建成污水集中处理设施。新增国家级小微企业双创示范基地 3 个、省级 13 个，新认定省级战略性新兴产业集聚区 6 个、省级重点产业集群 13 个、省级产业基地 5 个。四是深入推进军民融合，打造省级军民融合产业基地 10 个，省级军民融合企业（单位）182 家。江西军民融合云平台上线运行。

——实干担当，优化服务。政务服务、综合保障工作扎实有效。政务信息工作名列前茅。推广省产烟取得积极成效。完成城镇人口密集区15户危化品生产企业搬迁改造。完成禁化武履约工作并获上级表彰。完成46个省直单位和全部市县政府网站绩效评估。整合全省政府网站至800个以内。对全省1500多个重点网站、20多个重要系统进行了安全监测和安全抽查。开展无线电频谱使用评估，保障了民航、高铁、地铁等重点工程用频需求。保障了重要部门、重要时期和重大活动无线电安全，未发生重大网络安全事件，出台电子认证服务管理办法。有序组织2017年春运。

——群策群力，争取支持。积极向上争取政策、项目、资金支持，为江西省工业发展创造有利条件。争取延续2年6亿元标准厂房建设补助政策。争取国家专项资金支持超过13亿元。争取金砖国家新开发银行2亿美元工业低碳转型绿色发展贷款。江西省入选国家第一批工业遗产试点省份，3户企业被列为国家首批工业遗产单位。赣州获批中国制造2025试点示范城市，南昌、赣州获批国家产融合作试点城市，新一代宽带无线移动通信网国家科技重大专项成果转移转化试点示范基地落户鹰潭。罗霄山区优势非金属矿资源开发扶贫建议被十二届全国人大五次会议采纳。

经过多年发展特别是党的十八大以来的不懈努力，江西省新型工业化道路越走越宽，工业强省战略深入人心，发展后劲不断增强，新型工业化进程不断加快。但一些深层次的矛盾和问题依然突出，工业发展还存在不少软肋。一是产业结构不优，表现为产业结构"三七开"（以传统产业为主）、技术结构"三七开"（以初加工和简单组装技术为主）、产品结构"三七开"（以中低端和低附加值产品为主）。二是创新短板突出，表现为"三不高"（创新投入比不高、活跃度不高、转化率不高）和"两缺少"（缺少高端创新平台、缺少高端创新人才）。三是集约化水平较低，在全国472个开发区中，全省20个国家级开发区（含3个综合保税区、出口加工区）土地集约利用评价排位均在100名开外，最高排名的吉安高新区仅排在全国第159位。四是区域竞争加剧。中部6省产业重合大于分工，竞争大于合作。这些问题需要在今后的工作中着力加以解决。

二 2018年江西工业发展展望

（一）工作思路

以习近平新时代中国特色社会主义思想为指导，认真贯彻省委"创新引领、绿色崛起、担当实干、兴赣富民"工作方针，紧扣高质量发展要求，坚持新发展理念，坚持稳中求进工作总基调，全面对接落实制造强国、网络强国战略，深入实施工业强省战略，以供给侧结构性改革为主线，加快发展新兴产业、优化升级传统产业、培育壮大生产性服务业，着力构建现代化工业产业体系，推动质量变革、效率变革、动力变革，促进工业高质量发展，奋力谱写新时代工业强省建设新篇章。

（二）目标任务

2018 年，江西省工业发展主要目标是：力争全省规模以上工业增加值增长 8.6% 左右，主营业务收入、利润总额分别增长 10% 左右；规模以上工业单位增加值能耗下降 4% 左右。

（三）工作举措

重点做好"四稳""五优"等九项工作。

"四稳"：全力稳增长，确保完成全年目标任务。

——稳预期。密切关注中央高质量发展的指标体系、政策体系、标准体系、统计体系、绩效评价、政绩考核进展动态，及时研究提出落实举措。加快建立适应新时代要求的工业经济运行监测分析机制，优化调度监测综合平台。落实国家和省有关稳增长政策，根据国家政策变化和企业实际需要，及时推动党委政府出台新措施，进一步完善政策工具箱，稳住市场预期。

——稳投资。充分发挥有效投资对稳增长的关键性作用，狠抓项目扩投资，力争工业投资增长 10% 以上，其中技改投资增长 25% 以上、占比 25%

以上。开展项目落实年活动，建好重大项目库，滚动储备亿元以上工业项目3000项以上。重点推进工业"三百一重"项目建设。突出投资拉动，推进100个投资10亿元以上重大项目建设；突出技改带动，推进100个重点技术改造项目建设；突出动能转换，推进100个新经济新动能项目建设；突出创新驱动，实施一批重点创新成果产业化升级项目。

——稳市场。积极扩大省产工业品市场份额。加大产业对接力度，分地区、分领域、分行业，组织开展产业链专项对接活动。研究开展"江西制造"精品认定，组织江西制造业集中推介活动，举办江西工业博览会。制定实施航空制造、新能源、新材料、移动物联网、智能制造等"一条龙"推广应用计划，积极扩大新能源汽车销售和应用。研究制定支持标准厂房屋顶安装分布式电站政策。

——稳企业。引导企业抓住市场变化和消费升级趋势，主动调整产品结构，提高产品的质量性能和安全可靠性，不断提高市场占有率，推动重大项目承担企业加快投产和达产达标。持续深入开展降成本优环境专项行动，落实好"130"条等惠企政策。进一步深化省市县三级领导联点帮扶，加大企业帮扶APP平台的推广应用力度，帮助企业解决实际困难和问题。在升规入统、降本减负、增盈扭亏、防范和化解风险等方面加强企业帮扶。

"五优"：即优结构、优供给、优制造、优平台、优服务，着力构建新体系、新平衡、新优势、新高地、新环境。

——优结构促协同，构建产业新体系。一是加快发展战略性新兴产业。推进战略性新兴产业倍增工程，突出一产一策，坚持五位一体（一个产业、一个意见、一个龙头、一批项目、一批平台）、四图作业（产业链图、技术路线图、应用领域图、区域分布图），组织实施一批延链、补链、强链项目。突出高技术、高效益、高成长性，培育一批新兴产业链。重点推进新一代电子信息、中医药、航空制造、新能源汽车、新材料、虚拟现实、移动物联网、大数据等一批新产业。办好2018年世界VR产业大会、中医药发展国际高峰论坛、飞行者大会、移动物联网产业对接大会等一批重大活动。二是优化升级传统产业。推进传统产业转型升级工程。开展技改深化年活动，制定技术改造三年行动计划和分产业实施方案，打好企业技术改造战役，打造一批技改示范企业。推动石化、钢铁、有色、建材、食品、纺织、轻工等优势传统产业改造升级。三是培育壮大生产性服务业。着力发展工业设计，大力培育工业设计主体，推动重点企业建立网上设计中心，培育 10 家省级工业设计中心，推动工业设计创新券进园区、进企业。组织"服务型制造万里行——走进江西"活动。四是大力促进协同发展。强化创新协同，加强创新平台建设，加快建设企业技术中心，加强省级制造业创新中心布局，推进 LED、虚拟现实、有机硅 3 个中心发展。按照"一产一院""一产一校"标准，建设若干个产业技术研究院。支持创建稀土功能材料国家制造业创新中心，启动优势产业集群创新综合体建设。引导金融协同，建立完善企业融资和资金投向等信息库，组织政银企精准对接活动。开展南昌、赣州产城融合作试点，总结试点经验并加以推广。引导人才协同，加强工业人才队伍建设。大力培养优秀企业家。启动实施创新创业高层次人才"双千计划"，依托创业大学举办高水平创新创业人才培训。

——优供给提质量，促进供需平衡。一是着力去产能。强化"五位一体"标准，依法依规倒逼落后产能退出，取缔高耗低效产能，处置僵尸企业，严防"地条钢"和退出产能"死灰复燃"。制定出台钢铁、水泥等企业加价电费资金管理办法，协调推动万年水泥厂异地技改、环保搬迁。二是强力补短板。补企业技术创新能力短板。继续开展企业创新能力提升活动，鼓励企业加强自主创新、加大研发投入，开发省级新产品 300 项、一批新技术。补质量品牌短板。推进工业"三品"① 专项行动，扩大覆盖到全部行业。加强标准化宣传并贯彻实施，引导企业建立健全标准化工作体系，提升质量标准化水平。推进品牌培育建设和工业企业知识产权运用能力提升工作。研究开展"江西制造"精品认定工作。三是大力强企业。开展企业管理创新年活动，打好企业管理提升战役。推进企业品牌、区域品牌培育建设和工业企业知识产权运用能力提升。加大"小升规"培育支持力度，力争

---

① 三品：增品种，提品质，创品牌。

新增入规企业 1000 户以上。研究制定促进中小企业成长提升实施意见。促进中小企业加快发展，认定 300 户专精特新企业、10 户单项冠军企业和 50 户专业化"小巨人"企业。加大龙头骨干企业培育力度，新增一批 50 亿、100 亿企业，支持江铃冲刺 1000 亿。

——优制造转方式，培育竞争新优势。一是大力实施"中国制造 2025"。制定制造业振兴发展意见，召开全省制造业振兴发展大会。组建制造强省专家咨询委员会。积极创建赣州市"中国制造 2025"国家级示范区。组织实施高端装备创新、工业强基示范等工程项目。二是大力发展智能制造。实施智能制造"万千百十"工程，建设 100 个数字化车间，推广应用 2000 台（套）以上智能装备，实施 40 个示范项目。制定数字经济发展实施意见和网络强国战略实施意见。召开全省信息化推进工作大会。实施"企业上云"计划，推进建设江西工业云。制定深化"互联网＋先进制造业"发展工业互联网实施意见，大力发展工业互联网。三是大力发展绿色制造。推进工业低碳转型绿色发展，加快建设绿色制造体系，培育一批绿色产品、绿色工厂、绿色园区试点和绿色供应链示范标杆。实施能效、水效领跑者计划，全面推进重点行业节能和清洁生产改造。开展长江经济带化工污染整治，加快城镇人口密集区危化品生产企业搬迁改造。四是推进军民产业深度融合。制定国防科技工业军民融合发展的实施意见。实施一批军转民、民参军项目，培育一批军民融合龙头企业，打造一批军民融合重点产业基地。支持南昌创建国家军民融合创新示范区、赣江新区创建军民融合科技创新产业园。

——优平台扩开放，打造发展新高地。一是提升园区功能。打好园区功能完善提升战役，制定进一步促进园区功能完善提升实施意见，召开全省开发区产业优化升级推进工作会议。新开工建设 1000 万平方米标准厂房。力争全部园区建成运行管理信息化平台，实现省市县和园区联网。二是提升集群竞争力。培育新增 10 个省级重点集群。开展"互联网＋"产业集群建设，培育一批智慧产业集群。推进小微创业园建设，打造一批创业创新示范基地。三是提升集聚集约水平。培育认定 4 个战略性新兴产业集聚区、一批省级新型工业化产业基地和示范基地。开展投入产出率、资源能源利用率、开发度"两率一度"考核。推动园区污水处理设施、配套管网和在线监测系统建设运行。四是加大开放合作力度。督导推进中国企业 500 强高峰论坛等签约项目落地。瞄准国内外 500 强、央企、大型民企，组织上门对接招商。对接"一带一路"建设，加强国际产能合作，推动江西省更多工业企业走出去，拓展新的发展空间。

——优服务强管理，营造发展新环境。一是着力创优法治环境。加快江西省中小企业促进条例、促进发展新型墙体材料条例、电子政务管理办法等修订立法进程。继续深入推进"双随机一公开"工作。二是着力创优市场环境。加强企业信用体系建设。制定进一步扩大和升级信息消费实施意见，打击"伪基站"、"黑广播"、手机诈骗等行为，提高信息消费安全感。三是着力创优政务环境。纵深推进"放管服"改革，加快建设"互联网＋政务服务"，工信系统力争率先实现"一次不跑"。

参考文献

江西省工业和信息化委员会：《深入贯彻新发展理念　加快推进江西工业转型升级》，《中国电子报》2017 年 10 月 17 日。

周斌：《最高法院党组发出通知要求全国法院迅速兴起学习贯彻党的十九大精神热潮》，《法制日报》2017 年 10 月 28 日。

江西省工业和信息化委员会：《积极调整产业结构　推动江西工业加速崛起》，《中国电子报》2017 年 12 月 25 日。

B.4
江西农业形势分析与展望

江西省农业厅课题组*

摘　要： 江西农业经济发展与全国一道，迈入了现代农业发展的新时代，呈现一系列新情况、新变化，也面临一系列新问题、新挑战，加快现代农业发展的任务十分繁重，实现振兴乡村的目标十分艰巨。2018 年江西应按照"产业兴旺、生态宜居、乡风文明、治理有效、生活富裕"20 字方针和"稳粮、优供、增效"总体要求，以推进农业供给侧结构性改革为主线，大力实施乡村振兴战略，加快构建现代农业产业体系、生产体系、经营体系，着力打造全国知名的绿色有机农产品供应基地，推动江西省由农业大省向农业强省迈进。

关键词： 农业供给侧结构性改革　乡村振兴　现代化

　　2017 年，江西全省各级农业部门在省委、省政府的坚强领导下，牢记习近平总书记的殷殷嘱托，坚持稳中求进工作总基调，按照"稳粮、优供、增效"的总要求，以推进农业供给侧结构性改革为主线，以率先在全国实现农业绿色崛起为目标，大力实施农业强省战略，攻坚克难抓改革，凝心聚

---

*　课题组组长：胡汉平，江西省农业厅厅长。副组长：邓贤贵，江西省农业厅党委委员、副厅长。成员：兰永清，江西省农业厅办公室主任；陈绪红，江西省农业厅办公室副主任；黄文新，江西省农业厅办公室调研员；徐小国，江西省动物疫病预防控制中心副主任；黄大山，江西省农业技术推广总站副站长；英聪，江西省农业厅办公室副主任科员。

力谋发展，全省农业农村经济保持了"稳中有进、稳中提质、稳中增效"的良好态势，为全省发展大局提供了有力支撑。

一 2017年全省农业农村经济发展情况

2017年，江西省深入推进农业供给侧结构性改革，着力打造全国知名的绿色有机农产品供应基地，战胜了严重洪涝灾害、H7N9流感疫情等不利影响，实现了粮食丰收、农业增效、农民增收，圆满完成了全年目标任务。全省农林牧渔业总产值3187.6亿元，可比增长4.4%；农村居民人均可支配收入达到13242元，比上年增长9.1%，增幅连续八年高于城镇居民。主要呈现以下几个特点（见表1）。

（一）农产品有效供给能力明显提升

截至2017年底，全年粮食总产425.4亿斤，连续五年稳定在420亿斤以上。蔬菜、水果、肉类、水产品等主要"菜篮子"产品产量分别达到1650万吨、456万吨、360万吨、281.4万吨，均有不同幅度增长。蔬菜、水果面积分别为1037万亩、634万亩，其中设施蔬菜播种面积占蔬菜总面积的16.7%，100亩以上水果种植面积为253万亩；茶园、中药材面积分别为156.3万亩、86万亩，同比分别增长3.6%、7.2%；牛羊肉产量21.6万吨，牛羊肉产量占肉类总产比重达到6%；特种水产产量97.4万吨，占水产品产量比重首次突破三分之一，达到34.5%。

（二）农业产业实力不断增强

截至2017年底，全省农产品加工业产值与农业总产值比达到2.2∶1，规模以上农业龙头企业销售收入达到5149亿元、同比增长9.1%。创建国家现代农业产业园1个、国家级田园综合体2个，认定省级现代农业示范园159个。新增千亿级产业1个，总数达4个。培育各类规模以上休闲企业4810家，休闲农业与乡村旅游综合收入约810亿元。产业脱贫攻坚取得了阶段性成效，累计带动贫困户 63.6 万户 210 万人，赣南脐橙产业扶贫案例成为全国三大产业扶贫典型范例之一，习近平总书记给予了充分肯定。

（三）绿色农产品品牌全面叫响

截至 2017 年底，全省新增"三品一标"农产品 1061 个，总数达 4712 个，建有全国绿色食品原料标准化生产基地 44 个、面积 853.6 万亩，创建国家农产品质量安全市、县 11 个，省级绿色有机示范县 25 个，主要农产品抽检合格率达 98.6%，高于全国平均水平，全年未发生重大农产品质量安全事件和区域性重大动植物疫情。赣南脐橙、南丰蜜橘、广丰马家柚、庐山云雾茶、宁红茶、遂川狗牯脑、瑞昌山药、广昌白莲、泰和乌鸡、高安大米等 10 个农产品区域公用品牌被评为"2017 最受消费者喜爱的中国农产品区域公用品牌"百强。

（四）农业生态优势日益凸显

截至 2017 年底，中央环保督察反馈意见整改年度任务基本完成，全面完成畜禽养殖"三区"划定，畜禽废弃物资源化利用率、病死畜禽无害化处理率分别为 76% 和 95%；减少化学农药使用量 300 多吨，推广测土配方施肥 6600 万亩，实现了化肥和农药使用量零增长。颁布施行了江西首部农业生态环境地方性法规《江西省农业生态环境保护条例》，丰城市被列为第一批国家农业可持续发展试验示范区，吉安、信丰、余江 3 县（市）被列为全国第一批畜牧业绿色发展示范县（市）。持续深化渔业资源保护专项整治行动，湖区渔业安全生产秩序平稳可控。

（五）农业发展活力集聚释放

截至 2017 年底，江西全面完成了农地确权工作，位列全国"第一方阵"，得到了国务院和农业部领导高度肯定，并被批示总结宣传江西省工作经验；扎实推进农村集体产权制度改革、农垦改革等重点改革落地见效，有序推进农业适度规模经营，农村土地经营权流转面积达 1286 万亩、流转率达 40.5%，农业服务综合托管率 18.4%，累计发展农民专业合作社 6.42 万户、家庭农场 3.82 万个、省级龙头企业 865 家。农业双向开放格局基本形成，引进农业投资项目 287 个，进资 237 亿元，同比增长 18%；农产品出口 12.7 亿美元，同比增长 22%。

（六）农业发展支撑更加有力

截至 2017 年底，全省农业科技进步贡献率达到 58.8%，主要农作物综合机械化水平达到 71.15%。启动了新一轮高标准农田建设，在全国率先提出了"三变、三创、八结合"①的"江西建设路径"，从 2017 年起，利用四年时间，整合融资 360 亿元，新建高标准农田 1158 万亩，当前全省高标准农田建设总体进展顺利、综合效益初显。深入推进农业信息化建设，建成市、县运营中心 85 家，益农信息社 7200 个，江西省被农业部确定为"信息进村入户工程整省推进示范省"，江西智慧农业项目成为全国农业领域唯一一个国家 PPP 示范项目。

表 1　2015～2017 年江西农业主要发展指标比较

指标名称 ＼ 年份	2017	2016	2015
农林牧渔总产值（亿元）	3187.6	3130	2859
农村居民人均可支配收入（元）	13242	12138	11139
粮食产量（亿斤）	425.4	427.6	429.7
蔬菜产量（万吨）	1650	1632	1350
水果产量（万吨）	456	406	450
肉类总产量（万吨）	360	351.6	355.1
猪肉产量（万吨）	268	258.7	267.4
牛、羊肉产量（万吨）	21.6	20.4	19.3

---

① "三变"：变县级整合为省级整合、变低标准为中高标准、变部门验收为统一验收。
"三创"：创新融资方式、创新建设布局、创新考核办法。
"六结合"，与调优农业产业结构相结合、与培育新型经营和服务主体相结合、与推进精准扶贫相结合、与壮大农村集体经济相结合、与加强基本农田保护相结合、与构建管护机制相结合。

续表

指标名称＼年份	2017	2016	2015
禽肉产量(万吨)	68	70.6	66.5
水产品总产量(万吨)	281.4	271.6	264.3
特种水产品产量(万吨)	97.1	92.5	87.6
规模以上农业龙头企业销售收入(亿元)	5149	4720	4320
省级龙头企业销售收入(亿元)	3510	3250	2970
农业科技贡献率(％)	58.8	57	56
主要农作物综合机械化水平(％)	71.2	69.2	66.5

数据来源：江西省农业厅。

二　2018年江西农业发展形势研判

当前，江西农业经济发展与全国一道，迈入了现代农业发展的新时代，呈现一系列新情况、新变化，也面临着一系列新问题、新挑战，加快现代农业发展的任务十分繁重，实现振兴乡村的目标十分艰巨。

第一，从战略机遇来看，江西省现代农业发展大有可为。一是处在政策支撑的窗口期。党的十九大明确提出实施乡村振兴战略，坚持农业农村优先发展，并把乡村振兴战略作为七大战略之一写入党章，这是党中央工作的重大原则，也是重大方针，释放出了鲜明的重农强农信号，意味着将在干部配备、要素配置、资金投入、公共服务等方面做出制度性安排，真正向"三农"倾斜，江西省农业发展的政策支撑效应将加快释放。二是处在绿色发展的加速期。党的十九大明确提出要加快生态文明体制改革，推进农业绿色发展，建立绿色生产和消费的法律制度和政策导向，推动形成同环境资源承载力相匹配、生产生活生态相协调的农业发展格局。特别是随着江西省国家生态文明试验区建设纵深推进，农业生态优势正在加速转化为发展优势、经济优势，在全国率先实现农业绿色崛起的势能正在加速形成，绿色生态农业发展的春天已经到来。三是处在动力转换的关键期。党的十九大明确提出要加快建设创新型国家，完善创新体系，增强自主创新能力，这必将推动生物、信息、新材料、新能源、先进装备等高新技术广泛运用于农业领域。特别是随着本省农业"三十双百"创新工程深入推进，本省农业发展将进入由要素驱动转为创新驱动的新阶段。四是处在农村改革的深化期。党的十九大明确提出要巩固完善农村基本经营制度，深化农村土地制度改革和农村集体产权制度改革，完善承包地"三权"分置制度，保持土地承包关系稳定并长久不变，深化改革再度成为江西省农业农村经济发展的主旋律，必将为江西省现代农业发展注入更多的活力。

第二，从面临的挑战来看，江西现代农业发展不平衡、不充分的问题比较突出。一是产品供需不平衡，农业的质量发展不充分。江西省农业产业结构单一的问题仍然比较突出，水稻、生猪、柑橘、常规水产等四大产业占主导地位的现状未能改变，导致目前市场供应的农产品仍然是"大路货"多、供应过剩，而优质特色精品农产品产量不够、供给不足。特别随着经济快速发展，居民消费水平不断升级，优质特色农产品的需求将继续加大，供需矛盾更为凸显。这些矛盾主要是由江西省农业结构调整步伐不够快、没有跟上消费结构的变革、没有充分发挥农业绿色生态的优势而导致的。二是产业发展不平衡，农业的功能发挥不充分。目前，江西的农业结构存在一产比重过大、二产增值太少、三产发展不足的问题。农产品加工业产值与农业总产值之比为2.2∶1，远落后于山东、江苏等粮食主产省。农产品品牌"散、小、弱"，叫得响、影响大、销量多、价格高的农业品牌产品还不多；休闲农业经营收入只有260亿元，占农业总产值的8.2%，且层次低，规模小；社会化服务体系、流通体系等还未完全建立。这些问题主要是由长期以来过于注重农业生产，而在农产品加工转化增值、农业多种功能属性发挥上花的力气不多、下的功夫不够导致的。三是农村居民收入不平衡，小农户共享农业现代化成果不充分。这些年来，江西农村居民人均可支配收入连续多年保持10%左右的增速。但是全省还有许多重点贫困区域，还有269个深度贫困村，还有相当一部分老年人、残疾人、重病患者等重点特殊贫困人口，他们的收入甚微、生活贫困，是社会关注和脱贫攻坚的重点。这也充分表明，小农户参与现代农业发展的深度还不够，共享现代农业发展的成果还不多。这些发展上的不平衡不充分问题如果解决不好，乡村振兴就不能顺利实现。

第三，从发展前景来看，江西现代农业发展路径明确。党的十九大从国际国内两个大局出发，站在对世情国情农情深刻研判的基础上，首次提出实施乡村振兴战略，绘制了新时代"三农"发展宏伟蓝图。担当新时代新使命，我们要找准方向、明确路径，保持定力、久久为功。一是要走好质量兴农之路。习近平总书记强调，要把增加绿色优质农产品供给放在突出位置，推动质量兴农。为此，江西要主动适应消费需求新变化，坚持走质量兴农的路子，健全完善农产品标准、监管、监测、认证、追溯、应急等六大体系，从源头抓好农产品质量安全，扩大"三品一标"农产品比重，确保消费者"舌尖上的安全"。坚持以质量创品牌，推动"生态鄱阳湖、绿色农产品"品牌享誉全国、走向世界。二是要走好绿色兴农之路。习近平总书记强调，推进农业绿色发展是农业发展观的一场深刻革命，要推动形成同环境资源承载力相匹配、生产生活生态相协调的农业发展格局。为此，江西要牢固树立绿色发展理念，坚持走绿色兴农的路子，抢抓国家生态文明试验区建设的历史性机遇，始终把绿色发展贯穿于农业发展全过程，打好农业面源污染攻坚战，加快构建绿色生态农业产业体系，让"绿水青山"变成"金山银山"。三是要走好产业兴农之路。习近平总书记强调，新形势下农业主要矛盾已经由总量不足转变为结构性矛盾，主要表现为阶段性的供过于求和供给不足并存。为此，江西要围绕农业大而不强、产品多而不优的问题，立足全省、面向全国、放眼全球，以农业供给侧结构性改革为主线，引导新型经营主体跟着市场走，什么赚钱种什么、什么效益高种什么，推动全省农产品加工业上规模、上水平，促进农业与二三产融合发展，提高农业附加值。同时要注重小农户与现代农业发展的有机衔接，使之共享现代农业发展带来的成果。四是要走好改革兴农之路。习近平总书记强调，解决好农业农村发展面临的各种矛盾和问题，根本靠深化改革。为此，江西要坚持走改革兴农之路，推进农业体制和经营机制创新，深化农村集体产权制度改革等重点领域改革，破除资本、技术、人才等要素流向农业的各种障碍，不断增强农业农村发展新活力。五是要走好科技兴农之路。习近平总书记强调，农业现代化关键在科技进步和创新，真正让农业插上科技的翅膀。为此，江西要适应农业由量到质转变的大趋势，深入实施"三十双百"创新工程，调整农业科技推广方向和重点，推动农业与科技、信息化深度融合，加强新技术、新模式集成推广，培养造就一支懂农业、爱农村、爱农民的"三农"工作队伍，打通农业科技成果转化应用"最后一公里"。

三　2018年江西农业发展思路与举措

2018 年是实施乡村振兴战略的开局之年，是决胜全面建成小康社会、实施"十三五"规划承上启下的关键一年。今年全省农业工作的总体思路是：全面落实党的十九大以及中央和全省农村工作会议精神，坚持以习近平新时代中国特色社会主义思想为指导，牢固树立新发展理念，以实施乡村振兴战略为总抓手，按照"产业兴旺、生态宜居、乡风文明、治理有效、生活富裕"和省委提出的"稳粮、优供、增效"的总要求，以推进农业供给侧结构性改革为主线，坚持质量兴农、绿色兴农、效益优先，以优化农业结构和增加农民收入为目标，着力打造全国知名的绿色有机农产品供应基地，加快构建富有江西特色的现代农业产业体系、生产体系、经营体系，推动江西由农业大省向农业强省迈进。

主要目标是：力争粮食产量稳定在 420 亿斤左右，绿色蔬菜、特色水果、牛羊肉、特种水产品等"菜篮子"产品增长 5% 左右；农业增加值增长 4% 左右，农村居民人均可支配收入增长 9% 左右；努力确保不发生重大农产品质量安全事件和区域性重大动植物疫情。

围绕实现 2018 年目标，重点抓好以下几方面工作。

一是扎实推进高标准农田建设。在保障质量安全的前提下，加快高标准农田建设施工进度，确保春耕生产前全面完成田间工程。严把工程建设质量关，注重"山、水、林、田、湖、草"的有机统一，把高标准农田建设成为绿色生态农田。重点是把高标准农田建设与农业产业结构调整、脱贫攻坚、壮大村集体经济、培育新型经营主体、土地流转等紧密结合起来，实现综合利用效益最大化。

二是着力调整农业产业结构。实施农业结构调整"1＋9"计划，指导各地对标优质稻米、蔬菜、果业、茶叶、油茶、草地畜牧、水产等九大产业工程，制定实施方案和年度计划，落实资金扶持政策。引导新型农业经营主体围绕市场组织生产、根据需求优化供给，优化品种结构、产品结构、生产结构，把农业结构调好调顺，重点抓好九大产业发展工程，力争今年调整农业结构面积达到100万亩。

三是全面提升农产品质量安全水平。扎实推进省级绿色有机农产品示范县创建，按标准规范生产，打造一批标准化生产基地。健全完善"乡速测、县定量、市监督、省预警"监测长效机制，全面提升基层监管能力。加大农业综合执法力度，确保农产品质量安全合格率稳定在98％以上。加强农产品追溯平台的推广应用，力争2018年基本实现将"三品一标"农产品、省级以上新型农业经营主体全部纳入追溯管理。

四是加快推动农业绿色发展。切实抓好《江西省农业生态环境保护条例》的贯彻落实，健全完善中央环保督察反馈意见整改长效机制，深入实施绿色生态农业"十大行动"。大力实施农药化肥"负增长"行动，总结探索农业废弃物有效治理新机制，统筹推进农作物秸秆综合利用。深入实施耕地保护与质量提升行动，继续抓好污染治理试点示范，启动水生生物保护区禁捕工作，切实维护渔区生产秩序和安全。

五是不断促进三产融合发展。推动产业向现代农业示范（产业）园集聚，加快创建一批国家级、省级重点现代农业示范（产业）园。加快补齐农产品加工短板，引导工商资本进入粮油、果蔬茶、畜禽、水产品加工业，做大做强一批农产品加工企业，不断提升农业附加值。大力实施休闲农业和乡村旅游提质扩面工程，着力发展一批示范带动能力强的龙头企业，打造一批在全国叫得响的示范基地。

六是持续深化农业农村改革。全面开展农村集体资产清产核资，统筹推进集体经济组织成员身份确认、股份合作制改革、农村集体经济发展、农村综合产权交易市场建设等工作。深入贯彻承包地"三权分置"实施意见，完善和应用好农地确权成果。培育一批示范家庭农场、示范合作社、社会化服务组织等。持续深化农垦集团化、企业化、属地化改革，打造一批大型农垦企业集团。

七是切实加强农业科技创新。深入实施"三十双百"创新工程，紧密围绕九大产业发展，建设一批现代农业产业技术体系，加强技术集成示范推广，力争2018年农业科技进步贡献率超过60%。全面实施智慧农业PPP示范项目，大力推进"整省信息进村入户"和"智慧农场"工程建设。加快新型职业农民培育，深入推进基层农技推广体系改革，培养"三农"工作队伍。

八是着力扩大农业对外开放。坚持"引进来""走出去"相结合，重点办好农业专题招商活动，引进一批科技含量高、带动能力强、经济效益好的大项目；引导省内企业赴境外投资农业，参与境外农业开发，不断拓展企业发展空间。创新农产品流通方式，推动农产品产地市场升级改造，做大做强"赣农宝"电商平台，抓好"生态鄱阳湖、绿色农产品"品牌媒体推广和展示展销活动，不断提升江西农产品市场知名度和竞争力。

九是加快推进农业法治建设。深化农业"放管服"改革，加快构建涵盖审批"全事项、全过程、各环节"配套协调的标准体系。深入开展农业领域法治宣传活动，重点要做好《农业生态环境保护条例》《农药管理条例》等法律法规的普法宣传教育工作。加快推进《江西省耕地质量管理条例》等立法工作，以及《江西省实施〈中华人民共和国农村土地承包法〉办法》等修订工作。加快完善农业行政执法制度，推进全省农业综合执法标准化建设。

十是坚决打好产业脱贫攻坚战。大力推进农业产业扶贫。发挥新型经营主体的吸纳带动作用，创新利益联结机制，发展特色种养业、休闲农业和乡村旅游等短平快产业，切实增强贫困户脱贫的持续性和稳定性。继续加强产业扶贫调查研究，遴选出一批立得住、叫得响、推得开的产业扶贫范例，以典型范例引路，开创农业产业扶贫新局面。

参考文献

胡汉平:《践行新发展理念 深入推进农业供给侧结构性改革 加速从传统农业大省向现代农业强省迈进》,《江西农业》2017 年 1 月 30 日。

胡汉平:《以习近平新时代中国特色社会主义思想为统领 实现我省农业绿色崛起》,《江西农业》2017 年 12 月 30 日。

《十九大报告作出了"中国特色社会主义进入新时代"的重大判断,具有划时代的里程碑意义》,http://www.xinhuanet.com/politics/19cpcnc/2017-10/19/c_ 1121823264.htm,2017 年 10 月 9 日。

《农业部关于大力实施乡村振兴战略加快推进农业转型升级的意见》,《农民日报》2018 年 2 月 15 日。

B.5
江西旅游发展报告

江西省旅游发展委员会课题组[*]

摘　要： 2017 年，江西省旅游发展呈现"全面提升、重点突破、亮点
纷呈、阔步向前"的特点，但在设施配套、产品供给体系、
服务保障体系等方面存在滞后问题。2018 年应从推进全省全
域旅游发展、创建高等级旅游品牌、创新红色旅游发展新模
式、抓好旅游扶贫和乡村旅游工作等方面着手，全面加快旅
游强省建设，为建设富裕美丽幸福现代化江西做出新贡献。

关键词： 旅游+　全域旅游　旅游强省

江西山川秀美、人文鼎盛、物产丰富、区位优越、名胜荟萃，具备发展
旅游业的天然优势基因。2017 年，全省旅游战线把喜迎十九大、学习宣传
贯彻党的十九大精神作为全年工作主线，在江西省委、省政府的坚强领导
下，在国家旅游局的精心指导和大力支持下，坚持以习近平新时代中国特色
社会主义思想为指引，围绕省委"创新引领、绿色崛起、担当实干、兴赣
富民"工作方针，奋力拼搏，创新实干，旅游产业发展工作取得了明显的
成效。

一　2017年江西旅游发展回顾

2017 年全省旅游接待 57253.52 万人次，旅游总收入 6435.09 亿元，同

---

[*] 课题组：欧阳泉华，江西省旅游发展委员会主任；曹国新，江西财经大学江西旅游发展研究
中心副主任。

比分别增长 21.57% 和 28.87%。全年工作概括起来就是"全面提升、重点突破、亮点纷呈、阔步向前"，具体体现在以下方面。

（一）着力完善顶层设计，全域旅游扎实推进

顺利召开主题为"深化改革创新，推进全域旅游"的 2017 年全省旅游产业发展大会，进一步创新和落实了《江西省旅游业发展"十三五"规划》，启动了《江西省全域旅游实施方案》《旅游产品空间规划》《赣西旅游合作发展规划》《支持赣东北扩大开放加快推进旅游一体化三年行动计划（2018~2020）》等规划、方案的编制工作。景德镇市、新余市、赣州市、宜春市等设区市制定出台了推动全域旅游的行动方案，全省 18 个全域旅游示范区创建单位积极性空前高涨。

（二）着力推动"厕所革命"，旅游环境全面提升

全省将"厕所革命"作为"一号工程"来抓，三年来共完工旅游厕所2937 座，完工率达 117%，荣获"全国厕所革命突出成果奖"。南昌市政府、萍乡市旅发委获"厕所革命综合推进先进单位"荣誉，萍乡市武功山景区和景德镇御窑景区分获管理创新奖和人文关怀奖，南昌、九江、宜春、上饶、吉安、抚州等被国家旅游局评为厕所革命先进市，景德镇古窑"舒园"入选"全国厕所革命十大典型景区榜单"，婺源篁岭旅游厕所荣获全国旅游厕所设计一等奖，大余丫山旅游厕所被中央电视台新闻联播报道。

（三）着力服务项目建设，旅游投资热情大增

江西成立了省旅游招商引资和项目推进工作领导小组，每月一次调度，及时掌握全省旅游项目推进情况，及时协调调度遇到的困难和问题。与省金融办、省旅游集团举办了全省旅游投融资发展工作交流暨"百家银行进千企"旅游业专场对接会，会上共有 41 个政银企合作项目顺利签约，签约金额达 381 亿元。加快推进旅游索道建设和招商引资，北京起重运输机械设计研究院公司落户南昌进贤。各设区市积极组建旅游集团（公司）在旅游建

设和项目投资上发挥了非常重要的作用。2017 年全省招商引资新签约旅游项目 218 个，签约资金 2158.37 亿元，占年度目标任务的 215.84%，组织实施重点旅游项目 569 个，完成投资 621.54 亿元，占年度目标任务的 103.59%。

（四）着力创建高端品牌，品质旅游全面提升

积极推动旅游与中医药、工业、体育、文化、生态等各领域融合发展，积极推动健康旅游、体育旅游、工业旅游、科技旅游、生态文化旅游等新业态新产品发展。宜春市明月山温汤旅游度假区晋升国家级旅游度假区。抚州大觉山、上饶龟峰景区成功创建国家 5A 级旅游景区。上饶获批国家首批中医药健康旅游示范区，安源景区成功入选国家工业遗产旅游基地，庐山西海风景名胜区被评为"国家体育旅游示范基地"创建单位。吉安市按国家 4A 级景区标准启动了 15 个旅游业集聚区建设。全年创建江西省工业旅游区（点）15 家，认定 5 处景区为首批"江西省商业旅游文化融合发展示范区"。

（五）着力深化体制改革，"局改委"工作全面完成

扎实推进大武功山经营管理体制改革，省旅游集团和宜春、吉安、萍乡三市紧密配合，以市场化运作的方式推进整合，建立了"一母三子"的经营运行框架，统一了门票，有了一些新项目落地，取得了阶段性成果。积极推进省旅游集团混合所有制改革和各地旅游综合改革。全省 100 个县的旅游局全部改为旅游发展委员会，成为全国第一个完成省市县三级"局改委"的省份。全省旅游市场综合监管体制改革加快推进，共成立旅游警察队伍 16 支、旅游工商分局 13 个、旅游巡回法庭 31 个。

（六）着力提升旅游服务，江西旅游形象全面提升

坚持标准、有进有出，扎实开展 4A 级及以下景区复核工作，2 家 4A 级景区被摘牌，7 家 4A 级景区被警告限期整改。开展了 3A 级以下景区复核工

作，实现省、市、县、景区四级联动。全省认真开展了"春季行动""暑期整顿""秋冬会战"专项整治行动。认真开展了星级饭店、星级旅行社、旅游强县等评定验收，加快推进温泉旅游企业星级标准、绿色旅游饭店标准实施。南昌香格里拉大酒店等 6 家被评为"金树叶级绿色旅游饭店"，南昌洗药湖山庄等 5 家被评为"四星级"旅游饭店，江西教之旅国际旅行社等 3 家旅行社被评为"五星级"旅行社，吉安市青原区、鄱阳县、湖口县被评为第三批江西旅游强县。江西远达国际旅行社有限公司、江西婺源旅游有限公司江湾分公司、江西婺源县乡村文化发展有限公司被国家质量监督检验检疫总局、国家旅游局评为"全国旅游服务质量标杆培育试点单位"。九江市永修县被农业部、国家旅游局评为"全国休闲农业和乡村旅游示范县"。

（七）着力擦亮红色旅游，红色旅游确立重要地位

制定出台了《江西省贯彻落实〈2016~2020 年全国红色旅游发展规划纲要〉实施方案》。与全国 24 个省（区、市）旅发委共同发起成立了中国红色旅游推广联盟，联盟秘书处永久设在江西。24 个省组团参加江西主办的红博会，获得国家旅游局和全国旅游行业的高度赞誉。南昌市举办了第五届国际军乐节，在美国纽约开展"庆国庆，全球共唱《英雄赞歌》"音乐快闪活动。萍乡市莲花县沿背村充分发掘甘祖昌将军和龚全珍老阿姨先进事迹，发展"民宿"学习教育模式，打造"全国党员干部教育基地"。赣州市印发了《支持瑞金打造红色旅游目的地的意见》。上饶市举办"庆国庆·全民诵读《可爱的中国》"活动，在央视新闻联播节目播出。吉安市举办了"上海、吉安、嘉兴、遵义、延安红色旅游合作第一次联席会议"；红色培训领跑全国，全年共举办培训班 6458 期，培训学员 40.89 万人次。

（八）着力推进乡村旅游，开创扶贫富民新渠道

先后印发了《关于进一步加快发展乡村旅游的意见》《江西省促进乡村旅游发展提质升级实施方案（2017~2020）》《乡村旅游点质量等级划分与评定》《乡村风情旅游小镇创建指南》等，在赣州市龙南县召开 2017 年全

省乡村旅游工作会议。全年共创建省 5A 级乡村旅游点 3 个，4A 级乡村旅游点 8 个，旅游风情小镇 10 个。婺源荣获国家旅游局授予的"中国优秀国际乡村旅游目的地"称号，大余丫山被国家旅游局评为"第三届中国乡村旅游创客示范基地"。吉安市培育了神山村和案山村等乡村旅游示范点。全省通过乡村旅游扶贫产生 68 万就业岗位，辐射 160 万人受益，带动 45 万农民致富增收，辐射全省 580 个建档立卡贫困村，助力全省 3.3 万建档立卡贫困户、10 万建档立卡贫困人口脱贫。

（九）着力强化旅游宣传，新政策引爆入境旅游热潮

在香港成功举办了"江西风景独好"（香港）旅游推介暨项目招商会。同时成立了江西旅游（港澳）推广中心。出台了优惠政策，大力支持昌北国际机场冲千万人次，强力吸引省内外航空游客，仅国庆期间昌北机场运输旅客就同比增长了 78%。认真组织了赴俄罗斯、瑞典、美国、澳大利亚等国家开展了境外推广活动。在央视、高铁站、机场等地投放江西旅游形象广告，冠名"江西旅游号"高铁，摄制《乘着高铁游中国·江西篇》微纪录片，开展"第九届全国网络媒体江西游"活动，在"江西风景独好"微信全年发表推文近 1000 篇。积极实施"引客入赣"计划，签订了一批务实的旅游合作协议。各地各景区一大批旅游节庆活动亮点纷呈，"江西风景独好"品牌形象不断丰富。

（十）着力建设智慧旅游，旅游创新发展速度提升

加快推进江西旅游景区与国家旅游产业运行监测与应急平台 4A 级旅游景区数据接入工作，实现全省 4A 级景区数据接入率 92.2%，获国家旅游局信息中心通报表彰。省旅游大数据中心落户上饶并建成运营。江西旅游网、江西红色旅游网、赣游通土驴网平台同步上线，全年 B2B 赣游通平台实现在线营收 1200 万元。鹰潭市实现全市 3A 级以上的景区 WIFI 全覆盖，推出全国第一个全面集聚地市级旅游六要素的全域旅游信息化平台。赣州市推出了赣州智慧旅游 APP2.0 升级版本，发挥了"一机在手，游遍赣州"旅游宣

传及服务作用。上饶市与腾讯旅游合作全程直播宣传在婺源思溪延村举办的大型跨国婚礼，超百万网民点击观看。吉安市完成了智慧旅游平台和旅游电商服务平台（APP）建设，结合智慧旅游发行了"旅游惠民卡"7万张，开通了3条旅游公交专线。

（十一）着力加强教育培训，旅游人才保障不断加强

江西省旅发委与南昌大学签署了《江西省旅游发展委员会与南昌大学合作框架协议书》，设立了南昌大学旅游研究院。联合江西财经大学办了第二届旅游产业高级管理人才研修班。全年举办了全省全域旅游专题研讨班、全省旅游扶贫暨乡村旅游管理培训班等。江西9所学校14个项目入选国家旅游局"万名旅游英才计划"实践服务型英才培养项目。各市也加大了培训力度，举办了各类有针对性的业务培训班和培训活动。

二　当前旅游发展存在的问题和困难

（一）区域旅游发展不平衡与全域旅游发展要求不相适应

目前，全省旅游产业呈现区域发展不均衡的局面，总的来说是"东强西弱，北强南弱"的格局。从目的地方面来看，赣东北旅游目的地的接待能力与服务水平明显优于中西部，赣西、赣南生态环境好，受到交通基础设施等因素的制约，起步较晚，目前还基本上处于粗放式发展阶段，市场化程度落后于赣东北。从客源地方面来看，东、中、西三大区域之间客源地潜在出游力呈现7:2:1的三级递减的分布。东西之间、南北之间的旅游发展，表现出了不平衡的状态。

（二）旅游产品结构不合理与多元化旅游消费不相适应

当前我国旅游消费规模稳步扩大，国民旅游需求不断释放，旅游消费持续升温。《2016～2017中国旅游消费市场发展报告》指出，在不断升级

的旅游需求推动下，以亲子游、爸妈游为主的家庭游火爆；自由行、品质游、度假休闲旅游市场规模逐步扩大；品质团、定制游成为旅游消费升级新标志。江西旅游产品以山水观光为主导，针对个性游、自主游、深度游、高端游以及综合性度假产品的开发相对不足，滞后于新时代旅游发展需求。

（三）旅游公共服务不完善与品质化市场需求不相适应

在传统观光旅游模式下，旅游者对于旅游产品的关注主要集中于旅游吸引物，现在旅游者除了关注吸引物这一核心产品外，开始关注基础设施、公共服务、生态环境等辅助产品和外围产品，旅游走向全方位、全过程、全覆盖。经过多年的努力，江西取得令人瞩目的以厕所为引领的旅游公共服务建设成绩，但从整体上看，仍然存在停车难、如厕难、休息难、指路难等发展"痛点"，尤其是在乡村地区更明显。

（四）旅游人才队伍建设与旅游综合发展需要不相适应

近年来，江西创新开展了"百县千人"培训班、高级研讨班、金牌导游培训等具体的多层次、多平台、多方向人才培养工程，为旅游业培养了大量的高级专业人才，对江西旅游业发展产生了重要而深远的影响。随着乡村振兴战略的实施、全域旅游的深入推进，全省乡村旅游、智慧旅游、旅游营销等专业人才短缺的问题将进一步凸显。

三 2018年全省旅游发展构想

2018年是贯彻党的十九大精神的开局之年，是改革开放40周年，是决胜全面建成小康社会、实施"十三五"规划承上启下的关键一年。

（一）指导思想

以习近平新时代中国特色社会主义思想为指导，深入学习贯彻党的十九大精神，深入实施省委"创新引领、绿色崛起、担当实干、兴赣富民"工作方针，牢牢把握高质量发展要求，加强规划引领，深化改革创新，以优质旅游、全域旅游为引领，推动旅游业提质增效和转型升级，大力发展红色旅游、乡村旅游、入境旅游、智慧旅游，重点突破境外营销，进一步提升"江西风景独好"品牌影响力，全面加快旅游强省建设，把旅游业打造成国民经济战略性支柱产业和综合性幸福产业，进一步发挥旅游在促进消费升级、优化产业结构和推动脱贫攻坚中的作用，为决胜全面建成小康社会、建设富裕美丽幸福现代化江西做出新的更大贡献。

（二）总体要求与总体目标

紧扣"一条主线"，就是深入学习宣传贯彻习近平新时代中国特色社会主义思想和党的十九大精神，用伟大的思想指导旅游工作的新实践。全省旅游产业发展都要紧紧围绕这条主线谋划、部署、推进。明确"三个目标"，就是发展优质旅游、推进全域旅游，加快旅游强省建设。狠抓"四个重点"，就是红色旅游、乡村旅游、入境旅游、智慧旅游工作。办好"十件实事"，就是全年抓好十件具体事，创造性地开展工作。

2018年全省目标接待总人数6.8亿人次，旅游总收入8160亿元，同比分别增长20%和27%。

（三）主要举措

1. 发展优质旅游，推进全域旅游，加快旅游强省建设

深入贯彻习近平新时代中国特色社会主义新思想，努力改革创新，明确江西旅游发展的三个战略目标。一是围绕一个"优"字，开创优质旅游新阶段。2017年中央经济工作会议强调"推动高质量发展是当前和今后一个时期确定发展思路、制定经济政策、实施宏观调控的根本要求"。旅游业是国民经济战略性支柱产业和综合性幸福产业，推动旅游业提质增效和转型升级、实现优质发展，是必然之举。因此，江西要从量的高速扩张转向质的全面提升，使旅游产业从"有没有"转向"好不好"，创造更加安全、

更加文明、更加便捷、更加快乐的旅游产品，努力满足人民群众对美好生活的追求。二是围绕一个"全"字，构建全域旅游新格局。发展全域旅游核心是要使旅游业向全社会、多领域、综合性的方向迈进，让旅游业融入经济社会发展全局，跳出旅游抓旅游，使旅游业从事业向产业转变、从"点和线"向"面和域"转变。江西要将全域旅游的推进工作作为一个阶段的发展目标。三是围绕一个"强"字，开启旅游强省建设新征程。2013年江西省委省政府提出旅游强省战略以来，江西旅游业发展取得了明显的进步，旅游强省阶段性目标基本实现。但必须清醒地认识到，旅游强省目标尚未实现。既需要志当存高远的豪情，又要有抓铁有痕、踏石留印的务实精神，更要有不忘初心、牢记使命的历史担当，始终坚持旅游强省建设不动摇，将其作为江西旅游产业发展的更高目标，与全国建设世界旅游强国目标保持高度一致，使旅游产业在建设富裕美丽幸福现代化江西中发挥更重要的作用。

2. 狠抓红色旅游、乡村旅游、入境旅游、智慧旅游

一是红色旅游要领跑全国。以建国 69 周年、改革开放 40 周年为契机，以邓小平改革开放思想孕育所在地"南昌小平小道"为原点，结合红色旅游主题在各地举办富有特色的节庆活动。巩固中国红色旅游推广联盟成立的成果，完善提升省内六条红色旅游精品线路，大力挖掘江西农村地区红色旅游资源，深化红色旅游与乡村旅游以及农村一二三产业融合发展。推进红色旅游示范试点建设工作，推动井冈山和瑞金在全国率先创建"国家红色旅游示范基地"和"国家红色旅游示范城市"。加大全国红色旅游创新发展研究基地的建设力度，组建好红色旅游专家智库，以"产学研"智力共享为思路构建江西省红色旅游专家委员会。维护好、运营好中国红色旅游推广联盟官方网站和微信宣传平台。二是乡村旅游要实现大发展。全面实施乡村振兴战略，将发展乡村旅游和旅游扶贫作为实施乡村振兴战略的重要举措。大力推进全省乡村旅游扶贫再提升，推动厕所革命向乡村旅游领域倾斜，健全完善乡村旅游和民宿标准体系。加快成立全省旅游协会乡村旅游分会和民宿分会。加大 4A、5A 级乡村旅游点创建力度，加快推进江西省旅游风情小镇

建设，串联打造乡村旅游特色精品线路，推出"江西省十佳乡村旅游商品"。加大乡村旅游品牌创建力度，力争实现每个设区市都有5A级乡村旅游点，每个县都有4A级乡村旅游点、旅游风情小镇和精品民宿，推进优质旅游在乡村旅游领域大发展。三是入境旅游要取得大突破。要加快成立全省入境游推进工作领导小组，从省级层面拿出1000万元左右资金用于境外营销及入境旅游组团社奖励。要以我国港澳台、东南亚、东北亚和欧美市场为重点目标市场，进行旅游营销推广。在我国港澳台及境外设立境外营销联络站点及网络。加大境外网络推广和广告投放力度，通过在国际重要社交媒体平台Facebook（脸书）等设立官方帐号，发布和更新江西旅游内容，开展线上线下互动来提升江西旅游知名度。大力发展入境旅游包机。四是智慧旅游要有新提高。发挥科技优势，提高大数据、云计算、物联网在全省旅游业的应用水平，对全省4A级以上景区视频数据应用工作，实现平台实时掌握景区人流量、景区周边道路拥堵情况，实施对突发事件的监测预警及应急处置。积极深度利用景区、酒店、旅游大巴等数据资源，增强工作效能及应急预警与协同管理能力。推进全省旅游视频会议系统建设，尽快实现省、市、县三级旅发委及4A以上旅游景区的视频会议的互联互通。依托土驴网开设全省旅游商品展示区，开展乡村旅游服务平台建设。开发全省入境旅游团队管理系统，为全省境外营销提供数据服务。大力支持赣东北旅游一体化三市旅游一卡通（旅游护照）发放推广。

3. 抓实推进六项工作

一是精心策划和举办好各项旅游大会。精心办好2018年全省旅游产业发展大会，积极抓好招商引资和办好全省旅游投资发展大会，认真办好中国红色旅游推广联盟年度工作会议等，以这些旅游大会在江西的召开为契机，精准策划并举办好各项活动，以充分展示和提升江西旅游的亮点和特色，进一步提升"江西风景独好"品牌影响力。二是扎实推进城乡"厕所革命"一号工程，提升旅游公共服务水平。认真抓好《江西省厕所革命新三年行动计划（2018～2020）》中2018年任务的全面落实。加快推进有条件的县（区、市）配备建设游客服务中心，实现县县都有游客服务中心。进一步加大招商引资力度，引进国际、国内品牌企业和酒店管理公司，出台激励旅游饭店创建品牌的奖励优惠政策，鼓励宾馆、饭店创建品牌，提升运营管理水平。三是切实抓好4A、5A景区的创建工作。争取2018年江西再创建1~2个5A级景区。全省上下都来支持推动南昌市滕王阁旅游区、萍乡市武功山景区、新余仙女湖、庐山西海、婺源篁岭、安远三百山等地创建国家5A级旅游景区。全省各市要全面创建国家4A级景区。同时，坚持品牌不搞"终身制"，今年要对4A级景区复核检查和整治。有关市旅发委要积极汇报，要求市委、市政府主要领导亲自过问、亲自抓、主动抓，重视支持5A景区的打造，把创建5A级景区工作作为一件大事抓紧、抓好。四是以入境旅游为重点，精心组织好2018年系列营销活动。办好旅游网站、新媒体等。加快成立《中国旅游报》江西记者站，办好《旅游画刊》、江西旅游电视频道、江西旅游视听网。认真组织开展中国香港、中国台湾、美国、东南亚等国内外地区的旅游宣传推广活动，做好万里茶道旅游推广活动，"5·19"全国旅游日活动，高铁航空引客入赣推广活动，境外媒体、旅行商、网络达人踩线活动等系列营销活动。举办好江西省首届"国际旅游消费节"。五是扎实抓好旅游安全生产工作。严格落实旅游安全责任制，加强组织领导，建立健全旅游安全责任体系，成立以"一把手"为组长的旅游安全领导小组；加强监督检查，确保旅游安全稳定。加强应急管理，提高突发事件应对能力，完善应急预案，建立报告制度。加强旅游风险提示，提高旅游安全防范意识；加强旅游安全宣传培训，在全省范围组织开展"旅游安全宣传月"。加大问责力度，实行旅游安全"零"容忍。六是切实抓好文明旅游与培训工作。开展好文明旅游各项主题活动，引导旅游者低碳出行，形成绿色消费自觉。启动对游客和旅游企业不良行为的追究措施。加强旅游市场秩序综合监管，制定行之有效的措施，将旅游市场监管向纵深推进，积极营造良好的经营环境和服务环境。进一步加大培训力度，以优质旅游和全域旅游为主要内容，全面组织开展对旅游重点领域负责人的培训工作；大力开展对乡镇负责人、乡村旅游带头人、乡村旅游企业管理人员以及导游员、红色旅游讲解员的培训工作。

参考文献

欧阳泉华：《赣江两岸春潮涌　实干兴旅展新篇》，《中国旅游报》2018 年 3 月 22 日。

朱虹：《江西旅游的"密码"》，《江西日报》2017 年 2 月 24 日。

胡海胜：《地方旅游智库建设的思考——以江西旅游发展研究中心为例》，《中国旅游评论》2016 年 9 月 30 日。

周颖、曹国新：《江西景区供给侧改革的五点思考》，《中国旅游报》2016 年 4 月 11 日。

B.6
江西科学技术发展报告

江西省科技厅课题组*

摘　要： 2017年江西从完善创新政策体系、实施创新重大科技工程、加大全社会研发投入、深化科技体制机制改革等方面持续发力，推动重点领域科技创新不断取得新的突破。文章从制约江西科技创新的现实问题入手，建议2018年江西要以实施创新驱动"5511"工程倍增计划为抓手，以开展"高新技术企业发展年"活动为重点，以深化科技体制机制改革为动力，切实提高科技对经济发展的贡献率，为建设富裕美丽幸福现代化江西提供有力的科技支撑。

关键词： 科技创新　创新型省份　提质增效

2018年是贯彻落实党的十九大精神的开局之年，是改革开放40周年，是决胜全面建成小康社会、实施"十三五"规划承上启下的关键一年。本报告旨在回顾2017年江西省科技工作，展望2018年全省科技发展形势，并提出若干对策建议。

一　2017年江西科技发展工作回顾

2017年，江西省围绕建设创新江西目标，以创新驱动"5511"工程提

---

* 课题组组长：洪三国，江西省科技厅厅长；副组长：章秀峰，江西省科技厅办公室主任；成员：王志勇，江西省科技厅办公室副调研员。

质增效为主线，以加大全社会研发投入为重点，突出重点领域的创新突破，努力增加科技创新有效供给，为建设富裕美丽幸福现代化江西提供强有力的科技支撑。重点抓了以下工作。

（一）科技创新政策体系不断完善

一是出台《江西省创新驱动发展纲要》，为全省创新引领发展提供路径指引，明确2020年进入创新型省份行列的战略目标。二是制定《关于加快赣江新区科技创新引领发展的若干政策措施》，从开展新型研发机构政策试点、积极推行科技创新券试点示范等方面支持赣江新区创新发展。三是起草《关于加快县域创新驱动发展的实施意见》，完善区域创新体系，推进县域创新驱动发展。四是深入推进科技计划改革。出台项目（平台、载体等）评审标准45个，经费投入进一步集中，2017年科技项目比2016年减少近50%。

（二）创新驱动"5511"工程稳步实施

在重大科技专项上，重点聚焦航空及先进装备制造、生物和新医药、新材料、节能环保、新一代信息通信等全省重点发展的战略性新兴产业，遴选出江西省重大科技研发专项11个；新组建科技协同创新体16家，其中采用借款扶持方式的10家、贷款贴息方式的6家。在平台载体建设上，新增国家级科技企业孵化器6个、国家级众创空间32个、国家级创新型产业集群试点2个、国家级"星创天地"20个。积极创建江西鄱阳湖国家自主创新示范区，完成《江西鄱阳湖国家自主创新示范区建设方案》的编制工作。九江共青城、宜春丰城2个省级高新区成功升级为国家级高新区。指导稀土和脐橙2家国家工程技术研究中心顺利通过科技部组织的验收。新组建省重点实验室和工程技术研究中心67家，其中公益类21项，企业类46项。在人才队伍建设上，新增国家级创新人才29位，其中千人计划人才10位、国家杰出青年基金获得者1位、中青年科技创新领军人才2位、科技创新创业人才4位、重点领域创新团队2个、国家百千万人才10位。推荐3位女青年为第十四届中国青年女科学家和 2017 年度未来女科学家。评定 2017 年省主要学科学术和技术带头人资助计划人选 35 名、省杰出青年人才资助计划人选 104 名、省优势科技创新团队 18 个。在高新技术企业培育上，将每年 1 次的高企申报认定改为 2 次，认定高新技术企业 1049 家，净增 682 家，提前完成"十三五"原定目标。

（三）全社会研发投入攻坚行动成效初显

为落实全省加大全社会研发投入攻坚行动推进会部署，厅领导带队深入 11 个设区市开展研发投入督导工作。制定《江西省加大全社会研发投入攻坚行动考核办法》，对全省主要企业、高校和科研院所的研发投入目标进行分解，在全省范围内开展多层次的研发投入统计培训和辅导。对增幅和总量位居前列的规上工业企业、高等院校、科研院所进行奖励支持，共有 69 家单位获得后补助支持。最新统计数据显示，2017 年研究与试验发展经费支出达 250.1 亿元，占 GDP 的比重为 1.2%，比上年提高 0.08 个百分点。

（四）重点领域创新升级扎实推进

一是大力发展高新技术产业。7 个国家级高新区有 6 个实现进位，其中南昌高新区由第 49 位上升到第 40 位，进入国家高新区的第一方阵；新余高新区上升 32 位，是全国进位最快的高新区。新增省级高新区 5 个，总数达到 12 个，比上年增长 70%。全省高新技术产业增加值占规模以上工业增加值的比重达到 30.9%，同比提高 0.8 个百分点。二是加速推动农业农村科技创新。共有 20 项课题（或研究任务）获得国家立项支持，获批经费 7223 万元。其中，由省农科院等单位承担的"长江中下游东部双季稻区生产能力提升与肥药精准施用丰产增效关键技术研究与模式构建"项目获国拨经费 3422 万元。三是努力提升生态文明建设和民生保障科技支撑能力。争取国家项目（课题）16 项，争取国家专项经费 8878.6 万元。遴选出大气污染防治技术 8 项、水污染防治技术 14 项和土壤污染防治技术 11 项。认定节能减排科技创新示范企业 48 家。赣州市成功获批"国家康复辅助器具产业综合创新试点"。四是基础研究工作稳步推进。2017 年江西省获国家自然科学基金项目 840 项，争取直接经费 3.15 亿元，分别比上年增长 8.5% 和 10.5%，再创历史新高。

（五）科技成果转化应用步伐加快

一是积极推进国家科技重大专项成果转化。2017 年 9 月 13 日，科技部、工信部、省政府签订"共同推进新一代宽带无线移动通信网国家科技重大专项成果转移转化试点示范框架协议"，标志着全国第 2 个国家科技重大专项成果转移转化试点示范正式落户江西。二是印发《江西省促进科技成果转化行动方案（2017～2020 年)》，举办 4 场全省性大型科技成果在线对接会，征集项目成果 10996 项，企业技术需求 755 项，实现技术对接 1648 次，达成意向 328 项次。不断加强、完善和规范全省科技成果登记工作，2017 年全省科技成果共登记 7 个批次 640 项。三是进一步完善"网上常设技术市场"服务功能，汇集省内外科技成果和专利技术 21264 项、技术需求 639 项、技术专家 33048 人，服务企业 4423 次，实现对接 2406 次。与南昌市科技局在南昌高新区共同筹建常设技术交易市场，加强对已建成的 5 家国家级技术转移示范机构、4 家中国创新驿站区域站点（基层站点）及两批 22 家省级技术转移示范机构的扶持引导，2017 年全省技术合同成交 2404 项、总金额 96.19 亿元，同比分别增长 21.1% 和 21.7%。

（六）科技创新创业服务不断强化

一是大力开展专家顾问团精准帮扶活动。全省 11 个专家帮扶顾问团共派出专家 338 位，帮扶企业 351 家，解决技术难题 407 个。二是积极开展"降成本、优环境"专项行动。挂点联系的南昌经开区和丰城高新区预计全年可减负 27.31 亿元。三是深入实施科技特派团富民强县工程。2017 年选派 1288 名科技人员，组成 255 个科技特派团，继续对接全省 92 个县（市）农业产业开展技术服务、科技成果转化和科技培训。四是大力推动双创平台载体建设。2017 年新认定省级科技企业孵化器 24 个、省级众创空间 37 个、省级大学科技园 7 个。

（七）科技开放合作有力推进

一是积极推进与大院大所、重点高校的科技合作。签署《江西省人民政府中国科学院全面战略合作协议》《江西省科技厅中国农业大学科研院科技合作协议》，引进共建"中科院海西研究院赣州稀金产业研发中心"等。成功举办"赣州中国稀金谷科技成果对接会"等活动，推进中科院江西亚热带植物园筹建和推进中科院地理科学与资源研究所分所建设。二是积极推进赣京科技合作。签署《江西省人民政府北京市人民政府进一步深化赣京合作框架协议》，加强两地在科技政策、条件平台、高端人才、科技服务和区域科技创新方面的合作交流与互动。三是积极推动区域科技合作。成功主办首届世界赣商大会科技与创新论坛、第十五届"泛珠三角"区域科技合作联席会，促进区域科技合作和交流。四是加强国际科技合作。参加"中菲第十四届科技联委会"，成功举办"发展中国家培训班"，与"一带一路"国家开展相关合作、建立沟通的桥梁。

（八）科技金融加快融合发展

一是积极开展"科贷通"业务。新安排省科贷补偿资金 1600 万元，省市联动科贷补偿资金规模达到近 1 亿元。新增"科贷通"贷款 6000 多万元，累计达到 1.1 亿元；新增贷款企业 37 家，累计 51 家；新增科贷通备选企业 134 家，累计达到 280 余家。江西省"科贷通"业务三方合作签约暨科贷通手机 APP 发布仪式在赣江新区正式启动。省科技担保公司累计开展对外担保业务 200 余笔，担保支持的贷款金额累计 11.447 亿元。目前在保的贷款余额 2.45 亿元，在保企业家数 52 家。二是积极推进省科技成果转化引导基金设立创投子基金工作。省科技成果转化引导基金向苏州清研资本申报的"南昌市鼎滴投资管理中心（有限合伙）"出资 3000 万元，设立 1.5 亿元规模的创投子基金。三是举办科技金融对接会。在全省范围内征集了

200 多个项目，从中精心挑选了 10 家优秀科技企业，进行路演培训，在深圳高交会期间举办江西省科技金融对接会，全省 10 家企业的优秀项目与深圳 6 家投资机构分别签署了投资意向书。

（九）知识产权强省建设迈出新步伐

一是专利申请授权量快速增长。2017 年全年受理专利申请 70591 件，授权专利 33029 件。二是积极做好知识产权改革试点工作。南昌市获批为国家重点产业知识产权运营服务试点城市，赣州市、抚州市被确定为国家知识产权试点城市。东乡县、安义县、临川区为国家知识产权强县工程示范县，实现全省知识产权强县工程示范县零的突破。全省 10 个县被国家知识产权局列为国家知识产权强县工程试点县，试点县数量位居全国第一。获批全国首批专利代理行业改革试点省份，新增 13 家代理机构，实现各设区市专利代理机构全覆盖。三是执法维权体系不断健全。抚州市专利行政执法支队挂牌成立，开全省市级专利行政执法支队建设的先河。四是专利金融工作再创佳绩。九江经济技术开发区等 4 个单位获批为国家知识产权质押融资试点单位。2017 年，全省质押融资额 7.99 亿元，同比增长 142%，增幅列全国第一。五是入园强企"十百千万工程"升级版取得新成效，新认定省级知识产权（专利）孵化中心 6 家。省知识产权局被国家知识产权局评为企业知识产权工作先进集体，并在 2018 年全国知识产权工作会议上作典型发言。

2017 年，江西在推进创新型省份建设上做了大量工作，但仍存在一些问题和困难：一是高端研发平台匮乏。江西研发平台在数量建设上取得了较大进展，但在全国有地位、有分量、有影响力的高端研发平台仍然非常少。二是企业创新主体作用发挥不够。在企业创新方面，研发投入、发明专利、高企占比等重要指标，与兄弟省份比还存在很大差距。三是科技创新投入有待进一步加大。从 R&D 投入强度看，2017 年全省全社会 R&D 投入强度仅为 1.2%，要达到 2020 年 2.0% 的目标难度很大。四是县域科技工作有待加强。全省 100 个县（市、区），有 26 个撤并了当地的科技管理部门。这些问题和不足，有待我们在今后工作中不断解决和弥补。

表1　2015~2017年江西省科技创新主要指标比较

指标名称	2015 年		2016 年		2017 年	
全国综合科技进步水平指数江西位次	第 22 位		第 20 位		未公布	
全社会研发投入经费支出	投入总量（亿元）	投入强度（%）	投入总量（亿元）	投入强度（%）	投入总量（亿元）	投入强度（%）
	173.2	1.04	207.31	1.12	未公布	1.2（公报数）
高新技术产业总产值(亿元)	7560.66		9512.55		10318.6	
国家高新技术企业(家)	1095		1455		2138	
专利	专利申请（件）	专利授权（件）	专利申请（件）	专利授权（件）	专利申请（件）	专利授权（件）
	36936，同比增长44.3%	24161，同比增长74.7%	60494，同比增长63.8%	31472，同比增长30.3%	70591，同比增长25.2%	33029，同比增长4.9%
国家级科技奖励(项)	12		12		2	
技术合同交易额(亿元)	64.83		79.01		96.16	

数据来源：江西省科技厅。

二　2018年江西科技发展工作展望

2018 年，江西将启动实施创新驱动"5511"工程倍增计划，以开展"高新技术企业发展年"活动为重点，切实提高科技对经济发展的贡献率。

（一）实施创新驱动"5511"工程倍增计划

力争新增 20 个国家级创新平台和载体、20 个国家级人才或团队、20 家科技协同创新体，实施 10 项重大科技专项，认定 1000 家高新技术企业。积极推进高新区提质增效工作，重点推进江西鄱阳湖国家自主创新示范区申报。全力做好省部共建核资源与环境国家重点实验室（东华理工大学）和省部共建轨道交通基础设施运维安全国家重点实验室（华东交通大学）的立项组建工作。

（二）完善科技创新政策制度

抓紧制定《江西省深化科技奖励制度改革实施方案》，着手修订《江西省科学技术奖励办法》及《实施细则》，强化评审过程的精细化管理。调研起草《江西省技术转移体系建设实施方案》，加快推动重大科技成果转化应用，更好发挥技术转移对提升科技创新能力、促进经济社会发展的重要作用。修订出台《江西省科技创新平台和载体后补助管理办法（试行）》《江西省科技型中小企业创新基金管理暂行办法》和《江西省科技型中小企业信贷风险补偿资金管理办法（试行）》等文件，进一步规范科技经费的管理和使用。

（三）持续推进全社会研发投入攻坚行动

以深入实施《全社会研发投入攻坚行动考核办法》为抓手，推动完善各部门和省、市、县三级联动机制，主动会同统计、税务等部门建立企业研发投入动态信息监测机制，及时监测跟踪重点企业及高新技术企业创新活动情况，适时开展评估总结，褒奖先进、问责问效。进一步开展研发投入后补助，充分调动研发投入主体的积极性，力争全社会研发投入占 GDP 的比重达到 1.4%，增幅进入全国前列。

（四）大力实施高新技术企业发展年活动

坚持高新技术企业数量扩张与质量提升并举、壮大规模与提高创新能力并重，力争全年认定高新技术企业 1000 家，净增 500 家。深入开展认定新政策培训活动，不断充实认定评审专家库。建立覆盖县（市、区）、规模达 3000 家的高新技术企业培育库，并实行动态管理。启动实施高新技术企业培育"双百"工程，将 100 家高新技术企业转成规模以上企业，100 家规模以上企业转成高新技术企业。评选发布百强优质高新技术企业，修改完善统计与评价考核制度，积极营造加快发展高新技术企业的氛围。

（五）深化科技体制机制改革

一是推进新型研发机构建设。抓紧出台《关于加快新型研发机构发展的若干意见》，对新型研发机构的概念与类型进行界定，并从部门职责、优惠政策、资金支持、项目安排、人才扶持、税收优惠、科技金融等方面提出支持政策措施。组建一批围绕产业发展需求，主攻产业关键共性技术的新型研发机构。二是重点做好研发经费加计扣除、科研人员创新创业若干规定等激励政策的宣讲和解读，协调相关部门，确保政策落实到位。三是大力促进科技金融结合。深入实施"科贷通"，扩大地区覆盖面和科技型中小企业受益面，力争科贷通贷款达到 1.5 亿元。发挥省科技成果转化引导基金作用，进一步聚焦生物医药、航空航天等领域，争取设立 1~2 支子基金。积极推广科技担保模式，联合省内相关担保机构组建科技担保联盟，为更多科技企业提供科技贷款担保，力争年末在保余额达 3 亿元，同时做好风险防控，将担保代偿率控制在 2% 以下。开展知识产权质押融资，完善科技型企业"投、贷、债、保"联动机制。将科技金融对接活动常态化，使参与的金融机构多样化，争取每月至少举办 1 场路演活动。

（六）增加科技创新有效供给

一是大力发展高新技术产业。围绕航空及先进装备制造、锂电及电动汽车、新材料、新能源、新一代信息技术、新一代人工智能等领域，重点攻克一批关键技术，开发一批新产品和新装备。强化国家及省级高新区、高新技术产业化基地、科技企业孵化器、众创空间等高新技术创新载体建设。积极推进科技型中小企业评价，落实科技型中小企业研发费用加计扣除优惠政策，激发中小企业创新活力，力争入库企业突破 2000 家。二是大力推动现代农业技术创新。围绕绿色农业生产、现代种业和农产品精深加工、农业农机装备和农业农村信息化等重点领域，以产学研用联合机制，组建农林产业技术创新中心，组织开展关键技术及产品研发，突破一批重大关键技术。三是大力推进民生领域和生态文明科技创新。积极争取将针灸（热敏灸技术）

纳入国家级临床医学研究中心建设，争取组建 1～2 个国家级临床医学研究中心分中心和 1～2 个省部共建临床医学研究中心。围绕"净空、净水、净土"，开展关键技术研究。推进江西省生态文明科技示范基地建设，培育、认定节能减排科技创新示范企业。启动创建赣州市国家可持续发展议程创新示范区，为江西省生态文明试验区建设提供创新示范样板。

（七）强化科技成果转化应用

一是积极推进鹰潭国家科技重大专项转移转化试点示范工作，支持鹰潭依托中国信通院、华为、中兴、浪潮等及三大运营商的技术优势，打造包括重点实验室、双创中心、产业联盟在内的移动物联网产业公共服务体系，建设国内领先、国际一流的新一代宽带无线移动通信网公共技术服务平台、公共应用服务平台、产业发展服务平台三大平台。二是完善"网上常设技术市场"服务功能，努力实现科技成果在线对接常态化，促进与南昌市科技局共建的常设技术交易市场尽快投入使用。逐步打造"展示、交易、共享、服务、交流"五位一体的综合服务平台，面向技术供需各方提供一站式服务。三是充分发挥技术转移示范机构、生产力促进中心、产业技术创新战略联盟等创新载体功能，打造网络化、专业化的技术转移服务体系，力争2018 年度全省技术合同成交额保持 10% 左右增幅。四是深入开展科技精准帮扶工作。继续对接南昌经开区、丰城高新区，积极开展"降成本、优环境"专项行动。以科技特派团为抓手，实施科技扶贫"个十百千工程"，动员组织高校、院所、园区、企业等与贫困地区建立"一百个"科技扶贫帮扶结对，实现一千名科技特派员联系对接"一千个"贫困村。创新产学研合作机制，力争新培育 5 家省级产业技术创新战略联盟。五是加快推动"大众创业、万众创新"，支持领军企业和投资机构开设创客工场、创客学院、创客基金与众筹平台，促进更多专业化的"双创"平台发展壮大，不断提升平台创新创业服务功能。以农业科技园区和农业科技型企业为载体，深入推进"星创天地"建设，为科技人员、农村中小微企业、返乡农民工、大学生等提供创新创业空间、创业实训基地。

（八）扩大科技开放合作

一是加强与发达国家（地区）的科技合作。引进航空、电子信息、生物医药、新材料等领域的先进技术，重点解决产业发展面临的技术瓶颈，提高关键技术的开发与创新能力。二是加强与"一带一路"沿线国家或地区的科技合作对接。推动江西省相关单位建设海外科技园区，搭建技术和产品输出的承载和服务平台，组织参加各类科技成果展览对接活动，帮助江西省具有产业和技术优势的企业、科研院所和高校"走出去"。三是加强与"泛珠三角"区域的科技合作。参与制定区域科技创新基础平台共享规则，加强区域科技合作基地的横向交流和联系。组织全省科技型企业、研究院所和高校，参加"泛珠三角"区域各类会展会议和技术转移、对接活动。四是加大新型研发机构的引进共建力度，吸引更多的大院名校、央企、国企在江西省建立研究院所和分支研发机构，重点推进江西—中科院科技成果转移中心和中科院亚热带植物园建设。

（九）加强县域科技创新工作

一是贯彻落实《国务院办公厅关于县域创新驱动发展的若干意见》，出台江西省县域创新驱动发展的实施意见。按照国家统一部署，开展全省县域创新能力监测与评价工作。二是启动创建一批省级创新型县（市、区）和创新型乡（镇），引导支持有条件的县（市、区）创建国家级创新型县（市、区）、创新型乡（镇），高起点规划建设高新技术产业开发区、农业科技园区等创新创业平台，支持县（市、区）发展特色产业、培育壮大企业。三是建立适应县域创新驱动发展的组织领导体制和工作推进体系，强化县（市、区）科技管理队伍建设。支持有条件的县（市、区）制定创新发展规划，在科技管理、人才吸引等方面先行先试。

（十）强化知识产权创造、保护和运用

一是深入推进特色型知识产权强省建设，巩固完善南昌国家知识产权示

范城市建设，积极鼓励赣州、九江、新余、景德镇、上饶等市做好国家知识产权示范试点城市申报工作。二是深入实施发明专利提升工程、运营转化工程、执法维权工程、专利金融工程，出台《江西省发明专利提升实施方案》，力争建成覆盖全省的 20 家省级知识产权（专利）孵化中心，继续做好"中国南昌中医药电子信息"和"中国赣州稀土稀有金属知识产权保护中心"申报后续工作，积极打造"中部地区知识产权保护高地"。三是积极探索重点产业知识产权运营基金的运作模式，充分利用中央财政 4000 万元专项资金和南昌市财政配套的 2000 万元进行南昌市重点产业知识产权运营基金试点，促进知识产权转化运用。

参考文献

《开启新时代金融改革发展新征程》，《金融时报》2018 年 1 月 2 日。

崔吕萍等：《谋实、谋质、谋幸福！——全国政协委员热议中央经济工作会议》，《人民政协报》2017 年 12 月 21 日。

吴量亮等：《从"有没有"转向"好不好"》，《安徽日报》2017 年 12 月 27 日。

B.7
江西商务形势分析与展望

江西省商务厅课题组*

摘　要： 2017 年，江西商务经济呈现稳中较快增长的良好态势，主要经济指标量质齐升，多项指标总量或增速跃居全国前 10 位以内。2018 年，江西发展商务经济需要从战略高度把握大势、研判态势、找准方位，按照推动新时代商务经济高质量发展的要求，重点要聚焦引进中高端产业、重特大项目和创新型人才等八个方面的工作。

关键词： 新时代　高质量　商务经济

2017 年是江西商务发展不平凡的一年。在省委、省政府的坚强领导下，全省商务系统深入学习贯彻党的十九大精神，扎实推进商务领域稳增长、调结构、促改革、强开放、惠民生各项工作，圆满完成了省委、省政府赋予的各项目标任务，全省商务事业发展实现了新提升、新突破、新作为，为经济社会发展做出了重要贡献。

一　2017年江西商务经济发展回顾

2017 年，全省商务经济呈现稳中较快增长的良好态势，主要商务经济指标量质齐升，多项指标的总量或增速跃居全国前 10 位以内。

---

* 课题组组长：王水平，宜春市代市长，原江西省商务厅党组书记、厅长。副组长：方向军，江西省商务厅党组成员、副厅长。成员：陈建荣，江西省商务厅综合处处长；王春雷，江西省商务厅综合处副处长；杜宇超，江西省商务厅综合处干部。

表1 2017 年江西省商务经济运行情况综合统计

项 目		绝对数	同比(%)
国内贸易	社会消费品零售总额(亿元)	7448.10	12.30
对外贸易	进出口(亿元)	3020.04	14.50
	出口(亿元)	2222.60	13.30
	进口(亿元)	797.50	17.90
利用外资	合同外资金额(亿美元)	101.25	35.22
	实际利用外资金额(亿美元)	114.64	9.80
引进省外资金	新引进项目数(个)	2869	8.51
	引进省外项目金额(亿元)	6630.29	12.27
对外投资合作	对外承包工程完成营业额(亿美元)	42.60	8.12
	对外直接投资额(亿美元)	7.10	-42.59
口岸运行	进出口货重(万吨)	725.57	64.31
	南昌航空口岸出入境人员(万人次)	65.96	12.22
备注	1. 全省实际利用外资总量居全国第12位、中部第2位,增速居全国第7位;外贸出口总量居全国第13位、中部第2位;社会消费品零售总额增速居全国第2位、中部第1位;对外承包工程营业额总量居全国第8位。 2. 受宏观政策影响,近年来,全国对外投资步伐放缓,呈现负增长,江西对外投资也呈负增长。		

(一)招商引资提质增效

全省实际利用外资 114.6 亿美元,同比增长 9.8%。按商务部统计口径,江西实际利用外资总量居全国第 12 位,比上年前移 2 位,居中部第 2 位,增速居全国第 7 位。实际引进省外项目资金 6630.3 亿元,同比增长 12.3%。招商引资实际到位资金总额约 7365 亿元,约占全省固定资产投资总额的 34%。

实际利用港资占实际利用外资总量的七成以上,长珠闽地区是省外项目资金的主要来源地。对江西投资列前五位的国家(地区)依次是:我国香港(83.97 亿美元,占 73.25%)、台湾省(6.07 亿美元,占 5.30%)、英属维尔京群岛(4.66 亿美元,占 4.07%)、新加坡(3.33 亿美元,占 2.90%)、萨摩亚及英国(均为 1.37 亿美元,占 1.20%)。积极对接"一带一路"建设及长江经济带和京津冀协同发展国家战略，承接长珠闽和非首都功能产业转移取得新成效。利用省外项目资金实际进资来源地居前列的省份是：广东1861.96亿元，占28.08%；浙江1529.99亿元，占23.08%；北京894.68亿元，占13.49%；福建496.92亿元，占7.49%；上海473.91亿元，占7.15%；江苏355.61亿元，占5.36%；湖南273.86亿元，占4.13%。

招商引资结构持续优化，引进战略性新兴产业、现代服务业比重提升。全省新设二产外商投资企业294家，合同外资金额54.04亿美元，实际利用外资金额69.39亿美元，分别占全省的59.39%、53.37%、60.55%；新设三产外商投资企业170家，合同外资金额42.13亿美元，实际利用外资金额39.2亿美元，分别占全省的34.34%、41.61%、34.2%；新设一产外商投资企业31家，合同外资金额5.09亿美元，实际利用外资金额6.05亿美元，分别占全省的6.26%、5.03%、5.28%；引进战略性新兴产业外资项目93个，实际进资19.4亿美元，有力地促进了产业升级。全省一、二、三产利用省外资金亿元以上项目实际进资占比分别为3%、68%、29%。投资结构进一步优化，其中二产中进资较多的产业是：电子信息产业实际进资571.29亿元，占9.45%；建材产业进资570.75亿元，占9.44%；能源产业进资558.75亿元，占9.25%；汽车制造及其零配件产业进资319.64亿元，占5.29%；生物医药产业进资255.25亿元，占4.22%。

赣商返乡投资创业平稳增长。江西省举办首届世界赣商大会，掀起全球赣商赣才返乡投资创业热潮。1~12月全省新增纳入统计赣商返乡投资创业项目588个，占全省纳入统计项目的20.49%；实际在建项目进资401.28亿元，占全省实际利用省外项目资金的6.05%。

设区市招商引资不平衡现象进一步凸显。从利用外资情况看，实际利用外资总量居前五位的设区市是南昌、九江、赣州、上饶、吉安，增速居前五位的是南昌、九江、赣州、上饶、吉安，这五个设区市合计占全省总量的78.9%，其他六个设区市增速均低于全省平均水平。

表2　江西省各设区市利用外资情况统计

设区市	新批外商投资企业数		实际使用外资金额	
	累计数（家）	同比（%）	本年累计（亿美元）	同比（%）
合　　计	495	−12.85	1146373	9.80
南　昌　市	52	−27.78	318065	10.07
九　江　市	81	8.00	198436	10.05
景德镇市	9	−18.18	20463	9.01
萍　乡　市	50	6.38	36704	9.03
新　余　市	5	−28.57	43500	9.11
鹰　潭　市	70	14.75	28901	9.23
赣　州　市	39	−42.65	166738	10.03
宜　春　市	27	92.86	77176	9.05
上　饶　市	30	−58.90	114046	9.81
吉　安　市	101	−11.40	107035	9.81
抚　州　市	31	19.23	35309	9.07

表3　江西省利用外资前十位国家（地区）情况统计

国别（地区）	新批外商投资企业		合同外资金额		实际使用外资金额	
	累计数（家）	比重（%）	累计数（万美元）	比重（%）	累计数（万美元）	比重（%）
全省合计	495	100.00	1012521	100.00	1146373	100.00
香港地区	338	68.28	735816	72.67	839680	73.25
新加坡	1	0.20	2366	0.23	33277	2.90
英属维尔京群岛	1	0.20	4963	0.49	46643	4.07
萨摩亚	2	0.40	660	0.07	13735	1.20
台湾省	44	8.89	40131	3.96	60719	5.30
英国	2	0.40	660	0.07	13735	1.20
塞舌尔	1	0.20	26045	2.57	5312	0.46
日本	3	0.61	870	0.09	6293	0.55
阿联酋	1	0.20	1000	0.10	100	0.01
加拿大	6	1.21	828	0.08	8093	0.71
其他	96	19.39	195514	19.31	129474	11.29

表4 江西省利用外资分产业情况统计

行 业	项目个数		合同外资金额		实际使用外资金额	
	本年累计数（个）	比重（%）	本月止累计数（万美元）	比重（%）	本年累计数（万美元）	比重（%）
全省合计	495	100.00	1012521	100.00	1146373	100.00
第一产业	31	6.26	50899	5.03	60499	5.28
第二产业	294	59.39	540362	53.37	693854	60.53
第三产业	170	34.34	421260	41.61	392020	34.20

表5 江西省引进省外项目资金情况统计

设区市	合同项目		实际进资	
	本年累计数（个）	累计增幅（%）	本年累计数（亿元）	累计增幅（%）
合 计	2869	8.51	6630.29	12.27
南 昌 市	233	－12.08	889.51	16.27
九 江 市	361	30.32	854.83	11.65
景 德 镇 市	198	9.39	409.08	10.82
萍 乡 市	218	1.40	477.56	11.31
新 余 市	211	－16.60	472.42	11.16
鹰 潭 市	193	19.14	352.23	11.37
赣 州 市	274	8.73	754.86	11.54
宜 春 市	338	25.65	631.35	10.90
上 饶 市	281	9.34	657.25	13.97
吉 安 市	250	18.48	656.89	11.98
抚 州 市	312	3.31	474.31	11.26

表6 江西省引进省外项目资金来源比重统计

内 容	合同项目		实际进资	
	合计（个）	占比（%）	合计（亿元）	占比（%）
总 计	2869	100.00	6630.29	100.00
广东省	711	24.78	1861.96	28.08
浙江省	771	26.87	1529.99	23.08
北京市	185	6.45	894.68	13.49
福建省	280	9.76	496.92	7.49
江苏省	186	6.48	355.61	5.36
上海市	145	5.05	473.91	7.15
湖南省	197	6.87	273.86	4.13
其 他	394	13.73	743.93	11.22

（二）外贸进出口稳中向好态势明显

全省外贸进出口 3020 亿元，同比增长 14.5%，进口和出口总值均创历史新高。其中，出口 2222.6 亿元，总量居全国第 13 位、中部第 2 位，同比增长 13.3%，超出年度预期目标 12.3 个百分点；进口 797.5 亿元，同比增长 17.9%。

全年外贸出口实现"开门红、月月红、满堂红"。出口增幅保持两位数以上，高出全国平均水平 2.5 个百分点。外贸出口克服了机电、高新、纺织服装等传统产业优势减弱以及少数国家贸易壁垒升级等不利因素影响，迎难而上，保持回稳向好的良好势头，前 10 个月就完成了全年的目标任务，外贸进出口调高调优调强迈出新步伐。

一般贸易出口拉动全省外贸增长，加工贸易出口降幅收窄。一般贸易出口 288.9 亿美元，增长 12.8%，高出全省平均水平 3.1 个百分点，出口占比达 88.4%，同比提高 2.4 个百分点。一般贸易出口增速始终高出全省平均水平，引领全省外贸出口增长，出口占比连续 4 年提升。加工贸易出口 36 亿美元，下降 11.5%，占比为 11%。全年加工贸易出口呈现降幅收窄走势，较年初收窄了 10.8 个百分点。其他贸易出口 2 亿美元，增长 80%。

民营企业为主要增长动力，外资和国有企业保持平稳增长。民营企业为全省外贸出口增长主要动力，外资企业、国有企业出口均实现平稳增长。民营企业出口 250.4 亿美元，增长 10.6%，高出全省平均水平 0.9 个百分点，占 76.6%，占比较上年同期提高 0.6 个百分点。外资企业出口 65.2 亿美元，增长 7.4%，占 20.0%。国有企业出口 11.3 亿美元，增长 3.8%，占 3.4%。全省出口超过 5000 万美元的生产企业 54 家，较上年增加 10 家，其中：出口超过 1 亿美元的生产企业 16 家，较上年增加 2 家。

欧美日韩等发达国家市场全面复苏，"一带一路"沿线国家市场出口稳步增长。国际市场普遍回暖，江西省对美国、欧盟、韩国、日本出口分别为 56.6 亿美元、46.8 亿美元、20.2 亿美元、11.8 亿美元，分别增长 16.0%、23.5%、18.2%、19.3%，占比分别为 17.3%、14.3%、6.2%、3.6%，占比较上年同期分别提升 0.9、4.3、0.5、0.3 个百分点。全省对"一带一路"沿线国家出口 103.7 亿美元，增长 2.5%，占全省的比重为 31.7%。其中：对印度尼西亚、阿联酋、俄罗斯联邦分别出口 8.5 亿美元、6.6 亿美元、5.0 亿美元，分别增长 38.9%、16.1%、47.3%。

机电、高新技术产品出口逐步回稳，文化产品、铜等成为出口新增长点。全省生产企业出口 142.3 亿美元，增长 6.1%。机电产品出口 126.4 亿美元，增长 2.6%。高新技术产品出口 41.1 亿美元，下降 6.6%，降幅逐月收窄。部分传统劳动密集产品快速增长，文化产品、玩具、圣诞用品出口分别为 27.3 亿美元、12.7 亿美元、3.1 亿美元，分别增长 70.7%、255.0%、91.6%。未锻造铜及铜材、钢或铝结构体出口分别为 5.2 亿美元、3.1 亿美元，分别增长 69.5%、37.6%。新引进的产业出口强劲，电话机、蓄电池出口分别为 4.1 亿美元、3.2 亿美元，分别增长 150.4%、30.7%。

进口创历史新高，进出口结构更趋平衡。全省进口突破 110 亿美元，其中加工贸易方式进口 42.3 亿美元，增长 18.8%，占 35.9%，比重较上年同期提升 0.5 个百分点。向欧盟、日本等发达地区/国家进口增长强劲，自欧盟、日本、澳大利亚分别进口 9.7 亿美元、10.8 亿美元、13.0 亿美元，分别

表7　江西省外贸进出口分设区市完成情况统计

单位名称	合计（万元）		增幅（%）	
	进出口	出口	进出口	出口
全　省	30200400	22225647	14.46	13.27
南昌市	6691966	4282706	8.33	12.66
九江市	3453262	2891014	0.21	2.28
景德镇市	558348	550701	27.00	29.29
萍乡市	1029806	1001656	12.87	11.13
新余市	1823465	853634	46.73	1.52
鹰潭市	2884116	629720	23.11	17.88
赣州市	3208889	2688731	18.22	20.05
宜春市	1943184	1683872	12.24	8.52
上饶市	3543764	3148435	24.74	24.67
吉安市	3728012	3200388	12.29	14.91
抚州市	1335588	1294792	9.77	8.83

增长 44.8%、41.1%、160.2%。江西省进口需求正向高质量、高品质转变，关键零部件和资源性产品进口高速增长。处理器及控制器进口 14.5 亿美元，增长 96.3%。机械设备进口 6.9 亿美元，增长 13.1%。受价格上涨影响，未锻造的铜及铜材、铁矿砂及其精矿进口分别为 12.3 亿美元、10.2 亿美元，分别增长 65.5%、77.5%，占比较上年同期分别提升 3.2 个和 3.1 个百分点。

表 8　江西省进出口贸易分类统计

单位：万美元，%

项　目		出口		进口		进出口		所占比例		
		累计	增幅	累计	增幅	累计	增幅	出口	进口	进出口
全省总额		3268816	9.70	1178229	15.17	4447045	11.10	100	100	100
贸易方式	一般贸易	2888780	12.77	742922	13.95	3631702	13.01	88.4	63.1	81.7
	加工贸易	360085	-11.48	422999	18.78	783083	2.65	11.0	35.9	17.6
	其他贸易	19951	80.00	12308	-12.33	32259	28.41	0.6	1.0	0.7
企业性质	国有企业	112560	3.83	70870	2.74	183429	3.40	3.4	6.0	4.1
	外资企业	652159	7.36	638983	14.83	1291142	10.93	20.0	54.2	29.0
	民营企业	2504097	10.61	468377	17.81	2972473	11.68	76.6	39.8	66.8

（三）消费市场强劲增长

全省实现社会消费品零售总额 7448.1 亿元，同比增长 12.3%，同比提升 0.3 个百分点，高于全国平均水平 2.1 个百分点，消费品市场保持了稳健增长势头。限额以上单位实现消费品零售额 3135.1 亿元，增长 14.1%；同比提高 0.9 个百分点。

电商发展势头强劲。全省电子商务交易额 5868.5 亿元，增长 34.6%。建立了各类电商园区 146 个、站点 2.3 万余个，电商及快递服务覆盖 80% 以上乡村，网络零售超过 1000 万元的品牌 80 多个。新增国家级电商进农村综合示范县 10 个、国家级电商示范企业 3 家。

农村消费市场增速高于城镇消费市场。限额以上城镇市场实现消费品零售额 3060.2 亿元，同比增长 13.9%；限额以上农村市场实现消费品零售额 74.8 亿元，增长 23.5%，高于城镇市场 9.6 个百分点。

中高端消费保持较快速度增长。按消费类型分，2017 年，全省实现商品零售 6557.1 亿元，同比增长 12.7%；实现餐饮收入 891.0 亿元，增长 9.0%。从限额以上单位商品零售分类看，27 大类商品共实现零售额 2994.7 亿元，同比增长 14.2%。食品、服装类商品分别增长 18.5% 和 11.6%。用类商品中，化妆品类、日用品类、通信器材类和文化办公用品类分别增长 19.8%、11.2%、11.1% 和 22.3%。金银珠宝类、中西药品类和体育娱乐用品类分别增长 23.9%、20.0% 和 16.1%。居住类商品中，家具类增长 13.2%，家用电器和音像器材类增长 13.1%，五金电料类增长 8.6%，建筑及装潢材料类增长 14.7%。大宗商品中，汽车类增长 16.0%，石油及制品类增长 8.1%。

表9　江西省社会消费品零售总额完成情况统计

单位：万元，%

项　　目	金额	增幅
一、社会消费品零售总额	74480901	12.3
二、限额以上消费品零售额	31350799	14.1
（一）按销售单位所在地分组		
城镇	30602316	13.9
其中：城区	21169853	12.2
乡村	748483	23.5
（二）按地市分		
南昌市	12547683	13.3
九江市	3629804	16.7
景德镇市	876241	10.4
萍乡市	843695	14.4
新余市	1001874	16.4
鹰潭市	706512	12.7
赣州市	3369244	15.5
宜春市	2574374	13.2
上饶市	2868910	15.8
吉安市	1742243	16.3
抚州市	1190219	14.6

（四）"走出去"取得重大突破

全省对外承包工程营业额 42.6 亿美元，总量跃居全国第 8 位，同比增长 8.1%；对外直接投资 7.1 亿美元，新设立对外投资企业 83 家。全年对外承包工程新签合同额增长 43%，新签 10 亿美元以上特大项目 2 个，江西国际、江西中煤首次跻身全球最大国际承包商百强。成功举办 33 期援外培训班。

非洲和南亚是江西"走出去"主要市场。企业累计在非洲完成承包工程营业额为 31 亿美元、占比 72.7%；亚洲完成营业额为 9.9 亿美元，占比 23.3%。拉丁美洲完成营业额 1.5 亿美元，占比 3.5%。其中，一带一路沿线国家完成营业额 10 亿美元，占比 23.4%。对外投资方面，实现对亚洲直接投资 2.88 亿美元，占比 44.5%；对非洲直接投资 2.42 亿美元，占比 34%；对大洋洲直接投资 2056.8 万美元，占比 2.89%；对美洲直接投资 4117.8 万美元，占比 5.79%；对欧洲直接投资 7175.5 万美元，占比 10%。

民营企业逐步成为对外投资的主力军。从投资主体看，民营企业实现对外直接投资 3.92 亿美元，占对外直接投资总额的 55%；国有企业实现对外直接投资 2.87 亿美元，占比 40.4%。从投资方式看，新设类对外直接投资额为 3.2 亿美元，占比 87.2%；并购类对外直接投资额为 2379 万美元，占比 3.3%。

"走出去"领域不断拓宽，向高端服务领域延伸。从行业看，承包工程主要的行业领域是：一般建筑类项目共完成营业额 13.3 亿美元，占比 31.2%；交通运输建设类项目完成营业额 13.2 亿美元，占比 31%；水利建设项目完成营业额 4.4 亿美元，占比 10.3%；电力工程建设类项目完成营业额 4.6 亿美元，占比 10.9%。对外投资方面，实现工程建筑业境外直接投资 1.81 亿美元，占比 25.4%；商务服务业境外直接投资 2.6 亿美元，占比 36.5%；制造加工业境外直接投资 7523.4 万美元，占比 10.6%；矿业境外直接投资 1.39 亿美元，占比 19.5%；农业境外直接投资 2445.4 万美元，占比 3.4%。

表10　江西省对外承包工程情况统计

单位：万美元，%

单位名称	新签合同额			营业额		
	金额	同比	占比	金额	同比	占比
全　　省	411064.27	42.20	100.0	426287.39	8.12	100.0
省　　直	345213.37	30.07	84.0	343346.13	1.77	80.5
南 昌 市	18311.43	20.60	4.5	42719.32	8.04	10.0
九 江 市	1320.44	−11.97	0.3	19441.94	−18.28	4.6
鹰 潭 市	10899.44	—	2.7	8207.70	—	1.9
吉 安 市	—	—	—	5950.00	−33.12	1.4
新 余 市	622.60	−91.11	0.2	2130.00	−34.07	0.5
抚 州 市	1833.00	—	0.4	2015.30	—	0.5
赣江新区	32864.00	—	8.0	2577.00	—	0.6

（五）口岸工作实现新跨越

昌北国际机场航班航线实现"冲千万"目标。全年旅客吞吐量突破千万人次，达到1093.7万人次，同比增长39%，增幅居全国省会城市机场第1位，成为千万级别的枢纽机场，其中，出入境人员达到62万人次，同比增长12.42%。全省口岸进出口货运量大幅提升。全年口岸进出口货运量达725.57万吨，同比增长64.31%，国际集装箱40.36万重标箱。成功推动赣欧（亚）铁路班列常态化运行，实现双向对开，全年共开行26列。通关服务效率大幅提升。全面推广国家标准版"单一窗口"，报关、报检综合覆盖率均达到100%，居全国第1位，也是全国达到"三个100%"的唯一省份。

表11　全省口岸进出口货运情况

指　　标		本年累计			增减比例（%）		
		进口	出口	合计	进口	出口	合计
进出口货重（万吨）		330.43	395.13	725.57	125.94	33.79	64.31
其中	水　运	170.55	232.78	403.33	27.42	18.88	22.35
	铁海联运	9.80	96.99	106.79	7.20	56.64	50.28
	公　路	150.08	65.37	215.45	4511.32	73.73	427.02

续表

指 标		本年累计			增减比例（%）		
		进口	出口	合计	进口	出口	合计
进出口集装箱（重标箱）		168207	235363	403570	80.32	30.38	47.39
其中	水 运	101378	138838	240216	22.25	16.13	18.63
	铁海联运	4840	47084	51924	-26.47	44.44	32.53
	公 路	61989	49441	111430	1543.40	74.28	246.69

表 12　南昌航空口岸入出境人员情况

指 标		全年累计数			增幅（%）
		入境	出境	合计	
出入境旅客（人次）	合 计	309829	312965	622794	12.42
	内 地	250914	254286	505200	12.77
	港澳台	55846	55848	111694	10.13
	外 国 籍	3069	2831	5900	29.16
出入境员工（人次）	合 计	18407	18399	36806	8.78
	内 地	6437	6438	12875	-1.45
	港澳台	2430	2421	4851	-32.19
	外 国 籍	9540	9540	19080	40.12
出入境飞机（架次）	合 计	2144	2137	4281	8.82
	内 地	730	730	1460	-13.66
	港澳台	347	347	694	-4.80
	外 国 籍	1067	1060	2127	40.49

二　当前江西商务经济发展面临的形势

2018 年，江西商务经济发展需要从战略高度把握大势、研判态势、找准方位。

（一）经济发展的新形势

从全球形势看，有两个趋势性变化值得关注：一是世界经济回暖。根据国际货币基金组织最新预测，2017 年全球经济增长 3.5%，国际贸易增长

2.4%，全球投资增长5%；2018年全球经济增长3.6%，未来5年年均增长3.7%。从这些情况来研判，世界经济出现了明显回暖的迹象。当然从长期看，支撑全球经济持续复苏的基础动力仍不稳固，应当继续保持审慎的态度。二是不确定因素仍然存在。近年来，美国等部分发达国家逆全球化趋势加剧，保护主义、单边主义抬头。特别是美国"缩表"、加息、"退群"、减税，可能会加大我国利用外资的难度和增加资本外流的风险，外贸出口形势更加严峻。

从全国形势看，党的十九大带来的发展红利加速释放，将成为驱动我国经济发展的一条主线。综合分析，2018年的经济增速不会低于2017年，乐观估计有可能更高些；未来几年，中国经济增速很可能呈现保持"L"形曲线但尾部略微上翘的走势。同时，新一轮区域竞争将会更加激烈，省际发展分化有可能会更加严重。这是制定2018年经济发展目标的一个基本依据。

从全省发展看，江西经济在高速增长中稳中向好、稳中有进的势头更加强劲。近年来，省委、省政府带领全省干部群众在实践中探索并形成了许多好思路、好战略、好做法，省委"创新引领、绿色崛起、担当实干、兴赣富民"工作方针深入人心，这"四个形成"非常来之不易、弥足珍贵，值得我们倍加珍惜：一是形成了风清气正的政治生态，江西干部群众的底气和信心更足了，精气神更加饱满；二是形成了一条既符合中央精神，又切合江西实际的发展新路；三是形成了招才引智和创新创业的浓厚氛围，拉开了新一轮抢占人才工作制高点的序幕；四是形成了非常强劲的发展势头，动能和势能正在加速释放，连续三年经济增速保持在全国"第一方阵"。

通过以上三个层面的分析研判，无论从外部环境还是内生动力看，对江西来说2018年经济发展的机遇和有利因素明显大于挑战，这也是谋划2018年全省商务工作的基础和条件。

（二）区域竞合的新特点

当前，我国区域之间的竞合格局呈现新特点，将对江西省商务工作的战略布局产生重大影响。

一是战略谋划成为区域竞合的优先领域。在党的十九大胜利闭幕之后，全国各地都在根据党的十九大精神，结合本地发展实际，谋划新的发展战略，制定贯彻落实举措，区域发展进入了新一轮的战略谋划期。战略竞争是最高层次的竞争，战略竞争落后会导致发展全局落后。我们要在新一轮的区域竞合格局中赢得主动权，就必须增强战略意识，提高发展战略的前瞻性、精准性，实现战略升级。

二是开放创新成为区域竞合的主要抓手。2018 年是改革开放 40 周年。从党的十九大和中央经济工作会议精神看，中央将利用纪念改革开放 40 周年的机会，推出新的、力度更大的改革开放举措，一些政策可能超出国际社会预期。目前，部分省市已经提出改革创新的具体战略举措。要坚定不移地推进改革创新、扩大开放，力争走在新时代改革开放的前列。

三是湾区经济成为区域竞合的创新载体。近年来，部分沿海发达省份开始合力谋划大湾区建设。上海和浙江共同谋划沪甬杭大湾区，已经进入规划制定阶段；广东、香港和澳门提出粤港澳大湾区规划，已经上升为国家战略；环渤海大湾区虽然还没有进入规划阶段，但高铁建设已经先行。这三大湾区基本覆盖了我国经济最发达地区。必须充分发挥毗邻"长珠闽"的区位优势，深度融入三大湾区特别是沪甬杭大湾区和粤港澳大湾区，积极主动地推进产业合作、市场合作和制度合作。

（三）商务工作的新方位

党的十九大报告提出了高质量发展的要求。商务经济是高质量发展的题中应有之义和重点领域，不仅要为江西经济高质量发展提供有力支撑，更要力争走在前列，发挥引领作用。这是 2018 年和今后一段时期，商务经济工作的基本方位。

一是牢牢把握商务事业高质量发展的逻辑基点，就是商务经济发展不平衡不充分的现实矛盾。要把"补短板、强弱项"摆在商务工作的重中之重，着力优化"四个不平衡"：招商引资结构、消费结构、外贸出口结构、"走出去"结构等不平衡问题；着力破解"两个不充分"：就是商务经济总量不够大、发展支撑能力不够强等不充分问题。

二是牢牢把握商务事业高质量发展的基本内涵，就是为经济高质量发展提供基础动力，发挥引领和示范作用。重点是"八个高"：高站位优化全省开放发展布局，深耕内陆双向开放高地建设；构建高水准的招商引资格局，推动形成高效高新产业体系；构建以高竞争力产品为主体结构的对外贸易格局，培育外贸竞争新优势；构建高质高效的内贸流通体系，推动消费结构转型升级；开始高起点的"走出去"全球布局，积极拓展江西省经济发展的战略空间；构建高标准的开放平台开放通道，加快联通国内外市场；构建高效率的营商环境和制度体系，实现比较优势从要素成本向制度环境转变；构建高水平的商务民生保障体系，为决胜全面小康贡献更大力量。

三是牢牢把握商务事业高质量发展的政策路径。就是构建现代化商务经济体系。重点是形成"两个新格局"，建立"五个新体系"：就是适应和引领开放型经济发展新趋势，加快形成外资、外贸、外经"三外"融合发展新格局，提升全球配置资源能力；适应和引领内需经济发展新趋势，大力发展新业态、新模式，加快形成内外贸融合发展新格局；适应和引领高质量发展新要求，加快形成推动商务经济高质量发展的指标体系、政策体系、标准体系、统计体系、绩效评价体系。

三 2018年江西商务发展目标和思路

2018年江西商务工作的总体要求是：深入贯彻落实党的十九大精神，以习近平新时代中国特色社会主义思想为指导，深入学习贯彻党的十九届一中、二中、三中全会，中央经济工作会议，省委十四届五次全会，全省两会和全国商务工作会议精神，以改革开放40周年为契机，以"一带一路"建设为统领，以供给侧结构性改革为主线，以高质量发展为总要求，着力构建现代化商务经济体系，推动形成全面开放新格局、建设商贸繁荣新江西，为建设富裕美丽幸福现代化江西做出新的更大贡献。

预期目标是：实际利用外资增长9%左右，引进省外项目资金增长10%

以上；外贸出口增长3%左右；社会消费品零售总额增长12%左右，电子商务交易额增长26%左右；对外承包工程营业额增长8%左右，对外直接投资高于全国平均水平，力争实现正增长；口岸货运保持较快增长，力争实现赣欧班列常态化运行，昌北机场旅客吞吐量、出入境人次保持稳定增长，带动和促进口岸经济大发展。

按照推动新时代商务经济高质量发展的要求，重点要聚焦八个方面的工作。

（一）聚焦新时代开放发展新要求、新使命、新任务，推动形成全面开放新格局

发展更高层次的开放型经济，实现"五个统筹"：统筹推进招商引资与招才引智更好地结合，统筹推进"引进来"与"走出去"更好地结合，统筹推进对外开放与区域合作更好地结合，统筹推进地方优势与国家战略更好地结合，统筹推进国内市场与国际市场更好地结合。提升统筹开放发展的能力和水平，充分发挥省开放办的牵头抓总和综合协调作用，召开全省开放发展领导小组第一次会议，明确当前和今后一段时期全省开放发展的努力方向、目标任务和重点工作。开展纪念改革开放40周年活动，全面系统总结江西省开放发展40年光辉历程、重要成就和历史经验。持续打造内陆双向开放新高地，推动构建开放型经济新体制试点试验向纵深发展，把已经成熟、先进管用、行之有效的经验做法复制推广到全省范围。做好自贸区改革试点经验复制推广。继续抓好自贸区改革试点，推动重点改革事项落地，争取江西自贸区尽早获批。

（二）聚焦引进中高端产业、重特大项目和创新型人才，提升招商引资质量效益

实施产业招商升级工程。重点围绕电子信息、航空、生物医药、汽车及零部件、智能装备等制造业，现代金融、电商物流、旅游文化等现代服务业，开展专题招商活动；加大对欧美、日韩产业招商力度；推动建立省级招

商引资引导基金，支持重点产业发展；组建产业招商小分队，支持各市、县围绕首位产业、主导产业，加强产业配套招商。实施招大引强推进工程。围绕全省重点产业，策划包装100个重点产业招商项目，筛选100家境内外500强、跨国公司和知名民营企业，精选100个投资大、带动力强、效益高的重大项目，编制对接"路线图"；推动建立招商引资企业库、项目库、机构库、载体库和全球招商地图等"四库一图"，优化全省招商项目管理机制；完善调度推进和督查机制，加快项目落地。实施引技引智引才工程。加强与国家级科研机构、国内外知名高校的合作，着力引进一批国家级科技型企业投资和国家级专利技术产业化项目，积极吸引跨国公司和行业龙头企业来赣设立技术中心和研发中心；依托省级重大人才工程和重大经贸活动平台开展招才引智，重点引进一批优秀科研人才和高端管理人才；加强与国内外各类人才中介服务机构的合作，举办"海外人才江西行""珠三角赣商赣才座谈会"等引智引才专题对接活动。实施引资渠道拓展工程。开展"访外企促增资"活动；加强省商务厅驻香港、广州经济联络和招商中心建设；利用境内外赣商协会、投资促进机构和行业商协会资源，逐步建立境内外委托（代理）招商中心；采用股权招商、外资并购、境内外上市等资本招商方法，支持利用国家对贫困县IPO绿色通道等政策开展招商。

（三）聚焦巩固存量、优化结构、创新业态，促进对外贸易转型升级

巩固外贸存量。加强出口品牌、出口产业基地建设，培育重点出口企业和出口优势产业；巩固江西省出口市场份额，研究制定优势产业开拓国际市场工作方案；深化"千企百展"活动，支持企业参展拓市场，重点做好广交会、华交会、拉斯维加斯服装展等招展组展工作。优化外贸结构。扩大与"一带一路"沿线国家的贸易规模，促进市场多元化；以服务推动供外省出口企业转回本省出口，提高自营出口比重，促进机电、高新技术产品扩大出口；大力发展服务贸易，支持赣州市、赣江新区申报中国服务外包示范城市和服务贸易创新发展示范区；扩大文化产业贸易；推动中医药产业贸易。培

育外贸新业态新模式。推进赣州、南昌申报跨境电子商务试点城市，支持各地建成跨境商品进口体验店，支持江西省出口优势产业与知名跨境电商平台合作；支持外贸综合服务企业创新发展，为外贸企业特别是小微企业提供便利化服务；推进加工贸易梯度转移重点承接地、加工贸易承接转移示范地建设，促进产业集群发展。积极扩大进口。组织省内重点企业参加首届中国国际进口博览会，增加先进技术设备、紧缺资源、特色优质消费品进口，丰富省内消费市场的商品和服务供给；完善和落实进口贴息政策，支持企业引进先进技术设备。深化"走进中西亚""走进中东欧""走进非洲""走进中美洲"等贸易促进活动。加强贸易预警，应对贸易摩擦，确保产业安全。

（四）聚焦消费升级、流通升级、服务升级，促进商贸繁荣发展

促进消费升级。推进商务诚信体系建设，建立统一市场体系，加强市场监管，规范交易行为。促进便民消费和中高端消费，加强多功能一体化生活服务设施建设和社区便民服务消费中心建设，推动城乡商业发展升级。促进"幸福产业"服务消费，推进特色商贸小镇、示范商圈建设，积极打造城市旅游综合体，创建国家和省级商旅文融合发展示范区和特色商业街示范工程。办好"赣品天下行""江西商品深圳行"等活动，加强特色商品品牌推广，持续打造江西百年经典商品品牌。推动流通升级。实施电子商务"双进"工程，推进电子商务与快递物流协同发展，提升物流标准化、信息化、集约化水平；完善流通基础设施，推进农产品流通体系建设，实施一批跨区域农产品流通基础设施项目，继续做好城乡农贸市场建设改造，积极争取国家农产品冷链物流试点；推动出台促进供应链创新和应用的政策文件，积极争取国家供应链创新与应用试点示范，构建现代供应链。推进服务升级。大力发展生产服务、市场服务、消费服务、公共服务领域的新兴服务业；积极培育服务外包、平台经济、会展经济、数字经济、健康服务、休闲服务等现代服务业；促进大众餐饮、便民购物、家政服务等传统商贸服务业转型升级；促进居民生活性服务业个性化、便利化、精细化、品质化发展，满足人民群众多样化消费需求。

（五）聚焦"一带一路"重点项目、重大工程、重要机遇，提升跨国经营能力

提升"走出去"层次。支持有实力、有信誉的企业、开发区"走出去"，促进资源能源、装备制造等国际产能合作，推动金融等高端服务业领域的国际合作。研究出台境外经贸园区管理办法，加快建设境外合作园区。加强管理和服务，编印《对外投资合作国别指南》，扩大"走出去"企业战略联盟队伍，推动企业抱团"走出去"。创新对外投资模式。创新开展"承包＋投资""投资＋融资""赣企＋央企""赣企＋赣商""企业＋园区"等融合发展模式，培育打造若干对外投资联合体。促进对外承包工程转型升级。引导企业加强对 EPC 总承包、政府和社会资本合作（PPP）、投建营一体化等业务模式开发，推动传统对外承包工程向国际产业链高端延伸，带动技术、产品、设备和服务走出去。落实好援外重点任务。精心承办 2018 年援外培训，加快推进援外项目建设，积极争取更多的援外项目，带动省内企业、技术、设备走出去。

（六）聚焦互联、共享、双赢，加强开放平台建设

大力发展会展经济，精心承办列入省委常委会 2018 年工作要点和省政府工作报告的重大活动：第五届世界绿色发展投资贸易博览会、第十七届赣港经贸合作活动、首届赣深经贸合作交流会、亚布力（江西）中国企业家论坛夏季高峰会等。加强区域合作平台建设。深化"联海""联江""联京""联边"合作，巩固赣京经济合作成果，加强赣深经贸合作，积极推进赣浙、赣粤、赣闽、赣湘等合作，对接长江经济带发展，推进长江中游城市群建设，深度融入"长珠闽"经济板块。加强口岸平台建设。以构建大通道、大平台、大口岸为目标，发展口岸经济；推动昌北机场持续稳定发展，加密国际国内重要干线机场航线航班；推动赣欧（亚）班列常态化运行，带动沿线产业发展；稳定开行至宁波、厦门、福州、深圳等长珠闽经济板块重要港口的集装箱快速班；积极推进指定口岸建设；推

进九江水运口岸扩大开放，支持赣州港、赣州黄金机场加快建设，以赣州港为龙头推动赣州铁、空、公多式联运中心建设。加强开发区平台建设。以更大力度支持国家级赣江新区开放发展；推动各类开发区转型升级创新发展，促进产业集聚、提升产业层次，实现产城融合。加强对外联络平台建设。密切与驻外经商、外国驻华使馆、金融信保等机构联系，深化中美省州合作、中英地方合作，举办中美华中商务峰会，拓展客场商务外交。加强赣商平台建设。支持赣商联合总会做大做强，完善国际国内商会网络，用好用活全球赣商赣才资源，持续促进赣商赣才回归；维护好世界赣商大会官方网站和微信公众号，持续讲好赣商故事，打造"永不落幕的赣商大会"。

（七）聚焦服务基层、服务企业、服务群众，着力优化投资发展环境

深化商务领域改革创新。构建更富活力的大开放体制，加速形成更加高效的大流通体制，建立健全更加科学的管理机制。深化"放管服"改革。推动全面落实"准入前国民待遇＋负面清单"外资管理制度，加快完善行政审批标准化建设，推进审批流程再造，加强人员培训和督促检查，提升行政效率，持续打造"成本最低、服务最好、环境最优、回报最高"的投资热土。深化"降成本、优环境"专项行动。全面落实降成本、优环境政策举措，进一步降低企业物流成本、流通成本。研究出台关于保护投资者权益、优化投资环境的政策文件，建立外商投资企业投诉工作联席会议制度。督导各地兑现招商引资承诺，开展诚信招商。加大帮扶力度，完善帮扶机制，帮助企业解难题、拓市场、增效益、促转型。坚决落实国家"三大攻坚战"。打好防范化解重大风险攻坚战，切实帮助企业化解投融资风险、贸易风险、对外投资合作风险；打好精准脱贫攻坚战，发挥商务资源优势，推进电商扶贫、产业扶贫、定点扶贫、家政扶贫和对外劳务扶贫；打好污染防治攻坚战，坚持绿色生态项目优先，做到招商引资"三个坚决不招"：污染生态环境的项目坚决不招，危害群众健康、安全的项目坚决不招，黄赌毒项目坚决不招。

（八）聚焦不忘初心、牢记使命主题，全面加强商务系统自身建设

加强商务系统党的建设。持续深入学习贯彻党的十九大精神，扎实开展"不忘初心、牢记使命"主题教育，推动"两学一做"常态化制度化；严格党的组织生活制度；继续抓好商务"党建＋"活动的落实；加强宣传引导，讲好江西商务故事，传播江西商务正能量。抓实党风廉政建设。始终把纪律和规矩挺在前面，落实党风廉政建设责任制，强化监督执纪，维护商务系统风清气正的政治生态。构建"横向协作、纵向联动"的大商务格局。全面落实商务部与江西省的合作协议，积极争取商务部重大政策、项目、资金、平台支持；加强与省委部门、省直单位、外省商务主管部门的横向协作；加强省、市、县三级商务主管部门的纵向联动；支持瑞金打造部省共建的全国商务系统革命传统教育基地，打造革命老区商贸振兴发展的示范地。增强商务干部本领。加强商务干部队伍建设，加大培训、送学、交流力度，进一步增强"想大事、谋长远"的见势绸缪本领，增强接地气、优作风、求实效的学习调研本领，增强见方案、见行动、见结果的狠抓落实本领，增强服务基层、服务企业、服务群众的工作本领。

参考文献

邵猷芬、于龙广：《不忘初心　征程再起——江西省开启全省消费扶贫新模式》，《老区建设》2017 年第 19 期。

王晴、代红梅：《江西农村电子商务发展的问题及对策研究》，《农业网络信息》2017 年第 7 期。

冯卉萍：《基于"互联网＋"背景下江西省农业电子商务现状与对策研究》，《商场现代化》2017 年第 15 期。

周丹丹：《经济全球化形势下国际贸易理论教学改革初探》，《新商务周刊》2017 年第 16 期。

B.8
江西财政形势分析与展望

江西省财政厅课题组*

摘　要： 2017 年，江西省财政收入稳中有进，质量稳中有升，但依然存在增收基础不牢固、财政收入规模偏小、财政收入和支出结构不合理等困难和问题。为促进全省经济协调发展，建设富裕幸福美丽现代化江西，文章提出 2018 年江西省财政应着力于支持打好三大攻坚战、振兴实体经济、推动区域城乡发展、提高保障水平和改善民生、全面深化财税体制改革、强化财政监督管理。

关键词： 财政发展　财政政策　财税体制改革

　　2017 年，在江西省委省政府的坚强领导下，全省财政部门坚持以习近平新时代中国特色社会主义思想为指导，深入学习贯彻党的十九大精神，坚定不移贯彻新发展理念，坚持稳中求进工作总基调，以推进供给侧结构性改革为主线，统筹推进稳增长、促改革、调结构、优生态、惠民生、防风险等各项工作，全年财政运行总体平稳，有力地促进了经济社会协调发展。

---

* 课题组组长：胡强，江西省人民政府副省长，江西省财政厅党组书记、厅长。副组长：钟心平，江西省财政厅副巡视员。成员：黄平，江西省财政厅办公室主任；苏昌平，江西省财政厅政策法规处处长；聂和生，江西省财政厅国库处处长；陈星，江西省财政厅政策研究室副调研员；张忠华，江西省财政厅办公室主任科员；钟芳根，江西省财政厅政策研究室副主任科员。

一 2017年全省财政工作回顾

（一）全省财政发展基本情况

2017年，全省财政总收入完成3447.4亿元，增长9.7%；一般公共预算收入完成2246.9亿元，同口径增长9.5%。税收收入占财政总收入的比重为78.8%，同比提高0.4个百分点。财政总收入超过10亿元的县（市、区）有87个，超过20亿元的有42个，超过50亿元的有8个，南昌县和西湖区超过100亿元。财政收入分科目情况见表1。

表1 2017年全省财政收入分科目情况

单位：万元，%

科目	2017年	比上年增减		2016年
		绝对值	增幅	
一、税收收入	15149048	438036	3.0	14711012
国内增值税	3625541	1370901	60.8	2254640
改征增值税	2463901	930417	60.7	1533484
营业税	67727	-2761102	-97.6	2828829
企业所得税	1821185	158546	9.5	1662639
企业所得税退税	0	0		0
个人所得税	696415	198565	39.9	497850
资源税	596391	30200	5.3	566191
城市维护建设税	893436	124824	16.2	768612
房产税	402353	58623	17.1	343730
印花税	219522	39930	22.2	179592
城镇土地使用税	554845	92260	19.9	462585
土地增值税	1180502	-6987	-0.6	1187488
车船税	139310	6977	5.3	132333
耕地占用税	780139	-80224	-9.3	860363
契税	1681749	278885	19.9	1402864
烟叶税	26033	-3437	-11.7	29470
其他各税	0	-342	-100.0	342

科目	2017 年	比上年增减		2016 年
		绝对值	增幅	
二、非税收入	7320390	516732	7.6	6803658
专项收入	1228799	20992	1.7	1207807
行政事业性收费	1759224	−57237	−3.2	1816461
罚没收入	972190	308776	46.5	663414
国有资本经营收入	31175	−10687	−25.5	41862
国有资源(资产)有偿使用收入	2615193	51066	2.0	2564127
捐赠收入	9941	526	5.6	9415
政府住房基金收入	211688	137688	186.1	74000
其他收入	492180	65608	15.4	426572
一般公共预算收入	22469438	954768	4.4	21514670
三、上划中央"四税"	8228541	1553731	23.3	6674810
国内增值税 50%	3625530	582029	19.1	3043501
消费税 100%	2071490	1178	0.1	2070312
改征增值税 50%	2463788	1358035	122.8	1105753
营业税 50%	67733	−387511	−85.1	455244
四、入中央库所得税	3776400	535667	16.5	3240734
企业所得税 60%	2731778	237820	9.5	2493959
个人所得税 60%	1044622	297847	39.9	746775
财政总收入	34474379	3044166	9.7	31430214

以上税收收入、非税收入、上划中央"四税"、入中央库所得税收入、财政总收入构成情况见图1。

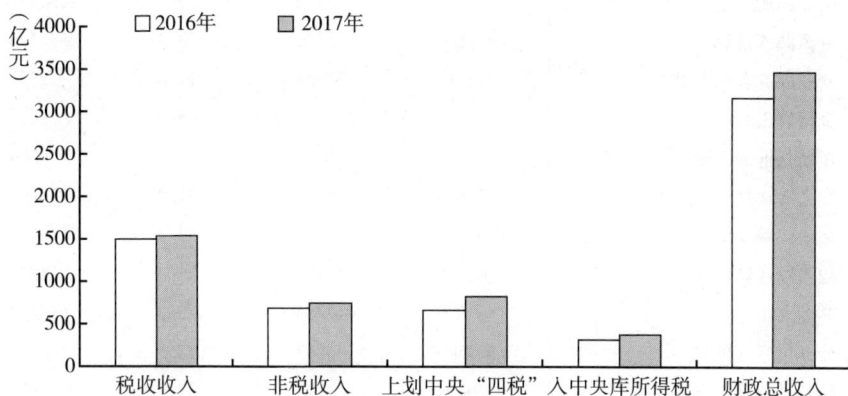

图1　2016 年和 2017 年全省财政收入构成

2017 年，全省一般公共预算支出突破 5000 亿元，达 5123.7 亿元，增长 11%。民生支出得到切实有效保障，教育支出、社会保障和就业支出、农林水支出分列全省财政支出前三位。城乡社区支出、科学技术支出、节能环保支出、社会保障和就业支出增速较快，分别增长 43.3%、40.9%、23.9% 和 15.1%。财政支出分科目情况见表 2。

表 2　2017 年全省财政支出分科目情况

单位：万元，%

科目	2017 年	比上年增减		2016 年
		绝对值	增幅	
一般公共服务支出	4803591	637634	15.3	4165957
外交支出	38	38		0
国防支出	57242	−1475	−2.5	58717
公共安全支出	2570914	279492	12.2	2291422
教育支出	9415095	926267	10.9	8488828
科学技术支出	1170738	339560	40.9	831178
文化体育与传媒支出	742426	37550	5.3	704876
社会保障和就业支出	6699527	877174	15.1	5822353
医疗卫生与计划生育支出	4934322	547171	12.5	4387151
节能环保支出	1459946	281174	23.9	1178772
城乡社区支出	5448272	1647061	43.3	3801211
农林水支出	6002216	193252	3.3	5808964
交通运输支出	2318290	83399	3.7	2234891
资源勘探信息等支出	1971224	−612075	−23.7	2583299
商业服务业等支出	340417	−71802	−17.4	412219
金融支出	71164	30496	75.0	40668
援助其他地区支出	31016	1016	3.4	30000
国土海洋气象等支出	374609	90645	31.9	283964
住房保障支出	1503344	−213121	−12.4	1716465
粮油物资储备支出	169840	−51994	−23.4	221834
其他支出	567879	−47783	−7.8	615662
债务付息支出	578509	91897	18.9	486612
债务发行费用支出	6405	−2574	−28.7	8979
一般公共预算支出	51237024	5063002	11.0	46174022

（二）主要特点

1. "稳"是主基调

一是收入稳中有进。2017 年，在供给侧结构性改革推动下，主要工业产品价格大幅上涨，加上房地产等消费市场积极向好，带动相关行业税收增长，平衡了减税降费政策带来的减收影响。在 2016 年"调档换速"做实财政收入的基础上，实现了全省财政平稳运行，财政总收入完成 3447.4 亿元，增长 9.7%。二是质量稳中有升。2017 年全省税收收入 2715.4 亿元，增长 10.3%，比上年加快 6.5 个百分点，占财政总收入的比重达 78.8%，比上年提高 0.4 个百分点；一般公共预算收入中税收收入比重 67.4%。全省工业税收收入完成 978.1 亿元，增长 20.5%，占税收收入的比重达 36%，比上年同期提高 3 个百分点；服务业税收收入完成 1522.2 亿元，增长 14.1%，占全省税收收入的比重达 56.1%，比上年提高 2 个百分点；汽车、医药制造、通用设备、电子设备等新兴产业税收收入保持较快增长势头，共计完成 132.4 亿元，增长 24.4%，占税收收入的比重达 4.9%，比上年同期提高 0.6 个百分点。

2. "新"是主旋律

贯彻实施积极财政政策，创新支持经济方式，促进实体经济健康发展，助力重大战略项目实施。一是突出创新引领。大幅提高省级科技专项投入，安排 13.3 亿元实施"5511"工程和"中国制造 2025"。在全国首创设立的规模为 7.5 亿元的省级人才创新创业引导基金上拨付 1.5 亿元。二是优化发展环境。深入推进降成本优环境专项行动，用足用好各类财税优惠政策。将省级涉企行政事业性收费全部取消，减免税费超过 700 亿元。三是加大重点领域投入。成功发行 1215.6 亿元政府债券，新增债券重点支持扶贫、铁路、普通公路等重大公益性项目建设。制定统筹资金推进全省高标准农田建设方案，支持优势特色产业发展。积极支持南昌县、高安市申报全国田园综合体试点。省发展升级引导基金母基金完成 1000 亿募集，11 支子基金正式落地运作，总规模 425.7 亿元。财政部门推广应用的政府与社会资本合作

（PPP）项目入库475个，投资额为3116.3亿元。融资支持全省污水管网建设和棚户区改造。四是帮扶中小微企业发展。当年发放的财园信贷通、财政惠农信贷通贷款636亿元，省融资担保公司在保余额51.5亿元。筹集60亿元开展投贷联动金融创新试点。推进省市县三级农业担保体系建设，放款总额5.8亿元。五是聚焦绿色发展。支持国家生态文明试验区建设，全流域生态补偿资金总量达到26.9亿元；国家重点生态功能区转移支付县增加到34个。统筹3.5亿元，支持29个县市开展"扶持村级集体经济—助推美丽乡村建设"试点。争取将赣州纳入国家山水林田湖草生态保护修复试点。

3. "快"是总态势

改革步伐明显加快，进一步深化部门预算改革，建立省级部门预算项目库，省市县全面推开预决算信息公开。省以下税收收入划分改革平稳运行，财政事权和支出责任划分改革顺利启动。大力推进省级财政专项资金管理改革，出台38项管理办法并实行"两个一般不"。推进中期财政规划管理，清理规范重点支出同财政收支增幅或生产总值挂钩事项。加大力度盘活财政存量资金，2017年全省各级部门一般性支出压减5%。认真贯彻落实《江西省税收保障条例》，完善综合治税平台建设；积极做好环境保护税开征前的各项准备工作。赣州、吉安、抚州三市涉农资金整合试点统筹资金143亿元。省级政府采购网上商城上线运行。支持法官检察官司法辅助人员以及公立医院薪酬制度改革。

4. "严"是硬要求

开展民生资金监督检查和整改工作"回头看"，推进扶贫领域监督执纪问责，加大督促整改力度，对进度慢的地方进行约谈，将违规违纪问题线索及时移交。修订完善会议费、培训费、差旅费等3项公务支出制度；省市县全面上线运行公务消费网络监管系统，将2.5万户预算单位纳入监管范围；全省"三公"经费财政拨款支出比2016年压减15.4%。加强政府性债务管理，成立省级层面领导小组，出台风险应急处置预案，并将债务管理情况列入省对市县科学发展考核体系。加强国有资产监管，出台省级行政事业单位国有资产配置、使用和处置管理办法。

5. "好"是关键词

筹集财政性资金约1400亿元，主要用于实施民生工程，圆满完成50件惠民实事。一是大力推进就业创业。安排14.5亿元，支持农村富余劳动力转移、职业技能培训等就业创业工作。全省发放创业担保贷款130.6亿元，拨付创业担保贷款贴息资金6.4亿元。二是坚持教育优先战略。统一城乡义务教育学生"两免一补"政策，国家扶贫开发重点县营养改善计划实现全覆盖；省属中、高职院校生平均拨款水平分别提高到0.5万元和1.2万元。安排20亿元，支持特色高水平大学和一流学科建设。三是健全社会保障体系。连续13年提高企业退休人员养老金水平；城乡低保财政月人均补差水平分别达到350元和225元；农村特困人员集中、分散供养标准分别提高到每人每月425元和320元。城乡居民基本医疗保险财政年人均补助标准提高到450元。城乡基本公共卫生服务财政年人均补助标准提高到50元。对符合条件的城镇居民独生子女父母及失独家庭发放奖励金或抚慰金。全面推开公立医院综合改革，所有公立医院全部取消药品加成。统筹做好救急难工作，全力保障应急救灾支出需要。大力支持文化体育等社会事业发展。着力支持精准扶贫、精准脱贫，省级预算新增安排专项扶贫资金9.2亿元，总量达到26.6亿元，比上年增长52.8%；全年扶贫支出增长71%，24个国定贫困县资金整合率99.85%，支出率为96.79%。同时，省财政全部承担易地扶贫搬迁70亿元贷款和10亿元专项建设基金借款的还款责任，融资130亿元支持全省贫困村退出及巩固提升工程。

二　江西财政发展中面临的问题

2017年，江西财政运行总体稳中有进，但也存在不少问题和困难，主要表现如下。

（一）财政增收基础不牢固，质量和效益有待提高

虽然2017年全省财政收入增速扭转了多年来持续下滑的局面，但依然

没有恢复到 2015 年之前的水平。全省处在新旧动能转化期，汽车、医药制造、通用设备、电子设备等新兴产业税收贡献力度有限，2017 年新兴产业税收收入 132.4 亿元，占税收的比重为 4.9%。

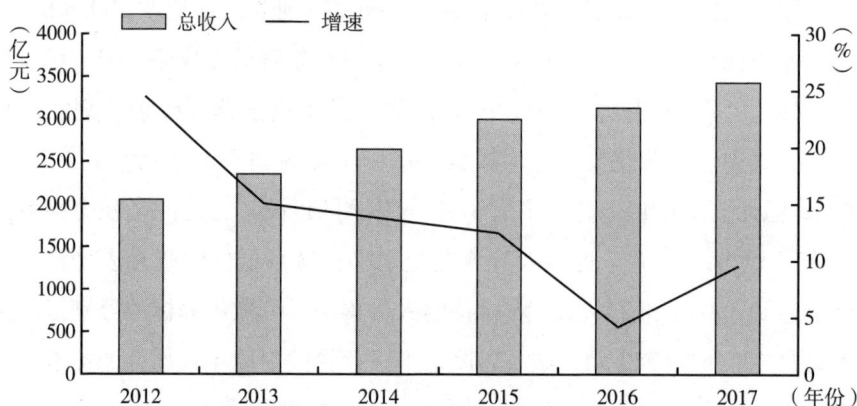

图 2　2012～2017 年江西财政总收入及增速

（二）全省财政收入总量依然偏小

与中部地区其他省份相比，江西的财政收入规模仍然偏小。2017 年，河南省一般公共预算收入 3397 亿元，湖北省 3278 亿元，安徽省 2812 亿元，湖南省 2757 亿元，山西省 1867 亿元，江西省为 2247 亿元，排在第五位，仅高于山西，如图 3 所示。

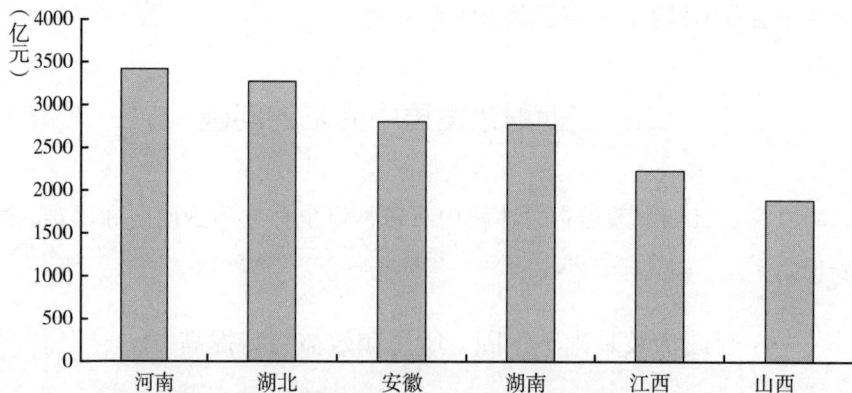

图 3　2017 年中部六省一般公共预算收入完成情况

（三）财政收入结构不尽合理，税收比重持续下滑

2017 年，全省税收收入 2715.4 亿元，占财政总收入的 78.8%，该比重已经连续三年低于 80%。特别是，全省一般公共预算收入中税收收入的比重持续下滑，2017 年该比重是 67.4%，为 1994 年以来最低。

（四）财政支出结构有待优化

在"创新引领"工作方针中，对科技创新的投入不断加大。2017 年全省科技支出增长 40.9%，但支出规模仍然较小，只有 117.1 亿元。其中，省本级科技支出占一般公共预算支出的比重为 2.57%；有 3 个设区市本级、20 个县（市、区）科技支出占一般公共预算支出的比重低于 1%，有 6 个县（区）的该比重仅为 0.1%，财政科技投入力度明显不够。全省科技支出规模低于 1000 万元的县（市、区）有 12 个，支出规模最小的只有 177 万元。

三　2018年江西财政形势展望

2018 年是贯彻落实党的十九大精神的开局之年，是改革开放 40 周年，是决胜全面建成小康社会、实施"十三五"规划承上启下的关键一年。国际国内经济环境依然比较复杂，财政运行和财政工作仍面临一些困难和问题，财政发展不平衡不充分的问题仍然存在。同时，新时代下江西经济稳中向好的基本面没有改变，"一带一路"、长江经济带等建设的稳步推进，为江西带来新的发展机遇。面对挑战与机遇，全省各级财政部门要按照中央经济工作会议、省委十四届五次全会和全国财政工作会议部署，坚持新发展理念，牢牢把握稳中求进工作总基调，紧扣我国社会主要矛盾变化，按照高质量发展的要求，扎实做好各项财政改革发展工作。

（一）指导思想

全面贯彻党的十九大精神，以习近平新时代中国特色社会主义思想为指

导，坚持新发展理念，以推进供给侧结构性改革为主线，继续实施积极的财政政策，增强财政的可持续性；大力支持创新驱动，振兴实体经济，构建具有江西特色的现代化经济体系；继续实施减税降费政策，调整优化支出结构，着力支持打好防范化解重大风险、精准脱贫、污染防治三大攻坚战，切实保障和改善民生；深入推进财税体制改革，全面实施绩效管理，加快建设现代财政制度，为建设富裕美丽幸福现代化江西做出新贡献。

（二）财政收入预期目标

2018 年全省财政总收入预期增长 7% 左右，一般公共预算收入预期增长 5.5% 左右。这个收入预期目标，不仅符合江西发展实际，而且与全省 GDP 增长 8.5% 左右相匹配，与全国财政收入预期增长目标基本适应。同时，还体现了稳中求进的要求。

（三）主要举措

1. 全力支持打好三大攻坚战

一是支持打好防范化解重大风险攻坚战。各级财政部门要增强责任意识、危机意识，采取扎实有效举措，按照"摸清底数、严控增量、消化存量、妥善处置、严格问责"的要求，开展隐性债务摸底排查，加强风险源头管控，强化执纪问责，进一步加强政府性债务管理，有效防控地方政府债务风险。二是支持打好精准脱贫攻坚战。围绕省委省政府脱贫目标任务，加大财政投入，2018 年省级增量资金重点向深度贫困地区倾斜，新增安排预算 5 亿元，省级财政专项扶贫资金总量达到 31.1 亿元，比 2017 年增长 16.7%。推进资金统筹整合，切实保障 2018 年各项下达 25 个贫困县的整合资金增幅高于全省平均增幅，对其他 33 个资金整合县要予以倾斜。强化扶贫资金监管，加快资金下达和拨付进度，落实脱贫攻坚工程"绿色通道"政策。积极开展扶贫领域监督执纪问责，加强资金绩效评价工作；建立财政、审计、扶贫等部门沟通协调、信息共享和成果互认机制。三是支持打好污染防治攻坚战。大力支持推进国家生态文明试验区建设，积极落实水污染防治行动计划，深入推行全流域生态补偿，落实长江经济带保护和修复中央奖励政策，积极推动东江流域上下游横向生态补偿工作；切实开展大气污染防治，研究出台秸秆禁烧奖罚机制；继续实施电能替代财政奖励政策，鼓励和引导地方政府推进"煤改电""油改电"等电能替代项目；着力支持土壤污染防治，推进重金属污染耕地修复治理。支持环境监测质量和执法能力建设，推进环保监测监察执法垂直管理改革。积极采取 PPP 模式、政府购买服务等举措，鼓励社会资本和社会力量共同参与污染防治。支持开展城市生活垃圾分类试点，着力实施农村环境综合整治。

2. 着力支持实体经济振兴

统筹利用现有财政资金渠道，振兴实体经济，推动经济发展质量变革、效率变革、动力变革。深入开展降成本优环境专项行动，落实好国家新一轮减税降费政策，切实帮助企业降本增效，促进新动能培育和经济转型升级。深入实施工业强省战略，支持推进战略性新兴产业倍增工程、传统产业优化升级工程和现代服务业提升工程；积极稳妥做好江西地方政府债券发行工作。规范运作好省级发展升级引导基金、推广实施 PPP 引导基金，健全完善财园信贷通、财政惠农信贷通等模式，持续推进投贷联动金融创新试点，做大做强做优融资担保，扶持江西成长型优秀企业发展，推动特色优势产业做大做强，增强经济发展活力。

3. 着力推动区域城乡发展

加快建立现代财政制度，建立权责清晰、财力协调、区域均衡的中央和地方财政关系。一是推动区域协调发展。积极推动国家和省委省政府区域战略实施，大力支持赣江新区建设，深入推进昌九、昌抚一体化，推进赣南等原中央苏区振兴发展，加大力度支持鄱余万都滨湖四县小康攻坚，推动赣东北扩大开放合作、赣西经济转型，建立更加有效的区域协调发展新机制。省财政将大力调整优化对市县的转移支付结构，着力扩大一般性转移支付规模和比重，增强市县政府基本公共服务保障能力。二是大力支持乡村振兴战略。积极开展农业综合开发，继续整合资金支持高标准农田建设，稳定粮食生产。推进农业供给侧结构性改革，省财政新增安排 3 亿元支农专项，产业扶贫新增安排 2 亿元专项，支持做好 9 大产业工程和林下经济发展等。继续安排 2 万个村点建设资金，推进"整洁美丽、和谐宜居"新农村建设。落实农业补贴改革，建立以绿色生态为导向的农业补贴制度，巩固粮食主产区地位。加快农业信贷担保体系建设，稳步推进农业保险公司建设，积极支持农担业务与财政惠农信贷通有效融合。深化农村综合改革，大力扶持发展村集体经济，更好地发挥村级公益事业一事一议财政奖补机制和平台作用，支持田园综合体试点建设。

4. 提高保障和改善民生水平

在连续 11 年大力实施民生工程的基础上，2018 年继续加大投入，筹集财政性资金约 1600 亿元实施民生工程，集中办好涉及群众切身利益的 50 件实事，使人民群众获得感、幸福感、安全感更加充实、更有保障、更可持续。重点支持就业和创业，加快农村富余劳动力转移就业，加大职业技能培训力度等；完善社会保险和社会救助政策，提高各类困难群体财政补助标准等；实施健康江西战略，提高城乡居民基本医疗保险和基本公共卫生服务项目补助标准，深入开展重大疾病免费救治工作等。同时，推进教育文化体育事业发展，加大保障性住房建设力度，着力改善群众生产生活。

5. 全面深化财税体制改革

以迎接改革开放 40 周年为契机，按照中央和省委省政府关于全面深化改革的总体部署，着力深化财税体制改革，充分发挥好财税体制改革作为整体改革的突破口和基础的支撑作用。重点抓好以下改革事项：合理界定政府与市场边界，加快推进省以下财政事权和支出责任划分改革；按照全面规范透明、标准科学、约束有力的要求，深化预算管理制度改革，依法落实预决算信息公开，扩大向人大报送和社会公开的重点支出项目范围；加强预算执行管理，加快盘活财政存量资金，统筹用于经济社会发展重点领域；做好支出经济分类科目改革工作；对接并落实好中央财政关于增值税、环境税、个人所得税等重大税制改革举措，扎实推进江西地方税体系建设；着力配合监察体制改革等重大改革部署。

6. 强化财政监督管理

全面实施绩效管理。健全以结果为导向配置公共资源的绩效管理机制，开展绩效目标运行监控，强化绩效评价结果应用，加大绩效信息公开力度。逐步将绩效管理覆盖四本预算，并深度融入预算编制、执行、监督全过程。加强财政监督检查。严格落实"双随机一公开"改革要求，继续组织开展扶贫资金监督检查、乡镇"小金库"专项治理，建立长效机制。对损害群众利益、违反财经法纪的行为坚持"零容忍"，严肃财经纪律。推进财政内控体系建设，逐步建立有效、管用的内控考核评价体系。加强和完善财政信息化建设，打破信息壁垒和"孤岛"。强化政府采购主体职责，加强对政府采购的监督管理，实现物有所值，控制采购价格，节约经费支出。强化国有资产监管职责，加强对政府资产的管理。推进财政普法教育，进一步提高财政干部依法理财、依法行政水平。

参考文献

胡强：《推动江西财政事业更好更快发展》，《江西日报》2017 年 12 月 8 日。

池自先、吴莎：《江西财政科技支出对经济增长影响实证分析》，《经济研究参考》2017 年第 3 期。

刘尚希、程瑜等：《关于中部地区财政经济运行的调研报告——基于湖南、江西的调研》，《财政科学》2017 年第 1 期。

江西省财政厅课题组：《促进财政收入可持续增长研究——以江西省为例》，《经济研究参考》2015 年第 12 期。

B.9
江西金融形势分析与展望

中国人民银行南昌中心支行课题组 *

摘　要： 2017 年，江西省金融业把握稳中求进的工作总基调，以服务供给侧结构性改革为主线，着力提升金融服务实体经济水平，全省金融业在稳中向好的轨道上继续前行，全社会融资量创历史新高。2018 年，江西金融业将全面贯彻落实党的十九大和全国金融工作会议精神，坚持高质量发展要求，提高服务金融实体的效益，着力打好防范化解金融风险和精准扶贫攻坚战，推进赣江新区国家绿色金融试验区、普惠金融和区域金融改革，降低金融企业杠杆率，促进金融与经济的良性循环和健康发展。

关键词： 金融运行　货币政策　普惠金融

2017 年，江西金融业把握稳中求进的工作总基调，围绕省委、省政府的决策部署，坚持以服务供给侧结构性改革为主线，着力提升金融服务实体经济水平，金融业在稳中向好的轨道上继续前行，全社会融资量创历史新高，新增存贷款比超过 100%，信贷投入对经济的支持力度加大。展望 2018 年，金融业将全面贯彻落实党的十九大和全国金融工作会议精神，坚持高质

---

* 课题组组长：张智富，中国人民银行南昌中心支行党委书记、行长，高级经济师。成员：郭云喜，中国人民银行南昌中心支行党委委员、副行长，高级经济师；贾健，中国人民银行南昌中心支行调研员，高级经济师。

量发展要求，提高服务金融实体的效益，着力打好防范化解金融风险和精准扶贫攻坚战，推进赣江新区国家绿色金融试验区、普惠金融和区域金融改革，降低金融企业杠杆率，促进金融与经济的良性循环和健康发展。预计全省金融业仍将保持平稳较快发展趋势。

一 2017年金融业运行特点分析

2017 年，江西金融业增加值 1187. 12 亿元，同比增长 12.2%，占 GDP（20818 亿元）和服务业增加值（8892.6 亿元）的比重分别为 5.7%、13.35%，金融业税收占一般公共预算收入的比重达 9.1%。社会融资规模增量比上年多 1471 亿元，占全国的比重为 2.75%，同比高 0.57 个百分点，高于江西 GDP 占全国比重（2.52%）0.23 个百分点。银行业总资产 42372 亿元，同比增长 13.7%。银行业运行稳中向好，发展速度居全国第一方阵，支持实体经济、精准扶贫力度加大，金融改革创新不断深化，金融机构去杠杆加快，金融市场总体运行平稳，地方类金融机构处于整顿加强监管中。

（一）金融业运行稳中向好，发展速度稳居"第一方阵"

一是金融总量保持较快增长，金融机构效益显著提升。全省本外币各项贷款达 2.59 万亿元，比年初增加 4053 亿元，创历史新高，同比多增 766.7 亿元，贷款余额同比增长 18.6%，比上年高 0.8 个百分点。全省本外币各项存款达 3.25 万亿元，比年初增加 3430.5 亿元，存款余额同比增长 11.8%。12 月末，江西贷款增速列全国第 2 位，连续 7 个月保持历史最好排名，存款增速列全国第 6 位，也处于全国"第一方阵"。2017 年新增贷款超过新增存款，增量存贷比达到 118.2%，信贷投入对经济的支持力度进一步增大。2017 年末，全省金融机构利润为 500.8 亿元，比上年增加 64.2 亿元，增长 14.7%；不良贷款率为 2.01%，比年初下降 0.23 个百分点。

二是社会融资增量创历史新高，保险和证券市场规模扩大。全年社会融资规模为 5347 亿元，比上年多 1471 亿元，占全国的比重为 2.8%，同比上升 0.57 个百分点，创有统计数据以来历史新高。年末全省保险密度和保险深度分别达到 1584 元/人和 3.49%，全省保险公司保费收入 727.6 亿元，同比增长 19.5%。全年引入保险资金投入健保养老、兴铁投资基金等项目规模 203.5 亿元。辖内 39 家上市公司、159 家新三板公司、16 个债券发行人共在资本市场融资 208.95 亿元，同比减少 205.05 亿元。省内两家法人证券公司共实现营业收入 17.98 亿元、净利润 7.64 亿元，分别同比增长 10.71%、18.27%。

（二）对实体经济支持力度加大，金融作用力增强

一是各项贷款额度显著增加。2017 年全省小微企业贷款余额 6573.2 亿元，比年初新增 1267.1 亿元，同比增加 112.3 亿元，增长 23.9%，高于全部贷款增速 5.3 个百分点。涉农贷款余额 10197.8 亿元，增长 25.5%，高于全部贷款增速 6.9 个百分点。全省钢铁、煤炭等产能过剩行业贷款余额分别下降 22.4% 和 9.4%。全省基建类贷款比年初新增 1484.6 亿元，增量占各项贷款增量的比重提高 9.5 个百分点；基建类贷款余额同比增长 31.1%，其中对"三农"支持力度加大，农村基础设施贷款增长 48.1%，高于全部贷款增速 29.5 个百分点，基础设施继续改善。中国人民银行积极落实差别化存款准备金率政策，运用常备借贷便利工具，把好区域流动性总闸门，全年累计释放流动性 470 亿元。

二是对经济新增长点的信贷投入加大。2017 年末，全省服务业贷款比年初新增 1785.1 亿元，增量占各项贷款增量的比重为 44.1%；增速高于全部贷款增速 2.4 个百分点。其中，代表新经济、新业态的租赁和商务服务业、水利和公共设施管理业、信息计算机服务和软件业恰好是贷款增速最快的三个行业，分别同比增长 62.2%、55.1%、27.3%，均大幅高于贷款平均增速。

三是加大金融精准扶贫力度。先后制定出台《江西省扶贫产业扶贫贷款贴息管理（暂行）办法》《关于进一步加强金融精准扶贫工作的意见》

《金融助力江西脱贫攻坚"百日行动"实施方案及任务分工》和《江西省金融精准扶贫政策效果评估实施细则》。落实金融精准扶贫分片包干机制，加快推广"创业扶贫、就业扶贫、受益扶贫"三位一体信贷分类扶贫模式。至12月末，全省精准扶贫贷款余额1367亿元，较年初增长63%。其中，建档立卡贫困户贷款余额80.4亿元，较年初增长25.4%。25个贫困县各项贷款余额3052亿元，较年初增长24.7%。全省25个扶贫重点县全部建立了金融扶贫风险补偿基金，12月末风险补偿基金到位24.7亿元。

四是降成本和补短板深入推进。累计发行债务融资工具280.6亿元，发行加权平均利率为4.95%，低于金融机构贷款加权平均利率约1.2个百分点；1~12月，促成应收账款融资交易521笔，融资额768亿元，节省融资成本约14亿元。12月末，全省10个农地试点县（市）农地抵押贷款余额为9.3亿元，比2016年末增长2.9倍，3个农房试点县农房抵押贷款余额为2.8亿元，比2016年末增长87.8%。

五是区域支持力度加大。南昌市新增贷款1657.3亿元，占全省新增贷款的比重高达40.9%，南昌核心增长极的优势得到体现。赣南等原中央苏区贷款余额为8585亿元，同比增长20%，比上年高0.6个百分点。鄱阳湖生态经济区贷款余额比年初增加2500.6亿元，同比多增551.4亿元；贷款增长18.3%，同比提高1.6个百分点。

（三）金融改革创新不断深化，金融机构进入去杠杆过程

江西作为全国五个绿色金融改革试验区之一，在6月份获国务院批准，到年末全省绿色信贷余额超过1700亿元，其中，赣江新区绿色信贷余额为55亿元，同比增长29.6%；共有13家绿色企业在新三板挂牌，在江西联合股权交易中心挂牌展示的绿色企业达200多家；江西银行、九江银行等发行绿色金融债和企业债规模达140亿元。2017年江西省政府向国家申报了赣州、吉安普惠金融改革试验区。2017年金融机构主动压缩同业负债和表外理财等市场业务，年末全省银行机构股权及其他投资比年初下降260亿元，同比少增2221.4亿元；买入返售资产在2016年下降182亿元的基础上2017

年又下降 228 亿元；同时非标、同业、资管、委外等迅速收缩，以适应监管压力下的去杠杆要求。

（四）金融市场总体运行平稳，债券发行量同比下降

2017 年，江西省银行间信用拆借市场累计拆借金额 2142 亿元，同比增加 1100 亿元，增长 106%，和 2016 年相比，市场净拆出 1255 亿元，由净拆入转为净拆出。12 月末同业拆借交易加权利率为 2.77%，同比上升 43 个基点，各月加权平均利率普遍高于上年同期，反映出资金供需、市场利率价格和资金流动性管理需求的紧平衡变化。2017 年末，江西省非金融企业债券余额 2641 亿元，同比增加 146 亿元。江西省共 10 家银行机构发行同业存单 2417 亿元，同比增加 966 亿元，增长 67%。2017 年，江西省非金融企业累计发行各类债券 479.10 亿元，同比减少 486 亿元，下降了一半；其中，14 家企业发行了 30 只债务融资工具，同比减少 243.9 亿元，地方企业发行债券同比减少 147.5 亿元，上市企业公司债发行同比减少 94.6 亿元。

（五）地方类金融机构处于整顿中，管理风险不容忽视

2017 年末，江西地方类金融机构总资产规模 1.6 万亿元，其中由地方实施监管的小贷公司、融资担保、区域股权市场、典当、融资租赁、商业保理、地方资产公司等七类法人机构数量达 600 余家，注册资本超过 530 亿元。小贷公司正常营运 185 家，比上年减少 26 家，贷款余额 232.35 亿元，同比增加 3.65 亿元。融资性担保公司 135 家，比上年减少 1 家，在保责任余额 393.4 亿元，同比增加 79.1 亿元；10 家融资担保公司退出市场。江西联合股权交易中心挂牌展示企业 4665 家，总股本 890 亿元，通过挂牌贷、股权质押、私募可转债为 573 家企业融资 194.3 亿元。全省典当行 217 户，新设 5 户，已填报数据的 176 户有 60% 的盈利，房地产占全部典当业务的 60%。全省融资租赁企业 20 家，运作融资租赁项目 142 个，投放资金 54.81 亿元，同比减少 15.2%。商业保理公司 1 家，累计完成业务额 3785 万元。全年清理一批违规交易场所及其会员、代理商、授权服务商，对违规 P2P

网络借贷平台和无证支付机构进行清理，将"校园网贷""现金贷""虚拟货币"交易平台等纳入互联网金融风险专项整治。

二 全省金融面临的形势和问题

江西省金融与经济一样都进入了全国的第一增长方阵，保持了持续稳定态势，金融对经济的支持以及相互依赖作用增强。但是金融与经济良性循环、协调发展的矛盾仍然存在，金融业体系发展当中的不平衡不充分的矛盾仍然突出，金融结构性矛盾调整的压力仍然较大，表现如下。

（一）金融与实体经济失衡的问题仍需解决

2017年新增贷款每元相应的经济增长不到0.5元，而2012年这个数字是0.90元，信贷资源配置的边际产出效率降低。2017年全省贷款余额占全国的比重为2.06%，低于GDP占全国的比重0.46个百分点。同时信贷向制造业、民营企业投入偏少，全年仅5.8%的新增企业贷款投向私营企业，制造业贷款同比仅增长6.5%，沿袭了2008年以来的下降趋势。

（二）直接融资占比不高

江西融资结构仍以间接融资为主的格局没有改变，1~12月直接融资增量占比仅为2.6%，间接融资增量占97.4%，而且间接融资中新增贷款有40%以上投入房地产，直接融资不足与众多小微创业企业的需求不匹配。

（三）大量资金进入房地产领域

省内各大城市房地产价格快速上涨，经济增长、财政收入、银行利润越来越依赖于"房地产繁荣"，进一步推高了实体经济成本。存量上，2017年末，房地产贷款余额占全部贷款的比重达31.3%，比2012年末提高10.7个百分点。

（四）政府隐性债务的贷款风险有所上升

近年来，政府类项目贷款和融资平台贷款增长较快。2015～2017年基础设施行业贷款年均增长26%，高于2012～2014年14.7个百分点。大量事实表明八成以上的基建项目都是由政府隐性担保，未来政府还款压力有增无减，加大了政府隐性债务风险。

（五）同业投资业务发展迅速

2014年以来江西法人机构金融市场业务规模快速扩张，至2017年上半年，在资产端占比已达到50%，超过贷款成为第一大资产业务。这部分资金投资的资产往往是层层嵌套、结构复杂的资管产品，导致资金在金融体系内部滞留时间延长，在拉长融资链条、推高资金成本的同时，也积聚了跨行业、跨市场风险。

（六）银行业金融机构不良贷款上升

到2017年11月不良贷款率比年初上升0.01个百分点，不良贷款拨备覆盖率有所下降，特别是地方法人银行下降较快。

（七）政府平台或政府性基础设施项目贷款过多

近几年金融机构为政府平台或政府性基础设施项目提供了大量贷款，但是随着中央对地方政府融资政策的不断收紧，下一步在政策允许条件下寻找到既能获取项目建设资金不断链，又能确保资金安全的融资方式和渠道，将是江西经济金融运行中的一项重要议题。

三 2018年江西金融业展望与建议

2018年仍将是江西金融业发展的重要机遇期。全省金融业将全面贯彻落实十九大和全国金融工作会议精神，坚持稳中有进工作总基调，坚持积极的财政政策和稳健中性的货币政策，提高金融服务实体的效率，着力打好防范化解金融风险和精准扶贫攻坚战，推进赣江新区国家绿色金融试验区、普惠金融和区域金融改革，降低金融企业杠杆率，促进金融与经济的良性循环和健康发展。主要目标：新增本外币贷款3500亿元，企业直接融资3000亿元，推动8家企业在境内外资本市场上市，保险保费收入800亿元。

（一）调整结构，在落实稳健中性的货币政策中加快金融企业去杠杆

一是要平衡好支持地方经济发展与落实稳健中性货币政策的关系。按照经济有效需求和宏观审慎的要求，在控制江西宏观杠杆率过快上升的前提下保持信贷总量的合理增长和流动性基本稳定，将影子银行、房地产金融纳入宏观管理框架，将表外理财纳入广义信贷指标范围。二是要加强财政政策、产业政策和货币政策的协调配合，加强部门之间的沟通协作，形成调控合力，既要引导好资金流量，优化金融资源的配置，又要促进结构调整，管控好地方政府债务增长，抑制财政对信贷的杠杆乘数，演绎积极财政政策要义。三是银行业应优化资产负债结构，规范发展理财、资管、同业等资金业务，严控杠杆比例和嵌套投资，预防资金投资链条过长导致脱实向虚。在帮扶企业综合运用投顾、资产证券化、产业基金、市场化债转股、重组等市场化融资手段中降低贷款比重，优化融资结构，实现价值创造。在贷款投向上倾斜于民营、小微企业、"三农"领域，积极推广绿色信贷，探索科创企业金融服务模式，切实将资金注入实体经济的毛细血管、薄弱环节，发展消费金融，落实精准扶贫。

（二）回归主业，提升金融对经济的支撑力度

一是保持信贷总量，支持政策性、开发性银行机构扩大政策性贷款投放，特别是专项基金和专项贷款。落实各国有银行与政府签订的战略协议。鼓励大型银行设立专业团队为绿色金融、普惠金融和科技金融提供专业化贷

款。推动江西 20 个国家农民工返乡创业试点获得政策性金融支持。二是实施企业上市倍增计划，制定出台企业上市政策意见，推动企业赴境内外资本市场上市。设立区域性股权市场新四板基金。支持天使投资、创业投资发展，畅通各类股权投资对接企业融资需求。推动江西上市企业和大型公司发行绿色、战略性新兴产业、养老、城市综合管廊建设等专项债券。三是扩大科技保险，建立健全以保证保险、专利保险为重点的创新支持体系。大力发展环境污染、医疗服务、校园安全等责任保险。进行个人递延型养老险、住房反向抵押养老保险试点。四是促进科技金融创新发展。推进知识产权质押融资、科技担保，支持符合条件的银行机构开展投贷联动，设立科技型特色分（支）行，发展"科贷通"等科技金融产品。建立健全科技保险风险补偿机制和差异化补贴机制。以金融科技和供应链金融为着力点，加大金融业态创新力度，探索设立全省一体化的物流供应链金融服务机构。

（三）抓住根本，提高金融服务的效率和水平

一是推进银行机构挂点园区帮扶企业、百家银行进政银企、金融专家精准对接服务团等活动，做实定向精准帮扶措施。对贷款中间环节收费继续进行整治，降低企业融资成本。二是加强对重点产业的金融支持，支持"十三五"规划和政府工作报告确定的重大工程项目，引导金融支持江西航空、新能源、新材料、智能制造、中医药、工业设计、大数据等新兴产业，支持传统产业转型升级，全面推动制造业迈向中高端。三是加大"两权"抵押贷款试点力度。扩大林权抵押贷款规模。开展农业大灾保险试点，开发指数、产量、价格、收入保险等，支持开展水果、设施蔬菜、茶叶、中药等地方特色农产品保险。加快发展信用保证保险，加快推进"生态脱贫保"精准扶贫保险服务。四是推动普惠金融发展。争取将赣州、吉安列入全国普惠金融试点。加速省内银行业机构的普惠金融事业部建设。拓展满足群众医疗、养老、教育培训等方面需求的社会民生事业融资产品。大力推动扶贫再贷款以及政策性金融扶贫示范建设，助力打好脱贫攻坚战。五是加快金融产品和服务创新。推广"财园信贷通"、"财政惠农信贷通"、财税互动、油茶

贷、扶贫贷、挂牌贷、电商贷等创新产品。六是整治违规收费行为和官商作风，有效降低融资成本。

（四）防范风险，推动区域金融安全稳健运行

按照第五次全国金融工作会议精神的要求防范处置各类金融风险，聚焦重点领域金融风险防控，加强对影子银行、互联网金融等薄弱环节的监管，更加注重防范跨市场跨业态跨区域风险传染，实现所有金融活动监管全覆盖。严控地方政府债务增量，坚持堵偏门、开正门，防范地方政府债务风险。建立健全区域金融稳定协调合作机制，健全风险监测预警和早期干预机制，在全省积极推进重点企业金融风险早期识别工作。发挥债权人委员会的作用，化解不良贷款风险，实现优质企业支持、困难企业帮扶、僵尸企业有序退出。将"中小企业和农村信用体系建设"纳入政府对设区市社会信用体系建设工作考核、中小微企业信用体系建设与"双创"挂钩，实现农村信用创建工作县域全覆盖。防范和处置非法集资，建设非法集资监测预警平台。继续做好互联网金融风险专项整治和各类交易场所清理规范工作，大力整治各类金融乱象和乱办金融现象。有效处置银行不良贷款，维护金融市场秩序稳定。

（五）深化改革，不断提升金融业市场竞争力

以赣江新区绿色金融改革为引领，创新发展金融机构、产品和服务，不断激发金融体系的活力和创新力，推动各地竞相开展金融改革创新。加强金融机构服务民营经济能力，推进江西裕民银行和江西农村保险股份有限公司的组建。加强对村镇银行的股份改造，扩大股本，实现股权多元化，以及完善治理结构。加快对省农联社的改革，突出服务县（市）域农商行的根本要求。开展南昌、赣州产融合作试点，在上饶经开区推进开发区金融创新试点，在萍乡推进中小企业信用体系建设，在抚州创建科技金融创新试验区，在南康等6个县（区）开展县域金融改革试点，重在实效，力创经验。推进民间借贷登记服务中心和民间资本管理公司等金融组织建设。深入实施县

域金融"六个一工程"即每个县（市区）至少都有一家城商行、农商行、村镇银行、上市或挂牌企业、政府性融资担保机构和优质小贷公司。组建江西（健康）保险公司交易中心，完善区域保险市场。打造产融结合的民间投资集团，千方百计扩大民间投资渠道。运用区块链技术，探索建立省级信用增进投资公司，为企业融资创造条件。培育融资租赁、商业保理等新型金融业态。落实赣江新区绿色金融改革创新任务清单，开发能源效率和节能减排专项贷款等绿色信贷产品；开展排污权、碳排放权、用能权等交易试点；聚集绿色金融机构，打造赣江新区绿色金融示范街；拓宽绿色项目和绿色产业融资渠道。

参考文献

张智富：《稳中求进 奋发有为 推动江西经济金融迈向高质量发展》，《金融与经济》2018 年第 3 期。

张智富：《江西推动小微银行发展普惠金融的实践与启示》，《金融时报》2017 年 11 月 6 日。

张智富：《江西绿色金融发展的差异化道路》，《清华金融评论》2017 年第 10 期。

麻智辉：《江西建设绿色金融改革创新试验区重点领域和政策建议》，《江西日报》2017 年 9 月 4 日。

B.10
江西教育发展报告

江西省教育厅课题组 *

摘　要： 2017 年，江西全省教育系统以学习宣传贯彻落实党的十九大精神为主线，以办人民满意的教育为主题，着力夯基础、补短板、促公平，着力提质量、创一流、强服务，着力抓党建、守纪律、转作风，各级各类教育发展质量持续提高，人民群众的教育获得感显著增强，教育服务经济社会发展的能力不断提升。展望 2018 年，全省教育系统要加强党的领导，不忘初心、牢记使命，以改革创新精神打好学前教育重普惠、义务教育促均衡、高中教育抓普及、职业教育优结构、高等教育创一流"五大攻坚战"，持好"奋进之笔"，加快推进教育强省建设，为决胜全面建成小康社会、建设富裕美丽幸福现代化江西提供坚实的人才和智力支撑。

关键词： 教育强省　义务教育　高中教育　职业教育　高等教育

　　党的十九大报告明确提出"优先发展教育事业"，这为新时代江西教育

---

* 课题组组长：叶仁荪，江西省委教育工委副书记、省教育厅厅长，管理学博士，教授。副组长：王江华，江西省委教育工委委员、省教育厅副厅长。成员：巫志刚，江西省委教育工委研究室主任、省教育厅政策法规处处长；杨锋，江西省教育厅发展规划处副处长；吴重涵，江西省教育科学研究所所长，教育学博士，研究员，享受国务院特殊津贴；张发杰，江西省教育厅发展规划处主任科员；沈栩，江西省民办教育发展中心主任。

发展提供了重要契机。2017 年，江西认真贯彻落实党中央、国务院关于教育工作的决策部署，教育各项工作取得新成效。本报告回顾了 2017 年江西全省教育工作进展，并就 2018 年工作进行了展望。

一 2017年江西教育事业发展情况

一年来，全省教育系统认真学习贯彻党的十九大精神，坚持以习近平新时代中国特色社会主义思想为指导，全面贯彻落实省委、省政府决策部署，教育各项工作取得了新进步。

（一）基本情况

截至 2017 年底，全省共有幼儿园 14952 所，在园幼儿 160.94 万人，学前教育毛入园率 79.25%；小学 7760 所，在校生 422.90 万人，小学毛入学率 103.75%；初中 2140 所，在校生 191.04 万人，初中阶段毛入学率 107.92%；高中阶段教育（包括普通高中、中等职业教育）学校 841 所，在校生 131.13 万人，高中阶段教育毛入学率 89.50%；普通高等学校 100 所、成人高等学校 8 所，普通本专科在校生 104.83 万人，研究生在校生 3.45 万人，成人高等教育在校生 14 万人，高等教育毛入学率 42.00%。

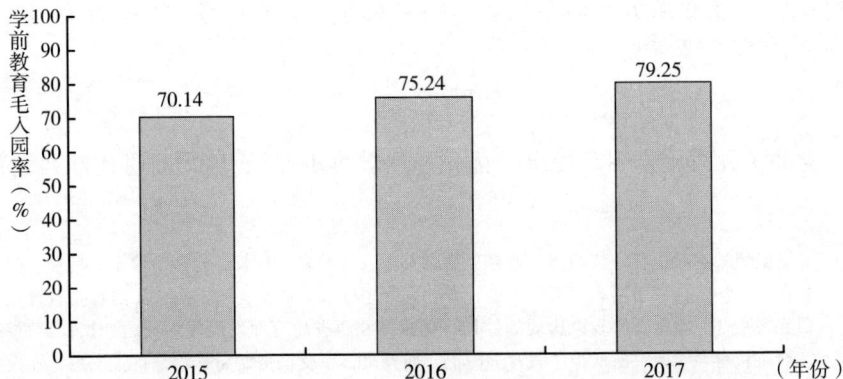

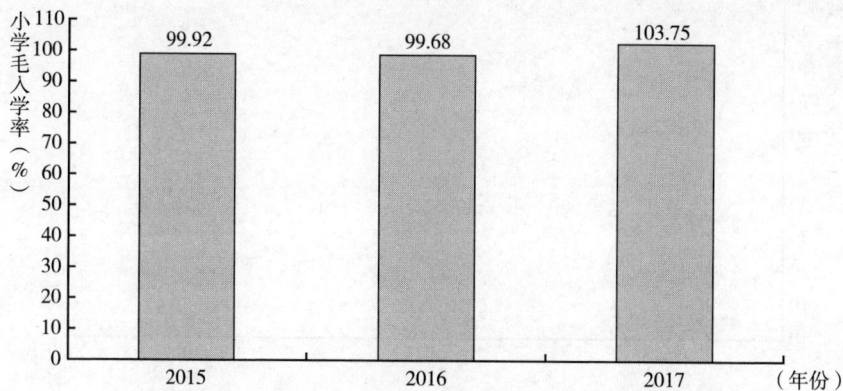

小学毛入学率（%）

年份	2015	2016	2017
小学毛入学率	99.92	99.68	103.75

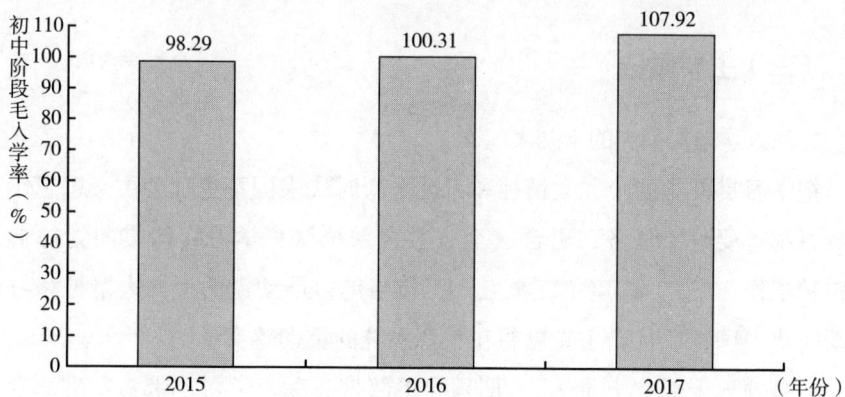

初中阶段毛入学率（%）

年份	2015	2016	2017
初中阶段毛入学率	98.29	100.31	107.92

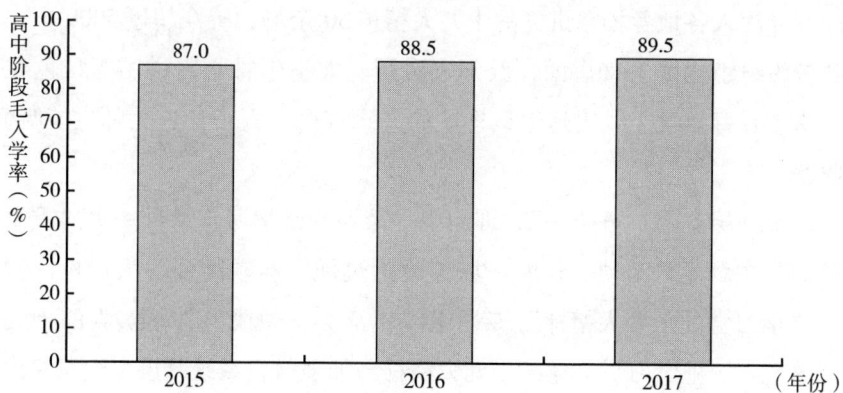

高中阶段毛入学率（%）

年份	2015	2016	2017
高中阶段毛入学率	87.0	88.5	89.5

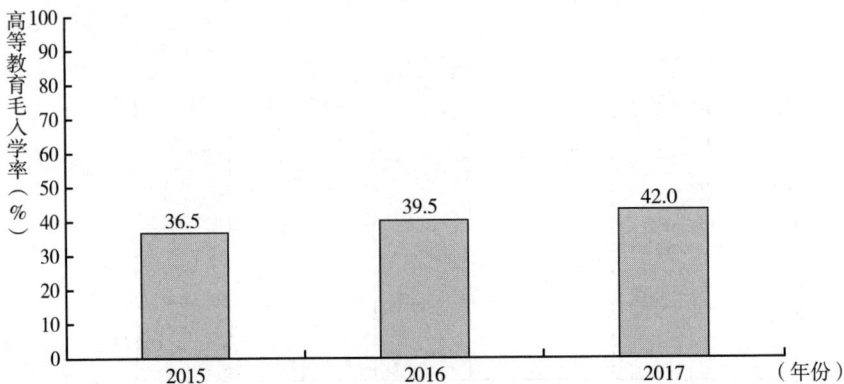

图1 近三年江西教育发展主要指标对比

（二）主要做法

1. 深入学习贯彻党的十九大精神

把学习贯彻党的十九大精神和习近平新时代中国特色社会主义思想作为教育系统首要政治任务，出台《全省教育系统认真学习宣传贯彻党的十九大精神工作方案》，构建"三个五"工作格局，推动党的十九大精神和习近平新时代中国特色社会主义思想在教育系统的贯彻落实。

一是领导干部"五带头"，即领导干部带头深入学习，带头宣讲，带头参加并指导党支部生活，带头调查研究，带头讲党课。省委教育工委、省教育厅领导深入各地各校宣讲党的十九大精神30余场，听众超过5000人。各地各校纷纷组建博士宣讲团、教师宣讲团、大学生骨干宣讲团等特色宣讲团，深入教育教学一线用师生最喜欢的方式宣讲，真正让广大师生能听懂、有收获。

二是基层支部"五个一"，即组织一系列专题学习，举行一次"重温入党誓词"主题党日活动，开展一场"政治过硬、本领高强"大讨论，召开一次"学习党的十九大精神"专题组织生活会，做成一件落实党的十九大精神的实事。把学习贯彻党的十九大精神与加强教育系统基层党组织建设结合起来，推动"两学一做"学习教育常态化制度化，增强基层党支部的战斗堡垒作用。

三是推动实现"五进",即推动习近平新时代中国特色社会主义思想进学术、进学科、进课程、进培训、进读本。编写《新时代 新思想 新征程——习近平新时代中国特色社会主义思想学习读本》。组织江西教育经济与社会发展智库、江西百家高校智库联盟等力量,开展党的十九大精神和习近平新时代中国特色社会主义思想研究,江西师范大学、井冈山大学、南昌航空大学等十余所高校成立了"习近平新时代中国特色社会主义思想研究中心",深化研究阐释。

2. 全面落实立德树人根本任务

各地各校认真贯彻党的教育方针,以社会主义核心价值观为引领,加强思想政治工作和德育工作,实现全员育人、全过程育人、全方位育人。

一是高校思政工作开创新局面。省委召开全省高校思想政治工作会议,成立省高校思想政治工作领导小组。江西省领导带头开展高校思想政治工作调研,带头上思政课、听思政课、评思政课。建立高校思想政治工作巡查机制,派出18个组开展"大督查",解决影响高校思想政治工作的政策保障、编制职数、经费支持等问题,得到了教育部的充分肯定。严格落实意识形态工作责任制,切实抓好意识形态工作。成立全省高校思想政治理论课教学指导委员会,启动高校思想政治理论课教学质量提升三年行动计划。在全省高校确定建设3所重点马克思主义学院和5所特色马克思主义学院。

二是课程教材改革有序推进。启用国家统编义务教育道德与法治、语文、历史三门学科教材。强化红色文化育人,编撰红色文化地方教材。加强生态文明教育,新编省情教育地方教材《美丽江西》。推进普通高中课程改革,开展"我的课改故事"征文、学生综合实践和通用技术设计成果展示等活动。14所高校启动学分制改革试点,学生可以跨校选课,受到学生欢迎,赢得各界点赞。

三是创新创业教育有声有色。实施创业引领计划,6349名大学生自主创业,完成年度目标任务的近两倍,带动就业创业人数7563人。一批国字号项目落地江西,26所高校630个大学生创新创业训练计划项目获国家立项，3 所高校入选全国深化创新创业教育改革示范校，2 所高校获评"全国高校创新创业实践育人基地"，2 所高校入选全国创新创业典型经验"五十强"。参加第三届全国"互联网＋"大学生创新创业大赛再获佳绩，共获 1 金、8 银、21 铜和"优秀组织奖"，获奖数并列全国第一。

四是体育美育教育成果丰硕。省政府办公厅印发《关于强化学校体育促进学生身心健康全面发展的实施意见》。把校园足球作为突破口，遴选 649 所足球特色学校，在全国首创青少年校园足球星级裁判员培训。学生竞赛成绩、体质健康状况进步明显，江西学生代表团在第十三届全国学生运动会上获 10 金 8 银的历史最好成绩。开展高雅艺术进校园活动 70 余场次，受益师生达万余人。创建中华优秀传统文化艺术传承学校 39 所。

五是语言文字工作成效突出。三类城市语言文字规范化建设达标验收比例达 80%；语言文字督导工作获全国最高分。开展中华经典诵写讲进校园活动和召开规范汉字书写大会，引导学生感受传统文化魅力。

3. 着力推进各级各类教育协调发展

坚持问题导向，加快补短板、强弱项，抓好"促进公平、优化结构、提高质量"三件大事，努力解决教育发展不平衡不充分问题。

一是学前教育普惠程度明显提升。全年中央和省财政投入近 13 亿元，新建、改建公办幼儿园近 500 所，新增普惠性民办幼儿园 930 所。全省公办园占比 29.2%，比上年增加 6 个百分点；一乡镇一所公办中心幼儿园完成率 74.97%。

二是义务教育均衡发展进度加快。省政府印发《关于统筹推进县域内城乡义务教育一体化改革发展的实施意见》，江西被教育部列为第一批典型推介的 5 个省份之一。制定《江西省消除义务教育学校大班额专项规划》，大力推进消除大班额工作。2017 年江西有 28 个县（市、区）及开发区实现义务教育发展基本均衡，全省累计 92 个县（市、区）通过国家义务教育发展基本均衡县评估认定，进度 82.14%，高于全国平均水平。

三是高中教育特色发展创新思路。省教育厅印发《江西省普通高中特色发展工程实施方案》，建设普通高中综合素质评价信息管理系统，引导普

2017年通过国家义务教育发展基本均衡县评估认定的比例（%）

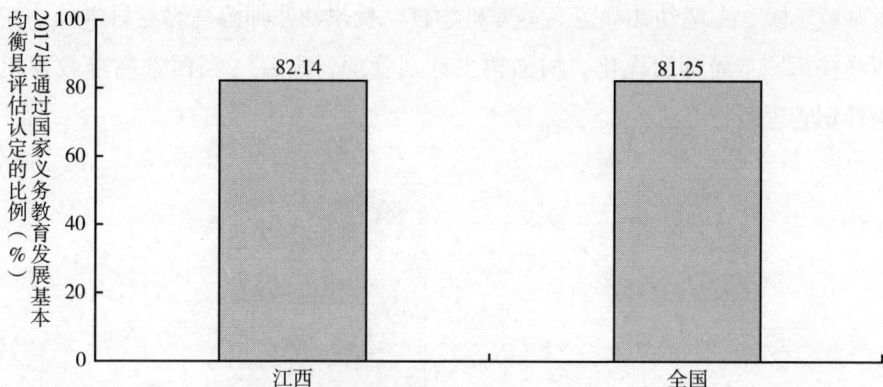

图2　江西省县域义务教育均衡发展进度

通高中特色发展。江西代表在全国高中阶段教育普及攻坚会议上作交流发言，建立了"十三五"全省高中阶段教育普及攻坚计划学校建设项目库。会同海军招飞办，在南昌二中建设华东首个海军实验班，招生49名。

四是职业教育办学质量明显提高。省教育厅印发高水平现代化中等职业学校建设、中等职业学校专业技术技能名师培育、中等职业学校特色专业群建设等三个方案，启动实施全省中职质量提升"123"工程。扎实推进高等职业教育创新发展行动计划，增加和调整了46项承接项目，新增4所学校为国家优质高等职业院校建设立项单位。加强职业院校工匠精神培育，在全国职业院校技能大赛中获一等奖12项、二等奖30项。

五是高等教育内涵发展取得突破。省政府印发《江西省有特色高水平大学和一流学科专业建设实施方案》，省财政投入40亿元，支持南昌大学和其他高校33个一流学科、50个一流专业建设。南昌大学入选国家世界一流学科建设高校。南昌大学、江西师范大学共6个学科进入ESI全球排名前1%，占全国1.2%。在第四轮全国学科评估中，南昌大学、江西财经大学、江西师范大学共4个学科获评为A类学科。东华理工大学质谱科学与仪器学科创新引智基地入选国家高校学科创新引智计划，实现了江西"零"的突破。高校获省科学技术奖励45项，占总数的42.5%，其中自然科学奖全部由高校获得。制定《江西省"十三五"期间高等学校设置规划》，设置豫章师范学院、上饶幼儿师范高等专科学校、抚州幼儿师范高等专科学校，江西高校区域布局更加优化。加强招生计划管理，出台《江西省高等教育招生计划管理暂行办法》。

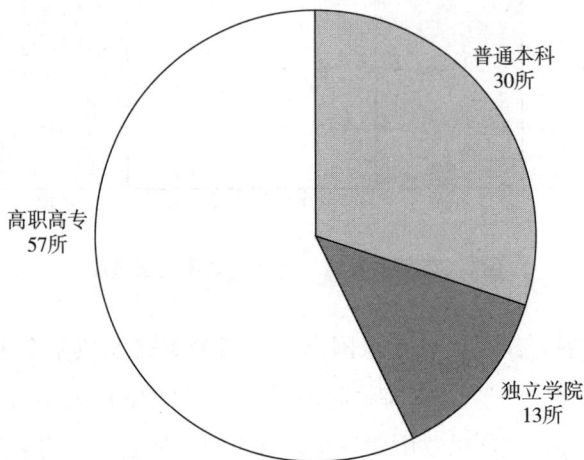

图3　江西省普通高校结构

4.全力推进教育民生工程落小落细

把教育扶贫作为重大政治任务抓紧抓好，加快补齐公共服务短板，加大特殊群体帮扶力度，各项教育民生工程得到落实，教育公平步伐不断加快。

一是教育精准扶贫实现"三个全覆盖"。全年实现资助贫困家庭子女约750万人次、关爱农村留守儿童91万人和帮助5301名建档立卡贫困家庭高校毕业生顺利就业。开发建档立卡贫困学生电子档案信息系统，信息精准化、服务全程化水平明显提升。新增7个营养改善计划地方试点县，新增受益学生42万。组织26所高职院校对口帮扶26个贫困地区中职学校，开展5个方面的帮扶。

二是特殊群体关爱体系进一步健全。贫困地区高考定向招生"四个专项计划"共录取4514人，同比增长7.8%。南昌设立"学生课余教学辅导志愿服务中心"，萍乡开设"四点半课堂"，探索解决学生课后服务难题，受到群众欢迎。编制第二期特殊教育提升计划和建设项目规划，生均公用经费标准 6000 元全面达到。

三是高校毕业生就业稳中有进。江西高校毕业生初次就业率达 86.28%，就业绝对人数同比增加 33565 人。在 2017 年全国普通高校毕业生就业创业工作网络视频会议上，江西围绕"开发江西微就业公众号，实现一站式就业服务"主题做经验介绍，是唯一做典型发言的省级教育行政部门，得到了教育部和各兄弟省份的充分肯定。

5. 大力推动教育综合改革多点突破

向改革要动力，向特色优势要竞争力，教育综合改革多领域、深层次取得突破。在 2017 年 10 月 9 日全国贯彻落实《关于深化教育体制机制改革的意见》的电视电话会议上，江西做交流发言。

一是推出百余项政策红包。省教育厅出台《关于加快推进教育供给侧结构性改革的若干意见》《关于贯彻新理念培育新动能提升教育服务能力的实施意见》《关于加强职业院校工匠精神培育的实施意见（试行）》等系列改革文件，进一步激发办学活力。

二是本科专业综合评价成效显著。构建专业综合评价通用指标体系，完善公平公正的评价工作机制，充分发挥评估结果对专业设置的指挥棒作用，得到了广泛认同。中国教育报以"一场静悄悄的质量觉醒"为题，在头版头条进行了报道。

三是高校"放管服"改革深入推进。省教育厅出台《关于深化高等教育领域简政放权放管结合优化服务改革的实施意见》，推出 28 项改革举措，回应高校诉求，优化发展环境。

四是民办教育分类管理改革有序推进。出台《江西省民办学校分类管理改革工作方案》，成立"江西省民办学校分类管理改革"课题领导小组。省领导高位推动，22 家省直部门积极参与，形成了初步改革意见。

五是教育开放格局不断扩大。出台《江西省教育国际化评价指标体系》。2017 年来赣留学生 6000 余人，较 2016 年增长 33%。积极融入"一带一路"建设，成立 4 个区域国别研究中心，新增 3 个中外合作办学项目，新增 2 所孔子学院。举办江西省第五届外国留学生汉语大赛。

六是教育信息化建设取得突破。省政府办公厅印发《关于加快推进教育信息化工作的意见》，省教育厅成立江西省教育网络安全和信息化专家委员会、江西省教育信息化厅际协调小组，教育信息化顶层设计得到加强。信息技术与教育教学的融合不断深化，优质教育资源覆盖面持续扩大。截至2017年底，江西中小学互联网接入率93%、多媒体教室覆盖率82%，师生开通网络学习空间的比例分别达89%、72%，均达到或超出国家平均水平。实现江西教育资源平台和管理平台的互联互通，走在了全国前列。

6. 不断加强教育人才队伍建设

落实大中小学师德师风建设长效机制，加强教师思想政治工作。提高教师待遇，提升教师能力素质，吸引一流人才从教。

一是加强师德师风建设。2017年全省7.1万名教师参加"万师访万家"活动，访问101万户家庭，收回问卷88万份，征集家长意见44万条。为7790名城区从教满30年、5586名农村从教满20年的乡村教师颁发长期荣誉证书，提升教师职业荣誉感。高校4个团队入选首批全国高校黄大年式教师团队。树立师德正面典型，评选"师德标兵"20名，树立了年度全国十大"最美教师"慎魁元等一批师德典型。严肃处理师德师风问题，3名违纪高校教师被"双开"。

二是加强中小学教师队伍建设。省编办、省财政厅、省教育厅印发《关于加强全省中小学教职工编制管理工作的通知》，落实城乡统一的教师编制标准。招收定向师范生5501名，加大定向培养乡村教师力度。选拔180名高校音体美专业大学生赴60所边远农村小学支教。招聘中小学教师15319人，培训中小学教师14.73万人，全省义务教育学校校长教师交流轮岗17081人。在九江、抚州市实施教师资格定期注册工作试点。

三是加强"双师型"教师队伍建设。深化校企合作，组织职业院校专业课教师定期参加企业实践，实施"特聘兼职教师项目"，从企业招聘兼职教师到职业院校任教。开展全省第四批中职学校"双师型"教师认定，评选了916位"双师型"教师。举办全省首届中等职业学校班主任基本功大赛。

四是加强高层次人才队伍建设。开发"全省教育系统高层次人才数据库"。全省高校入选"国家杰青"1人、"千人计划"6人、"百千万人才工程"9人，全职引进博士631人。省政府与中国人民大学等知名高校深化合作，共建现代金融、航空发动机、现代农业、VR产业等平台，引进和培养高层次人才。

7. 着力提高教育要素保障能力

推动落实教育优先发展战略，加大资金投入，加快项目建设，确保安全稳定，努力为教育事业发展创造良好的条件。

一是教育经费保持稳定增长。全年全省财政教育支出941.5亿元，比2016年增长了11.39%，其中：中央对江西教育转移支付约132亿元，省级财政教育资金安排约200亿元，均呈现稳定增长态势。综合分析年度经费支出结构，一半以上经费用于义务教育，一半以上经费用于农村教育，充分体现了向事业短板、向薄弱地区倾斜的政策导向。

二是一批重大工程项目顺利实施。江西"全面改善贫困地区义务教育薄弱学校基本办学条件"项目累计投入219.3亿元，全省校舍建设开工率、竣工率和设施设备购置完成率均位列全国第一。争取中央中小学校舍安全保障资金6.7亿元，新建改扩建校舍约80万平方米。争取中央改善普通高中办学条件资金2.4亿元，改扩建校舍和体育场地约40万平方米，购置图书10万册、仪器设备7000套。大力推动共青科教城建设，2017年秋季实现了五所独立学院抱团进驻共青科教城的目标，如期完成了省委、省政府的决策部署。

三是教育系统持续和谐稳定。把安全稳定工作摆在重要位置，作为教育系统迎接十九大胜利召开的重要政治任务。江西承办全国中小学校消防安全宣传教育推进会，得到了教育部、公安部的认可。深入推进平安校园建设，省委教育工委、省教育厅被推荐为全国社会治安综合治理先进集体（全国仅北京、江西两家）。国家教改办、中央综治办简报对"江西扎实推进平安校园建设"的经验做法进行专门推介。

8. 加快推进教育治理现代化

转变政府职能，推动政府依法治教、学校依法治校、教师依法执教，提升教育治理体系和治理能力现代化水平。

一是依法治教稳步推进。组织开展全省教育系统"尊法学法守法用法，建设富裕美丽幸福江西"主题法治宣传教育活动。中小学基本完成"一校一章程"目标任务。职业教育与成人教育领域依法开展招生秩序、学生实习、校企合作、学籍系统、继续教育"五项规范管理"行动，维护办学秩序和学生权益。高校落实党委领导下的校长负责制，按照章程办学。建立重大决策法律风险评估制度，推动依法决策、科学决策。

二是从严治招治考。推进考试招生制度化、标准化、科学化，出台《江西省国家教育考试考生违规行为处理操作规程》等系列文件，推进标准化考场建设，加强考试招生信息化管理系统和数据库的安全管理，全年27项考试实现平安招考，普通高招录取规范有序，实现违规违纪"零"举报，赢得了社会各界的普遍认可。

三是教育督导能力整体提升。江西被列入国家对省级政府履行教育职责评价试点。省委组织部、省教育督导委员会启动全省县（市、区）党政领导干部履行教育职责督导评价机制，走在全国前列。

四是重拳治理"三违"乱象。开展中小学"三违"（违规补课、违规收费、违规征订教辅资料）治理专项活动，全年共查处违规补课、乱收费等问题851起，清退违规资金1220万元，处理有关人员264人。

五是及时发布评估监测报告。发布年度高校毕业生就业质量报告、本科高校专业综合评价、本科高校教育国际化水平排行榜、中小学生心理健康状况监测试点县监测报告、国家义务教育质量监测12个样本县报告，促进教育管理方式转变和学校教育教学改进，取得较好社会反响。

二 2018年江西教育事业发展构想

2018年全省教育工作总体思路是：以习近平新时代中国特色社会主义思想为指导，全面贯彻党的十九大及省委十四届五次全会、全国教育工作会议精神，推进教育优先发展，启动实施教育强省战略，以立德树人为根本，以促进公平为重点，以提高质量为核心，以改革创新为动力，打好学前教育重普惠、义务教育促均衡、高中教育抓普及、职业教育优结构、高等教育创一流"五大攻坚战"，持好"奋进之笔"，加快推进教育现代化，办好让人民满意的新时代教育，为建设富裕美丽幸福现代化江西提供坚实的人才保障和智力支撑。

（一）注重把牢方向，全面落实立德树人根本任务

立德树人是学校的立校之本。落实立德树人根本任务，非一朝一夕之事，要坚定目标、持续用力、久久为功。一是强化德育体系。中小学校要按照德育工作指南，抓好新编德育与法治课教材和红色文化系列地方教材、红色绿色古色主题教育、家校社协同育人等工作。职业学校要抓好培育工匠精神"五个计划"的落地。高校要坚定不移落实中央、省委加强和改进思想政治工作的决策部署。二是完善育人方式。占稳课堂教学主渠道、落实课程标准，打牢学生知识基础、能力基础。加强与企业、社会资源进行互通交流，抓好现代学徒制试点、应用技术性本科人才培养、医教协同、卓越计划、新工科项目升级版、研究生培养基地等工作，完善育人机制。三是注重身心健康。认真贯彻落实有关学校健康教育、体育美育等文件，推动校园足球发展，做好百万学生阳光体育运动，启动实施"五个一百美育工程"①，加强语言文字、心理健康教育等工作，促进学生全面发展。四是把加强党的建设作为根本保证。认真落实党的建设总体要求，持续加大执纪监督问责力度，提升教育系统党建水平，为落实立德树人根本任务提供有力的政治保障和组织保障。

（二）注重公益普惠，健全学前教育公共服务体系

目前江西公办幼儿园占比低于全国均值，有近500个乡镇没有公办中心

---

① 创建100个高水平学生艺术团、100个中小学美育实践基地、100所艺术教育特色校、100所中华优秀文化艺术传承学校和100所校园文化建设示范学校。

幼儿园。要按照"扩公办、促普惠"的思路，瞄准2020年"双普"目标（学前教育普及率85%、普惠率80%），大力实施第三期学前教育三年行动计划。一是着力落实"一乡镇一所公办园"建设任务。城镇重点抓小区配套幼儿园，对未按规定建设、移交并办成公办园的，2018年底前整改到位。农村重点抓乡镇中心公办幼儿园，确保2018年底前每个乡镇至少建有1所公办幼儿园。二是着力扶持普惠性民办幼儿园建设。通过合理认定、购买服务、综合奖补、减免租金、派驻公办教师等方式，有效扩大普惠资源供给。三是着力健全保障机制。新增教育经费向学前教育倾斜，制定学前教育生均公用经费标准，配齐配足公办幼儿园保教人员，加快构建广覆盖、保基本、有质量的学前教育公共服务体系。

（三）注重均衡发展，扎实推进城乡义务教育一体化

贯彻落实省政府《关于统筹推进县域内城乡义务教育一体化改革发展的实施意见》，着力解决好"城镇挤、乡村弱"问题。一是努力优化城乡网点布局。科学编制义务教育学校布局专项规划和用地专项规划，超前布局学校建设，满足生源变化的需求。落实好小区配套学校"交钥匙"工程，确保与住宅建设项目同步规划、同步建设、同步交付使用。二是大力实施"双攻坚、双试点"。双攻坚，就是围绕2018年两项硬任务（所有的义务教育学校办学条件达到国家"全面改薄20条底线"要求，基本消除义务教育阶段66人以上的超大班额），实施义务教育学校达标攻坚和义务教育学校大班额化解攻坚。双试点，就是要围绕解决农村学校"空心化"、农村学生"失学辍学"的问题，实施农村义务教育学校网点布局调整改革试点、义务教育阶段控辍保学试点，切实提升义务教育巩固水平。三是全力确保全省整体通过义务教育均衡发展国家评估认定。2018年，江西最后20个县（市、区）将接受国家义务教育均衡发展督导评估，义务教育均衡发展进入爬坡过坎、全面冲刺阶段。要坚持"一县一策""一校一策"，强化"人、财、物"保障，确保如期通过国家评估认定。积极推动已经通过评估的92个县（市、区）由基本均衡向优质均衡迈进。

（四）注重职普协调，打好高中阶段教育普及攻坚战

要以实施《高中教育阶段普及攻坚计划》为抓手，统筹协调中职学校和普通高中发展。一是构建职普协调发展机制。加强对高中阶段教育考试招生的统筹管理，完善招生计划编制办法，建立全省统一招生平台，提高中职招生比例，努力保持其与普职招生规模大体相当。二是加快普通高中建设和改造。当前，江西高中教育大班额、大校额问题严重。要加大投入，扩充高中教育资源，进一步改善办学条件。实施普通高中特色发展工程，推动其高质量发展。三是健全高中阶段学校经费保障机制。调整普通高中学费标准，推动制定普通高中生均公用经费基本标准、调整中职学校生均拨款标准。推动普通高中债务化解，完善经费保障机制。

（五）注重优化结构，加快完善现代职业教育体系

构建现代职业教育体系是实施教育强省战略的重要内容，要按照做强中职、做优高职、做大培训的思路，重点抓好以下工作。一是继续加大职业教育资源整合力度。按照"一县一校"要求，确保完成规划任务。启动达标职业高中转设普通中专工作，优化职业学校布局结构。二是全面推进中等职业教育质量提升"123"工程①。精心遴选建设项目单位，通过质量建设，切实打牢做强中职教育的基础。三是启动实施高水平高等职业院校和优势特色专业建设计划。通过建设一批高水平高职院校及高水平优势特色专业，打造融入江西现代农业、先进制造业、现代服务业产业链的特色专业群，做优高职教育，不断增强职业教育服务经济社会发展的能力。

（六）注重内涵发展，大力推进高校"双一流"建设

十九大提出"实现高等教育内涵式发展"。要把倡导性要求提升为目标

---

① "123"工程，即重点建设 10 所高水平现代化中职学校，培养 200 名专业技术技能名师，打造 30 个特色专业群。

性约束，大力推进有特色高水平大学和一流学科专业建设。一是抓住高校"双一流"建设工程这个"牛鼻子"。通过绩效管理、签订目标责任书、委托第三方建设"高校学科监测平台"，打造更多创新平台和优势特色学科。对接落实中西部高等教育振兴计划升级版，强化资源整合。二是结合"放管服"改革，进一步增强高校办学自主权和内生动力。落实"放管服"文件要求，着力在高校教师编制备案制、人才招聘自主权、教师职称评审权等方面明确年度改革任务，确定责任单位和时间表，进一步为高校创造好的环境。三是积极推动学科联盟合作。推进教师互聘、课程互选、学分互认，整合资源、优化结构、提升质量、内涵发展。四是对接产业发展。开展"服务绿色崛起、江西高校在行动"活动，召开第二届高校科技成果对接会，建设学科平台和研究机构，更好地服务江西产业发展。

（七）注重体制机制，纵深推进教育综合改革

2018 年是改革开放 40 周年，要重点围绕落实中办、国办《关于深化教育体制机制改革的意见》，在继续抓好"四市三校"改革试点的基础上，推进一批新的改革试点，往实处、细处、深处再发力，将改革进行到底。一是精心制定江西教育体制机制改革的实施意见，进一步激发各级各类教育办学活力。二是稳步推进考试招生制度改革。考试招生关系千家万户，社会关注，敏感度高。要精心组织、做足做好政策宣讲，确保"万无一失"。要以此为契机，扭转片面追求升学率倾向，树立素质教育导向。三是有序推进民办学校分类管理改革。加快完成江西《关于鼓励社会力量兴办教育促进民办教育健康发展的实施意见》《民办学校分类登记实施细则》《民办学校监督管理实施细则》等政策文件，重点是在营利和非营利两类学校的法律地位、优惠政策、师生权益、财务会计、监督管理等方面提出制度安排，确保分类管理平稳有序，促进民办教育健康发展。

（八）注重公平公正，切实保障和改善教育民生

要坚持以贫困县为主阵地，聚焦全省建档立卡贫困家庭子女，为脱贫

攻坚做出教育贡献。一是教育扶贫再对接。积极与扶贫部门做好沟通，对新增和返贫的贫困户就学子女，及时纳入信息系统，确保信息实时对接、身份精准识别。进一步整合资金，优先解决最贫困地区薄弱学校的基本办学条件问题，做到精准建设。大力发展中等职业教育特别是面向农村的职业教育，提高学生就业能力和致富技能，做到精准培训。二是资助政策再落实。进一步规范全省学生资助管理工作，督促层层压实责任，对建档立卡贫困家庭学生，做到应扶尽扶、该补则补。同时做好应征入伍大学生优惠政策落实工作。三是就业创业再发力。精心做好高校毕业生"互联网+"专场就业招聘会，完善"江西微就业"平台功能，提升精准指导和服务水平。举办第四届"互联网+"大学生创新创业大赛，以大赛为抓手，带动创新创业教育改革。四是特殊群体多关爱。加大帮扶力度，确保建档立卡贫困家庭毕业生就业全覆盖。实施第二期特殊教育提升计划，坚持"一人一案"，保障残疾儿童受教育权利。继续用改革的思路和创新的办法，健全学生课后服务制度，帮助人民群众化解"三点半接小孩"的后顾之忧。

（九）注重师德师风，打造一支高素质教师队伍

要以制定江西《关于全面深化新时代教师队伍建设改革的实施意见》为契机，让教师队伍建设和改革力度更大、举措更实。一是加强师德建设。落实师德建设工程，推进"万师访万家"活动常态化制度化，加大优秀教师宣传力度，加强对教师思想政治素质和道德品行的把关监督，实行"一票否决"，营造风清气正的行风。二是加快素质提升。启动教师教育振兴行动计划，分步推进师范类专业认证工作，完善师范生公费教育政策。实施"领雁"工程，打造本土名师名校长。三是加强服务优化。深化教师职称制度改革，探索学前教育和中等职业学校教师编制配备标准改革试点，完善中小学教职工编制管理和绩效工资政策，加强职业院校"双师型"教师队伍和高校高层次人才队伍建设，努力提高教师地位待遇。

（十）注重依法治教，不断提升教育治理现代化水平

大力推动依法治教，为教育高质量发展提供重要保障。一是不断完善教育督导机制。以接受国家对江西进行省级政府履行教育职责督导评估试点为动力，实现市县乡三级党政领导干部履行教育职责评价全覆盖，督促各地党委政府落实教育优先发展主体责任，重点是履行好教育投入"两个只增不减"的职责。探索开展义务教育质量监测试点工作，研究制定义务教育、普通高中教育质量监测方案，健全督政、督学、评估监测"三位一体"的督导体系。二是加强对校外培训机构的治理。增强"守土有责"意识，建立健全教育、工商、公安、安监、城管等部门联合执法监管机制，严格办学资质审查，对无证无照机构依法予以取缔，查处违法违规行为。三是加强校园环境综合整治。以坚决的态度、有力的举措、创新的办法，协调各方力量，形成校地共建长效机制，共同推进校园卫生秩序、商业经营秩序、交通秩序、管理秩序的整治，彻底消除校园周边"脏乱差"现象，切实为广大师生营造良好的工作和生活环境。四是确保校园安全稳定。认真贯彻落实省政府办公厅《关于加强中小学幼儿园安全风险防控体系建设的实施意见》，牢固树立底线思维和红线意识，及时做好各项安全管理工作。注重做好学生防溺水管理、校园欺凌和暴力防范等工作。

参考文献

陈丽婷：《我国高等教育供给侧结构性改革辩与析》，《中国职业技术教育》2016年第30期。

郭静：《职业教育供给侧改革的内涵与推进路径》，《中国职业技术教育》2016年第27期。

晏磊等：《欠发达地区农业职业教育发展策略探析——以江西省为例》，《职教论坛》2012年第10期。

周绍森等：《高等教育规模结构与经济发展协调度研究——以江西为例》，《江西社

会科学》2018 年第 1 期。

　　徐光明：《打赢义务教育均衡底部攻坚战》，《中国教育报》2018 年 2 月 10 日。

　　屈宇超、柳美花：《江西高等教育与区域经济互动发展的问题及对策》，《时代金融》2017 年第 6 期。

　　张泰城、彭道宾：《江西省高等教育的发展比较与对策研究》，《井冈山大学学报》（社会科学版）2017 年第 5 期。

B.11
江西卫生计生事业发展报告

江西省卫生和计划生育委员会课题组*

摘　要： 2017 年，全省卫生计生系统锐意进取、开拓创新，卫生计生
主要考核指标均排名全国前列，是唯一一个连续九年入选全
国十大医改新举措的省份。2018 年将以打造"忠诚卫计、活
力卫计、担当卫计、幸福卫计、尊严卫计"为总目标，着力
加快健康江西建设，推进全面深化医改，实施健康扶贫工程，
提升医疗服务水平，强化公共卫生服务，传承发展中医药事
业，优化计生服务管理，推进全面从严治党，努力为人民群
众提供全方位全生命周期健康服务，更好地满足新时代群众
的健康需求。

关键词： 卫生计生　健康江西　服务民生

　　2017 年是党的十九大召开之年，也是健康江西建设的起步之年。2018
年是贯彻落实党的十九大精神的开局之年，是改革开放 40 周年，是决胜全
面建成小康社会、实施"十三五"规划承上启下的关键一年。本报告旨在
回顾 2017 年全省卫生计生工作，提出 2018 年全省卫生计生工作思路和若干
措施。

---

* 课题组组长：丁晓群，江西省卫生和计划生育委员会党组书记、主任。副组长：朱烈滨，江
西省卫生和计划生育委员会党组成员、副主任。成员：曾向华，江西省卫生和计划生育委员
会办公室主任；兰昊，江西省卫生和计划生育委员会办公室副主任；徐潮，江西省卫生和计
划生育委员会办公室干部。

一 2017年工作回顾

2017年，在省委省政府的正确领导和国家卫生计生委的关心指导下，我委认真贯彻党的十九大、省第十四次党代会和全国、全省卫生与健康大会精神，推动完善健康服务和计划生育政策，出台实施《"健康江西2030"规划纲要》，统筹推进各项卫生计生工作，重大改革取得新突破，重点工作取得新成效。"五环联动补齐基层短板"入选2017年度全国十大医改新举措，江西是唯一一个连续九年均上榜的省份。江西卫生计生主要考核指标均排名全国前列，公立医院改革效果评价排名全国第八位；健康扶贫考核排名全国第五位；基本公共卫生服务项目绩效考核排名全国第八位；医院门诊满意度排名全国第四位，2017年累计获得国家奖励资金1221万元。先后在全国各类会议、培训班上做典型经验介绍60余次，出台重大政策文件70余个、举办各类活动80余场、推出重要创新成果30余项、获得国家荣誉表彰40余项。中央深改组《改革情况交流》、新华社《国内动态清样》、《人民日报》、中央电视台《新闻联播》多次宣传报道江西卫生计生工作。

（一）全面深化医改获得新突破

2017年9月9日零时，全省以"取消药品加成"为标志的公立医院综合改革实现全覆盖，彻底终结持续半个多世纪的"以药补医"历史。调整医疗服务价格1279项。在全国率先按20%计算药品综合加成率，是全国为数不多建立财政兜底保障机制的省份之一，也是全国三个推进综合性医疗服务价格改革的省份之一。与改革前相比，截至2017年11月底，公立医院主要运行指标取得了"七降一升"的阶段性成效，其中医疗收入增幅、总诊疗人次、出院人数、门诊次均费用、人均住院费用、药占比（不含中药饮片）、百元医疗收入的卫生材料消耗同比下降43.2%、4.17%、1.89%、2.46%、0.79%、19.36%、17.7%，医疗服务收入占比同比上升31.8%。门诊次均费用、人均住院费用相当于全国平均水平的92.6%、90.85%。

2017 年全省居民个人卫生支出占总费用的比例下降到 27.5% 左右，低于全国平均水平，为历史最低水平。新余市、于都县分别入选国家公立医院综合改革示范市、县。中央深改组专门刊发了新余市医改工作经验做法。

（二）精准健康扶贫实现新提升

在持续推进省政府《江西省健康扶贫工程实施方案》23 项政策的基础上，2017 年 11 月，省政府再次出台《关于推进健康扶贫再提升工程的实施意见》，进一步完善"四道保障线"，从精准识别再提升、兜底保障再提升、大病救治再提升、慢病管理再提升、服务体系再提升、工作机制再提升六个方面提出 25 条具体措施。将 25 种重大疾病纳入重点救治范围，同比国家要求增加 18 个病种。2017 年全省救治大病患者 19.1 万例，累计救治 91.5 万例，其中免费救治 87 万例、专项救治 4.5 万例，国家 7 种大病专项救治率达 92.5%，是全国覆盖范围最广、救治病种最全、救治人数最多的省份。2017 年全省贫困人口住院医疗费用自付比例控制在 6.79%。全省为 289 万贫困人口提供家庭医生签约服务，免费健康体检 255.3 万人。25 个贫困县农村妇女"两癌"检查惠及 30 万人。创新开展赣籍名医健康扶贫公益行动，组织近 500 名京沪粤赣籍名医回乡、赴疆开展义诊活动，惠及全省及阿克陶县群众 2 万余人次，得到贫困地区党委政府、医疗机构和人民群众的普遍欢迎和好评。全省 2017 年因病致贫家庭总户数由 2016 年的 18.2 万户减少到 12.55 万户，减少 5.65 万户，减幅 31.04%，占全省脱贫户数的 37.47%；全省未脱贫建档立卡贫困户中因病致贫户数占比由 2016 年的 43.5% 下降到 2017 年的 42.33%。江西 2017 年先后 4 次在全国介绍健康扶贫工作经验。贫困人口重大疾病医疗补充保险制度在全国推广。新华社《国内动态清样》专门介绍江西健康扶贫工作做法，中央电视台《新闻联播》先后两次宣传江西健康扶贫工作。

（三）服务能力建设迈出新步伐

省属 6 所新区医院建设项目全部完成主体工程封顶。深入实施全面提升县级公立医院综合能力三年行动计划，遴选603个县级医院临床重点专科加强建设，安排39所城市三级医院与148所县级医院建立对口支援关系，组织132所二级以上医院对口支援297个乡镇卫生院。25个贫困县实现远程医疗全覆盖，群众足不出县就能享受优质医疗服务。全面推进分级诊疗试点，组建医联体374个，医共体试点13个，全省县域内就诊率由2016年的83%提高到87%。全省新建标准化村卫生计生服务室3286个，村室标准化建设率由2016年的50%提高到75%。加快发展社会办医，全省社会办医卫生机构2.21万所，床位总数达1.96万张。在全国率先创新县级公立医院编制和岗位管理，统筹解决编制内外人员的职称晋升问题。中央改革办督查组专门到我委实地调研卫生职称改革的经验做法。选送1200名县级医院骨干医师到全国知名医院进修。完成面向村卫生室的订单定向医学生培养招生2300人。深入推进改善医疗服务行动。在全国率先研发医疗纠纷调处管理系统，实现二级以上医疗机构医疗责任保险全覆盖。医疗纠纷处理"江西模式"入选中宣部等4部门联合主办的"砥砺奋进的五年"大型成就展。高层次卫生人才队伍得到充实，在留住人才、引进人才、用好人才方面有实招、见实效。召开沪赣卫生人才与家乡发展（上海）恳谈会，宣传江西的良好发展态势及对人才求贤若渴的真诚态度，委属医院2017年新增院士工作站2个、博士后工作站1个。江西有1人获"白求恩奖章"、1人获国家卫生计生突出贡献中青年专家荣誉称号。18人入选全国卫生计生系统先进工作者和劳动模范，10家单位入选全国卫生计生系统先进集体。

（四）推进中医药强省取得新进展

加快推进省局共建和国家中医药综合改革试验区建设，与抚州市签署《共同推进中医药发展合作框架协议》，支持宜春市开展中医药特色健康城市试点、上饶市开展中医药健康旅游模式创新、南昌市开展中医社会办医试点。上饶市成功入选首批15个国家中医药健康旅游示范区创建名单，省中医院等3家医院入选国家中医药传承创新工程项目库。成功组建江西省中医医疗集团和江西省中西医结合医院。1人获国医大师称号，3人获全国名中医称号。评选出首届 10 名江西国医名师。全面启动实施基层中医药服务能力提升工程"十三五"行动计划,乡镇卫生院和社区卫生服务中心建有中医馆的数量由 2016 年的 534 家增加到 779 家。热敏灸技术取得新的突破,"灸之钥"热敏灸机器人获全国"互联网 +"大学生创新创业大赛银奖。江西热敏灸医院新院正式启用,新增热敏灸康复联盟成员单位 14 家。深入开展中药资源普查、大宗品种标准化工作、中药配方颗粒临床研究,协调省级医院支持江中集团开展食疗产品临床研究,助推中医药大健康产业发展。

(五)公共卫生工作获新成效

2017 年成功处置 H7N9 禽流感、手足口病等 16 起突发传染病疫情。及时有效防控南昌市区赣江河滩的"螺情"事件。江西禽流感患者的治愈率高于全国平均水平。推进血吸虫病防治,新增贵溪市、上高县、上犹县、泰和县、万安县和武宁县 6 个县达到血吸虫病消除标准,全省完成查病 44.4 万人次,化疗 4.8 万人次,救治晚血病人 2789 例。加大国家卫生城镇创建力度,召开全省爱国卫生运动 65 周年暨创建国家卫生城市现场推进会。9 个县城(镇)荣获国家卫生县城、国家卫生镇命名,南昌市西湖区里洲社区和东湖区光明社区健康社区先行先试的经验有望成为"国家健康社区标准"。大力推行家庭医生签约服务,全人群签约服务率达到 36.44%,重点人群签约服务率达69.97%。全省建立城乡居民电子档案 3813 万份,电子建档率达 83.5%。为289 万 65 岁以上老年人、327 万 0~6 岁儿童、44 万孕产妇、287 万高血压患者、82 万 2 型糖尿病患者提供了健康服务与管理。成功组建江西首支按国际化、机动化、专业化、信息化标准建设的国家紧急医学救援队。加强防汛抗洪卫生应急和救灾防病,全省共派出 649 支 2275 人的医疗防疫队,诊疗受灾群众和抢险救援人员 3.6 万余人次;调派省级医疗专家 7 批次 28 余人,参与鹰潭市"5·15"重特大交通事故等多起突发事件紧急医学救援。

(六)健康事业产业融合开创新局面

成功组建全国首个创新创业类健康创客服务平台"江西省智慧健康研

究院"和由省级卫生计生部门会同地方政府共建的大健康产业发展基地"智慧健康创客园"。举办首届世界赣商大会绿色与健康论坛、江西省医学会成立 80 周年纪念学术大会、全省市县党政领导干部深化医改和实施全面二孩政策专题培训班、中医药管理与健康政策高级研修班等系列会议和培训班，推动将健康政策融入所有政策。省级全民健康信息平台实现与 11 个设区市、100 个县（市、区）、13 家省直属医疗机构互联互通。联合省发改委、省财政厅、省旅发委召开推进健康旅游发展工作座谈会，初步形成跨部门协调机制。联合省民政厅召开全省医养结合工作现场会，推动医疗卫生与养老服务融合发展，积极探索医养结合模式，全省有 739 家养老机构与医疗机构建立协作机制。积极推进"互联网 +"养老服务，出台了《江西省智慧健康养老产业发展方案（2017~2020 年)》。

（七）计划生育转型发展推出新模式

大力推行"互联网 +"计划生育服务改革、"三证合一"综合服务管理改革和"两检同做"优生优育全程服务改革。2017 年网上办理生育登记 47.28 万例，群众满意度达 99.3%。12 家中央媒体记者采访团宣传推广江西计划生育服务管理改革工作经验。加强人口监测和政策实施效果评估，开展涵盖 9000 户家庭的生育状况调查。加快完善全面二孩政策配套措施，进一步规范特殊情形再生育审批。推进母婴设施建设，大力推广免费婚前医学检查，全省婚检率约 63.3%，比上年提高 16 个百分点。加快计划生育利益导向政策落实。出台《江西省城镇居民独生子女父母奖励办法》，对符合奖励条件的父母，每人每月发放奖励金 100 元，满足了多年来群众的期盼。建立向独生子女死亡的特殊家庭发放一次性 5000 元抚慰金制度。启动开展计划生育特殊家庭护理保险试点。流动人口基本公共卫生计生服务均等化工作全面推进。全面二孩政策效应持续释放，江西在主要年龄段育龄妇女规模持续缩小的情况下，2017 年出生人口总量比上年略有增长，二孩及符合政策的多孩生育比重提升至 53% 以上，出生人口性别比继续下降。

（八）全面从严治党呈现新气象

深入学习贯彻党的十九大精神，召开省市卫生计生系统学习贯彻十九大精神宣讲报告会，举办处级干部轮训班、基层党支部书记集训班4期，开展主题征文等系列活动。深入推进"两学一做"学习教育常态化制度化，举办"身边人讲身边事"、《人民的名义》观后感座谈交流会、"两学一做"学习教育知识竞赛等活动。各级党组织讲党课83堂、集中学习628次，查找并解决问题315条。深入推进卫生计生行风建设，全省首次开展以党风廉政、行风纠风、医院管理为主要内容的大型医院巡查工作，实现53家三级公立医院全覆盖，向医院书面反馈意见和建议1773条。进一步细化落实中央八项规定精神有关措施，开展廉政谈话100余人次，提醒和诫勉谈话90人次。强化正风肃纪，开展廉政风险排查防控，共查找风险点751个，完善措施1338项。开展纠正医药购销和医疗服务中不正之风专项治理。省卫生计生委机关荣获第五届"全国文明单位"称号。

二 形势任务分析

党的十九大把保障和改善民生摆在更加重要的位置，作出了"实施健康中国战略"的决策部署，深刻指出"人民健康是民族昌盛和国家富强的重要标志"，体现了我们党对人民健康重要价值和作用的认识达到新高度，符合人民群众对美好生活的新期盼。与过去相比，实现了"三个转变"，一是顶层设计由"目标性"向"战略性"转变。十八届五中全会首次提出建设健康中国，十九大进一步提出了"实施健康中国战略"，意味着健康中国建设上升到国家战略的新高度。二是改革路径由"探索式"向"制度化"转变。十九大提出了全面建立中国特色基本医疗卫生制度、医疗保障制度、现代医院管理制度和优质高效的医疗卫生服务体系的"三个制度一个体系"，着眼于制度性建设和体系性改进。三是政策措施由"以病人为中心"向"以健康为中心"转变。十九大报告强调为人民群众提供全方位全周期健康服务，对公共卫生、健康教育、食品安全、中医药、社会办医和健康产业进行了部署，更加突出生育政策和人口战略以及人口老龄化的政策衔接。

十九大报告明确提出，我国社会的主要矛盾已经转化为人民日益增长的美好生活需要和不平衡不充分的发展之间的矛盾。人民群众日益增长的健康需要，是美好生活需要的重要组成部分，而随着老龄化、城镇化等社会经济的转型，在群众需求多元化的新形势下，医疗卫生服务供给侧结构性问题仍较突出，优质医疗资源总量不充足、结构不合理、分布不均衡，省内医院在临床、科研、学术、成果转化等医学高精尖领域与国际、国内先进水平比还有差距等，有些还比较明显、比较突出。

表1　江西省2012~2016年部分卫生计生指标发展情况

序号	指标名称	指标内涵	2012年	2013年	2014年	2015年	2016年
1	婴儿死亡率（‰）	年内某地区未满1岁婴儿死亡人数与同年出生的活产数之比，一般用‰表示	10.1	9.4	8.2	6.87	6（优于全国数据）
2	5岁以下儿童死亡率（‰）	年内某地区未满5岁儿童死亡人数与活产数之比，一般用‰表示	15.7	14.7	12.8	10	9.4（优于全国数据）
3	孕产妇死亡率（1/10万）	年内某地区孕产妇死亡人数与该地区活产数之比，一般用1/10万表示	12.53	11.83	9.94	8.69	11.03（优于全国数据）
4	每千人口执业（助理）医师数（人）	每千常住人口拥有执业（助理）医师数量	1.49	1.55	1.64	1.68	1.72（低于全国平均数和中部平均数）
5	个人卫生支出占卫生总费用的比重（%）	某年个人现金卫生支出与卫生总费用之比，一般用%表示	32.47	29.88	29.49	27.54	27.24（优于全国数据）
6	每千人口注册护士数（人）	每千常住人口拥有注册护士数量	1.6	1.73	1.85	1.96	2.08（低于全国平均数和中部平均数）
7	每千人口医疗机构床位数（张）	每千常住人口拥有医疗机构床位数量	3.5	3.85	4.11	4.33	4.55（低于全国平均数和中部平均数）

注：因2017年统计数据仍在确认中，2017年暂无确切数据。

江西医疗卫生事业发展不平衡不充分，难以满足人民群众日益增长的医疗服务需要，这是社会主要矛盾新变化的一个重要方面。因此，加快推进健康江西建设，必须要坚持高标准定位，牢固树立以人民为中心的发展思想，善于以全局、长远、辩证的思维，多角度、全方位地分析论证，着力拓展卫生计生发展内涵，不仅要针对当前卫生计生事业发展中的突出矛盾和问题，更要着眼于健康江西建设和满足群众美好生活需要的长期性、深层次、战略性的重大问题，推动由医疗服务领域改革为主向医疗服务与公共卫生领域同步改革转变，由发展健康事业为主向健康事业与健康产业融合发展转变，由控制人口数量为主向调控总量、提升素质和优化结构并举转变，加快构建保障民生、服务民生、改善民生、惠及民生的卫生计生发展格局，不断满足人民日益增长的美好生活需要，使人民获得感、幸福感、安全感更加充实、更有保障、更可持续。

三　2018年工作展望

2018年全省卫生计生工作的总体思路是：以习近平新时代中国特色社会主义思想为指导，落实新时代卫生与健康工作方针，深化"四提四观"，以打造"忠诚卫计、活力卫计、担当卫计、幸福卫计、尊严卫计"为总目标，全面推进健康江西建设，深化医药卫生体制改革，切实提升医疗卫生服务质量，预防控制重大疾病，促进生育政策与相关经济社会政策配套衔接，全面提升卫生计生治理能力，充分调动医务人员的积极性、创造性，努力为人民群众提供全方位、全生命周期的健康服务，进一步增强人民群众获得感，更好地满足新时代群众的健康需求。要具体做到"八个着力"。

一是着力加快健康江西建设。建立完善健康江西建设领导协调机制，制定《"健康江西2030"规划纲要》重点任务分工方案，推动健康融入所有政策。编印《"健康江西2030"规划纲要》辅导读本，深入开展《"健康江西2030"规划纲要》的解读、宣传、培训、贯彻活动。筹建健康江西智库，推动完善健康事业产业融合发展政策。加快医疗服务与养老、旅游、互联网、体育、食品业深度融合，大力发展健康养老、健康旅游、休闲养生等健康服务新业态。推进智慧健康研究院和智慧健康创客园建设，打造智慧健康产业示范基地。

二是着力全面深化医改。巩固取消"以药补医"公立医院综合改革成果，持续推动"三医联动"改革，大力推进建立现代医院管理制度和医疗保障制度，加快建立符合行业特点的人事薪酬制度，调整医疗服务价格，持续深化药品供应保障制度改革，科学控制医疗费用不合理增长。2018年将各级公立医疗机构药占比控制在30%以内，医疗费用增幅控制在10%以内，百元医疗收入消耗的卫生材料费控制在20元以内。

三是着力实施健康扶贫工程。深入实施健康扶贫再提升工程，大力推进大病专项救治、慢病管理持续、惠民措施深化、健康服务优化、扶贫能力提升、扶贫基础巩固六大行动，努力实现"一个确保，五个全覆盖"的目标，即确保建档立卡贫困患者住院费用个人自付比例在10%以下，县域内住院"先诊疗后付费"、"一站式"结算、扶贫病床设置、家庭医生签约服务和大病集中救治五个全覆盖。完善赣籍医疗专家"组团式"健康扶贫长效机制，深入开展返乡义诊、学科帮扶、学术交流活动。深化城乡对口支援，重点落实鄱余万都滨湖四县和国贫县医疗服务帮扶措施。

四是着力提升医疗服务水平。加快建立分级诊疗制度，推进省直公立医院新院建设，建立多种形式的医联体和覆盖所有县（市）的远程医疗体系。大力推进社会办医，全面推进医师区域注册，积极发展医学领先学科，组建临床重点专科协同体。加强全科医生队伍建设，加快推进乡镇卫生院和公有产权标准化村卫生计生服务室建设，促进新增医疗卫生资源重点向基层倾斜，打造县域医疗共同体，力争使县域内就诊率达到90%左右，基本实现大病不出县。

五是着力强化公共卫生服务。加强传染病、慢性病、地方病等疾病预防控制，提升突发公共卫生事件应急处置能力和卫生计生综合监督执法能力。

加强健康教育与促进工作，倡导健康生活方式。深入开展爱国卫生运动，加强卫生城镇创建，积极实施"健康细胞"工程，2018年重点支持赣州市、鹰潭市、共青城市、瑞金市、景德镇市、抚州市申报创建国家卫生城市。探索具有江西中医药特色的健康城市建设模式。

六是着力传承发展中医药事业。大力实施中医药强省战略，推进国家中医药综合改革试验区和中医药健康旅游示范区建设。修订《江西省中医发展条例》，制定中医医术确有专长人员考核的实施细则等相关配套政策。做大做强江西中医医疗集团，探索组建中药院内制剂中心。加强热敏灸技术推广应用，推进中医康复"热敏灸"联盟和中医骨伤专科联盟建设。深化中医药健康文化推进行动，积极筹办世界中医药联合会夏季峰会。深入实施基层中医药服务能力提升工程，力争2018年新增基层中医馆90个，覆盖60%左右的乡镇卫生院和社区卫生服务中心。实施江西省中医药人才培养"杏林计划"，评选第四届江西省名中医。

七是着力优化计生服务管理。加强出生人口监测，推进人口发展战略研究，促进生育政策和相关经济社会政策配套衔接，努力构建鼓励按政策生育制度体系。继续推进免费婚检工作，力争婚检率达到80%。大力推进计划生育"互联网＋""多证合一""两检同做"服务改革，完善家庭发展政策，推动计生服务管理实现新转型。落实《江西省城镇居民独生子女父母奖励办法》，加大计划生育特殊家庭扶助关怀力度，开展失独家庭护理保险试点。提高流动人口基本公共卫生计生均等化服务水平，探索建立农村留守儿童健康关爱服务体系。

八是着力推进全面从严治党。深入学习贯彻党的十九大精神，认真组织开展"不忘初心、牢记使命"主题教育。层层落实管党治党主体责任，进一步严肃党内政治生活。持续强化党内监督，建立健全廉政风险排查防控机制。巩固拓展落实中央八项规定精神成果，继续整治"四风"问题，持之以恒正风肃纪，营造委直机关良好政治生态，为全省卫生计生事业改革发展提供坚实保证。

参考文献

李志刚等：《江西省卫生计生综合监督行政执法机构规范化建设现状与对策分析》，《中国卫生监督》2016 年第 3 期。

李蛟等：《中国卫生监督机构运行研究》，《中国卫生监督》2014 年第 5 期。

廖建锋：《当前人口发展新常态下江西计生工作的若干思考》，《人口与计划生育》2015 年第 12 期。

李春根等：《欠发达地区社会保障体系城乡一体化建设：困境及路径》，《求实》2016 年第 6 期。

马超等：《医保统筹对医疗服务公平利用的政策效果研究》，《中国人口科学》2016 年第 6 期。

B.12
江西生态环境保护报告

江西省环境保护厅课题组*

摘　要：　通过大力实施环境污染防治、环保督察和改革创新，2017年江西生态环境质量保持良好，空气质量总体稳定，水环境质量保持优良，土壤状况详查进展顺利。2018年将深入贯彻十九大精神，打好污染防治攻坚战，打造美丽中国"江西样板"。

关键词：　生态　环保　污染防治

作为国家生态文明试验区首批试点省份之一，江西省委确立了"创新引领、绿色崛起、担当实干、兴赣富民"工作方针和建设富裕美丽幸福现代化江西的奋斗目标，生态环境保护事业上升到了前所未有的高度。本报告旨在总结2017年江西生态环境保护工作，展望2018年环保发展形势，并提出相关对策建议。

一　2017年江西省生态环境保护回顾

2017年全省环保系统以习近平新时代中国特色社会主义思想为指导，以喜迎党的十九大、学习宣传贯彻党的十九大精神为主线，以实际行动扛起

---

* 课题组组长：陈小平，江西省环境保护厅党组书记、厅长。副组长：石晶，江西省环境保护厅党组成员、副厅长。成员：崔新平，江西省环境保护厅办公室主任；魏俊斌，江西省环境保护厅办公室副主任；郭明玉，江西省环境保护厅办公室主任科员。

生态文明建设政治责任，以保护、修复、治理生态环境为己任，攻坚克难、奋力进取，取得显著成效。城市空气质量优良率83.3%，高于全国均值5.5个百分点。全省地表水达标率88.5%，比上年提高7.1%；国考断面水质达标率92%，比考核目标高12个百分点。

（一）实施"四全督察"，扎实推进突出环境问题整改

一是全力高位推动。省委、省政府多次召开会议听取汇报、研究部署和统筹推进中央环保督察反馈意见整改工作。省人大开展"环保赣江行"和"回头看"活动，监督和推动各地、各相关部门对症抓好问题整改落实。省政府成立以省主要领导任组长的整改工作领导小组和分管省领导任组长的问责工作领导小组，制定全省整改方案，对所有整改问题都明确了具体目标、具体要求、具体措施和具体责任人，并向社会公开。各地、各部门对照全省整改方案，成立相应机构，制定相应方案，主要领导亲自推动、亲自协调、亲自落实。

二是全程跟踪问效。建立"问题、整改和责任"三个清单，实施问题整改工作督导调度和销号制度。省委办公厅、省政府办公厅将中央环保督察问题整改纳入年度督查计划，开展了两轮全省性的督导检查，推动问题整改加快推进；整改工作领导小组定期梳理汇总工作进展，全程掌握具体情况，帮助解决整改工作中的困难和问题，对未达到节点进度要求的，进行通报、催办或约谈。各地参照省委、省政府做法，也成立联合督导组，督促所辖县（市、区）落实整改任务。全年完成33个中央环保督察问题整改，超过年度计划3个。

三是全速解决问题。2017年5月对新余、九江、萍乡，9月对宜春、鹰潭、吉安，开展了两轮省级环保督察。督察期间全程立查立改、即查即纠、查实即问责，共交办地方1885件环境信访件并全部办结，责令立即整改553件，限期整改540件，停产整改249件，立案处罚232件，罚款金额1417.4万元，查封扣押65件，关停取缔242件，刑事拘留3人，行政拘留30人，约谈246人，问责50人。同时，加强中央环保督察问题整改宣传报

道，公开曝光环境污染问题，以问题曝光倒逼问题解决。

四是全面完善制度。积极建立完善全方位、全域、全过程监管长效机制，制定出台了《江西省大气污染防治条例》《江西省党政领导干部生态环境损害责任追究实施细则》等10余项文件，推动落实各级党委、政府和负有监管职责的各级部门的环境保护责任，构建具有江西特色的生态文明建设制度体系。

（二）实施"三严防控"，扎实推进大气治理

一是坚持源头严防。加强"四尘""三烟""三气"管理，对60个国控监测站点周边污染源进行拉网式巡查，开展对站点周边污染源、工业大气污染防治、油气回收改造、VOCs整治、机动车环检机构、秸秆禁烧及综合利用、燃煤锅炉淘汰等重点工作的专项检查7项，淘汰黄标车5.16万辆、燃煤小锅炉284台，完成建筑工地扬尘标准化治理1100个，统调火电机组脱硫脱硝除尘设施建设率、钢铁行业烧结机脱硫率、水泥熟料生产线脱硝设施建设率均为100%，石化行业VOCs治理基本完成，有机化工、医药、表面涂装、塑料制品、包装印刷五大行业中137家企业完成VOCs治理。

二是坚持过程严控。从5月起打响大气污染防治攻坚战，省政府成立了大气工作微信群，由各设区市分管副市长、监察局局长、省环保厅相关处室负责同志组成；省环保厅成立了大气工作微信调度群，实时关注空气质量变化情况，发现问题，及时调度采取相应措施，稳步推进攻坚冲刺。在外来污染输送加剧的情况下，进一步采取超常应对措施。11月15日，省政府办公厅印发了《关于实施大气污染防治攻坚冲刺行动》，12月10日，省生态环境保护委员会印发《关于启动大气污染防治强制性攻关冲刺措施的紧急通知》，派出43个现场督查组进驻全省11个设区市，开展2017年冬季大气污染综合治理攻坚冲刺行动驻点督查工作，12月份在全省范围内对大气污染排放源采取强制性管控措施。

三是坚持通报严督。组织设区市召开座谈会10余次，通报各地整改进度。2017年6月，郑为文副省长集体约谈5个设区市政府负责人，要求提

升空气环境质量。省环保厅每月通报空气质量状况，并每月调度空气质量改善不力的 7 个设区市工作情况；定期通报重点工程减排进展、秸秆焚烧火点、油气回收改造、机动车监管平台建设等专项工作情况；对排名靠后的设区市进行点名批评；并约谈了秸秆禁烧工作存在突出问题的 12 个县（市、区）负责人；省环保厅领导对 6 个空气质量恶化的城市进行挂点包干、一线督办，2017 年向各设区市共下达通报、督办类文件 60 余份。

（三）实施"三水共治"，扎实推进水环境攻坚

一是着力提升河湖断面水质。制定实施《江西省消灭劣 V 类水工作方案》，对全省 295 个国控、省控和县界断面中 2016 年以来出现过劣 V 类和 V 类水质的 44 个断面，启动消劣战，开展黑臭水体整治、清河行动、长江经济带化工企业污染整治等专项行动。6 月，对 11 个设区市地表水例行监测工作开展监督检查，对《水十条》重点工作开展明察暗访。建立水质通报制度，每月将考核断面水质情况呈报省四套班子领导、抄送设区市和省直有关部门。消劣战启动后，44 个劣 V 类断面中，有 30 个断面未出现劣 V 类水质。

二是着力保障饮用水安全。推进农村集中式饮用水水源保护区划定工作，完成了 276 个 1000～10000 吨农村集中式饮用水水源保护区批复。全面推进备用水源建设，上饶市已建成备用水源，萍乡市 3 个水源可互为备用。组织开展江西省饮用水水源地安全检查、长江经济带地级以上饮用水水源地环境保护、全省县级集中式饮用水水源地保护等专项行动，所有设区市均完成饮用水源地 109 项全分析。

三是着力开展城镇污水整治。印发《省政府重点扶持污水管网建设的 48 个县（市）城镇污水处理厂进出水化学需氧量考核办法（暂行)》，督促各地尽快实施进水浓度监测考核。与省住建厅一起督促 48 个县（市）加快污水管网建设，约谈管网建设滞后的 9 个县（市、区）政府。2 月召开全省畜禽养殖污染防治现场推进会，中央环保督察反馈的 2634 家未配套建设粪污处理利用设施的养猪场，完成整改 2618 家，其他正在有序整改。

（四）实施"三地一废防治"，扎实推进土壤保护与修复

一是启动农用地污染状况详查。成立了由分管副省长任组长的"江西省土壤污染状况详查工作协调小组"，制定印发详查实施方案，10月起全面启动了全省农用地土壤详查，全年完成一半样品采集任务，进入样品制备和分析检测阶段，工作进度位居全国前列。

二是开展重点企业用地污染防治。完成搬迁关闭企业用地再开发利用情况专项检查，开展了疑似污染地块信息调查，公布全省首批土壤重点监管企业名单和南昌市首批污染地块名录，编制全省土壤污染治理与修复规划，建立相关项目库，督促地方政府与有关企业签订了土壤污染防治责任书，完成了3家拟收回土地使用权的重点行业企业用地土壤环境状况调查评估工作。

三是加强重金属污染地块防治。严格落实"十三五"期间重金属总量审核和减量置换要求，确保不新增重金属污染物排放。推进乐安河流域重金属污染综合防治，专门下达德兴市2000万专项治理资金，江铜集团德兴铜矿、银山矿业和金德铅业重金属污染防治年度目标基本完成。及时处置九江出现疑似"镉大米"的突发舆情，要求各地加强土壤重金属污染问题排查，强化风险管控，加强治理修复。

四是加强固体（危险）废物污染防治。建成江西省危险废物监管平台。16个危险废物处置能力项目中7个开工。检查产废企业和经营单位168家，产废单位达标率同比提高3.85%，经营单位达标率同比提高27.53%。全省拆解废旧电视机等"四机一脑"近389万台，拆解量位居全国前列。

（五）实施"五项改革"，扎实推进环境管理创新

一是推进环保垂管改革。9月垂管改革实施方案获环保部、中央编办同意，12月实施方案正式印发，改革进度走在全国前列，位列全国第七、非试点省份全国第一。11个设区市纪委向各设区市环保局单派纪检组等做法

在全国领先，中纪委驻环保部纪检组于 11 月 17 日在江西召开"全国环保系统学习贯彻党的十九大精神　加强党内监督专题座谈会"，重点推介了江西省经验做法。环保部还在《改革工作动态》（2017 年第 8 期）上刊登了江西省垂改做法。

二是推进生态保护红线划定。制定《江西省贯彻落实划定并严守生态保护红线的实施意见〈审议稿〉》《江西省生态保护红线校核调整完善实施方案》，编制 107 个划定方案文本及附图集，组织 11 支技术服务小组分赴各地提供技术服务。省环保厅会同省发改委分别于 2017 年 6 月、8 月、9 月、10 月、11 月、12 月六次征求各设区市、县（市、区）政府和省直有关部门意见，相关市县和部门主要领导亲自把关后，以"一对一""面对面"对接方式反馈省环保厅。全省生态保护红线划定工作圆满完成，被推荐在 2018 年全国环保工作会议上做典型发言。

三是推进监测事权上收。指导各地倒排施工工期，精密组织实施地表水监测事权上收各项工作，保质保量按期完成国家下达的刚性任务，进展位居全国前列，环保部用 2 期专报介绍江西经验。省级监测事权改革稳步推进，33 个地表水水质自动监测站运维实现市场化、专业化，120 个县级空气自动监测站实现与省级联网。

四是推进排污许可证核发。制定印发《江西省控制污染物排放许可制实施计划》文件 26 份，完成地市级调研 3 次、调度 80 次、督办督导 1 次，开展省级培训 2 次、培训人员近 300 人，核发过程中注重衔接环境影响评价制度、总量控制制度和环境监管要求，通过上门宣贯、组织培训、成立微信及 QQ 群等方式宣传工作要求，指导企业申报，全年核发许可证 298 张，不予核发 29 张。

五是推进"放管服"改革。大力推进简政放权，只保留 6 项行政许可，将所有审批事项均纳入网上审批系统，取消环评审批前置文件 22 项，环评审批办理时限压缩 40 个工作日；危险废物经营许可证核发审批时限压缩 60 个工作日。在全国率先实现省、市、县三级环保部门"两微"全开通、全覆盖，打通了群众反映环境诉求和办事咨询的网络渠道。

（六）实施"三权发力"，扎实推进绿色发展

一是用好环评审批权。大力推进规划环境影响评价工作，重点抓好全省产业园区和资源开发利用等规划的环境影响评价，审查省级以上产业园区规划环评12个，赣江、信江、抚河等流域综合规划以及江西省矿产资源总体规划环境影响报告书均已通过环境保护部审查。在项目环评审批过程中，既严把审批关口又着力提高服务效率和质量，2017年，省本级共审批项目环评文件66个，总投资692亿元；截至9月30日（10月1日起不再办理验收行政许可），省本级共完成项目竣工环保验收46个，总投资403亿元。

二是用好环境执法权。开展工业园区环境综合整治等专项执法行动和环境执法大练兵活动，按照每季度不低于5%的比例开展"双随机一公开"执法检查，加强环境行政执法与刑事司法衔接，9月27日省检察院派驻省环保厅检察室挂牌成立，环保、公安、检察三家对重大、典型案例进行重点查办，全年查处环境违法案件887起，移送环境犯罪案件73起，均为2016年的1.6倍，改变了守法成本高、违法成本低的现象，公平、公正的市场环境逐步形成。

三是用好生态创建评选权。积极开展生态示范创建，守住自然生态这个江西最大财富、最大优势、最大品牌。靖安、资溪、婺源3县被授予第一批国家生态文明建设示范市县称号（全国共46个），数量列全国第4；靖安县还被评为全国"两山"实践创新基地（全国共13个）。同时，新增国家级自然保护区1个，国家级生态县5个，省级生态县15个；现有国家级生态乡镇228个，省级生态乡镇500个；国家级生态村9个，省级生态村811个，生态文明示范创建工作位居全国前列。

二 2018年江西生态环境保护形势分析

2018年是贯彻党的十九大精神的开局之年，也是建设富裕美丽幸福现代化江西的重要一年，生态环境保护工作任务十分繁重。

（一）大气环境质量总体良好，但保持较高水平难度较大

2015～2017年全省设区城市优良天数比例平均在 83.9%～90.1%，2015～2016年均高于全国平均水平，全省设区城市 PM_{10} 浓度均值在 68～73 微克/立方米，$PM_{2.5}$ 浓度均值在 45～46 微克/立方米，2015～2016年均低于全国平均水平。具体见图1。

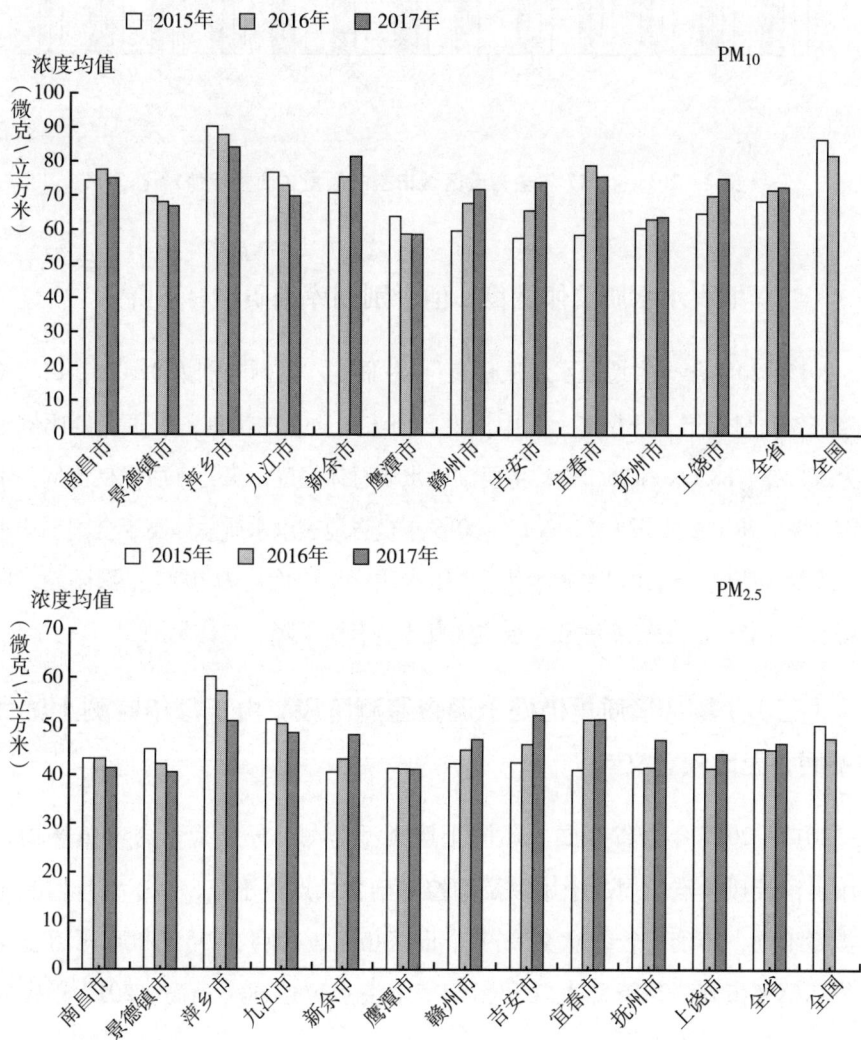

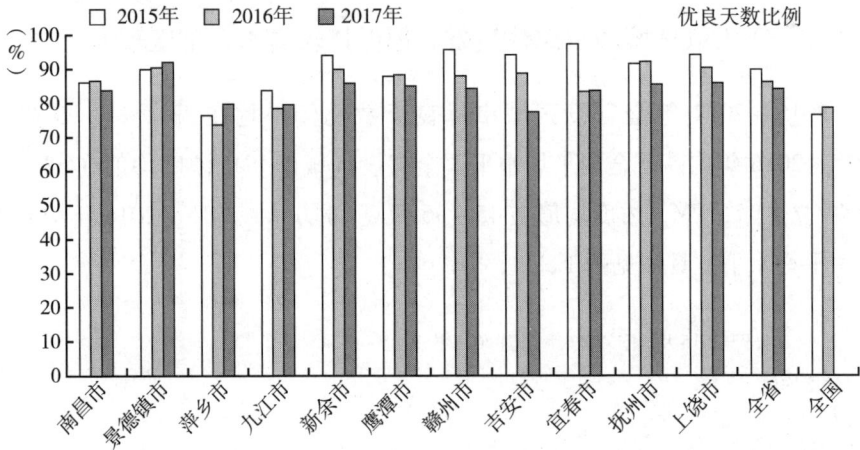

图1 2015~2017年全省设区城市空气质量主要指标值对比

（二）地表水水质总体优良，但个别湖库水质略有下降

2015~2017年全省地表水水质优良（Ⅰ~Ⅲ类）比例分别为81.0%、81.4%和88.5%，呈逐年上升趋势，其中，主要河流水质总体优良，水质优良比例分别为86.2%、88.6%和95.2%；主要湖库水质总体轻度污染，水质优良比例分别为44.0%、28.0%和16.0%。2015~2016年全省地表水水质总体高于全国平均水平。主要湖库中，柘林湖水质为优，3年水质优良比例均为100%；鄱阳湖、仙女湖水质由优下降为轻度污染，水质优良比例有所下降。具体见图2。

（三）土壤环境质量仍处于调查监测阶段，由于每年监测土壤类型不同，无比较意义

2015~2017年全省开展了不同土壤类型监测，分别为畜禽养殖场周边土壤、国控风险点位周边土壤以及国控基础背景点位土壤，由于每年监测土壤类型不同，年度比较无意义。11个设区市中，2015年九江和鹰潭市土壤点位达标率最高，2016年九江和新余市土壤点位达标率最高，2017年吉安市土壤点位达标率最高。

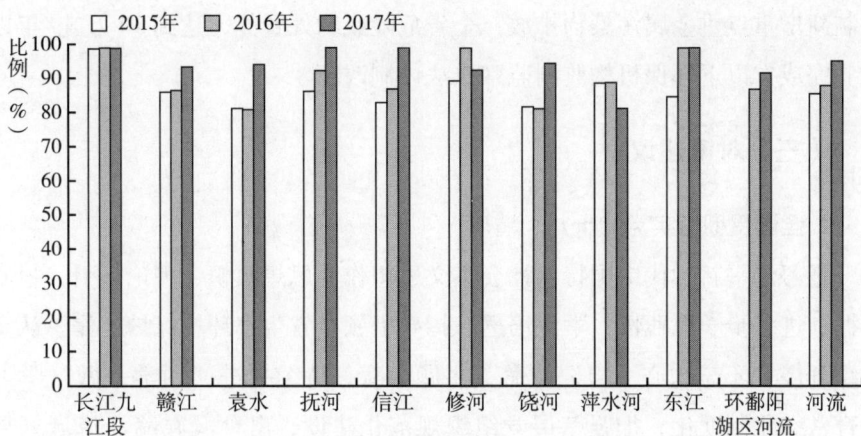

图2　2015～2017年全省主要河流水质优良比例

三　2018年生态环境保护发展构想

（一）总体思路

用习近平新时代中国特色社会主义思想武装头脑，全面贯彻落实党的十九大精神，坚持以人民为中心的发展理念，全方位、全地域、全过程开展生态环境保护和建设，以满足人民对优美生态环境需要为追求目标，致力做好生态环境保护、修复和治理工作，打好生态环境保护攻坚战，深入推进国家生态文明试验区建设，奋力打造美丽中国"江西样板"，使江西天更蓝、水更清、地更净，让人民群众对生态环境有更多获得感。

（二）主要目标

全面完成中央环保督察反馈问题的12个整改任务。对5个设区市开展省级环保督察，实现11个设区市全覆盖。全省PM$_{2.5}$平均浓度控制在44微克/立方米以内。完成700个村庄农村环境综合整治项目，确保饮用水安全。

控制新增重点重金属污染物排放，全省危险废物处置能力达到 30 万吨/年以上。完成省以下环保机构监测监察执法体制改革。

（三）对策建议

1. 全面贯彻落实党的十九大精神

把习近平新时代中国特色社会主义思想作为思想旗帜、理论指引、根本遵循，进一步学思践悟、学深悟透，指导引领全省生态环境保护工作。认真组织开展"不忘初心、牢记使命"主题教育，持续推进"两学一做"学习教育常态化制度化，加强基层党组织规范化建设，出台《在赣江流域开展按流域设置环境监管和行政执法机构试点实施方案》《江西省贯彻落实划定并严守生态保护红线的实施意见》《江西省关于深化环境监测改革提高环境监测数据质量的实施方案》《江西省生态环境损害赔偿制度改革实施意见》等文件。

2. 全面打好污染防治攻坚战

一是打赢蓝天保卫战。启动新一轮大气污染防治行动计划，把大气约束性指标任务分解至设区市政府，确定各地大气环境质量阶段性目标，组织编制限期达标规划。重点抓黄标车淘汰、汽车尾气治理、监管平台建设、油品整顿和工业废气治理，逐步削减大气污染物排放总量。二是打赢碧水保卫战。深入实施"水十条"，在巩固 34 个地级城市饮用水源地安全的基础上，对 144 个县级以上饮用水水源地开展清理整顿，按要求定期公布饮用水源地水质信息，督促未完成备用水源建设的设区市抓紧备用水源建设，确保饮用水安全。同有关部门一起，到 5 月份完成消灭所有水质监测断面劣 V 类水任务。三是打赢净土保卫战。全面实施"土十条"，完成全省农用地土壤详查，全面启动重点行业企业用地土壤详查，确保数据真实。推进治理与修复，以影响农产品质量和人居环境安全的突出土壤污染问题为重点，推进土壤项目库建设和管理，强化风险管控和治理修复。

3. 全面推进环保督察问题整改

强化中央环保督察问题整改，确保完成 2018 年 12 个中央环保督察反馈问题的整改任务。同时，对 2018 年已完成省级环保督察的 6 个设区市，开展"回头看"，督促问题整改。启动对南昌、赣州、抚州、景德镇、上饶 5 个设区市的省级环保督察，实现 11 个设区市全覆盖。

4. 全面推进环保体制机制改革

着力加快推进省以下环保机构监测监察执法体制改革，确保 6 月底前按新体制运行。开展环境监测事权改革。研究出台江西省提高环境监测数据质量的实施方案，完成国考断面水质自动站建设，开展江西省生态环境质量监测事权上收工作，适度下移重点污染源监督性监测事权。落实《生态环境损害赔偿制度改革方案》，让"环境有价、损害担责"理念深入人心。进一步扩大排污许可证制度实施范围，完成 8 类行业企业排污许可证申请与核发工作。加大环境执法力度，与公安、检察等部门联动，严厉打击偷排漏排等环境违法行为。

5. 全面实施生态系统保护修复工程

配合相关部门督促市、县级政府全面排查违法违规侵占生态用地、破坏自然遗迹等行为，制定治理和修复计划并向社会公开。全力实施好环境保护"十三五"规划确定的生态保护修复重大工程，严守生态保护红线。在完成生态红线划定的基础上开展勘界定标、绩效评估和考核，实现一条红线管控重要生态空间。持续开展"绿盾行动"，对在 2018 年自然保护区监督检查专项行动中发现的问题坚决整改。推动生态创建，积极组织开展国家生态文明建设示范市县、"绿水青山就是金山银山"实践创新基地创建，探索在全省开展"宁静、和谐、美丽"村庄创建活动。

6. 全面推进环境监管综合能力建设

开展第二次污染源普查，摸清污染源底数，完成入户调查、开展数据审核与数据汇总、开展质量核查与评估三个阶段的工作。加强科技攻关，开展水气土防治技术研究和推广。加快推进水质自动站、空气质量预报预警、环境应急监测等能力建设。全面有序推进环保大数据建设，用 1 ~ 2 年时间，建成江西"数字环保"和"智慧环保"。深入开展环保宣传教育，强化环境法治保障，使人人呵护好生态环境、人人享受好生态环境成为共识共为。推动落实党委、政府环境保护主体责任和有关部门环境保护责任，强化环境保护"党政同责、一岗双责"和"管发展必须管环保，管生产必须管环保、管行业必须管环保"要求。

7. 全面落实从严治党要求

严格遵守政治纪律和政治规矩，在政治立场、政治方向、政治原则、政治道路上同以习近平同志为核心的党中央保持高度一致。努力打造忠诚干净、勇于担当、思想解放、本领高强的干部队伍，建设善思善为、团结和谐的班子，以上率下，形成头雁效应。教育党员干部全面增强学习、政治领导、改革创新、科学发展、依法执政、群众工作、狠抓落实、驾驭风险等八个方面的本领。坚决贯彻落实习近平总书记关于进一步纠正"四风"、加强作风建设和在寻乌扶贫调研报告上的批示精神，严格执行中央八项规定，积极营造山清水秀的自然生态和风清气正的政治生态。

参考文献

习近平：《中国共产党第十九次全国代表大会报告》，2017 年 10 月 18 日。

李干杰：《全面提升生态文明　建设人与自然和谐共生的现代化》，《中国环境报》2017 年 12 月 11 日。

李干杰：《以习近平新时代中国特色社会主义思想为指导　奋力开创新时代生态环境保护新局面》，《中国环境报》2018 年 2 月 12 日。

陈小平：《奋力打造美丽中国"江西样板"》，《中国环境报》2017 年 11 月 14 日。

邹仕虎：《全面贯彻党的十九大精神　坚决打好污染防治攻坚战》，《江西日报》2018 年 1 月 25 日。

B.13
江西文化发展报告

江西省文化厅课题组*

摘　要： 文章分析了江西文化发展的基本情况、基本做法，面临的发展形势，围绕文化强省建设中存在的不足与难点，提出应通过完善政策、改革推动、创新引领、搭建平台、狠抓落实、依法治文等，重点建好建强六个中心、做实做细五大工程、对标对表两项攻坚等工作，奋力开创新时代文化强省新局面，为满足人民对美好生活的向往、建设富裕美丽幸福现代化江西贡献文化力量。

关键词： 文化强省　文化工程　文化自信

2017 年，江西省紧紧围绕文化强省建设目标，扎实推进六个中心、五大工程、两项攻坚（以下简称"652"）等各项工作，文化建设迈出新步伐。为走好新时代江西文化建设"长征路"，为富裕美丽幸福现代化江西建设贡献文化力量，江西全省文化工作将紧紧围绕建设文化强省目标，努力推动文化建设迈出新步伐。

---

* 课题组组长：池红，江西省文化厅党组书记、厅长。课题组副组长：丁跃，江西省文化厅副巡视员。成员：杨静，江西省文化厅办公室主任；刘晓军，江西省文化厅办公室干部；宋来源，江西省文化厅办公室干部；邹婷，江西省文化厅办公室干部。

一 2017年江西文化强省建设迈出坚实步伐

（一）基本情况

1. 六个中心（项目）稳步推进，省级龙头加快形成

加快推进辐射带动全省的省级"龙头"项目。江西省文化中心加快建设，主体结构完成封顶，围绕打造国内一流文化场馆启动陈展设计，完成省群艺馆搬迁；省部合作共建海外中国文化中心项目基本落地，文化部同意与江西在葡萄牙里斯本合作共建海外中国（江西）文化中心，2018年全国"两会"期间江西省政府与文化部正式签订协议，中心将打造成江西对外开放合作的重要"窗口"；江西省文物保护研究中心项目选址基本敲定，装修改造后即可投入使用，中心将着力打造成在国内有重要影响的文物保护利用综合平台；江西地方戏曲传承保护展示中心项目即将启动，项目被纳入2018年江西省政府工作重点推进，将打造集创作、展演、展示、旅游、消费于一体的文化"大码头"；江西省文创产品研发中心正式成立，整合资源推进文创产品研究开发和营销推广，带动全省文创产业集聚发展；江西文化演艺发展集团正式挂牌成立，将着力打造在国内有较大影响力和较强竞争力的文化演艺龙头企业，带动全省文化演艺产业发展。六大省级项目建设，将有力补齐省级文化龙头短板。

2. 五大工程深入实施，重点工作成效显著

实施艺术精品工程。采茶戏《永远的歌谣》入选中宣部第十四届"五个一工程奖"，赣剧《邯郸记》入选2017年度国家舞台艺术精品工程，一批剧目入选我国京剧艺术节、全国戏曲会演等国家级展演展示平台，23个项目获国家艺术基金立项资助。成功举办纪念"三个九十周年"北京优秀剧目展演周等展演活动，扎实开展全省优秀剧目集中展演等公益展演活动，完成下乡演出8400余场。

实施遗产保护工程。争取国家文物保护工程项目资金位居全国前列。3

处大遗址列入第三批国家考古遗址公园名单，数量居全国前列。传统古村落保护走在全国前列，有国家级传统村落 175 个、省级传统村落 248 个，金溪县被列入国家"拯救老屋行动"整县推进项目。铅山境内武夷山成功列入世界文化与自然遗产地，景德镇御窑厂遗址列入世界文化遗产预备名单。圆满完成第一次全国可移动文物普查，成功举办可移动文物普查成果展。公布684 处第六批省保单位，公布第五批省级非遗名录，公布省级传统工艺项目150 项，16 项列入首批国家级传统工艺振兴目录。国家级客家文化（赣南）生态保护实验区总体规划正式实施，全省普查古籍总藏量近 9 万部。

实施戏曲振兴工程。成功举办汤显祖国际戏曲交流月活动，赣南采茶戏、抚州盱河高腔登上 2018 年全国新年戏曲晚会，党和国家领导人观看演出。圆满举办全省第二届优秀青年戏曲演员大赛。2 部剧目入选文化部戏曲剧本扶持工程（全国仅 10 部），4 部剧目入选文化部戏曲剧本孵化计划。实施戏曲进校园工程，赣州市联合多部门印发赣南采茶戏进校园实施方案，抚州市 2018 年将实现戏曲进校园全覆盖。

实施文化创新工程。推进互联网＋现代公共文化服务，整合资源建设"江西文化云"，实施全省贫困地区公共数字文化服务提档升级。扎实推进县级图书馆、文化馆总分馆制以及公共文化机构法人治理结构改革试点。深化行政审批制度改革，"放管服"工作扎实推进。鼓励社会力量参与文化建设，印发非国有博物馆发展实施意见，全省非国有博物馆达 29 家。推进互联网＋市场监管，创新方式实现网上即时监管。

实施人才培养工程。实施地方戏曲、杂技、器乐等人才培养项目，杂技班中断 15 年之后正式开班，首次开办器乐专业班，选拔 35 名戏曲演员赴中国戏曲学院进修，赣州、宜春、抚州等地出台政策实施戏曲表演人才定向培养。推荐培养优秀人才，2 名人才入选国务院特殊津贴专家、2 名人才入选江西省百千万人才工程、9 名人才入选江西省文化名家和"四个一批"人才。组织 200 余名基层文化工作者参加各类国家级文化业务培训，举办文化馆（站）骨干、博物馆讲解等系列培训班，"三区"文化人才支持计划中期评估列全国第二位。

3.两大攻坚战扎实推进，整体实力快速跃升

打好文化小康攻坚战。在继续抓好赣州、新余、九江国家公共文化服务体系示范区及6个示范项目的同时，萍乡市入选第四批国家公共文化服务体系示范区创建名单，景德镇市群众歌咏月活动、吉安市"激情泸潇·最美樟乡"广场文化活动入选第四批国家公共文化服务体系示范项目。全省建成使用一大批图书馆、文化馆、博物馆、美术馆、艺术中心等市、县公共文化设施，建成基层综合性文化服务中心7000余个，占全省任务的三分之一。"书香赣鄱"全民阅读、"赣图大讲堂及展览"、全民艺术普及等公共服务项目深入人心，推出海昏侯国考古成果、"八一军旗红"、"东方戏圣汤显祖"等一批精品陈展。"百姓大舞台"等群众文化品牌活动形成全省联动的普惠格局，群众文化获得感显著提升。

打好文化产业攻坚战。指导景德镇陶溪川文创街区成功创建第一批国家级文化产业示范园区（全国仅10个），争取中央文化产业资金对15个文化产业项目进行扶持。将每年1000万元的江西省政府动漫奖资金调整用于数字文化创意项目扶持，4家文化文物单位纳入国家文创产品开发试点，确定40家省级文创产品开发试点单位。文化产业"金杜鹃奖"评选为50家文化企业提供5亿元授信，建立完善文化产业公共服务平台、文化创意设计大赛等各类"双创"服务平台，举办第二届江西文化娱乐休闲产业博览会、2017艺术江西国际博览会。推动南昌市、新余市被列入国家首批文化消费试点城市，推进互联网上网服务行业、文化娱乐场所转型升级，文化市场环境进一步优化。

（二）基本特点

更加注重顶层设计。围绕江西省第十四次党代会确定的文化强省目标，紧密结合全省实际，研究制定《贯彻落实省党代会精神推进文化强省建设的实施意见》，创新性地提出"652"文化发展目标思路，为未来几年全省文化发展确立了发展目标和路径。

更加注重完善政策。推动出台了一系列文化政策措施，戏曲传承出台了

《关于振兴江西地方戏曲的实施意见》，遗产保护出台了《关于进一步加强文物工作的实施意见》《江西省传统工艺振兴计划》，产业发展出台了《关于推动文化文物单位文化创意产品开发的实施意见》，文化市场出台了《关于进一步深化文化市场综合执法改革的实施意见》等，各地也相继出台了一批文化发展政策措施，文化政策法规体系更加完善。

更加注重激发活力。引导各地积极争创各类文化发展示范区、示范城市、示范园区、示范项目以及保护区、实验区等，以点带面推动发展。首次召开文化强省"看特色、看亮点"现场交流会，推出25个文化工作创新案例，组织召开全省文化工作交流汇报会、互联网上网服务场所监管平台现场观摩会、艺术人才培养经验交流会等，各地也强化上下联动，如宜春、赣州等地召开基层综合文化服务中心、基层公共文化设施管理绩效现场推进会，全省交流互动的良好局面逐步形成。

更加注重狠抓落实。围绕既定的目标任务，建立健全工作调度落实机制，江西省文化厅每季度调度一次重点工作，对重点工作每月印发督办册进行督办，开展全省乡镇综合文化站效能建设、文保工程项目建设等督查检查。全省各地也狠抓工作落实，完善艺术创作生产、公共文化服务、文化产业发展、文化遗产保护等各方面工作措施，推动落地见效。

更加注重凝聚合力。举办首届世界赣商大会赣鄱文化论坛、首届江西省文化产业"金杜鹃"奖暨文化产业发展高峰论坛以及系列重要文化展演展示展览等活动，全省各地积极举办文化惠民展演、文化产业博览、文化项目推介等活动，如上饶市举办首届文化创意产业博览会、吉安市举办文化产业招商推介会等。各级文化部门积极协调对接各级各有关部门，争取方方面面的支持，有力凝聚了文化发展合力。

更加注重营造氛围。建立涵盖电视、报纸、刊物、网站、微信、微博、简报等多种渠道的立体式文化对外宣传体系，编印"652"文化发展专刊发送全省市、县（市、区）党政主要领导、分管领导，利用新闻发布会、网络直播平台等渠道，大力宣传推介文化工作，唱响了江西文化好声音。

二 江西文化发展面临的形势分析

（一）公共文化服务快速跃升但全国排位比较靠后，亟须补齐短板、实现进位赶超

全省 100 个县（市、区）公共图书馆、文化馆基本实现全覆盖，2016年末图书总藏量全国排位第 15 位，2016 年末全省博物馆建筑面积居全国第14 位，文化馆评估定级优良率高于全国平均水平。全省 1552 个乡镇（街道）均建有综合文化站，2016 年全省文化馆（站）总面积居全国第 13 位，每万人文化设施建筑面积（243.1 平方米）居中部六省第三。但从整体上看，公共文化服务水平在全国排位比较靠后，公共文化服务设施和效能还有很大提升空间，主要表现在：一是投入严重不足。2016 年江西文化事业人均经费投入 28.08 元，列全国第 29 位，文化投入占财政支出比重列全国第30 位。二是省级设施不全，市县仍有差距，乡镇效能不高，村级服务薄弱。现有省级文化场馆体量不够、设施落后、功能不全；市、县基本建有文化场馆，但服务标准有待进一步提升；基层综合性文化服务中心建设任务还很重，文化服务比较单一，服务效能不高，硬件软件都需进一步提升。

今后，应着力推动省级设施跨越发展，高标准建设省文化中心、文化"大码头"，建设省群艺馆、省非遗展示馆，着力形成省级文化场馆龙头带动格局；推动市县设施提档升级，引导市、县在新型城镇化过程中，加快新建或改造步伐；推动基层设施提质提效，确保 2020 年前基层综合文化服务中心实现村（社区）全覆盖。

（二）艺术创作生产取得丰硕成果但精品力作不多，亟须找准方向推动艺术创作

江西艺术节、江西青年戏曲演员大赛、文艺创作与繁荣工程成为艺术创作生产的固定平台和抓手。连续 8 届有舞台艺术作品获得"五个一"工程

奖，还有一大批艺术作品获全国"文华奖"、入选中国艺术节等国家级展演展示平台。采茶戏、赣剧等地方戏曲在全国的影响不断加大。2016年全省艺术表演团体演出4.75万场次，居全国第12位。但总的来看，艺术创作生产水平不高，综合实力不强，在全国的分量不够重，表现在：一是在全国有重大影响、能代表江西形象的精品力作不多，缺乏地方文化符号的演艺作品。二是创作机制不活，重创作生产轻推广传播、重剧目投入轻人才培养的问题还很突出。三是创作投入不足，近十年省文化厅管理的艺术创作省级资金仅600万元，远不能满足创作需要，低于兄弟省份。

今后，应重点用好资源，打好艺术创作红色文化、陶瓷文化、戏曲文化"三张牌"；创新机制，探索艺术作品所有权与创作权分离，凝聚全社会创作力量；整合力量，在整合省、市、县三级国有创作力量的同时，要整合国有创作力量与社会创作力量；长效投入，参照国家艺术基金做法设立省艺术基金（争取2018年设立），建立创作扶持标准。

（三）文化遗产保护利用成绩显著但整体水平仍然不高，亟须抓住机遇建成全国文化遗产保护利用高地

近几年争取国家重点文物保护专项补助资金20余亿元，连续4年居全国前三。第三次全国文物普查登记不可移动文物32831处，总量居全国第11位。有2处世界文化遗产（庐山、武夷山铅山段），2处列入世界文化遗产预备名单（赣南围屋、景德镇御窑厂遗址），拥有全国重点文物单位128处、国家级历史文化名城4座，国家级名镇名村33个，列全国第五，中国传统村落175个，列全国第八。赣南等原中央革命遗址保护利用工程成为全国革命文物保护利用样板工程。有国家级文化生态保护实验区2个（婺源徽州文化、赣南客家文化），数量全国第一。但客观地看，江西文化遗产保护利用基础有待进一步夯实，文化遗产保护利用的整体水平不高，表现在：一是各类文化遗产保护状况不平衡，文化遗产服务经济社会发展能力不充分，文化遗产作用发挥不充分。二是文物保护利用、非遗保护传承与产业发展、新型城镇化、乡村振兴、民生改善等融合发展不够。

今后，应突出红色文化，抓好红色文物保护展示利用，着力建设全国重要的红色文化传承创新区；重视历史文化，大力抓好南昌汉代海昏侯国遗址等文物资源的保护利用，打造在全国独具特色的历史文化传承创新区；传承活态文化，大力建设戏曲文化、地域文化生态保护实验区，大力创建国家级文化生态保护实验区；筑牢传承基础，打造文化遗产保护利用学术研究平台、成果转化平台；建立制度机制，建立文物保护约谈制和责任追究制，强化各级政府文物安全主体责任。

（四）文化产业实现快速增长但文化产业整体实力不强，亟须创新思路，将其打造成为支柱产业

江西文化产业实现快速发展，近几年来全省文化产业主营业务收入年均以两位数的速度增长，2016年全省文化产业实现主营业务收入2732.57亿元。但从总体看江西文化产业总量规模偏小、结构层次较低、整体实力不强，主要表现在：一是文化产业增加值占GDP的比重偏低，2016年全省文化产业增加值702.98亿元，占GDP的比重为3.83%，低于全国4.14%的平均水平。二是产业结构不优，文化+科技衍生的新型文化业态发展不足。三是缺乏在全国叫得响的龙头文化企业。四是文化产业政策支撑不够、人才支撑不足，在基金扶持、税费减免、财政补贴、消费引导等方面政策未落地。

今后，应突出产业特色，培育和扶持一批在全国有重大影响的特色文化产业品牌。二是培育龙头企业，培育壮大江西文化演艺发展集团、江西文创产品研发中心等文化龙头企业。三是完善发展平台，推动设立省级文化产业发展引导基金，组建江西文化产权交易所。四是培育消费市场，扩大城乡文化市场消费。五是建立统筹机制，成立省文化产业发展协调推进领导小组。

（五）文化市场不断繁荣但文化市场培育能力仍然不强，亟须强化引导管理，实现文化市场量质双升

建立省总队、市支队、县大队三级联动的文化市场管理体制，2016年全省文化市场经营机构8020家，利润总额11.45亿元，分别位居全国第12、

13 位。但从整体上看，文化市场培育和监管能力不强，主要表现在：一是文化市场行业结构多、乱、弱及同质化、低质化问题较突出。二是对新业态新主体新群体的服务引导管理能力不强，优质文化产品和文化服务供给不足。

今后，应规范发展传统文化市场，推动娱乐场所、艺术品经营、演出经营等转型升级；大力发展新兴文化市场，推动互联网上网服务场所向多元化运用平台发展；加强文化市场管理服务，深化文化市场综合执法改革，加快建设全省统一的、即时的文化市场监管平台。

（六）对外文化交流成效明显但在国际上的影响力不大，亟须立足资源打造文化交流品牌

江西对外文化交流取得扎实成效，每年组织实施一系列对外文化交流项目，在交流目的地形成一定影响，宣传展示了江西形象。但从整体上看，对外文化交流国际影响力不大，主要表现在：一是对外文化交流在交流形式、交流渠道、交流目的地等方面存在一定的随机性，对外文化交流缺乏品牌效应和持久效应。二是对外文化交流能"走出去"，但"融进去"不够。

今后，应设置固定项目，突出抓好特色文化交流项目；设置固定渠道，策划举办"一带一路"江西文化国际巡展，办成江西文化走出去的固定平台；设置固定场所，加快推进省部共建葡萄牙里斯本海外中国文化中心，将其打造成江西深化对外开放合作的重要平台。

三 2018年奋力开创新时代文化强省
建设新局面的举措

（一）2018年重点工作任务

1.建好建强六个中心（项目）

一是江西省文化中心基本建成，2018 年上半年启动内部装修，做到确保安全质量、确保符合预算、确保工程进度"三个确保"。二是葡萄牙里斯本中国文化中心揭牌成立，围绕文化部和江西对外合作战略开展文化交流活动。三是江西省文物保护研究中心投入使用，高标准打造保护利用、学术研究、人才培养平台。四是文化"大码头"启动主体工程施工。五是江西省文创产品研发中心正式挂牌运营，推出一批体现江西文化特色的文创成果，推动一批文创成果转化为受市场欢迎的文创产品。六是积极支持江西文化演艺发展集团做大做强，打造成全省文化龙头企业。

2. 做实做细五大工程

一是艺术精品创作。加强顶层设计，研究出台全省艺术创作生产规划。抓住重要时间节点，组织实施重大主题创作，创作一批在全国有重要影响的精品力作。围绕纪念改革开放40周年，组织参加全国性重大文艺展演活动，策划举办全省性艺术展演展示活动。积极争取国家艺术基金扶持，启动江西艺术基金扶持计划，加大对优秀艺术作品的扶持力度。二是文化遗产保护。做好革命文物保护利用，深入推进赣南等原中央苏区革命遗址保护利用工程，形成文物保护利用新亮点。抓好景德镇御窑厂遗址、紫金城城址与铁河古墓群等大遗址保护利用工作。研究制定《江西省文化生态保护区建设评估标准》，办好国家级文化生态保护实验区成果展示周活动。扶持一批非遗生产性保护项目，深入实施传统工艺振兴计划，推进非遗小镇建设试点。办好"非遗精品展示周"活动，启动《江西非遗大典（暂定名）》编撰工作。推进古籍普查和典籍整理，加大成果转化利用力度。三是地方戏曲振兴。继续办好汤显祖国际戏曲交流活动。推动赣剧、采茶戏等地方戏曲传承发展，推进戏曲进校园、进乡村、进社区、进企业，推动将地方戏曲纳入学校教材。大力扶持基层和民营戏曲艺术表演团体。四是推进文化创新。积极争取"国家文化创新工程"资助项目，探索建立省文化创新工程项目库，给予政策和资金扶持，加快构建具有江西特色的文化创新体系。五是加强人才培养。选派优秀青年戏曲演员赴中国戏曲学院深造，对全省文艺骨干人才启动轮训。加大编剧编导、创作表演等文化专业人才培养力度，争取设立省级青年文化人才培养项目。

3. 对标对表两项攻坚

一是文化小康攻坚。深入推进基本公共文化服务标准化均等化，深化基本公共文化服务保障标准的贯彻落实。加快推进基层综合文化服务中心建设，全面推进县级图书馆、文化馆总分馆制建设，扎实推进公共文化机构法人治理结构改革。推进"互联网＋公共文化服务"，全面推进数字文化服务项目建设，利用"江西文化云"等信息技术平台整合线上线下文化资源，提升公共文化服务实效。持续深化国家公共文化服务体系示范区（项目）创建。积极推进基层公共文化服务公益性岗位政府购买，破解基层文化队伍缺乏难题。继续办好"百姓大舞台"等群众性文化活动，大力开展文化志愿服务活动。扎实推进文化扶贫，加大贫困地区公共文化服务体系建设力度。二是文化产业攻坚。推动文化产业集群发展，推进文化产业园区转型升级，组织召开全省文化产业发展大会，争取文化部在江西召开全国文化产业园区现场会。抓好南昌市、新余市扩大文化消费试点工作。推进文化文物单位文创产品开发。深入实施"文化＋"工程，大力发展数字文化产业，深入实施数字文化创意设计项目扶持计划，开展文化创意乡村、文化特色小镇创建活动。深化文化金融合作，打造一批文化金融合作示范项目，大力扶持文化企业上市融资，继续办好"金杜鹃奖"评选活动，鼓励和推广文化领域政府和社会资本合作模式。推动设立省文化产业发展引导基金，积极争取中央文化产业专项资金扶持。深入推进文化市场转型升级，实施阳光娱乐行动计划，深化上网服务行业转型升级，规范网络游戏、网络演出等文化新业态。加强文化市场监管，全面推行文化市场"双随机一公开"，加快构建文化市场信用监管体系，加快建立省市县三级监管指挥中心。深化文化市场综合执法改革，加强对各地文化市场综合执法改革的指导督导。

（二）主要举措

1. 完善政策

研究制定《江西省艺术生产规划》《2018～2020年文化扶贫工作规划》《江西省文化生态保护区建设评估标准》《全省关于进一步加强文物安全工

作的实施意见》《江西省文化市场黑名单管理办法》等重要文件。启动《江西非遗丛书》编撰工作。

2. 改革推动

完成第三批国家公共文化服务示范区创建验收工作，推进第四批示范区创建。指导南昌市、新余市总结国家文化消费试点城市工作经验模式。开展戏曲生态示范区建设试点、非遗小镇建设试点、公共文化机构法人治理结构改革试点、红色标语普查和保护利用试点等工作。继续推进全省县级图书馆和文化馆总分馆制试点。

3. 创新引领

争取"国家文化创新工程"资助项目，探索建立省文化创新工程项目库，加快构建具有江西特色的文化创新体系。推进"互联网＋公共文化服务"，建设"江西文化云"。继续开展数字文化创意设计项目扶持计划。抓好4家国家级和40家省级试点单位文化创意产品开发工作，打造全省文创产品成果展示馆。扎实推广互联网上网服务营业场所技术监管系统，加快建立省市县三级监管指挥中心。

4. 搭建平台

推动设立江西艺术基金、文化产业发展引导基金。建立江西省可移动文物普查数据资源服务平台。组织第二批国家级文化产业示范园区、第九批省级文化产业示范基地等申报评选工作。抓好"金杜鹃奖"评选活动，建立健全政银企合作平台。办好"百姓大舞台"等群众文化活动，举办"画说赣都"瓷画漆画展、国家级文化生态保护实验区成果展示活动周等展演展示活动。开展"江西文化年"等对外交流活动，策划"一带一路"江西文化国际巡演巡展。

5. 狠抓落实

召开全省基层文化服务中心建设经验交流现场会、全省文化产业发展大会、产业园区建设推进会等。深化文化市场综合执法改革，加强对各地文化市场综合执法改革的指导督导。启动文化扶贫领域专项治理行动，建立定期督查工作机制。建立文物安全约谈机制。

6. 依法治文

抓好文化法治，制定年度法治建设工作计划、责任清单，出台《省文化厅安全生产工作职责暂行规定》。组织开展《公共图书馆法》《江西省非物质文化遗产条例》等相关法律法规知识的学习培训和普法宣传。

参考文献

谢奉军、张菁：《江西省文化创意产业科技创新发展战略研究》，《科技广场》2016年第1期。

黄锦军：《江西文化产业发展势头强劲》，《江西日报》2015年12月21日。

杨美蓉：《江西文化创意产业发展瓶颈制约及破解途径》，《商场现代化》2015年第9期。

李睿、钟莉君：《传承红色文化基因对推动江西文化发展的价值》，《中共南昌市委党校学报》2017年第12期。

B.14
江西社会稳定与社会治安报告

中共江西省委政法委课题组*

摘　要： 2017年，江西省社会稳定和社会治安形势稳中向好，十九大安保维稳工作圆满收官，社会大局持续稳定，人民群众安居乐业，执法司法公信力不断提升，公众安全感、满意度居全国前列，连续13年被评为全国综治优秀省。2018年，全省社会稳定和社会治安工作要坚持以习近平新时代中国特色社会主义思想为指引，紧扣平安江西、法治江西、过硬队伍和智能化建设这"四项建设"，忠实执行维护国家政治安全、确保社会大局稳定、促进社会公平正义和保障人民安居乐业的"四大任务"，突出防控涉稳风险、创新社会治理、深化司法改革、主攻科技智能和增强素质能力"五个抓手"，为建设富裕美丽幸福现代化江西创造安全的政治环境、稳定的社会环境、公正的法治环境、优质的服务环境。

关键词： 平安江西　法治江西　过硬队伍　智能化建设

一　2017年江西省社会稳定和社会治安基本情况

2017年，江西省社会大局持续保持和谐稳定，人民安居乐业，公众安

---

* 课题组组长：毛保国，江西省委政法委秘书长。副组长：刘朝阳，江西省法学会专职副会长、江西省委政法委研究室主任。成员：李镜鸿，江西省委政法委研究室副主任；刘根保，江西省委政法委办公室主任科员。

全感、满意度分别达 96.26%、96.13%，位居全国前列，连续 13 年被评为全国综治优秀省，取得了来之不易的成绩。

表 1　2013～2017 年全省社会公众安全感、全省政法部门满意度

单位：%

项　目　　　年　份	2013	2014	2015	2016	2017
全省公众安全感	96.32	95.43	96.35	96.71	96.26
全省政法部门满意度	93.81	95.33	96.27	96.71	96.13

（一）十九大安保维稳成果丰硕

江西省委、省政府高度重视社会稳定工作，加强组织领导，强化高位推动，研究部署相关工作措施，为保持全省社会大局稳定提供了坚强保障。超前谋划、周密部署十九大安保维稳工作，各地各部门拧成一股绳，形成强大工作合力，压实安保任务，有效推动问题"清零"，牢牢掌握工作主动权，顺利完成十九大安保维稳工作，以江西稳定支持了全国稳定。牢固树立总体国家安全观，强化反渗透、反策反、反窃密、反邪教斗争，有效维护国家政治安全。深入推进严打暴恐专项行动，有效防范现实危害在江西省发生。有力防范化解影响社会稳定的突出问题，组织开展影响社会稳定的矛盾问题集中摸排调研与滚动排查化解专项行动，逐一明确对策措施、责任领导、牵头部门、协同单位，推动矛盾问题消存量、减增量、控变量和就地化解。建立健全依法处理、舆论引导、社会面管控"三同步"工作机制，编发舆情应对应知应会工作手册，提高了舆情应对工作整体水平。

（二）社会治理创新优势加速聚集

牢牢把握新时代社会治理的规律特点，深入贯彻以人民为中心的发展思想，以贯彻《江西省健全落实社会治安综合治理领导责任制实施办法》为抓手，进一步强化责任、突出实效、打牢基础，努力提升社会治理现代化水平。一是深化社会治安严打整治。全面深化社会面打防管控，严厉打击群众

反映强烈、社会影响恶劣、严重影响社会稳定的"盗抢骗"、"黑拐抢"、电信诈骗、非法集资等违法犯罪，沉重打击了犯罪分子的嚣张气焰，全省"两抢一盗"案件同比下降15.6%。加强治安重点部位的排查整治，查处了一批治安案件。组织开展易制爆危险化学品和寄递物流专项整治行动，排查整治了一批隐患问题。开展铁路沿线社会治安环境专项整治，搬迁、关停涉危涉燃涉爆等经营场所35家。开展全省校园及周边治安环境专项整治行动，推动建立县区级副县级以上领导校园风险防控挂点指导制度，确保校园安全稳定。二是深化防控体系提档升级。扎实推进"雪亮工程"① 建设，加强综治"三项建设"②，全省2.2万个综治中心全面挂牌运行；深化综治信息平台建设，在全省推开吸毒人员、法院失信被执行人网格化管理工作，全省135048个网格都配备了网格管理员，凝聚了社会治理强大合力。三是深化矛盾纠纷排查化解。针对鄱阳湖非法采砂和捕捞问题，对重点水域和争议水域开展联合巡逻执法，强化化解整治。针对婚姻家庭纠纷，制定《关于深入推进我省婚姻家庭纠纷预防化解工作的指导意见》，推动婚姻家庭纠纷化解。针对医疗纠纷，巩固全省医疗纠纷专业调解中心成效，部署开展第三届"江西省平安医院"创评工作。优化省矛盾纠纷排查化解云平台，完成142件典型指导性案例的整理工作和369名金牌调解员的甄选工作。四是深化重点群体服务管理。全面落实严重精神障碍患者"以奖代补"政策，实施责任查究，未发生肇事肇祸等严重精神障碍患者影响社会安全稳定的问题；严格落实刑释人员必接必送措施，全省刑释人员重新犯罪率仅为1.41%；创新建立社区服刑人员教育帮扶模式，社区服刑人员重新犯罪率仅为0.084%；建成青少年法治教育基地120个，命名了11个省级示范基地；加强流动人口服务管理，已登记流动人口230.3万人，办理居住证154.6万张。

---

① "雪亮工程"是以县、乡、村三级综治中心为指挥平台、以综治信息化为支撑、以网格化管理为基础、以公共安全视频监控联网应用为重点的"群众性治安防控工程"。
② 综治"三项建设"是综治中心、综治信息化、综治网格化管理建设的简称。

（三）法治江西建设不断向纵深发展

积极适应新形势新要求和人民群众新期待，全面推进法治江西建设向纵深发展，取得了明显成效。一是深入开展法治江西建设。切实加强党对法治建设工作的领导，出台《关于落实〈党政主要负责人履行推进法治建设第一责任人职责规定〉的实施办法》，强化党政主要负责人的责任。制定《2017 年度法治江西建设考评细则》，实施了年度工作考评。加强普法宣传教育，出台《关于进一步加强全省社会主义法治文化建设的意见》《江西省法治文化建设行动计划（2017～2020 年)》，举办年度"江西十大法治人物颁奖礼"，开展百万网民法律知识竞赛活动，全面推进"七五"法治宣传教育规划实施，不断增强全民法治信仰。江西省法学会与江西省社联联合推出应用对策型研究课题"法治江西智库项目"，确定了 6 个具有江西特色、服务政法工作的选题，形成了高质量的研究成果。二是扎实推进司法体制改革。完成集中遴选产生员额法官、员额检察官，成立省法官、检察官惩戒委员会；新型办案团队组建完成，符合司法规律的办案责任制初步建立；市县法检领导干部管理新模式有序实施，机构编制省级统管工作扎实推进，财物省级统管改革试点稳妥开展；法官检察官工资制度改革政策基本落实到位。统筹推进公安改革、以审判为中心的刑事诉讼制度改革、人民监督员制度改革、监狱制度改革，以及轻微刑事案件快速办理、非法证据排除、量刑规范化、未成年人综合审判等改革工作，均取得良好成效。三是着力维护社会公平正义。大力推进执法办案规范化建设。2017 年，全省法院案件结收比113.44%，居全国法院首位；结案率位次大幅前移，进入全国法院前列。全省检察机关依法批准逮捕刑事犯罪嫌疑人同比上升 10.8%，起诉人数同比上升 17.9%。综合解决执行难问题，成立省解决执行难领导小组，构建联动协作机制，推动形成综合治理执行难工作格局，执结案件 7.7 万件，执结到位总金额 572.8 亿元，同比增长 1.2 倍；完善联合信用惩戒机制，打造"法媒银失信被执行人"曝光台，形成了强大的震慑效应，平台被中宣部推介为社会主义核心价值观融入法治建设的典型在全国推广。四是强化服务发展大局举措。认真贯彻落实江西省第十四次党代会精神，从政法职能出发，及时出台《关于为激发社会创造活力建设富裕美丽幸福江西强化法治服务保障的实施意见》，并专门举办新闻发布会，自觉接受市场主体和社会各界监督，得到江西省委、省政府主要领导同志的批示肯定。该意见实施以来，全省法院依法审理破产案件 161 件、知识产权案件 1024 件；全省检察机关批准逮捕生态环境领域刑事犯罪嫌疑人 332 人，起诉 1214 人；全省公安机关组织开展打击整治非法集资、网络传销、侵犯知识产权等涉众型经济犯罪和地下钱庄、假币、银行卡、涉税等违法犯罪专项行动，有效净化了市场经济环境；江西省司法厅在中西部省份成立了首家独立的国际仲裁机构——"赣江新区国际仲裁院"。

（四）政法队伍建设活力竞相迸发

贯彻落实全面从严治党总要求，努力建设一支新时代"五个过硬"① 政法队伍。一是把政治建设摆在首位。坚持党对政法工作的绝对领导不动摇，牢固树立"四个意识"、坚定"四个自信"，坚决维护以习近平同志为核心的党中央权威和集中统一领导。突出政治学习，举办全省政法委书记学习贯彻十八届六中全会暨省第十四次党代会精神专题研讨班，教育引导政法领导干部在思想上政治上行动上与以习近平同志为核心的党中央保持高度一致。突出政治教育，深入推进"两学一做"学习教育常态化制度化。创新政治教育模式，开展红色革命传统教育等特色活动，增强干警革命意识、宗旨意识、先锋意识。突出政治引领，深入学习宣传贯彻党的十九大精神，确保中央重大决策部署在全省政法机关落地生根。二是把能力建设作为关键。认真贯彻落实江西省委《关于加强政法队伍建设的实施意见》，召开全省政法队伍建设视频会议进行部署实施。按照"干什么、练什么，缺什么、补什么"的原则，分岗位建立健全干警素质能力标准体系和分层次按需培训机制，常

---

① 习近平总书记 2014 年提出，要按照政治过硬、业务过硬、素质过硬、纪律过硬、作风过硬的标准，努力建设一支信念坚定、执法为民、敢于担当、清正廉洁的政法队伍。

态化开展岗位练兵，不断提升政法干警执法司法综合素质和专业化水平。全面完成了 2013~2017 年"双千计划"① 任务，2017 年选派 27 名高校教师到 26 个司法所挂职 2 年，122 名高校专家教授对口帮扶 122 个司法所 5 年，实现了法学教研机构和法律实务部门双向交流互动。发挥先进典型的示范引领作用，隆重举办全国公安系统一级英雄模范命名表彰大会暨程永林同志先进事迹报告会，用身边人讲身边事、以身边事育身边人，进一步形成了学先进、争当先进的进取实干氛围。三是把作风建设作为保证。坚持把纪律和规矩挺在前面，用好监督执纪"四种形态"，加强对重点部门、重点岗位人员、重点执法环节和重点时段的检查，把警钟敲在日常、鸣在经常。扎实开展插手工程项目、"红包"治理等专项整治，从源头上防范和遏制不正之风和腐败行为的发生。围绕建立党委政法委纪律作风督查巡查机制和党委政法委领导管理政法工作的创新做法，在赣州市开展党委政法委纪律作风督查巡查工作试点，取得了明显成效。

在社会稳定的同时，我们也清醒地认识到，当前维护社会稳定和社会治安的任务依然十分艰巨繁重，各类矛盾纠纷相互交织叠加，等等。继续做好社会稳定工作就一定要增强忧患意识、底线思维，深刻把握历史新方位、国际国内形势新动向、社会主要矛盾新变化、人民群众新期待，推动理念更新、机制更新、手段更新，切实防范社会风险和隐患，破解矛盾和问题，做到谋划在先、把握主动、正确应对、稳定大局。

二 2018年全省社会稳定与社会治安工作构想

2018 年，是贯彻党的十九大精神开局之年，是我国改革开放 40 周年，也是决胜全面建成小康社会、实施"十三五"规划承上启下的关键之年。江西省社会稳定和社会治安工作的总体要求是：以习近平新时代中国特色

---

① "双千计划"的全称是江西省引进培养创新创业高层次人才"千人计划"，是江西省深化人才发展体制机制改革，加快构建极具竞争力的引才政策体系，吸引和培育一批高层次人才及团队在赣创新创业，更好地服务江西转型升级、创新发展而实施的重大人才工程。

社会主义思想为统领，按照中央政法工作会议和江西省委十四届五次全会的决策部署，坚持党对政法工作的绝对领导，坚持以人民为中心的发展思想，紧扣平安江西、法治江西、过硬队伍和智能化建设"四项建设"，忠实履行维护国家政治安全、确保社会大局稳定、促进社会公平正义和保障人民安居乐业"四大任务"，突出防控涉稳风险、创新社会治理、深化司法改革、主攻科技智能和增强素质能力"五个抓手"，为建设富裕美丽幸福现代化江西创造安全的政治环境、稳定的社会环境、公正的法治环境、优质的服务环境。

（一）维护国家安全，确保社会大局持续稳定

坚持总体国家安全观，严密防范、严厉打击敌对势力渗透破坏活动，用实际行动捍卫以政权安全、制度安全为核心的国家政治安全。深入学习贯彻习近平总书记关于反恐怖工作的重要指示精神，强化措施、落实责任，标本兼治、综合施策，坚决打赢反恐怖斗争这场硬仗。加强《反恐怖主义法》宣传教育工作，在全社会形成反恐怖斗争的浓厚氛围。坚持网上治理与网下治理、法治手段与技术手段、专门力量与社会力量相结合，积极应对和防范网络安全风险。加大网络政治谣言和有害信息打击整治力度，最大限度挤压其滋生空间。加大依法整治力度，从严从快从重打击群众反映强烈的网络传销、电信网络诈骗等新型网络犯罪，维护好人民群众合法权益。坚持问题导向与目标导向有机统一，深化稳定风险源头防控和末端处置，着力构建全方位维护稳定机制体系。

（二）创新社会治理，建设更高水平的平安江西

主动适应人民群众对平安的新需求，把专项治理与系统治理、综合治理、依法治理、源头治理结合起来，提高社会治理社会化、法治化、智能化、专业化水平，不断增强人民群众获得感、幸福感、安全感。一是坚决打赢扫黑除恶专项斗争攻坚仗。把打击锋芒对准群众反映最强烈的黑恶势力，迅速形成压倒性态势。以扫黑除恶专项斗争为牵引，重拳打击淫秽、赌博、

吸毒、传销、拐卖等违法犯罪问题，不断提高人民群众安全感。加强重点地区排查，深入整治城中村、城乡结合部等黑恶势力易发多发地带，尽快扭转治安面貌。把扫黑除恶与反腐败、基层"拍蝇"结合起来，对专项斗争中发现的"保护伞"问题线索，一查到底、绝不姑息。严惩"村霸"和宗族恶势力，整顿软弱涣散党组织，规范村"两委"换届选举，严防黑恶势力染指基层政权。依靠群众、发动群众，通过加强正面宣传、提高奖励标准、完善举报人保护措施等，最大限度发动群众，打好扫黑除恶人民战争。二是大力弘扬"枫桥经验"。做到既善于学习弘扬"枫桥经验"，又善于总结推广"江西特色"，夯实社会治理现代化的基层基础。通过常态化走访、针对性扶贫、集中化调研等途径，在知晓新时代人民群众平安新需求的基础上，真心实意为群众办实事、解难事，加深群众感情、赢得群众信任，让人民群众成为社会治理生力军。完善矛盾纠纷多元化解机制，健全以诉调对接、仲调对接为重点的多元衔接联动体系，推行行业矛盾纠纷排查化解工作差异化考核，努力做到矛盾不上交、平安不出事。强化德治的引领作用，固化道德讲堂等做法，通过乡贤的力量、乡规民约的权威、生活礼俗的教化，引导人们行为、规范社会秩序、平息矛盾纠纷，把社会和谐稳定建立在较高的道德水准上。三是严密防控各类安全风险隐患。深入组织开展缉枪治爆专项行动，依法严厉打击各类涉枪涉爆违法犯罪活动。严厉打击盗抢骗黄赌毒等多发性犯罪，切实提高人民群众安全感。加快"雪亮工程"建设，推动"地网"工程、技防入户、"智慧小区"建设。全面推广赣州市社会心理服务体系建设试点工作经验，健全心理疏导、危机干预制度机制，有效预防和减少个人极端案事件发生。推进刑满释放人员示范帮教基地建设，严格落实必接必送等措施。对肇事肇祸严重精神障碍患者全面实行免费救治并落实有奖监护政策，探索建立信息共享的数据平台，防范肇事肇祸者危害社会。加大专门教育力度，推进专门学校建设，有效预防青少年违法犯罪。加强对吸毒人员的教育矫治、戒毒医疗、康复训练工作，防止其危害社会。健全寄递物流安全风险分级管控和隐患排查治理机制，严格市场安全准入条件，全面落实收寄验视、实名收寄、过机安检制度，筑牢源头防范关口。深入开展消防隐患排查整治，严防高层建筑、地下空间、"三合一"场所、群租房等火灾高发场所失控漏管。

（三）深化司法改革，建设更高质量的法治江西

全面落实中央和江西省委关于推进司法责任制改革的决策部署，深化与司法体制综合配套改革，以"钉钉子"精神确保改革落地生根。深化与监察体制改革试点的衔接工作，统筹推进公安改革、国家安全机关改革、司法行政改革、以审判为中心的刑事诉讼制度改革等其他各项改革，着眼改革的系统性、整体性、协同性，力求各项改革相互配合、相互促进。坚持严格规范公正文明执法司法，不断满足经济社会加快发展和人民群众日益增长的法治需求，切实营造公正、透明、可预期的法治环境。紧扣建设富裕美丽幸福现代化江西的目标任务，做到经济社会发展到哪里、法治服务保障就跟进到哪里。牢固树立谦抑、审慎、善意、文明、规范办案的理念，认真贯彻关于完善产权保护制度、依法保护产权的意见，改进执法司法方式，促进市场主体立恒心、增信心。组织开展全省执法司法规范化大检查，继续开展案件评查活动，大力整治突出问题，努力提升执法司法规范化建设的整体水平。发挥好各级解决执行难工作领导小组的作用，深化执行联动机制建设，完善执行案件集中推送机制，推进社会化协同执行，不断健全畅通的执行指挥体系、严密的执行联合惩戒体系、精准的网络查控体系，让"老赖"无处藏身，确保顺利完成"基本解决执行难"的目标任务。深入推进"七五"普法，落实"谁执法谁普法"责任制，推行以案释法，推进法治文化阵地建设工程、法治文化作品创作和传播工程、法治文化惠民工程"三大工程"，营造良好法治氛围。认真组织第十一届中部崛起论坛及"双百"和"法治文化基层行"等公共法律服务活动，推动江西省法学会全面发展。

（四）推进智能化建设，激发跨越发展新动能

把现代科技的运用作为政法工作现代化的大战略、大引擎，在推进政法工作智能化建设中进一步焕发潜能、激发动能、提升效能。立足科学设计，

进一步加强总体规划，从更高起点谋划推进工作。立足共享融合，推动共建共享、互联互通、开放兼容，从更高层次发挥效能。大力推进城乡视频监控联结贯通，整合各类视频监控资源，促进价值倍增。大力推动政法专业数据、政府部门管理数据、公共服务机构业务数据、互联网数据集成应用，打造更多更新的共赢点、增长点。加快推进信息资源共享交换平台建设，推进各项业务实现设施联通、网络畅通、平台贯通、数据融通，最大限度地发挥业务融合效应。立足实战实效，把信息化、智能化深度应用到维护社会稳定中，切实增强维护社会稳定工作的预见性、精准性、高效性；深度应用到社会治理中，推动社会治理创新与网络信息技术高度融合，推广运用高科技系统与装备，整体提高维护公共安全的能力水平；深度应用到精准打击中，加快推进新技术研发和应用，创新网上网下一体化打防管控模式，实现对新型犯罪的精准打击；深度应用到执法监督中，实现执法司法活动过程留痕、回溯可查、考核公正，提高执法司法公信力；深度应用到便民利民中，运用大数据技术，把所有可上线的窗口服务拓展到网上、延伸到掌上，让人民群众足不出户、点点指尖就能办成事、办好事。

（五）打造过硬队伍，确保政治过硬、本领高强

按照习近平总书记"五个过硬"的新要求，认真贯彻落实江西省委《关于新形势下加强政法队伍建设的实施意见》，以正规化、专业化、职业化为方向，进一步加强思想政治、业务能力、纪律作风建设，努力造就一支信念坚定、执法为民、敢于担当、清正廉洁的新时代政法队伍。一是加强思想政治建设。深入学习贯彻习近平新时代中国特色社会主义思想和党的十九大精神，结合持续推进"两学一做"学习教育常态化制度化，精心组织开展"不忘初心、牢记使命"主题教育，教育引导广大政法干警提高政治站位，强化"四个意识"、坚定"四个自信"，确保在政治立场、政治方向、政治原则、政治道路上同以习近平同志为核心的党中央保持高度一致，确保对党忠诚可靠。二是加强素质能力建设。按照增强"八种本领"的要求，适应新时代对政法干警素质能力的现实需要，以增强防控风险本领、执法办

案本领、舆情应对本领、科技应用本领、群众工作本领等为重点，健全教、学、练、战一体化教育培训机制，分条分块分系统组织业务能力培训，鼓励政法干警到条件艰苦、情况复杂、矛盾集中的地方和岗位锻炼，在摸爬滚打中增强克敌制胜、担当实干的本领。三是加强纪律作风建设。经常开展纪律规矩教育，健全廉政谈话、廉政党课等制度规定，教育引导政法干警养成纪律自觉，做到讲规矩、守纪律、知敬畏、存戒惧。全面落实领导干部干预司法活动记录通报追责、司法机关内部人员过问案件记录追责、规范司法人员接触交往行为"三个规定"，严格执行中央八项规定精神和江西省委有关要求，推动各项纪律要求落地落细落实，真正让铁规发力、禁令生威。大力整治"四风"问题，持续整治特权思想、衙门作风等顽症，大力整治人民群众反映强烈的不作为、慢作为、乱作为等不正之风，推进作风持续好转。加大反腐倡廉建设力度，运用好监督执纪"四种形态"，抓早抓小、防微杜渐，切实营造风清气正的良好政治生态。

参考文献

中共中央：《关于新形势下加强政法队伍建设的意见》，http：//www. gov. cn/zhengce/2017 – 01/18/content_ 5160989. htm。

鹿心社：《不断提升平安江西建设能力和水平，开创社会治安综合治理工作新局面》，http：//jx. people. com. cn/n2/2017/0930/c190267 – 30795992. html，2017 年 9 月 30日。

江西省委办公厅、省政府办公厅：《江西省健全落实社会治安综合治理领导责任制实施办法》（赣办字〔2017〕51 号）。

B.15
江西就业与社会保障报告

江西省人力资源和社会保障厅课题组*

摘　要： 面对错综复杂的国内外经济形势，2017年江西就业局势总体保持稳定、社会保障事业稳步发展。本文分析了2018年江西就业与社会保障工作的新特点和新趋向，提出应围绕党的十九大提出的新要求新目标，采取稳定就业、抓好创业等举措确保就业局势稳定，通过深化养老保险制度改革、医疗保险制度改革等扎实推进社会保障制度改革。

关键词： 创新创业　扶贫攻坚　社会保障

2017年，全省人力资源和社会保障部门紧紧围绕迎接十九大、宣传十九大、贯彻十九大中心任务，深入贯彻落实中央和人社部重要决策部署要求，坚持以人民为中心，扎实勤奋工作、持续改革创新、筑牢民生底线，圆满完成全年目标任务，各项工作取得新的进步发展。

一　2017年江西就业与社会保障工作的基本情况

（一）就业局势保持稳定

继续把确保就业局势稳定作为全系统首要工作，打造政策扶持、资金帮

---

* 课题组组长：刘三秋，江西省委组织部副部长，江西省人力资源和社会保障厅党组书记、厅长。成员：肖国军，江西省人力资源和社会保障厅办公室主任；王克，江西省人力资源和社会保障厅办公室副主任；袁伟华，江西省人力资源和社会保障厅办公室主任科员。

扶和公共服务链条,在劳动力不断增加、就业压力不断增大的情况下,保持了就业形势的总体稳中向好、稳中有进。

1. 就业目标任务全面完成

2017 年,全省全年城镇新增就业 55.8 万人,完成年计划的 123.93%;失业人员再就业 23.92 万人,完成年计划的 125.9%;城镇登记失业率 3.34%,低于年度控制目标 1.16 个百分点;帮助 6.24 万名就业困难人员实现就业,完成年计划的 156%;零就业家庭安置率达 100%,继续保持动态清零。全省新增转移农村劳动力 59.96 万人,完成年计划的 119.9%,其中省内新增转移就业 40.43 万人,完成年计划的 115.5%;工业园区企业定向培训 31.89 万人,完成年计划的 122.65%;创业培训 14.86 万人,完成年计划的 123.81%;电商培训 6.57 万人,完成年计划的 131.29%。失业保险参保人数 286.25 万人,完成年计划的 102.23%。

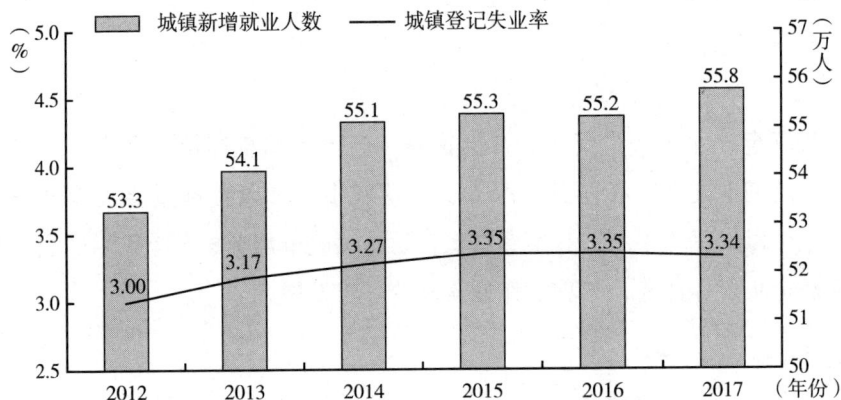

图 1 2012～2017 年全省新增就业人数和城镇登记失业率

2. 重点群体就业保持稳定

通过统筹推进高校毕业生、城镇就业困难人员、农村转移劳动力等各类群体就业,重点人群就业形势持续保持稳定。实施高校毕业生就业创业促进、基层成长、"三支一扶"计划,引导和鼓励高校毕业生到基层工作,全年招募 2088 名大学生服务基层,继续保持在全国前列。开展离校未就业高校毕业生实名制登记和就业创业服务，全省实名登记2017届离校未就业高校毕业生44409人，帮扶36504人实现就业。为2.83万名应届困难高校毕业生发放一次性求职补贴2830万元，同比增长26.25%。开展春风行动、就业援助月、民营企业招聘周、高校毕业生就业服务月等专项活动，帮助42.8万人实现就业。全省共为1026名企业参保职工发放技能提升补贴154.7万元，为1414家企业拨付稳岗补贴1.23亿元，惠及职工47万人。认真做好化解过剩产能中职工分流安置，全省关闭退出63家去产能煤矿企业、2831名拟安置人员全部安置完毕，全省化解过剩产能工作被国务院办公厅通报表扬激励。

3. 就业扶贫工作稳步推进

依托基层公共服务平台，建立完善就业扶贫台账。人社部下达江西省需核实的贫困劳动力总量51.20万人，核实率达到100%。印发《关于进一步做好就业扶贫有关工作的通知》，加大就业扶贫政策扶持力度，帮扶建档立卡农村贫困劳动力实现就业32.57万人，占户籍贫困劳动力总数的63.84%。大力推进就业扶贫载体建设，江西全省建立就业扶贫示范园区60个、国家级就业扶贫基地46家、省级就业扶贫示范点600个，建立就业扶贫车间3541个，开发就业扶贫专岗吸纳贫困劳动力54722人。2017年11月8~9日，人社部、国务院扶贫办在江西省赣州市召开全国就业扶贫经验交流现场会，对江西省经验做了全面综合介绍，并播放了"6+1"就业扶贫模式专题视频片。《人民日报》、新华社、中央电视台、《中国劳动保障报》等主流媒体集中给予了宣传报道。

4. 创业促进就业更加高效

出台《关于做好当前和今后一段时期就业创业工作的实施意见》《关于进一步引导和鼓励高校毕业生到基层工作的实施意见》《失业保险支持参保职工提升职业技能有关问题的通知》，最大限度激发各类主体创业活力。新增"江西省青年创业风云人物"评选表彰项目，从2017年开始，每年选树表彰一批全省青年创业典型。实施高校毕业生就业创业促进计划，组织能力提升、创业引领、校园精准服务、就业帮扶、权益保护五大行动。在德兴市等20个地区开展农民工等人员返乡创业试点，加大对返乡创业人员的扶持力度。出台《加快推进创业孵化基地建设的指导意见》，规范创业孵化平台建设、评选标准，江西省共建设创业孵化基地等创业平台235个，吸纳创业实体1.73万个，带动就业15.69万人。全面开展创业活动，8个项目入选首届全国创业就业服务展示交流活动，其中特展项目2个、占所有特展项目的9.5%；开展江西省首届青年创业风云人物评选活动，评选出10名"江西省青年创业风云人物"；连续4年举办江西省大学生创业公开课，获得江西省领导点赞肯定。大力推进返乡创业，召开全省返乡创业工作现场推进会，以创建国家返乡创业试点县为契机，提供政策、资金、服务扶持。江西全省累计有32.4万人返乡创业，带动就业149.2万人，平均每1人返乡创业吸纳就业4.6人。转发中国人民银行、财政部、人社部《关于实施创业担保贷款支持创业就业工作的通知》，出台《江西省创业担保贷款业务操作办法》，江西全省新增发放创业担保贷款130.59亿元，直接扶持个人创业8.7万人次，带动就业38.18万人次，还款率达99.94%；上线"创业百福e贷"和"创业微信贷"两个创业担保贷款在线申请服务平台，建成覆盖全省的"互联网＋创业担保贷款"双通道综合服务体系。

5. 公共就业服务水平不断提升

积极推进公共就业服务信息系统建设，成立公共就业服务信息系统建设项目专家组，为系统建设提供技术咨询和智力支撑。开发失业保险网上业务经办功能，实现失业金、稳岗补贴、职业技能提升补贴全流程网上经办。进一步扩大失业动态监测范围，监测企业新增503户、总计1050户，监测岗位总数达72万个。深入推进人力资源产业园项目建设，在新增设立经开区、高新区、小蓝经开区3个省级人力资源服务产业园的基础上，获人社部批准设立中国南昌人力资源服务产业园，江西省成为全国第10个获批国家级人力资源服务产业园的省份。深入实施对口援疆工作，出台更优惠的援疆专业技术人员职称评聘政策，进一步提高援疆干部人才人均月生活补贴标准，积极帮助引导受援地富余劳动力来赣就业，全年在赣务工新疆阿克陶籍群众达917人次。

（二）社会保障体系更加完善

2017 年，江西省社会保险工作运行总体平稳，扩面征缴和待遇水平稳步提升，社会保障制度改革和业务经办水平取得新突破，社会保障的公平性、流动性、可持续性进一步增强。

1. 社会保障制度改革深入推进

健全机关事业单位养老保险制度政策体系，完善职业年金个人账户记账利率等配套政策，全省机关事业单位养老保险参保人员基金收缴、待遇支付、调待支付实现三个 100%，改革实施工作走在全国前列。全省机关事业单位养老保险参保人数达 138.54 万人，完成计划任务的 110.83%。完善企业职工养老保险省级统筹政策，出台职工基本养老保险省级调剂金管理办法；完善企业职工基本养老保险转移接续政策、国有农垦企业职工参保办法，实现江西省企业职工养老保险制度的统一和全覆盖。全面实施城乡统一的居民基本医疗保险制度，机构、职能整合移交全部完成，原城镇居民和原新农合数据整合进展顺利，农村居民实际报销比例提高近 10 个百分点，用药范围扩大 1 倍。出台进一步深化基本医疗保险支付方式改革实施意见，全面推行总额控制前提下的多元复合式医保支付方式。全面实施"全民参保登记"计划，出台《整合城乡居民基本医疗保险制度推进全民参保登记工作实施方案》，共有 5093 万人的参保记录入库，入户调查完成率 99.81%。推进异地就医即时结算，出台异地就医直接结算经办规程等配套文件。截至 2017 年底，江西省 11 个设区市及省本级、286 家医疗机构已接入国家异地就医平台。扎实做好长期护理保险制度首批试点，确定首批 4 家定点护理服务机构。全面实现铁路、电力、铜业、煤炭四大行业医疗、工伤和生育保险属地化管理。

2. 社会保险扩面征缴稳中有进

深入推进社会保险扩面征缴，进一步扩大社会保险覆盖范围。截至 2017 年底，江西省职工基本养老、基本医疗、失业、工伤和生育保险参保人数分别达到 1005 万人、4762 万人、286 万人、517 万人、279 万人，分别

完成年计划的110.88%、114.96%、102.23%、103.27%、107.59%；城乡
居民基本养老保险参保人数达1870万人。五项社会保险（含机关事业单位
养老保险和城乡居民医疗保险）基金征缴总收入达到1147.55亿元，同比增
长59.77%。全面推进"助保贷款"，全省累计办理助保贷款业务7552人
次，发放贷款21875万元。全面实施"同舟计划"，全省建筑业在建项目、
新开工项目工伤保险参保率达100%。强化社会保险欠费清理收回，清理企
业养老保险欠费14亿元。加强改制企业欠费挂账资金清偿，已累计偿还挂
账资金63亿元。

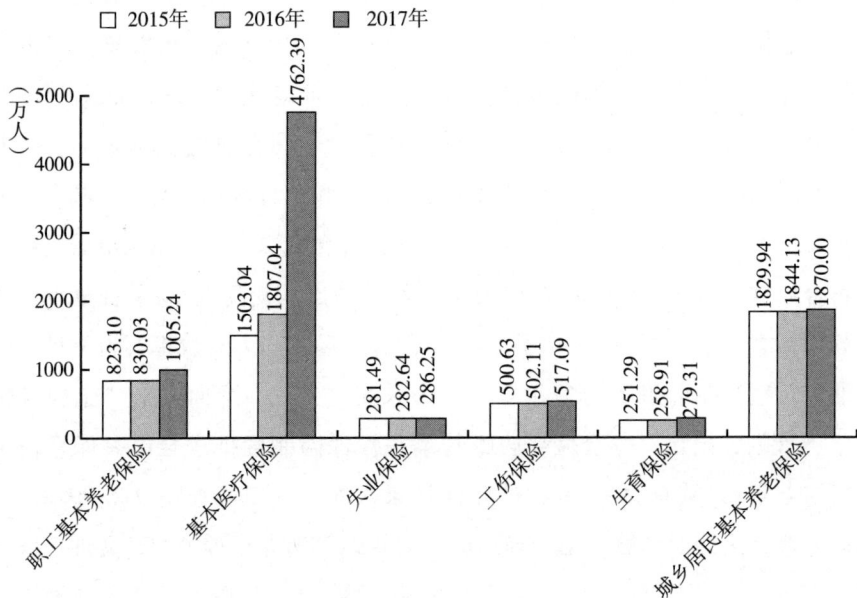

图2　2015～2017年江西省各项社会保险参保情况

注：2017年职工基本养老保险参保人数含机关事业单位养老保险参保人数。

3. 社会保险待遇水平稳步提高

连续第13年调整企业退休人员、第2年调整机关事业单位退休人员养
老金待遇，惠及全省295万名企业和机关事业单位退休人员，企业退休人员
月人均基本养老金增加132元，机关事业单位退休人员月人均基本养老金增

加 181 元。落实医疗保险精准扶贫政策，资助 288.86 万名建档立卡贫困人员参加城乡居民基本医疗保险，共报销医药费用 34.35 亿元。有贫困人口的 96 个县（市、区）全部实施了建档立卡贫困户参加城乡居民基本养老保险政府代缴工作，156.09 万名符合参保条件的建档立卡贫困户全部参保，参保率 100%；其中财政代缴 135.23 万人，代缴率达到 86.64%；2017 年财政代缴 1.38 亿元，累计代缴 4.5 亿元。取消特困供养人员、最低生活保障对象及其他建档立卡农村贫困人口在一级、二级定点医疗机构住院的起付线。提高建档立卡农村贫困人口门诊特殊慢性病报销比例，将大病保险补偿比例起付线下降 50%，补偿比例提高 5%。全面实施 10 类重大疾病免费救治和 15 种重大疾病定额救治。

4. 基金抵御风险能力进一步增强

出台《企业职工基本养老保险省级调剂金管理暂行办法》《企业职工基本养老保险财政补助资金管理暂行办法》《社会保险基金征缴激励专项资金管理暂行办法》等文件，开展各项社保基金专项整治，组织社保基金审计整改，进一步规范基金管理使用。联合检察院、公安厅等 7 个部门出台《查处挪用骗取社会保险基金行为办法》，开展城乡居民养老保险经办机构内部控制专项检查和养老保险重复领取、死亡冒领、违规提前退休和一次性补缴等专项核查，共核查确认重复领取 1.4 万人，死亡冒领 3.79 万人，追回基金 1469.46 万元，停发月养老金 949.48 万元。有力地推动社保基金监管规范化。大力开展稽核工作，追回冒领养老保险费 560 万元、少缴养老保险费 383 万元、医疗保险待遇支付违规金额 488 万元、少缴医疗保险费 107 万元。全面推进医保智能监控系统建设，省本级和 11 个设区市全部上线医保智能监控系统。联合省卫计委等 11 个部门在全省开展医疗保险基金审计发现问题专项整治行动，整改问题资金 15.26 亿元，取消违规两定机构定点资格 25 家、违规医药服务机构营业资格 13 家，对违规两定机构罚款 2462.49 万元，专项整治成果得到了省领导的批示肯定。

5. 经办服务能力建设持续推进

全面推行"五证合一"① 登记制度,取消社会保险登记证定期验证和换证制度。深入推动"互联网＋社保""多险合一"系统在省本级和新余、鹰潭、萍乡、景德镇、九江、宜春等 6 个设区市上线运行,城乡居民医疗保险信息系统在 10 个设区市上线运行,医保监控系统在省本级和全省 11 个设区市上线运行,机关事业单位养老保险、全民参保登记等信息系统加快推进,职业年金信息系统、手机 APP 建设全面启动。大力简化优化办事流程,精简省本级社保事项"一次不跑"6 项、"只跑一次"43 项,取消无法律依据的证明和盖章。深入开展窗口单位作风建设,实行经办人员星级服务评定,建立大厅巡查制度、领导接待日制度等,并就这些做法在全国社保经办机构作风建设座谈会上做了经验交流和成果展播。认真做好统计精算等基础工作,连续 17 年获得全国社会保险统计一等奖。江西省累计制发社保卡 3150 万张,开通应用项目 102 项,联通了与银行、医院、药店及社区平台的接口,99％的县通过社保卡发放社保待遇,98％的县实现了持卡缴费。

二 2018年江西就业与社会保障工作形势研判

党的十九大作出了中国特色社会主义进入新时代的重大政治判断,明确了我国社会主要矛盾已经转化为人民日益增长的美好生活需要和不平衡不充分的发展之间的矛盾,明确了人力资源和社会保障事业发展新的历史方位,为推进人力资源和社会保障事业发展提供了根本遵循,对人力资源和社会保障事业发展提出了新的奋斗目标和具体要求。

就业方面:近年来,江西就业创业始终保持总体稳定、稳中向好的态势。但是,群众就业仍面临不少困难,产业间、城乡区域间、群体间就业状况不平衡,重点群体尤其是以高校毕业生为主的青年就业压力较大,公平性

---

① 指营业执照、组织机构代码证、税务登记证、社会保险登记证和统计登记证"五证合一"。

有待增强，就业质量还需要进一步提高，促进就业不仅面对总量压力和结构性矛盾，就业创业政策体系也还不能很好地适应新产业、新模式、新业态的发展。要解决上述问题，必须把就业作为最大的民生，作为保障和改善民生的关键和着力点，坚持就业优先战略和积极就业政策，努力使人人都有通过辛勤劳动实现自身发展的机会，让广大劳动者尽可能工作得更加愉悦、更有成就、更为幸福。

社保方面：近年来，江西省覆盖城乡居民的社会保障体系基本建立，已经解决从无到有的问题，现在面对的是人民群众更高水平、更高质量、更加便捷的需求，而制度公平性依然不足，总体待遇水平不高，部分险种、部分区域参保率处于较低水平。受老龄化日益严峻、待遇刚性上调、扩面空间收窄等多重因素影响，社会保险可持续性发展面临重大挑战，尤其是基金支付风险不断加大。在权利义务结合、责任分担、多层次发展等方面也还存在突出问题。要解决上述问题，必须兜底线、织密网、建机制，坚持全覆盖、保基本、多层次、可持续的基本方针，切实保障群众基本生活需求，实现制度最广泛覆盖，不断提高社会保障法制化、标准化、专业化水平。

三 2018年江西就业与社会保障工作的规划目标和举措

（一）规划目标

全面贯彻党的十九大精神，以习近平新时代中国特色社会主义思想为指导，按照中央和江西省委省政府的决策部署，按照高质量发展要求，紧扣我国社会主要矛盾变化，坚持以人民为中心的发展思想，坚持促发展与惠民生相结合，全力确保就业局势持续稳定，实现全年城镇新增就业45万人，城镇登记失业率控制在4.5%以内；持续深化社保政策体制改革，筑牢民生底线，防范化解风险，增强群众的稳定预期和安全预期，全面推进人力资源和社会保障事业发展，为建设富裕美丽幸福现代化江西做出积极贡献。

（二）主要举措

1. 全力促进就业创业

(1)完善落实促进就业创业政策。加大落实力度，真正使每项政策都能落地见效，尤其要在与宏观政策协同、支持新产业新模式新业态发展上加大创新力度。进一步完善就业资金管理办法，建立就业先进地区激励机制，开展就业资金管理使用专项检查。推进失业保险援企稳岗"护航行动"，支持企业稳定就业岗位。

(2)积极抓好重点群体就业。把高校毕业生等青年群体就业摆在就业工作的首位，实施高校毕业生就业创业促进计划、青年就业启航计划和高校毕业生基层成长计划，多渠道促进青年就业创业。扎实做好去产能分流职工、农村转移劳动力、就业困难人员等就业帮扶工作。以就业扶贫为重点，以深度贫困村为关键，继续实施人社精准扶贫五大行动计划，加强政策扶持、资金扶持和服务平台建设。全年力争实现就业困难人员就业 4 万人、新增转移农村劳动力 50 万人、招募"三支一扶"人员 2000 人。

(3)大力促进以创业带动就业。充分释放创业带动就业巨大潜力，进一步支持农民工等人员返乡创业，积极发展各类创业载体，健全差异化创业政策体系，加强创业服务和创业培训，推进创业孵化示范基地和农民工返乡创业试点县建设，大力开展"创领美好"返乡创业等系列活动，新增发放创业担保贷款 100 亿元，持续激发各类群体创业创新积极性。

(4)加强职业技能培训。把解决结构性就业矛盾摆在突出位置，改革职业培训机制，加大政府购买培训成果力度，引导社会组织大力开展各类技能培训，增强广大劳动者的就业创业能力和职业转换能力。

(5)提升公共就业服务水平。适应劳动力市场新变化和劳动者多层次就业需求，加快推进公共就业服务信息系统建设，完善人力资源市场供求信息和企业用工情况分析发布制度，全面实施人力资源服务业发展行动计划，在做大做强中国南昌人力资源服务产业园的同时，新打造 2～3 家省级人力资源服务产业园，加快培育人力资本服务新增长点。

2. 扎实推进多层次社会保障体系建设

（1）继续深化养老保险制度改革。及时跟进国家基本养老保险基金中央调剂制度部署，认真做好相关基础工作。巩固完善企业职工基本养老保险省级统筹制度，落实国有农垦企业参保政策和企业年金办法。完善相关配套政策，全面推动机关事业单位养老保险制度改革实施到位。加快实施职业年金办法，尽快设立归集账户，启动投资运营工作。

（2）健全完善医疗保险制度。完善统一的城乡居民基本医疗保险和大病保险制度，进一步深化医保支付方式改革，全面推行在总额控制基础上以按病种付费为主的多元复合式支付方式。继续开展和扩大长期护理保险制度试点。进一步理顺管理体制，加快推进医保基金管理中心组建工作。推进工伤保险基金省级统筹，全面推开工伤预防工作，积极推进省直机关事业单位参加生育保险。

（3）加大扩面征缴力度。突出参保重点人群，采取多种措施，实现动态管理和更广泛覆盖，着力解决一些领域和地区参保率偏低问题。根据国家部署的要求，要认真抓好阶段性降低社保费率基金测算和工作落实。切实加强基金收支管理，通过扩面征缴、盘活存量资源、优化支出结构等措施，确保养老金按时足额发放。认真预判养老保险潜在风险，研究制定工作预案，做到防范在前、未雨绸缪。

（4）稳步提高社会保障待遇水平。做好城镇退休人员基本养老金调整工作，确保及时足额发放到位，把好事办好。探索建立城乡居民基本养老保险待遇确定和基础养老金正常调整机制，适时提高城乡居民养老保险基础养老金水平和最低缴费档次及补贴标准。完善职工医疗保险门诊保障机制，修订基本医疗保险医疗服务项目目录。做好因工致残人员伤残津贴等定期待遇调整工作。

（5）提升经办管理服务水平。积极对接全国统一的社会保险公共服务平台，深入推进跨省异地就医住院费用直接结算工作，纳入外出农民工、外来就业创业人员，力争年底前基本实现全覆盖。进一步加强基金监管和基金风险预警，实施社会保险经办风险管理专项行动，开展失业保险基金专项检查。

参考文献

江西省人力资源和社会保障厅：《2017 年第四季度江西省人力资源市场供求状况分析报告》，http：//www. jxhrss. gov. cn/more. aspx？TaskNo＝003002004。

江西省人力资源和社会保障厅：《2017 年江西省人力资源和社会保障工作要点》，2017 年 3 月 2 日。

江西省人力资源和社会保障厅：《江西省人社厅 2017 年度绩效管理工作总结》，http：//www. jxhrss. gov. cn/view. aspx？TaskNo＝003002008&ID＝133587。

专题报告

Monographic Reports

B.16

加快构建江西特色现代化经济体系

麻智辉*

摘　要： 江西特色现代化经济体系是指以信息技术为主导，以实体经济为核心，互联网、大数据、人工智能和实体经济融合发展的经济体系，它包括现代化产业体系、现代化创新体系、现代化金融体系、现代化区域体系、现代化开放体系、现代化人才体系等方面，具有高质量的经济发展、较快的经济增速、高效益的增长方式、更合理的经济结构、更强的科技创新能力、更平衡的区域和城乡发展格局、更完善的市场经济体制、更全面的对外开放等八个特征。加快构建江西特色现代化经济体系，必须深化供给侧结构性改革，推动经济高质量发展；加快培育新的增长点，形成经济发展新动能；加快构建统一

---

* 麻智辉，江西省社会科学院经济研究所所长，研究员，研究方向为区域经济与工业经济。

开放、竞争有序的市场体系，增强经济发展活力；突出抓重点补短板强弱项，让发展成果惠及更广大人民群众。

关键词： 高质量发展　现代化经济体系　供给侧结构性改革

江西省委十四届五次全会上提出要"加快建设现代化经济体系，以提高质量效益为中心，大力构建协同发展的现代化产业体系、融合发展的现代化创新体系和竞相发展的现代化区域体系"。这是贯彻落实党的十九大报告精神，推进未来一段时期江西经济工作的重要部署。深刻认识和把握"建设现代化经济体系"的内涵及实质，加快构建有江西特色的现代化经济体系，对于江西进一步释放市场活力、提升经济创新力和竞争力、推动经济持续稳定增长具有重要意义。

一　江西特色现代化经济体系内涵和特征

"建设现代化经济体系"是十九大报告中创新性地提出来的一个突出的、具有建设性的重要概念。全面落实十九大精神，建设江西特色现代化经济体系，是推动江西经济高质量发展，提升江西经济创新力和竞争力，建设富裕美丽幸福现代化江西的必然要求。

江西特色现代化经济体系是指以信息技术为主导，以实体经济为核心，互联网、大数据、人工智能和实体经济融合发展的经济体系，它包括现代化产业体系、现代化创新体系、现代化金融体系、现代化区域体系、现代化开放体系、现代化人才体系等方面，主要要有以下八个特征。

一是高质量的经济发展。以科技驱动代替要素驱动，形成以创新为引领发展第一动力的创新型江西，互联网、大数据、人工智能和实体经济深度融合，生态与经济协调发展。

二是较快的经济增速。GDP 增长速度保持在 8%～9%，继续保持在全国第一方阵，用 10 年左右时间，人均 GDP 达到全国的平均水平。

三是高效益的增长方式。全要素生产率大大提高，经济效益和社会效益有机统一，投资效益和企业效益明显上升，资源要素配置更加高效，就业更加充分，初步形成实体经济、科技创新、现代金融、人力资源协同发展的产业体系。

四是更合理的经济结构。产业结构、所有制结构不断优化，三次产业结构更趋合理，战略性新兴产业、高新技术产业比重不断提高，制造业由中低端迈向中高端水平；国有企业混合所有制改革取得重大突破，内在活力、市场竞争力和影响力明显增强，非公有制经济不断发展壮大，成为江西经济发展的重要增长点。

五是更强的科技创新能力。科技综合实力大幅提升，关键核心技术有所突破，自主创新能力不断提高，初步构建了一批具有较强竞争力的创新型企业和产业集群，若干重点产业进入全国价值链中高端，基本形成具有江西特色的区域创新体系。

六是更平衡的区域和城乡发展格局。全省各区域均衡发展，北部加快推进昌九昌抚一体化，形成核心增长极；南部加快脱贫攻坚，实现苏区振兴；东西部加快对外开放，打造高铁经济区，促进省际合作园区发展。推动城乡协调发展，促进城乡要素平等交换和公共资源均衡配置，实现城乡规划、基础设施、市场体制、产业发展、生态环保、公共服务等一体化。

七是更完善的市场经济体制。包括更具活力的市场调节机制，要素自由流动，竞争公平有序；更具竞争力的国有资产管理体制，产权有效激励，企业优胜劣汰；更有效率的政府服务体系，价格反应灵活，市场活力激发。

八是更全面的对外开放。以全球化视野拓展市场空间、配置资源要素，促进市场深度开放、内外一体开放、进出双向开放，打造开放型经济升级版，推动形成全面开放新格局。

全面准确地领会现代化经济体系的科学内涵，首先要弄清两个区别：一是现代化经济体系和现代产业体系的区别。现代化经济体系涵盖内容更广，包括经济发展总量和速度、发展水平和质量、发展结构和要素、创新驱动发展、乡村振兴、区域协调发展、市场经济体制和对外开放等各个方面，是一个由经济发展的目标、主线、着力点、支撑条件、产业体系组成的经济系统。现代产业体系则是在三次产业层面上，包括产业构成、产业结构，是现代化经济体系的一个组成部分。

二是现代化经济体系与传统经济体系的区别。两者的区别是发展模式和动力的转变，现代化经济体系发展方式以创新、协调、绿色、开放、共享的新发展理念为指导，从数量型向质量型发展转变，从速度型向效率型发展转变；经济增长动力从依靠要素投入转向依靠要素生产率提升。传统经济体系增长方式主要依靠投资和出口需求拉动，以低成本要素、高投入和生态环境为代价形成了高速增长的生产能力。

二　江西特色现代化经济体系的基本构架

（一）构建协同发展的现代化产业体系

建设江西现代化产业体系，必须把发展产业的着力点放在实体企业上。要以提高核心竞争力为中心，以制造业为重点，推动产业转型升级和高质量发展，促进实体企业发展，着力构建以新兴产业为先导、先进制造业为主体、现代服务业为支撑的协同发展的现代化产业体系。当前要着力抓好"五个聚焦"。

聚焦培育壮大新兴产业，推动重点领域率先突破。必须密切跟踪国内外新兴产业发展的新趋势、新变化，抢占未来竞争制高点，超前谋划、部署、行动，统筹科技研发及产业化、标准制定和应用示范，促进航空、新一代信息技术、人工智能与智能制造、生物医药、新能源、新材料等新兴产业加快发展，培育形成新兴产业高地和高技术产业集群。

聚焦优化升级传统产业，运用"互联网＋"、工业4.0、跨界融合等新经济思维来全面改造提升传统经济，促进传统产业转型升级，加快有色、钢铁、石化、建材、纺织等传统优势产业向高端化、智能化、绿色化和个性化方向转变，加快产业链向微笑曲线两端延伸，提升产品的附加价值，提升产业利润率，瞄准产业价值链高端，整合资源，引进技术、联合攻关，形成一批占据产业发展高地、引领产业发展方向的高端技术和产品。

聚焦加快发展现代服务业，加快提升新服务经济发展水平。加快发展工业设计产业，依托重点行业、重点企业开展工业设计服务、发展工业设计专利，打造一批工业设计中心。大力发展以绿色金融、科技金融、互联网金融等为重点的现代金融业，鼓励发展绿色债券、绿色证券、绿色保险、环保基金等创新型金融产品，鼓励互联网与银行、证券、保险、基金融合创新，开展大数据金融产品和服务创新。加快发展现代物流业，培育第三方、第四方物流，支持物流配送终端及智慧物流平台建设。着力推进"互联网＋"服务业发展，促进云计算、大数据等新兴信息技术深度融入教育、文化、医疗、休闲、娱乐、养老、社区服务等领域，拓宽服务业发展空间，形成新服务业态和商业模式。

聚焦大力推进智能制造。将智能制造作为推进融合发展的主攻方向，推动互联网、大数据、人工智能和实体经济深度融合，以智能制造综合标准化和新模式应用为抓手，实施智能制造工程，推进智能工厂、数字车间、智能园区建设，推进以机器人制造为重点的尖端制造业发展，着力推动产业智慧化与智慧产业化，变"江西制造"为"江西智造"，打造制造业升级版，促进江西制造业迈向全球价值链中高端，培育若干具有全国先进水平的制造业集群。

聚焦促进现代农业产业化发展。大力推进农业产业结构供给侧改革，通过信息化、标准化促进现代农业产业转变农业生产方式，通过规模化、产业化、产业集聚促进现代农业产业转型升级，促进农业由粗放型经营向集约化经营转变，建立起以规模化、集约化、绿色化为特征的新型农业生产方式。发展壮大新产业、新业态，打造农业全产业链，发挥一二三产业融合的乘数效应，提高农业质量效益。

（二）构建融合发展的现代化创新体系

创新是引领发展的第一动力，是支撑江西未来经济可持续发展的决定性因素。必须把创新摆在培育壮大新动能的核心位置，加快实现从要素驱动向创新驱动切换。以创新驱动发展为核心战略，全面推动技术创新、产业创新、模式创新、业态创新等。着力提高创新供给能力，依靠创新促进新旧发展动能接续转换。要瞄准世界科技前沿，围绕系统集成、设计、制造、试验检测等产业核心关键技术，加快自主创新、协调创新重点攻关，争取在重点领域和关键环节取得重大突破，带动产业转型升级。

把数字化、网络化、智能化、绿色化作为提升江西战略性新兴产业竞争力的技术基点，推进各领域新兴技术跨界创新。以技术的群体性突破推动新兴产业跨越发展，深入推进新兴产业倍增计划和创新示范工程，加强产业共性关键核心技术攻关，着力突破核心装备、关键材料和核心器件等高附加值环节，构建结构合理、先进适用、开放兼容、具有较强竞争力的现代产业创新技术体系。

围绕促进传统产业转型发展，加快利用高新技术、先进适用技术和信息技术改造提升传统产业。深化信息技术集成应用，加快推动制造业向智能化、网络化、服务化转变，逐步推进"机器换人"，提高劳动生产率。深入实施以新技术、新工艺、新装备、新材料推广应用为主要内容的传统产业"四新"技改工程，加大成套装备研发及产业化力度，推动传统产业加快转型升级。

加快推进产学研协同创新。充分整合用好已有创新平台资源，以系列"国字号"重大创新平台为纽带，围绕产业链部署创新链，推动创新要素整合和技术集成，着力构建科技创新平台体系。积极推进企业、高校和科研院所以产权为纽带，以项目为依托，以产业技术创新战略联盟、技术创新平台等为载体，围绕江西电子信息、LED、新能源汽车、生物医药等重点优势产业组建一批科技协同创新体，突破一批产业关键、核心和共性技术，形成一批具有较强市场竞争力的重大战略产品。

加快创新创业孵化平台建设。鼓励发展创客空间、创新工场、创业咖啡厅、创业新媒体、创新创业虚拟社区等新兴孵化器。加快赣江新区等国家双创示范基地建设，支持各地依托原有创业园区（基地）设立数字经济创业中心，推动在赣高校依托专业优势设立数字经济创业苗圃，培育一批以大数据产业为重点的数字经济众创空间。支持龙头骨干企业开设创客学院，设立创客基金，建设众创、众包、众扶、众筹"四众"平台。

（三）构建竞相发展的现代化区域体系

深入实施区域发展战略，以"龙头昂起、两翼齐飞、苏区振兴、绿色崛起"为指引，形成各具特色、优势互补、竞相发展的区域发展格局。以赣江新区建设为突破口，大力推进昌九、昌抚一体化，把昌九地区建设成为率先发展的战略高地。打造南昌核心增长极，构建南昌大都市区，推动城市内优外拓，形成以赣江为主轴的一江两岸五组团的城市发展格局，使南昌成为辐射带动全省经济发展的区域中心城市。深入推进九江沿江开放开发，充分发挥沿江独特优势，以强化基础设施建设为先导，以优化产业布局和推进产业集聚为核心，以岸线利用和港口建设为重点，融入长江经济带建设，促进沿江大开放、大开发、大发展，形成引领全省区域经济发展的新引擎。

以壮大赣东北、赣西城市群为抓手，推动赣东北扩大开放，赣西转型升级。推动赣东北参与长三角、海西经济区等沿海发达地区分工合作，打造赣浙闽皖开放合作区，以沪昆线为主轴，培育发展高铁经济，加快建设信江河谷经济带，形成辐射带动能力强的经济轴线。推动赣西"新宜萍"城镇密集带融合发展，支持老工业基地、资源枯竭城市转型发展，强化赣西与南昌大都市区、长株潭城市群合作对接，加快建设赣湘开放合作实验区，打造充满活力、特色鲜明的经济增长区域。

以建设赣州省域副中心城市为引领，纵深推进原中央苏区振兴发展、罗霄山片区区域发展与扶贫攻坚，打造江西南部重要增长板块。重点是加快瑞（金）兴（国）于（都）经济振兴试验区、"三南"① 加工贸易重点承接地和吉泰工业走廊建设，强化与珠三角、海西经济区对接，建设赣闽（台）

———————————

① "三南"指江西省赣州市的龙南县、定南县、全南县。

对接合作新区、赣粤（港）对接合作新区、赣闽合作飞地港，加快推进新能源汽车科技城、中国稀金谷、电子信息产业带建设，打造全省重要经济增长带。

全面落实《关于支持鄱余万都滨湖四县①小康攻坚的指导意见》，完善全省区域发展布局。加大对滨湖四县的扶持力度，着力增强基础设施支撑能力，着力提升基本公共服务水平，着力培育壮大特色优势产业，努力打造同步全面小康攻坚示范区、绿色生态产业集聚区、鄱阳湖"一湖清水"重要生态保障区，确保滨湖四县可持续发展能力不断增强，与全省同步全面建成小康社会。

（四）构建双向发展的现代化开放体系

推动全方位高质量走出去。积极响应国家"一带一路"倡议，加强与东盟、非洲、拉美等国家和地区的经贸合作，突出以俄罗斯为重点辐射中东欧和中亚地区，以印度为中心辐射南亚国家，以韩国为重点辐射东北亚，以澳大利亚为重点辐射大洋洲，以埃塞俄比亚、赞比亚、南非为重点辐射整个非洲，以德国为重点辐射欧盟国家，以美国为重点辐射北美。鼓励和支持江西企业加快建设境外经贸园区，加强有效协同，促进集中布局、集聚发展，打造承接江西富余产能转移的重要平台。鼓励跨国并购走出去，支持江西企业与股权投资基金合作，开展跨国投资并购，获取境外品牌、技术、市场和营销网络。支持优势产品开拓国际市场，推动加工贸易、服务贸易创新发展，完善"订单融资""退税融资""保单融资"方式，建立外贸融资担保平台。

促进多渠道高水平引进来。探索股权招商、基金招商等新型招商模式，引进龙头项目和战略投资者，提高招商项目的投入产出比、税收贡献率和就业带动力。围绕《江西省人民政府关于贯彻落实〈中国制造 2025〉的实施意见》明确的 4 个优势型产业、4 个成长型产业、3 个培育型产业，重点引

---

① "鄱余万都滨湖四县"是指江西省的鄱阳县、余干县、万年县、都昌县。

进引领产业发展的龙头带动项目。围绕打造高端服务业，重点引进金融、电子商务、物流配送、大型城市综合体、旅游、健康养老等产业的重大项目。深入推进"外企入赣""央企入赣""民企入赣"和"赣商回归"，吸引世界500强、中国200强等各类投资者来赣投资，支持市县、园区开展特色产业链专题招商。

积极打造开放大平台。加快中国（江西）自贸试验区、内陆双向开放示范区申报设立，高水平建设国家级赣江新区，全面推进南昌构建开放型经济新体制综合试点。增强工业园区、综合保税区、口岸等平台服务功能，大力发展临空、临港经济。加快推进国际物流大通道建设，支持发展国际铁路快线、国际航空货运、国际水运和国际多式联运。集中打造世界绿色发展投资贸易博览会、景德镇国际陶瓷博览会等国际交流合作平台。加大对商务部国际官员研修（江西）基地的支持力度，重点建设10个省级境外经贸合作区。

（五）构建环境友好的绿色发展体系

绿色生态是江西的最大财富、最大优势、最大品牌，做好治山理水、显山露水的文章，走出一条经济发展和生态文明水平提高相辅相成、相得益彰的路子，打造美丽中国"江西样板"，是习近平总书记对江西的殷殷嘱托。必须加快绿色转型，构建绿色发展体系，将"生态＋"理念融入产业发展全过程、全领域，建立健全引导和约束机制，促进生产、消费、流通各环节绿色化。坚持市场主导、政府引导，构建具有江西特色的绿色产业体系。建立以绿色生态为导向的农业补贴制度，实施绿色生态农业相关行动，推进农产品绿色化、品牌化生产。加快传统产业绿色化改造关键技术研发和推广，推进工业化和信息化融合及制造业智能化，建立传统制造业"机器代人"奖励机制。以技术、环保、能耗、质量、安全为依据，健全产业准入标准和政策体系，完善绿色贸易、绿色技术、绿色产业引进机制。

构建山水林田湖草系统保护与综合治理制度体系，落实最严格的环境保护制度和水资源管理制度，着力解决经济社会发展中面临的突出生态环境问题，健全体现生态文明要求的评价考核机制，构建政府、企业、公众协同共治的生态环境保护新格局。探索建立鄱阳湖流域综合管理协调机制，统筹省级层面流域管理职能，研究组建鄱阳湖流域管理机构，完善流域管理与行政区域管理相结合的水资源管理体制，对流域开发与保护实行统一规划、统一调度、统一监测、统一监管。围绕解决关系人民群众切身利益的大气、水、土壤污染及生态破坏等突出环境问题，建立健全生态环境保护的监测预警、督察执法、司法保障等体制机制，构建城乡一体、气水土统筹的环境监督管理制度体系。

（六）构建现代化人才支撑体系

创新人才政策机制，破除不利于人才发展、束缚人才成长的体制机制障碍，构建与国际接轨，有利于激发人才创造活力的人才体制机制。对招商引资和专业岗位急需的高层次管理人才、特殊人才，可实行特岗特薪、特职特聘，并提供优质生活服务"绿卡通"，在医疗、子女就学、落户等方面实现"一卡在手、处处绿灯"。扩大人才住房和保障性住房供给，探索人才住房先租后买、以租抵购制度，根据不同人才类别，分别给予共有产权房、人才公寓、公共租赁住房、购房补贴和租赁补贴等五种待遇。探索人才激励制度，设立"赣鄱伯乐奖""赣鄱英才奖"，对高层次科技人才不惜重金奖励，除了现金外，还可以以股权奖励、股权出售、股票期权等方式实施激励，以科技成果对外转让、合作、作价入股的项目收益分成实施分红奖励。

三 加快构建江西特色现代化经济体系的对策建议

（一）深化供给侧结构性改革，推动经济高质量发展

把提高供给体系质量作为主攻方向，不断增强我国经济的质量优势；坚

持质量第一、效益优先，推动经济发展质量变革、效率变革、动力变革，提高全要素生产率，改变长期以来在赶超型旧体制下形成的速度、数量偏好的粗放型发展特征。推进"三去一降一补"，大力破除无效供给，淘汰煤炭、钢铁等行业落后产能，妥善处置"僵尸企业"，推进产融结合，支持企业市场化法治化债转股，降低企业负债率。落实各项降低企业成本措施，降低制度性交易成本和用能、物流等要素成本，化解过剩产能、降低经济杠杆，振兴实体经济。

（二）加快培育新的增长点，形成经济发展新动能

着力培育新动能，加快创新驱动步伐。加大对智能装备、高端装备、绿色环保设备的支持力度，推进信息技术与制造技术深度融合，培育制造业竞争新优势。加快互联网基础产业发展，发挥融合性和平台性企业的牵引作用，抢占前沿科技制高点。以知识、技术、信息、数据等新生产要素为支撑，积极探索新旧动能转换模式，推动互联网、大数据、人工智能和实体经济深度融合，在中高端消费、创新引领、绿色低碳、共享经济、现代供应链、人力资本服务等领域培育新增长点并形成新动能。

（三）加快构建统一开放、竞争有序的市场体系，增强经济发展活力

要创新要素市场配置机制，使市场在资源配置中起决定性作用，更好发挥政府作用，努力完善产权制度，深化推进"放管服"改革。继续精简审批事项，全面实施市场准入负面清单管理制度，推动投资项目、工程建设、民生服务等领域关联事项整合和"全链条"下放，大力推进"多证合一"、"证照分离"、电子执照等商事制度改革。深化国企国资、农业农村、要素价格、商事制度等领域改革，实现产权有效激励、要素自由流动、价格反应灵活、竞争公平有序、企业优胜劣汰。建立健全市场准入负面清单制度，完善促进投资消费的体制机制，增强投融资活力。打破地域分割和行政垄断，清理废除妨碍统一市场和公平竞争的各种规定和做法。创新市场主体健康发

展机制，毫不动摇地巩固和发展公有制经济，加快国有经济布局优化、结构调整、战略性重组，推进混合所有制改革，提高资产证券化水平。毫不动摇地鼓励、支持、引导非公有制经济发展，加强对各种所有制组织和自然人财产权的保护，坚决清除各种"玻璃门""旋转门""弹簧门"，努力为民营企业降门槛、减手续、添动力。

（四）突出抓重点补短板强弱项，让发展成果惠及更广大人民群众

加大精准脱贫力度，强化扶贫监督，防止"数字脱贫"，瞄准特定贫困群众精准帮扶，进一步完善和落实保障性扶贫措施，基本完成脱贫任务，做到脱真贫、真脱贫。突出抓好精神扶贫，注重扶贫同扶志、扶智相结合，着力增强贫困群众的内生动力和自我发展能力。加快补齐基础设施、公共服务、生态环境等短板，提高保障和改善民生水平，统筹效率和公平，让改革发展成果更多更公平地惠及全省人民。

参考文献

王东京：《推进现代化经济体系建设》，《学习时报》2017 年 11 月 10 日。

胡鞍钢：《现代化经济体系：发展的战略目标》，《经济日报》2017 年 10 月 27 日。

韩保江：《深化对建设现代化经济体系的认识》，《学习时报》2017 年 10 月 27 日。

刘志彪：《建设现代化经济体系是解决新的社会主要矛盾必由之路》，《新华日报》2017 年 10 月 25 日。

简新华：《建设现代化经济体系是跨越关口的迫切要求》，《光明日报》2017 年 11 月 7 日。

刘志彪：《建设现代化经济体系的基本框架、路径和方略》，《理论之光》2017 年 10 月 21 日。

韩保江：《多维度把握建设现代化经济体系的目标要求和现实路径》，《经济日报》2017 年 11 月 4 日。

宁吉喆：《建设现代化经济体系》，《人民日报》2017 年 12 月 5 日。

王兰军：《贯彻新发展理念　建设现代化经济体系》，《光明日报》2017 年 11 月

28 日。

习近平：《决胜全面建成小康社会　夺取新时代中国特色社会主义伟大胜利——在中国共产党第十九次全国代表大会上的报告》，人民出版社，2017。

麻智辉：《构建具有江西特色的现代化经济体系》，《江西日报》2018 年 1 月 8 日。

中共中央办公厅、国务院办公厅印发《国家生态文明试验区（江西）实施方案》，《人民日报》2017 年 10 月 3 日。

本刊评论员：《做好建设现代化经济体系这篇大文章》，《求是》2018 年第 5 期。

B.17
探索具有江西特色乡村
振兴之路的思考与建议

江西省社会科学院课题组*

摘 要： 党的十九大首次提出实施乡村振兴战略，2018 年中央一号文件也明确了当前乃至今后一段时期实施乡村振兴具体方针路线与政策路径。江西实施乡村振兴战略有基础有条件有优势，但同时面临着"六大不相适应"的新问题、新挑战，为破解这些新问题、新挑战，应按照"产业兴旺、生态宜居、乡风文明、治理有效、生活富裕"的总要求，将江西打造成为全国乡村振兴战略先行示范区，以"五个行动"推动实现"五个振兴"，努力走出一条具有江西特色的乡村振兴之路，力争在实施乡村振兴战略中走在全国前列。

关键词： 乡村　振兴　江西特色

　　实施乡村振兴战略，是顺应人民美好生活新期待、破解新时代社会主要

---

* 课题组组长：梁勇，江西省社会科学院院长、研究员，研究方向为区域经济；副组长：龚建文，江西省社会科学院副院长、研究员，研究方向为农业经济。成员：麻智辉，江西省社会科学院经济研究所所长、研究员，研究方向为区域经济；李志萌，江西省社会科学院应用对策研究室主任、研究员，研究方向为生态经济；张宜红，江西省社会科学院应用对策研究室副主任、副研究员，研究方向为农业经济；龙晓柏，江西省社会科学院产业经济研究所副研究员、博士后，研究方向为贸易经济学；盛方富，江西省社会科学院应用对策研究室助理研究员，研究方向为农业经济；揭昌亮，江西省社会科学院城市经济研究所助理研究员、博士，研究方向为林业经济。

矛盾的战略要求，是建设富裕美丽幸福现代化江西的必然要求。江西实施乡村振兴战略有基础有条件有优势，力争探索出一条具有江西特色的乡村振兴之路，在实施乡村振兴战略中走在全国前列。基于此，本文深入分析江西实施乡村战略的基础优势，聚焦江西乡村发展中存在的瓶颈问题，并提出相应政策建议。

一 基础与优势

（一）农业发展基础坚实

一是地位重要，贡献突出。江西省是全国粮食主产区，是自1949年以来两个从未间断输出商品粮的省份之一；近五年来，整合资金320亿元，建成高标准农田1957万亩，2017年，全省粮食总产4254万吨，实现了"十四连丰"；柑橘产量居全国第3位，水产品产量居内陆省第2位，出口居内陆省第1位；供沪生猪全国第1位，供港叶类蔬菜全国第2位（详见表1）。二是基础建设迈出新步伐。现代农业产业技术体系、智慧农业"123＋N"平台建设日益完善，农田基础设施水平、农业信息化率、主要农作物综合机械化率、农业科技进步贡献率等关键性指标显著提升。三是特色鲜明，优势突出。奋力打造全国首个绿色有机农产品示范基地试点省，2017年全省"三品一标"农产品达4902个，绿色食品、有机农产品、农产品地理标志认证数量位居全国前列（详见表2）；建有全国绿色食品原料标准化生产基地44个、面积853.6万亩；创建国家农产品质量安全市县11个、省级绿色有机示范县15个；主要农产品抽检合格率达98.6%，农业部连续两年专门致信江西省政府，肯定江西省在农产品质量安全方面所做的工作。四是品牌知名度凸显，影响力进一步扩大。成功举办中国绿色食品博览会，赣南脐橙、南丰蜜橘等10个品牌入选"2017年最受消费者喜爱的中国农产品区域公用品牌"、占总数的1/10，"生态鄱阳湖、绿色农产品"品牌知名度日益提高。

表1 江西省历年主要农产品产量

年度	粮食产量（万吨）	柑橘产量（万吨）	水产品产量（万吨）	生猪出栏量（万头）
2008	1958.10	248.51	190.39	2536.90
2009	2002.56	299.37	201.05	2714.18
2010	1954.69	268.60	215.34	2847.18
2011	2052.79	356.46	217.27	2884.80
2012	2084.80	336.46	237.00	3050.60
2013	2116.10	407.24	242.65	3150.30
2014	2143.50	382.46	253.66	3325.70
2015	2148.71	410.12	264.25	3242.50
2016	2138.11	360.10	271.61	3101.50
2017	4254.00	387.00	—	3180.50

数据来源：历年江西统计年鉴及江西省农业厅。

表2 江西省历年"三品一标"数

单位：个

年份 \ 种类	无公害农产品	绿色食品	有机农产品	农产品地理标志	合计
2015	1483	598	441	65	2587
2016	1969	590	1024	75	3657
2017	—	—	—	—	4902

数据来源：江西省农业厅。

（二）农村改革走在全国前列

一是农村土地"三权分置"改革位居全国前列。2015年以来，整省推进农村集体土地确权登记颁证工作，创造了"江西确权七步工作法"，2017年全省所有县（市、区）测绘成果通过专项检查、市级验收，颁证面积3691万亩、占二轮承包面积的116.3%，证书到组到户率达96.1%，位列全国第一方阵。二是深入推进农村集体产权制度改革试点。2016年建成市、县、乡农地流转服务机构分别达11个、102个和1454个，流转农户承包土地1150.4万亩，2017年承包土地经营权流转率达到40.5%，超过全国平均水平。三是"房地一体"农村宅基地和农民住房确权登记加快推进。扎实推进农村不动产登记，余江县、会昌县和婺源县全面完成房地一体确权登记发证，完成数据整合建库，全面接入国家平台。四是其余各项改革推进有序。2016 年农业部把江西省列入全国新型职业农民培育整体推进试点省，在全国首创基层农技推广体系改革"综合建站"模式，被农业部列为六大模式之一向全国推广。基本建立农业农村改革的"四梁八柱"，新主体、新业态、新模式不断涌现。

（三）农村环境整治创新有效

一是农业生态环境进一步改善。2017 年减少农药使用量 0.34 万吨、化肥使用量（折纯量）9.7 万吨，农药、化肥使用量实现负增长（见表 3）；畜禽养殖"三区"划定和地理标注全面完成，划定畜禽禁养区 5.1 万平方公里，关闭、搬迁禁养区内养殖场 2.5 万个，畜禽废弃物资源化利用率、病死畜禽无害化处理率分别超过 76% 和 95%。二是农村生活垃圾与污水得到有效治理。江西省 90% 以上的农村生活垃圾和 70% 以上的农户厕所污水得到有效处理或资源化利用。三是探索创新循环发展模式。探索了以新余罗坊和定南岭北为代表的 N2N 区域生态循环农业发展模式，形成了以萍乡、宜黄为代表的秸秆综合利用、农药化肥零增长、提质增效发展模式，建立了以东乡为代表的全域内"六有、两全覆盖"病死畜禽治理体系，打造了一批以江西润邦集团为代表的现代农业生态循环经济示范区，开辟了一批以赣县"指尖农业"、上犹"互联网＋私人订制茶园"、万年"私人原种场"为代表的"互联网＋"农业新模式。四是农村面貌发生新变化。五年来，共安排新农村建设村点 6.22 万个，受益农户 311 万户、1269 万人；"连点成线、拓线扩面、特色突出、整片推进"建设格局初步形成。

表 3　江西省历年农药及化肥使用量

单位：万吨

指标	2017	2016	2015	2014	2013	2012	2011	2010	2009	2008
农药使用量	9.02	9.36	9.39	9.48	9.99	10.04	9.95	10.65	9.76	9.67
农用化肥施用（折纯量）	132.27	141.97	143.58	142.87	141.58	141.26	140.77	137.62	135.76	132.97

数据来源：历年江西统计年鉴及江西省农业厅。

（四）农民增收与脱贫攻坚齐头并进

一是农民增收渠道多元且增收势头强劲。2017 年江西省农村居民人均可支配收入 13242 元，排全国第 11 位，同比增长 9.1%，连续 14 年保持较快增长、连续 8 年快于城镇居民人均可支配收入和 GDP 增速，增幅居全国第 8 位、中部六省第 1 位。其中，江西省农村居民人均工资性收入 2839 元，同比增长 10.6%，高于全国平均水平 1.5 个百分点，对可支配收入增长的贡献率为 62.7%。二是脱贫攻坚卓有成效。江西省建档立卡贫困人口从 2013 年末的 328 万人减至 2017 年末的 87.54 万人，贫困发生率从 2013 年的 9.7% 下降至 2017 年的 2.37%（见表 4），2017 年 2 月，井冈山正式通过国家扶贫办委托第三方开展的退出专项评估，在全国率先实现国贫县"摘帽"，吉安县成为江西省第二脱贫摘帽的县（市），瑞金市、万安县、永新县、上饶县、横峰县和广昌县等 6 个县（市）脱贫摘帽正处于公示阶段，1600 多个贫困村脱贫，史无前例的攻坚举措带来的是江西减贫史上的最好成绩，江西成功交出了一份完美的脱贫攻坚答卷。

表4　江西省历年人均可支配收入及贫困人口规模

年份	农村居民人均可支配收入(元)	增长速度(%)	城镇居民人均可支配收入(元)	增长速度(%)	贫困人口规模(万人)	贫困发生率(%)
2010	5789	14.06	15481	10.41	538	15.8
2011	6892	19.06	17495	13.01	438	12.6
2012	7828	13.58	19860	13.52	385	11.1
2013	9089	16.11	22120	11.38	328	9.7
2014	10117	11.31	24309	9.90	276	7.7
2015	11139	10.11	26500	9.01	208	5.8
2016	12140	8.99	28670	8.19	155	4.3
2017	13242	9.1	31198	8.82	87.54	2.37

注：2013 年以前，农村居民人均可支配收入为人均纯收入。

数据来源：历年江西统计年鉴及江西省农业厅。

二　困难与问题

江西省实施乡村振兴战略面临着一系列新问题、新挑战，主要可以归纳为六个方面。

（一）农业结构不优与消费者对优质农产品的需求不相适应

一是农业产业结构单一。江西省水稻、生猪、柑橘、常规水产"四个独大"的产业结构现状依旧，大路货多，绿色生态、高端优质高附加值的农产品少，全省农产品加工率仅61%，低于全国65%的平均水平。二是优质不优价。由于农产品市场不健全、信息公开透明的制度体系不完善，加之甄别成本高昂，"劣币驱逐良币"的现象在优质农产品市场不同程度存在，进而导致价格上不去。三是农产品品牌不响。江西虽然拥有一批全国知名地方特色品牌，但"散、小、弱"局面并未改变，叫得响、影响大、销量多、价格高的农业品牌还不多。

（二）要素流动单向化非农化与城乡融合发展要求不相适应

一是要素流动单向化。长期以来，资金、土地、人才等各种要素单向由农村流入城市，虽然近年来出现了一些资本下乡、返乡创业等现象，但进程缓慢，造成农村严重"失血"和"贫血"，与城乡融合发展要求不相适应。二是要素流动非农化。由于当前江西省耕地补偿标准偏低、农村金融缺失、农村劳动力价格低廉等，土地、资金和劳动力等生产要素大量流向城市，工业对农业、城市对乡村资源的"虹吸"效应仍较为明显。三是要素下乡障碍亟待破除。要素下乡之路不畅通，涉及农村物权、产权的要素流通在多数地方依然是"红线区"，乡村人才、资金、信息、技术的匮乏依然没有得到根本改变。

（三）乡村环境污损化与生态美丽宜居乡村建设不相适应

一是农业面源污染形势不容忽视。一方面，江西省农膜、秸秆、畜禽粪便等农业废弃物并未得到有效利用，造成多重面源性污染。另一方面，许多农户为追求自身短期利益，仍大量使用农药、化肥，《中国农村统计年鉴（2017）》显示，2016年江西化肥施用强度①为255.4千克/公顷，高于225千克/公顷的国际公认化肥施用安全上限。二是农村生活污水、垃圾处理仍较为滞后。江西省农村生活污水处理设施处于严重闲置状态，大多采取直排方式；垃圾处理方式以填埋为主，处理设施大多以"垃圾桶"为主，农民垃圾分类意识较弱，相应政策法规体系建设较为滞后，"垃圾围村"仍然较为突出。三是农村房屋建设"无序化"。目前，农村"外出打工，回乡建房"的现象普遍，且将房屋建在耕地上的现象比比皆是，大多房屋建设无规划，许多老宅也没有得到保护而破败不堪。

（四）农村精神文化荒漠化与乡风文明建设需求不相适应

一是乡村文化设施落后。江西省许多农家书屋缺乏专职管理员，馆藏书籍老旧、破损严重；体育健身器材维护管理不善，毁损较为严重；绝大多数乡村没有村史馆，更别提乡村文化站。二是传统村落保护力度亟待加大。由于保护体系不完善、法律法规不健全等，江西省一些传统村落逐渐破败没落，人居环境较差，空心化趋势严重，有的传统村落甚至被随意拆并，以惊人的速度消失。三是乡村优秀传统价值观逐渐沦丧。乡村社会原有的价值体系遭受了严重冲击，传统乡村文化被忽视、被破坏的情况相当严重，一些地方乡村传统生活形态、社会关系日趋淡化，乡村文化日渐荒芜。同时，厚葬薄养、铺张攀比、红白喜事大操大办等不良风气蔓延。

（五）农村深化改革难度加大与制度供给的现实需要不相适应

一是农村集体产权制度改革有待深化。虽然江西省已经出台有关农村集体产权制度改革的相关意见，但对成员的界定、权责义务、进退机制等一系列问题都没有得到法律上的认可与界定。二是农村土地制度改革刚起步。江

---

① 化肥施用强度指标采用了"化肥施用量（折纯量）/农作物总播种面积"的算法。

西省农村集体建设用地市场体系与入市机制均尚未建立，不能实现同地同价；与安徽超五成、江浙超六成土地流转率相比，江西省农村土地经营规模仍然偏小；与此同时，全省农村土地经营权抵押贷款仍在探索之中。三是乡村治理亟待改革推进。全省不少乡村基层组织无资产、无资源、无资本、无资金，甚至乡村两级债务繁重，乡村基础组织弱化，乡村公共产品供给严重不足，乡民集体认同感和互助合作基础减弱，农民陷入"原子化"状态，乡村黑恶势力乘虚而入，直接影响村民自治选举，乡村家族化、乡村干部豪强化趋势不可不防。

（六）农民持续增收难度加大与全面建成小康社会要求不相适应

一是农民增收难度加大。目前主要农产品价格持续弱势运行，农业生产成本"地板"不断攀升，农业生产效益在逐步下降。据测算，目前一个人打工的收入可相当于一个劳动力种 37 亩双季稻、13 亩柑橘、经营 13 亩鱼塘、养 105 头猪的收入；与此同时，江西省农民工外出务工人数和工资增速也呈现"双下降"趋势，农民收入增速也跟着在下降。二是脱贫攻坚难度加大。虽然近年来江西省脱贫攻坚取得了一定成效，但仍然有 269 个深度贫困村，贫困发生率普遍在 10% 及以上，生存环境恶劣，致贫原因复杂，基础设施和公共服务严重滞后，越往后这些深度贫困村越会成为难啃的"硬骨头"。

三　重点与突破口

（一）重点

——强化农业农村优先发展的制度性供给。推进体制机制创新，以完善产权制度和要素市场化配置为重点，把制度建设贯穿于乡村振兴战略始终，确保在干部配备上优先考虑、在要素配置上优先满足、在资金投入上优先保障、在公共服务上优先安排。

——加强农业农村基础建设。把夯实农村基层组织建设作为固本之策，建立健全党委领导、政府负责、社会协同、公众参与、法治保障的现代乡村社会治理体制；把公共基础设施建设的重点放在农村，推动乡村生产性、生活性、发展性、生态性基础设施建设提档升级。

——提升农业发展质量。依托江西绿色生态优势，围绕"打造全国知名的绿色有机农产品示范基地"目标要求，加快构建现代农业产业体系、生产体系、经营体系，走质量兴农、绿色兴农、品牌兴农、融合兴农之路，提高农业创新力、竞争力和全要素生产率。

——突出农民主体和人才关键作用。切实发挥农民在乡村振兴中的主体作用，充分调动亿万农民的积极性、主动性、创造性；破解乡村振兴战略中的人才瓶颈，突出重视人力资本开发利用，建立健全各种激励机制，培育更多乡土人才，畅通智力、技术、管理下乡通道，凝聚乡村振兴强大合力。

（二）突破口

——坚决打好乡村污染防治攻坚战。生态宜居是实施乡村振兴战略的关键。江西在实施乡村振兴战略中，要以绿色发展为引领，尊重自然、顺应自然、保护自然，统筹山水林田湖草系统治理，深入开展乡村人居环境整治，持续推进"整洁美丽，和谐宜居"新农村建设，推行绿色生产生活方式，推动乡村自然资本加快增值，实现村美景美人安居。

——打造乡村产业振兴平台。乡村要振兴，产业是支撑。应以深入推进农业供给侧结构性改革为动力，以推进农业转型升级为抓手，向绿色生态优势要竞争力，深入推进"百县百园"建设，打造现代农业产业园区、田园综合体、特色小镇、特色乡村等振兴平台，推进农村一二三产业融合发展，实现乡村全产业链价值增值。

——强化要素支持保障。进一步推进农村承包土地三权分置，探索农村宅基地所有权、资格权、使用权"三权分置"，加快农村产权制度改革。创新投融资机制，加快形成财政优先保障、金融重点倾斜、社会积极参与的多元投入格局。创新乡村人才培育引进使用机制，大力培育新型职业农民，加强农村专业人才队伍建设，造就更多乡土人才，鼓励社会各界投身乡村建设。

——培育壮大村级集体经济。村级集体经济是乡村振兴的基础。应进一步推进农村集体产权"三变改革"，因地制宜，整合乡村闲置土地、宅基地等，盘活乡村特色资源，探索股份合作、收益分红等实现农村集体经济壮大的新形式，基本消除"空壳村"，培育壮大一批经济强村。

四 政策建议

江西要在实施乡村振兴战略中走在全国前列，就必须坚持农业农村优先发展，按照"产业兴旺、生态宜居、乡风文明、治理有效、生活富裕"的总要求，以"五个行动"推动实现"五个振兴"，不断推进农业全面升级、农村全面进步、农民全面发展，努力走出一条具有江西特色的乡村振兴之路。

（一）实施产业兴村强县行动，推动乡村产业振兴

一是推进农业农村基础设施提档升级。加快农田水利等生产性基础设施，公路、供水、物流、信息等生活性基础设施，休闲娱乐等发展性基础设施，以及水库、森林保护、水资源治理等生态性基础设施的建设与升级；建立健全"有制度、有标准、有经费、有人员"的管护长效机制。二是培育壮大绿色生态农业产业。以农业供给侧结构性改革为主线，在全省范围内开展产业兴村强县行动，实施九大产业工程；以各地资源禀赋为基础发展优特产业，切实巩固粮食主产区地位，围绕打造"全国知名的绿色有机农产品示范基地"的目标任务，大力实施质量兴农、品牌兴农，做大做强绿色有机农业产业，做优"农业结构"的文章。以科技创新和业态创新为手段，着力构建产出高效、产品安全、资源节约、环境友好的现代农业技术体系，大力发展农村新业态，不断提升土地产出率、资源利用率和劳动生产率，加快农业结构调整和产业化经营，打造现代农业"升级版"，做新"生产方

式"的文章。三是推进农村一二三产业深度融合，大力发展乡村新产业新业态。积极开发农业农村多维功能，深度挖掘农业农村的旅游资源，加快发展休闲观光农业、体验农业、定制农业、乡村民宿等新业态，加快推进农业与工业、旅游、教育、文化、健康养老等产业的深度融合，建设一批集生活、生产和生态于一体的田园乡村综合体，大力发展乡村多元经济。四是壮大村集体经济。在摸清底数的前提下深化农村集体产权制度改革，以盘活存量资源、用好增量资源；立足各乡村的产业、生态、文化等资源，因地制宜地发展"城郊服务型""种养服务型""资源挖掘型"等类型的集体经济。

（二）实施人才队伍壮大行动，推动乡村人才振兴

一是培优新时代新型农民。规范新型农民资格认定，扶持发展种养大户和家庭农场，构建家庭农场联合体，促进农民合作社规范化建设，鼓励发展农民合作社联合社，增强龙头企业辐射带动农民增收能力，大力培养有文化、懂技术、会经营的新时代新型农民。二是培育壮大"农创客"队伍。大力支持农民工、大学生、退役士兵和科技人员等返乡下乡人员到农村创业创新；继续实施"现代农业人才支撑计划"、新型职业农民培育工程和"一村一名大学生工程"，培育一批农村实用人才带头人、现代青年农场主、农村青年创业致富"领头雁"，培养一批专业人才，扶持一批乡村工匠。三是鼓励社会各界投身乡村建设。以乡情乡愁为纽带，率先出台管理办法，允许和鼓励符合要求的公职人员回乡任职；吸引并支持企业家、专家学者、医生教师、规划师、律师、技能人才等，通过下乡担任志愿者、投资兴业、包村包项目、行医办学、捐资捐物、法律服务等方式服务乡村振兴事业。

（三）实施乡村文化振兴行动，推动乡村文化振兴

一是振兴赣鄱优秀乡土文化。坚持物质文明和精神文明一齐抓，深入挖掘赣鄱优秀乡土文化，加强乡村文化遗产和传统村落、传统民居、历史文化名村保护，实施"百年住宅"保护工程，弘扬和践行社会主义核心价值观，加强农村思想道德建设；开展移风易俗行动，提升农民精神风貌，培育文明

乡风、良好家风、淳朴民风，不断提高乡村社会文明程度。二是加快完善乡村公共文化设施。推动城乡教育、医疗、就业、养老保险等公共服务资源均衡化配置，探索建立以城带乡、整体推进、城乡一体、均衡发展的公共服务发展机制。推进乡村文史馆、文化站、文化广场、农家书屋、农民体育健身、广播电视户户通、互联网"光纤入户"等一系列惠民工程建设，丰富群众的文化生活。三是丰富乡村文化形式与内涵。着力挖掘乡村民俗风情、传说故事、名人传记等乡村文化的时代生命力。丰富乡村文化服务内容，深入推进乡村阅读能力提升计划，大力实施文化下乡活动。

（四）实施乡村绿化美化行动，推动乡村生态振兴

一是深入实施农村人居环境整治。加强农村突出环境问题综合治理，把农村生活垃圾治理纳入城乡环卫一体化工作体系；建立市场化多元化生态补偿机制，探索第三方负责的专业化美丽乡村环境卫生服务体系；完善农村废弃物资源化利用制度，推进农村能源生态建设；建立健全乡村环境治理长效机制。二是系统保护山水林田湖草。实施山水林田湖草生态保护和修复工程，保护、修复、提升乡村自然环境；以沿路沿景区、沿产业带、沿山水线、沿人文古迹等为区域重点，探索建立农村小微水体"河长制"，促进"山水田林人居"和谐共生。三是开展智慧乡村建设。以"互联网＋"乡村为手段，建设集村级管理、为民服务、对外宣传于一体的美丽乡村数字化应用平台，促进农村社会生活现代化、科技化、智能化发展，培植农村特有的智慧化生活价值体系。

（五）实施农村带头人队伍整体优化提升行动，推动乡村组织振兴

一是加强基层组织建设。扎实推进党的组织和工作全面有效覆盖，加强对村级各种组织和各项工作的统一领导；打破地域、身份、行业限制，精心选育基层党组织带头人，加强软弱涣散基层党组织的整顿转化；大力实施村干部素质提升工程，改进考核机制，探索推广村干部班子年薪制、风险抵押

金制等经营管理机制，有条件的村可探索股权激励机制。二是推进"三治合一"的乡村治理体系建设。深化村民自治实践，建立健全自治章程和村规民约；加快完善乡村法律服务体系，加强农村司法所、法律服务所、人民调解组织建设；加强农村社会治安综合治理；强化道德感召，鼓励"新乡贤"参与乡村建设和治理；用好村规民约，设立道德讲堂，宣扬道德风尚，惩治不良道德行为。

参考文献

《中共中央国务院关于实施乡村振兴战略的意见》，《人民日报》2018年2月5日。

《中共江西省委　江西省人民政府关于实施乡村振兴战略的意见》〔赣发（2018）6号〕。

《我省绿色生态农业"十大行动"扎实推进》，《江西日报》2017年12月26日。

《关于深入推进农业供给侧结构性改革　加快培育农业农村发展新动能的实施意见》，《江西日报》2017年2月15日。

龚建文：《奋力开启江西乡村振兴新征程》，《江西日报》2017年12月4日。

赵阳、王宾、陈春良、高杨：《走中国特色社会主义乡村振兴道路》，《农民日报》2018年2月9日。

吴肇光：《实施乡村振兴战略　走好特色乡村振兴道路》，《福建日报》2018年2月5日。

B.18
加快推进江西国家生态
文明试验区建设研究

孔凡斌　王晶*

摘　要： 《国家生态文明试验区（江西）实施方案》获批以来，江西省生态文明制度建设顺利推进、环境质量稳步提升、绿色发展迈上新台阶、改革创新持续深化，国家生态文明试验区建设基本实现良好开局。2018年是全面贯彻党的十九大精神的开局之年，是加快建设江西省国家生态文明试验区的关键之年。江西要聚焦中央和省委、省政府决策部署，全面推进污染防治攻坚战，全面深化生态文明制度改革创新，全面提升绿色发展水平，全面展开山水林田湖草综合治理，确保国家生态文明试验区建设完成第一阶段任务、实现"两年有变化"的阶段目标，为建设富裕美丽幸福现代化江西提供有力支撑。

关键词： 绿色发展　生态文明试验区　山水林田湖草

2017年6月，中央深改组审议通过《国家生态文明试验区（江西）实施方案》（以下简称"《实施方案》"），随后江西省委十四届三次全体（扩大）会议专门研究部署推进，标志着江西生态文明建设迈入新的发展阶段。

---

* 孔凡斌，江西省社会科学院副院长，研究员，研究方向为林业经济；王晶，江西财经大学生态经济研究院在站博士后，研究方向为生态经济。

深入推进国家生态文明试验区建设，是认真贯彻习近平新时代中国特色社会主义思想，全面落实党中央、国务院关于生态文明建设和生态文明体制改革的总体部署，奋力打造美丽中国"江西样板"的创新举措，对于夺取决胜全面建成小康社会、建设富裕美丽幸福现代化江西新胜利有着重要意义。

一 江西国家生态文明试验区建设实现了良好开局

《实施方案》提出，"要把生态文明建设放在突出位置，融入经济建设、政治建设、文化建设、社会建设各方面和全过程，着力培育绿色发展新动能，开辟绿色富省、绿色惠民新路径，构建生态文明领域治理体系和治理能力现代化新格局，奋力打造美丽中国'江西样板'"，要紧扣打造"山水林田湖草综合治理样板区、中部地区绿色崛起先行区、生态环境保护管理制度创新区、生态扶贫共享发展示范区"等战略定位，按照"一年开好局、两年有变化、四年见成效"，有步骤、分阶段推进国家生态文明试验区建设。

一年来，江西省以习近平新时代中国特色社会主义思想为指导，全力推进生态文明建设各项任务，国家生态文明试验区建设基本实现良好开局。如图 1 所示，2017 年，环境质量保持良好，全省断面水质优良率 88.2%，较 2016 年提高了 6.8 个百分点；空气质量优良率 84.39%，较 2015 年、2016 年有所下降，但仍远高于 78% 的全国平均水平。绿色生态优势持续巩固，全省森林覆盖率继续稳定在 63.1%。万元 GDP 能耗下降率基本与 2016 年持平，比 2015 年提高 1.4 个百分点，节能减排成效明显。三产比重不断提升，较 2016 年增加了 0.7 个百分点。以上成绩的取得主要基于以下做法。

一是扎实推进体制机制改革，形成了一批制度成果。不断加强国土空间管控和环境保护监管。市县"多规合一"试点有序推进，编制完成了省域空间规划；基本建立了最严格的生态保护红线管控制度，红线面积占国土面积的 30.14%；发布了重点生态功能区内的产业准入"负面清单"；基本完成了 5 个地区的自然资源确权登记，农村土地"三权分置"工作全面开展；赣江流域、赣江新区城乡环境保护监管等全面启动，覆盖省市县三级法院的

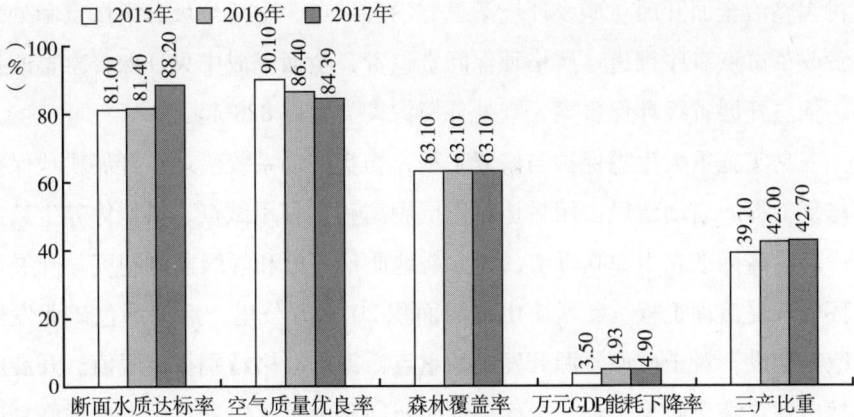

图1 2015～2017年主要生态文明指标

注：数据来源于《江西省统计年鉴》和《江西环境统计年报》。

环境资源审判体系已初步形成。建立健全绿色发展引导机制。节约集约利用国土资源，进一步降低土地批而未利用率；有效落实能耗总量和强度"双控"制度，对于超低排放和能效提升出台了有关补贴政策，制定实施了居民阶梯水价制度。生态文明考核评价与追责体系基本形成。完成9个市县自然资源资产负债表编制工作；制定实施自然资源资产离任审计制度和生态文明建设目标评价考核办法；研究出台了党政领导干部生态环境损害责任追究实施细则。

二是加强生态环境突出问题整治，不断提升环境质量。突出水污染防治和大气污染治理。进一步增强河长巡河督导，开展劣V类水和城市黑臭水体等重点问题整治专项行动；完成25个重点工业园区和48个县市污水管网建设，园区污水处理厂均实现"一级B"排放标准；完成1466万千瓦火电机组超低排放改造和1100个建筑工地扬尘标准化治理，淘汰黄标车5.16万辆、城区燃煤小锅炉284台。突出农业面源污染和城乡环境综合治理。全省农药和化肥使用量分别减少0.34万吨和9.7万吨，畜禽废弃物资源化利用率达到76%；畜禽养殖"三区"划定工作全面完成，农业生态环境保护条例发布实施。90%的行政村纳入城乡生活垃圾收运处理体系，2万个村组村容村貌整治全面开展。城乡环境第三方治理试点、生活垃圾分类试点和处理收费改革试点有序推进。严格环保问责追责，全面完成中央环保督察整改任务，依法开展省级环保督察，查处环境污染类案件828起。

三是实施重大生态保护与修复工程，切实推动系统治理。开展耕地保护和修复工程。启动建设占用耕地耕作层剥离和再利用试点、耕地休养生息试点；新建高标准农田290万亩，建立耕地质量评价和等级监测制度。开展矿山环境恢复治理工程。新增矿山复绿面积20平方公里，启动绿色矿业发展示范区建设；对于矿产资源开发中的重点污染物严格特别排放限值。开展山水林田湖草综合修复工程。全面启动赣州国家山水林田湖草生态保护修复试点，治理水土流失840平方公里；新增造林面积142.1万亩，全省湿地公园、森林公园、自然保护区占国土面积达到10.2%。

四是加快产业转型升级，推动产业迈向中高端。加快生态产业发展。扎实推动全国农业可持续发展试验示范区、绿色有机农产品示范基地试点省和国家级田园综合体建设，建成152个现代农业示范园；创建国家级旅游区、景区达49个，旅游总收入同比增长28.9%。加快培育新动能。研究出台实施贯彻新理念、培育新动能的意见，通过制定"一产一策"重点支持新兴产业发展，"中国制造2025"试点示范城市、通用航空产业综合示范区、新一代宽带无线移动通信网国家转移转化试点获国家批复；传统产业改造升级持续深入，全年工业技改投资占工业投资的比重超过20%。加强科技与金融支撑。"面向铀矿与环境的核辐射探测关键技术"荣获国家科技进步二等奖；16家研发及产业化协同创新体成功组建，4家节能环保领域省级工程研究中心初具雏形。全省绿色信贷余额突破1700亿元，发行各类绿色债券、设立新能源汽车产业基金均超100亿元。

五是不断完善多元化治理体系，形成生态文明建设强大合力。生态补偿力度进一步加大。流域生态补偿超26.9亿元，新增东江流域跨省生态补偿3亿元；天然林补偿范围达到2290.5万亩，停伐管护资金达6.65亿元。生态扶贫成效初显。生态扶贫试验区建设正式启动，水电资源开发扶贫试点实现良好成效；生态移民易地搬迁安置项目113个，搬迁贫困人口1.1万人。

社会参与度不断提升；通过发布环保社会组织行为规范指导意见，开展
"评选最美家庭"、"保护母亲河"、媒体曝光环境污染问题等活动，引导社
会各界参与环境保护。此外，成功创建国家级、省级文明校园分别达 21 所
和 195 所。

六是突出重点示范平台建设，打造了一批具有江西特色的生态文明建设
模式。试点示范创建成效显著。武夷山被列入世界文化与自然双遗产名录，
成功创建国家森林城市 3 个、国家生态文明建设示范市县 3 个；新增省级生
态文明示范县、示范基地、生态乡镇共 98 个；新增国家气候适应型城市 1
个、国家园区循环化改造试点 1 个、国家绿色制造体系示范园区 1 个。区域
性生态文明平台建设有序推进。昌铜高速生态经济带生态建设和绿色产业项
目进展顺利。基本建成抚州市级"生态云"，抚河沿线生态村镇示范点建设
加快。

二　新时代江西国家生态文明试验区建设新征程

2018 年是全面贯彻党的十九大精神的开局之年，是加快建设江西省国
家生态文明试验区的关键之年。要坚持以习近平新时代中国特色社会主义思
想为指导，按照中央和省委、省政府的决策部署，全面推进污染防治，展开
山水林田湖草综合治理，深入推进生态文明制度改革创新，提升绿色发展水
平，确保国家生态文明试验区建设完成第一阶段任务、实现"两年有变化"
的阶段目标，为建设富裕美丽幸福现代化江西提供有力支撑。

一是实质性推进体制机制建设。成立江西省级自然资源资产管理机构，
推动环保监测监察执法垂管改革、赣江流域环境监管和行政执法机构改革，
完善环境资源行政执法与刑事司法衔接机制，实现生态环境综合执法。严格
实施生态文明建设目标考核、自然资源资产离任审计、生态环境损害责任追
究等制度。深入推进流域生态补偿、绿色产业发展等重点领域改革，形成一
批可复制可推广的成果。

二是进一步优化生态环境质量。以鄱阳湖流域为重点，实施森林质量提

升、湿地保护修复等重大生态质量提升工程，打造山水林田湖草综合治理样板区。严守生态保护红线，严格落实主体功能区和省域空间规划，加强对基本农田和城镇开发边界的管控。进一步加大生态补偿力度，持续稳定森林覆盖率，不断扩大湿地保护面积，逐步提升空气质量、断面水质达标率，使得全省生态环境质量始终走在全国前列。

三是进一步提升绿色发展水平。加快发展新能源、新材料、航空制造等新兴产业，大力开展绿色生态农业"十大行动"，扎实推进全域旅游发展。继续推动绿色转型升级，淘汰过剩、落后产能，严格节能减排考核。建立健全绿色市场，在技术创新、价格政策、金融服务、信用评价等方面，进一步完善相关政策体系。推动三次产业结构更趋合理，科技创新、转化能力加强，资源能源效率不断提升。

三 奋力推进国家生态文明试验区建设，谱写时代新篇章

要牢记习近平总书记打造美丽中国"江西样板"的殷切嘱托，紧紧围绕深入推进江西国家生态文明试验区建设，切实保护好、巩固好、发展好生态优势，探索路径、积累经验，推动生态文明体制机制改革走在全国前列。

（一）切实推进污染防治，稳步提升环境质量

一要开展大气污染防治。适时出台全省大气污染防治行动计划，开展大气污染综合执法和工业园大气污染治理；全面落实农业秸秆禁烧要求，建立禁烧工作机制；加强建筑扬尘治理，开展建筑扬尘治理工作达标专项评价；开展不达标机动车整治，进一步淘汰黄标车。此外，要建立大气污染预警预报系统，建立跨区域大气污染联防联动机制，对大气污染情况实行月通报。二要深入实施水质提升行动。深入推进河长制"升级版"，出台"湖长制"工作方案和管理办法，努力消除全省国控、省控、县界断面劣 V 类水；实

施饮用水源地保护工程，建立覆盖全流域重点污染源、排污口的在线监测系统并联网运行；完善工业园区污水处理体系，实施城镇生活污水处理系统提升工程，推进工业污水处理收集管网和城市建设雨污分离系统建设。三要深入实施"净土"行动。加强土壤污染防治，有序开展污染地块污染治理与修复。划定重度污染耕地农产品禁止生产区，对轻度、中度污染耕地落实风险管控措施。加强畜禽养殖"三区"管理，严格农药化肥"负增长"，加大有机肥、生物农业补贴力度。可选择部分重点生态功能区、农产品主产区开展耕地轮作休耕制度试点，在全省推广建设用地耕作层土壤剥离再利用。四要整治乡村环境。通过新农村建设，进一步改造村庄村容村貌；推进城乡垃圾处理一体化，全面推进城市垃圾分类处置，规划建设覆盖全市域的大型垃圾终端处理设施和乡镇垃圾中转站。加快城镇垃圾焚烧发电项目建设，推动乡镇集镇污水处理设施建设，全年30%的县实现集镇污水处理设施全覆盖。

（二）建设山水林田湖草生命共同体

一要完善推进体系，建立全省山水林田湖草统筹推进机制。开展省域空间规划深化试点，推动空间规划衔接落地，抓好自然生态空间统筹。加快推行市县"多规合一"，完善以生态红线、永久基本农田、城镇开发边界为主体的空间控制体系。基本建立针对重点开发区、限制开发区和禁止开发区的分类政策体系。推行"林长制"，出台实施方案。二要加强系统保护。落实生态红线管控，开展生态保护红线勘界落地试点工作，建立生态保护红线信息系统平台，推动县级人民政府出台红线管制措施；落实耕地保护目标责任，建立永久基本农田综合监管平台；落实水资源保护措施，出台水（环境）功能区监督管理实施细则；推动形成生态廊道和生物多样性保护网络，实施自然保护区、风景名胜区、森林公园、湿地公园、重要水源保护地等生态功能区域保护行动；实施天然林保护计划，扩大非国有森林赎买（租赁）试点范围；出台并实施江西省耕地河湖草地休养生息规划；加强外来有害生物监测和病媒生物监测，防范外来有害生物入侵。三要实施生态保护和修复工程。实施新增造林、封山育林、退化林修复等国土绿化工程，在全省推广针叶林补阔；实施湿地修复工程，研究制定湿地生态损害赔偿标准，推进湿地公园建设；开展水生生态系统恢复试点，启动生态鄱阳湖流域建设行动计划；全面推进生态修复城市修补和通道"美化、彩化、珍稀化"提升工程，开展矿山环境治理和生态恢复。

（三）深入推进绿色发展

一要大力发展绿色生态农业。编制乡村振兴规划，实施一批农村一二三产融合发展试点；实施绿色产业发展工程，实施农业"三十双百"创新工程，打造全国知名的绿色有机农产品供应基地。建设高标准农田，积极打造国家级和省级现代农业产业园、田园综合体；大力发展油茶、竹类、香精香料等林下经济产业，不断提高林下经济产值。二要推动传统产业转型升级。开展传统产业技术改造深化，推动开发区改革创新，制定开发区全链审批赋权清单，提升开发区产业集聚度和集约度；鼓励传统产业"机器代人"；研究制定工业园区环境容量评估技术规范和管理办法；落实能耗总量强度"双控"目标，开展用能权有偿使用和交易试点；推动实施清洁能源替代工程。三要培育壮大新兴产业。积极打造国家级创新平台和载体、国家级人才团队、重大科技专项和科技协同创新体；实施战略性新兴产业倍增计划，制定"一产一策"支持航空制造、中医药、电子信息、新能源、新材料等新兴产业发展；培育壮大生态环保产业，研究设立省级环保产业基金，组建生态环保领域国有资本投资运营公司；加快绿色制造体系建设，创建国家绿色工厂、绿色园区，推动赣江新区绿色制造体系试点；大力发展绿色金融，推动省股交中心设立绿色板块，发型绿色可转债，推动赣江新区绿色金融改革创新试验区建设。四要促进现代服务业绿色发展。全面推动全域旅游发展，大力发展红色、乡村、入境、智慧旅游，积极推进国家生态旅游示范区创建和国家全域旅游示范区建设，打造一批城市旅游综合体，打响江西生态旅游品牌；加快发展大健康产业，推进国家中医药改革试验区、中医药科创城等重点平台建设；实施电子商务示范工程，培育数字经济、共享经济等新业态和新商业模式；大力发展休闲体育，加快全民健身设施建设，推动全民健身与全民健康深度融合。

（四）打造一批试点示范平台

一要建设好一批国家示范平台。深入实施赣州全国山水林田湖草生态保护修复试点，力争抚州、吉安、萍乡列入新一轮国家试点；继续推进抚州国家流域水环境综合治理与可持续发展试点、萍乡国家海绵城市试点、萍乡经开区国家园区循环化改造试点等，落实一批建设项目；加快丰城国家绿色制造体系示范园区和南昌、赣州国家生态工业示范园区建设；推进上饶国家中医药健康旅游示范区建设；发挥靖安、资溪等国家生态文明建设示范县的带动效应，继续打造若干国家生态文明建设示范市县和全国"绿水青山就是金山银山"实践创新基地。二要打造一批省级示范平台。加快推进抚州生态文明示范市建设，形成一批制度性成果；支持上犹县、吉安县、乐安县、莲花县生态扶贫试验区建设，探索建立贫困地区生态扶贫政策措施；着力抓好省级生态文明示范县、省级生态文明示范基地建设，出台省级生态文明示范县（基地）管理办法，每个示范县在制度创新、措施行动、样板模式三个方面分别提出具体目标任务，对第一批、第二批示范县进行评估，对不达标地区予以退出。三要培育一批区域示范平台。重点推进抚河生态文明示范带、昌铜高速风光带、吉安百里赣江风光带、景德镇昌江百里风光带、昌九走廊生态经济带、赣西袁河生态经济带、会（昌）寻（乌）安（远）生态经济带建设；加大力度支持都余万都滨湖四县小康攻坚，打造一批中心城镇、特色小镇；支持各地围绕绿色崛起量身打造一批富有"首创"特色的试验示范平台。四要支持一批行业示范平台。开展绿色工厂、绿色工业园区、工业资源综合利用示范基地等试点示范；推动赣州、吉安市、德兴市开展绿色矿业发展示范区建设；抓好进贤、高安等地畜禽养殖废弃物资源化利用试点，启动省级现代农业示范园创建认定工作，打造一批绿色生态农产品基地，推动食品农产品质量安全示范区建设；推进林下经济示范基地建设，创建一批林下经济发展示范县；大力培育节能减排科技创新示范企业，打造一批生态文明科技示范基地、节能环保产业基地。

（五）加强重点领域和薄弱环节政策支撑

一要加强调查研究。围绕江西省生态文明领域治理体系和治理能力现代化的对策，支持各地各部门开展生态文明建设制度体系等研究，形成一批秸秆综合利用、垃圾分类和资源化利用等研究成果指导试验区建设。开展鄱阳湖流域综合管理体制改革、山水林田湖草生命共同体系统治理和保护、江西省生态文明建设促进条例、绿色产业发展路径、流域生态补偿评估及对策建议等研究；实施生态文明相关学科建设，优化生态文明学科专业群。二要健全推进机制。落实落细生态文明建设责任，健全省国家生态文明试验区建设领导小组（省生态文明建设领导小组）及办公室、省生态环境保护领导小组及办公室工作机制；出台督查、调度和约谈等系列制度，加强闭环管理；认真组织开展全省生态文明建设目标考核。三要营造浓厚氛围。推出系列生态文明建设精品宣传，引导树牢社会主义生态文明观；将生态文明建设纳入干部教育、学校教育和社会公民教育，增强全民节约资源、保护环境的意识；开展创建节约型机关、绿色家庭、绿色学校、绿色社区和绿色出行等行动；继续实施环境污染"曝光"行动。四要强化司法保障。落实"两法衔接"机制，建立公安、环保、法院、检察院衔接信息共享平台，提高环境犯罪应对专业力量，在县级公安机关建立打击环境污染犯罪专门侦查机构；推动环境资源审判专门化建设和集中管理，实现全省环境资源审判机构全覆盖，设立鄱阳湖环境资源法庭；推动检察机关生态环境公益诉讼，建立生态环境诉讼智库。五要强化考核追责。全面落实生态文明建设党政同责，强化领导干部任期生态文明建设责任制；严格执行党政领导干部离任自然资源资产审计制度，加大审计结果运用力度；强力推行党政领导干部生态环境损害责任追究，细化责任追究的具体办法和举措；开展中央环保督察问题整改回头看，深入开展省、市、县三级环保督察和环境整治专项督察。

参考文献

《国家生态文明试验区（江西）实施方案》，http：//politics. people. com. cn/n1/2017/1003/c1001 – 29571827. html。

《关于深入落实〈国家生态文明试验区（江西）实施方案〉的意见》，http：//www. jiangxi. gov. cn/ccy/zsyzzc/sjzcwj/qt_ 13516/201710/t20171009_ 1399196. html。

《关于国家生态文明试验区（江西）建设情况的报告》，http：//epaper. jxnews. com. cn/jxrb/html/2018 – 02/28/content_ 413408. htm。

B.19
加快促进江西文化产业发展研究[*]

江西师范大学课题组[**]

摘　要： 江西文化产业依托政策、动力和资源支持，呈现产业规模不
断扩大、集聚效应不断增强、竞争优势不断提升的发展态势。
本文在对江西省主要文化产业进行行业深入分析的基础上，
指出了江西文化产业发展存在的产业实力较弱、集中程度不
高、产业融合度不高、产业投资不足、创意人才缺乏等关键
问题，提出了健全江西现代文化产业体系的五大任务，并从
打造特色文化产业、培育文化产业集群、优化文化产业结构、
促进文化产业融合、强化产业人才培养、加大政策支持力度
等方面提出促进江西现代文化产业发展的对策建议。

关键词： 文化产业　产业体系　江西

　　发展文化产业是满足人民群众多样化精神文化需求、提高人民群众生活
品质和幸福感的重要途径，是推动中华优秀传统文化创造性转化和创新性发
展、使中国梦和社会主义核心价值观深入人心的重要载体，是推动中华文化
走向世界、提升国家文化软实力的重要渠道，是培育经济发展新动能、推动

---

　　*　本文系国家自然科学基金项目：文化创意产业的产业关联效应与发展政策选择研究——基于复
杂网络理论(71563021)的阶段性成果。

　**　课题组成员：钟业喜，博士，江西师范大学江西经济发展研究院副院长、教授，主要研究方
向为空间经济与区域规划；丁润青，江西师范大学老师，研究方向文化经济；梅国平，博士，
江西师范大学校长、教授、博士生导师，主要研究方向为管理系统工程。

经济社会转型升级、促进创新创业的重要动力。江西省素有"物华天宝，人杰地灵"的美誉，拥有丰富的文化资源，为发展现代文化产业奠定了良好的基础，红色革命文化、绿色生态文化、古色古韵文化，都是江西亮丽、鲜活、独特的精神标志。面对新的形势要求，江西应进一步推动文化产业优化升级、提质增效，将文化产业打造成为国民经济支柱性产业。

一 江西现代文化产业发展特点

（一）全面深化改革为文化产业发展提供政策支持

由政府带头，推动组建了江西文化演艺发展集团、江西广电传媒集团、江西报业传媒集团等 3 个省属文化企业集团。江西省文化厅出台了《关于繁荣发展社会主义文艺的实施意见》《关于振兴江西地方戏曲的实施意见》《江西文化"走出去"项目资助暂行办法》《江西省传统工艺振兴计划》《关于推动文化文物单位文化创意产品开发的实施意见》等一批重要纲领性文件。2016 年，经中央批准，江西成为全国首个以省政府名义设立版权输出奖的省份，专项奖励江西新闻出版广播影视业实施并取得显著成效的版权输出项目。江西重视公众文化事业发展，公共图书馆、文化馆和美术馆全部免费开放。目前，全省共有公共图书馆 112 个，覆盖率为 99%；文化馆 114 个，覆盖率为 100%；街道文化活动中心 188 个（次），覆盖率约为 100%，全部免费开放。此外，推进媒体融合发展，成功打造全省政务新媒体综合网络平台，"两微一端"政务新媒体大格局初步形成，"江西发布"挺进全国省级政务新媒体第一方阵。

（二）雄厚文化积淀为文化产业发展提供动力支持

江西的赣文化在我国传统主流文化体系中有重要地位，在儒释道文化、书院文化等方面尤为突出。江西是理学发源地，我国儒家思想的哲学化和体系化最终也是在江西完成；禅宗五家七宗之中，三家五宗源于江西；在道教文化的传承方面，在鹰潭龙虎山开创天师道等。江西也是古代书院的起源地，德安义门东佳书院和高安桂岩书院均是我国设立最早的书院之一，白鹿洞书院名列我国四大书院之首，白鹭洲书院以人才辈出、延续办学 800 年而著称；在明代 1239 所书院中，江西地区就有 238 所，占五分之一。据清光绪《江西通志·书院》记载，江西书院达 526 所。有学者根据其他各种史籍、志书、笔记、碑刻统计，认为江西古代书院足有千余所之多，迄今保存较完整的仍有 85 所。尊师重教、喜文好学，江西倡学敬教的风气，蔚然成为赣文化的一大景观，也是江西发展文化产业的动力之源。

（三）丰富文化遗存为文化产业发展提供资源支持

全省国家级非物质文化遗产共 70 多个，覆盖全部 10 个大类，其中包括传统文学 1 项、音乐 7 项、舞蹈 9 项、戏剧 15 项、曲艺 3 项、游艺与杂技 1 项、美术 10 项、技艺 15 项、医药 1 项、民俗 8 项，仅 2014 年一次性被列入 24 项，位居全国第二；此外还有全球重要农业文化遗产、世界文化遗产。截至 2015 年，省级非物质文化遗产 488 项，著名的有传统瓷业建筑技艺、万年稻米习俗、鄱阳湖传统渔业生产习俗、赣南客家民俗和景德镇瓷业习俗等。有国家重点文物保护单位 51 处，其中省级重点文物保护单位 254 处；国家级文化生态保护区 2 个，全国排名第一；2017 年，江西省第五批省级非物质文化遗产新增 72 处。明代汤显祖被誉为"东方莎士比亚"，他的《临川四梦》代表我国古典戏剧最高水平。总体上看，全省文化遗产和戏曲文化丰富，发展文化产业潜力巨大。

二 江西现代文化产业发展态势

（一）总体发展态势

1. 规模稳步扩大，比重持续上升

2015 年江西省文化产业主营业务收入从 2010 年的 844 亿元增长到 2460

亿元，年均增速达 24%。2016 年，文化产业增加值为 703 亿元，同比上涨 14.5%，江西省文化产业在总量和规模上都呈现持续扩大态势。在地区生产总值中，江西省文化产业增加值所占比重持续上升（见表 1）。2016 年文化产业增加值占江西地区国民生产总值的比重为 3.8%，与 2010 年相比，所占比重增长高达 56.38%。2016 年，第三产业占江西省地区生产总值的比重为 41.97%，远超比重为 10.29% 的第一产业和比重为 39% 的工业产业，表明文化产业在当地经济发展过程中所占比例越来越大。文化产业增加值比重稳健提高，对国民经济的贡献稳步上升，成为全省经济转型重要的推动力。

表 1　江西省 2010～2016 年文化产业增加值及第三产业占比情况

年份	文化产业增加值 （万元）	文化产业增加值占 GDP 比重（%）	第三产业占 GDP 比重 （%）
2010	2294878	2.43	33
2011	2971126	2.5	33.5
2012	4072200	3.14	34.6
2013	5019000	3.5	35.5
2014	5801000	3.69	36.8
2015	6139000	3.67	39.1
2016	7030000	3.8	41.97

2. 综合实力显著增强，产业集聚效应凸显

我国省市文化产业发展指数（2016）显示，江西文化产业三个指数均进入全国前十，其中综合指数居全国第九，生产力指数位居全国第七，驱动力指数居全国第十。在政策引导下，形成了一批文化骨干企业，如江西出版集团连续八届荣获"文化企业 30 强"，位列全国同行业第二。陶瓷、烟花、印刷、毛笔、雕刻等产业规模不断扩大，陶瓷、焰火鞭炮、印刷品、音像制品等文化产品出口量位居全国前列，涌现了江西丝黛实业、宁都飞天工艺、景德镇法蓝瓷等多家国家文化出口重点企业。同时，结合各地文化特色资源，加强对商周文化、汉代文化、陶瓷文化、红色文化、江右商帮等文化资源的挖掘，对"景德镇陶瓷""李渡烟花""文港毛笔""余江雕刻""新余

夏布绣""黎川油画"等特色文化品牌的培育,全省着力打造文博、非遗、传统技艺等特色文化产业集群,文化产业集聚效应凸显,工艺美术、创意设计、非遗民俗等一批国家级和省级文化产业示范基地逐步形成规模效应。

3. 在中部地区排名较前,具备竞争优势

在中部六省,2016年江西省文化产业发展综合指数、影响力指数都仅次于湖南,在中部六省中排名居前,高于山西、湖北、河南、安徽等四省。从文化产业增加值上看(见表2),2016年,江西的文化产业增加值位于全国第16位,处于中等水平,在中部地区排名靠后,与湖北省和安徽省相差不大;而从文化产业增加值占GDP比重上看,江西省排名全国第13位,超过全国大多数省份,在中部六省中,排名第三位,次于湖南,与排名第二位的安徽省大致处于同一水平;总体上来看,江西省的文化产业发展状况处于全国中等以上水平,在中部六省中排名较前,发展文化产业具备竞争优势。

表2　2016年中部六省文化产业基本情况

省份	增加值(亿元)	增加值排名	占GDP比重(%)	占GDP比重排名
江西	703.00	5	3.80	3
山西	291.80	6	2.24	6
安徽	976.30	3	4.00	2
河南	1212.80	2	3.00	4
湖北	954.50	4	2.92	5
湖南	1459.30	1	4.63	1

(二)行业发展态势

1. 媒体传播业

文化产业系统的导向性产业是媒体传播业,包括图书、报刊、广播、电影电视、互联网网络和音像制品业等,以纸质媒体和电子媒体为主要载体,以宣传或传播为主要特征(见表3)。以新闻出版业为例,2016年,全省图书出版总数7491种,其中新增出版4345种,高于2010年全省的图书出版数，发行图书 2.1 亿册，与 2010 年相比，增长率达 31.3%。现阶段随着新的商业模式和细分市场的形成，报纸和杂志出版数逐年减少。2016 年，全省共有报纸 41 种，发行总数 10.7 亿份，期刊 165 种，发行量为 0.7 亿册；总体上看，报纸和期刊种类变化不大，但两者出版总数不增长甚至出现了负增长，这充分说明，新兴媒体在改变人们生产生活方式的同时也强烈地冲击了传统媒体。在广播、电视、电影等方面，全省积极开办农村电台和旅游电台，开通新农村电视频道，开展数字电视、分众电视等新业务，使广播覆盖率和电视覆盖率逐渐增加。截至 2016 年，广播节目综合人口覆盖率达到 98%，比 2010 年增加了 1.2 个百分点；电视节目综合人口覆盖率达到 98.8%，有望突破 99%，二者均高于湖南省，说明江西省广播覆盖率和电视覆盖率不断提升，为发展文化产业打下了良好的基础。

表 3 江西省 2010~2016 年媒体传播业基本情况

年份	图书出版数（亿册）	期刊出版数（亿册）	报纸出版数（亿册）	广播节目综合人口覆盖率（%）	电视节目综合人口覆盖率（%）
2010	1.6	0.7	7.0	96.8	98.0
2011	1.7	0.7	7.4	97.1	98.2
2012	1.8	0.7	7.6	97.2	98.4
2013	1.9	0.7	12.8	97.4	98.5
2014	2.0	0.8	11.3	97.5	98.5
2015	1.9	0.7	11.4	97.6	98.6
2016	2.1	0.7	10.7	98.0	98.8

2. 文化旅游业

文化旅游业是旅游产业的重要组成部分，是以文化为核心，以旅游经济、旅游食宿和旅游交通为外围产业而向外不断辐射的综合性产业。其主要特征是蕴文化内涵于观光与休闲中，集娱乐、休闲于一体。文化是江西旅游业的经济增长点，最具代表性的色彩是绿色、红色、古色，三色文化勾勒出一幅"江西风景独好"画卷。绿色生态文化的代表有庐山、井冈山、三清山、龙虎山；"四大摇篮"——革命摇篮井冈山、军队摇篮南昌、共和国摇篮瑞金、工人运动摇篮安源代表着红色革命文化；古色文化为"四个千年"，千年瓷都景德镇、千年名楼滕王阁、千年书院白鹿洞、千年古刹东林寺。2017年，上饶市龟峰景区、抚州市大觉山景区入围国家5A级景点，全省5A级景点达到10个。2016年，全省接待游客数为164.8万人次，比2010年增加51万人次，增长率为44.7%；但在接待国外游客方面增长不明显（见表4）。2016年国际旅游外汇收入58454万美元，与2010年相比增长69%，年增长率为9.8%。2010年，江西省接待游客数位于中部末席，到2016年，已经超过河南省和山西省。整体上看，全省旅游业发展良好，与中部地区相比，文化旅游业发展排名较前。

表4　江西省2010～2016年文化旅游业发展基本情况

年份	接待游客数（万人次）	接待外国人游客（万人次）	国际旅游外汇收入（百万美元）
2010	113.97	39.92	346.03
2011	135.83	43.98	415
2012	156.18	50.39	484.73
2013	123.89	40.25	525.08
2014	146.67	44.74	556.87
2015	155.88	44.88	567
2016	164.83	49.8	584.54

3. 文化遗产业

文化遗产业是围绕文化遗产本体，以展示传播及商业化传播方式进行的一系列活动的总和。江西省目前有全国重点文物保护单位51处，包括"八一"起义指挥部旧址、井冈山革命遗址、瑞金革命遗址等一批红色革命旧址以及赣州城墙、白鹿洞书院等人文景观。国家级非物质文化遗产代表性项目70项，包括赣南采茶戏、婺源徽剧、景德镇传统瓷窑作坊营造技艺等。江西省还有各具特色的宝贵传世民间艺术品，如青花瓷、瓷画、江西剪纸、宜春脱胎漆器、红石雕、赣傩面具、童帽绣花等。近年来，景德镇南窑遗址、赣州市七里镇宋元窑址的发现，以及2015年南昌市新建县海昏侯墓葬神秘面纱的揭开，为江西的文化遗产业提供了强大动力。作为征集、典藏、陈列和研究代表自然和人类文化遗产实物的场所，江西博物馆发展势头良好（见表5）。从历年统计数据看，参观人数有了明显上升，主要是由于博物馆已经开始实行免门票参观政策。在当今市场经济和文化产业发展的大背景下，江西博物馆宜在传统的文物保护、文物收藏和文物研究的基础上实现转型升级，实现文物保护信息化、文物展览数字化和文物旅游产业化，实现文物保护和文物利用并举。积极开发拓展文化艺术品市场，引入市场机制进行企业化管理，使其成为文化产业领域潜力巨大的产业。

表5　江西省 2010～2016 年博物馆基本情况

年份	博物馆数（个）	从业人员数（人）	文物藏品（件/套）	基本陈列展览（个）	参观人次（万人）
2010	108	2544	425788	608	2073
2011	108	2520	439484	319	1848
2012	109	2475	459875	331	1877
2013	137	2972	448996	272	2657
2014	137	2873	476469	525	2476
2015	137	2985	415473	510	2949
2016	138	3007	402972	517	3391

4. 文艺娱乐业

文艺娱乐业主要包括文艺演出、文化娱乐、演艺培训、群众文化等。如表6所示，2016年，全省共有艺术表演团体机构数 304 个，是 2010 年的 3 倍多；国内完成演场次由 2010 年的 1.86 万次增加至 2016 年的 4.75 万次，涨幅高达 155.9%；观众人数呈现一定波动，自 2010 年的 1585 万人次增加至 2012 年的 2658 万人次，增幅为 67.7%，自 2013 年开始出现下降趋势。近年来，江西省在文艺表演上走精品化、大型化之路，文化表演水平日益提高。尤其是抚州市的汤显祖国际戏剧节，开展了多达 15 项重要对外交流活动，让群众在家门口欣赏到全世界的文化精品，影响遍及海内外，获得了巨大的经济效益和社会效益，成为江西实施文化强省战略、推动江西文化走向世界舞台的重要举措。2017 年艺术江西国际博览会召开，参观人数近 9 万人次，现场成交额 2000 万元，达成合作意向金额超 8000 万元。电影《建军大业》以大篇幅描绘南昌起义、三河坝战役、秋收起义等著名战役，其中南昌起义拍摄镜头数将近 3000 个，对江西文化起到了很好的宣传推广效果。

表6　江西省 2010～2016 年文艺演出业基本情况

年份	艺术表演团体机构数（个）	演出场次（万次）	国内演出观众人次（万人次）	艺术表演场馆机构数（个）	演出场次（万次）	艺术表演馆观众人次（万人次）
2010	99	1.856	1584.9	55	1.11	177.2
2011	99	1.96	2002	55	1.14	133
2012	187	2.97	2658	73	1.52	109.5
2013	229	5.09	2379	51	0.76	204
2014	219	3.42	2239	49	0.68	198
2015	236	3.02	1544	57	0.67	174
2016	304	4.75	1625	57	0.559	125

三　江西现代文化产业发展存在的问题

（一）总量不大，产业实力较薄弱

全省文化产业经济总量相对较小，规模以上文化产业企业少，年收入过亿元的文化企业不到百家，缺乏在文化产业领域的主力文化示范企业；主导文化企业的龙头带动作用不强，如江西出版集团作为传统传媒业的代表，近年来位于全国同行业第二位，但报纸和杂志等传统传媒产业则受到现代传媒产业的巨大冲击，发行量有所下降，与当前文化产业发展态势形成较大的反差。此外，全省文化产业的市场化程度不高，文化产业中法人单位的个数和从业人员数反映了文化市场的繁荣程度和活跃程度。2016 年，从中部地区来看，江西省规模以上文化及相关产业企业在单位数、从业人口数、资产总计和营业收入方面均排名第五，处于较为落后的地位，排位较前的湖南省各指标几乎是江西省的两倍之多，由此可见，江西省与周围省份相比，市场化水平不高，文化产业实力薄弱。尤其是其文化批发、零售业数量和文化产业服务业营业收入排名最末，反映了文化产业消费能力不足，有关文化产业发展的公共服务较为滞后。

（二）集中度不高，产业集群难形成

全省文化产业链不完整，没有形成产业间优势互补、互帮互助的产业集群体系。江西本是文化资源大省，但对于文化资源的挖掘不足，最主要是缺乏系统的整合。表现为名人文化、客家文化等分布较散；绿色文化、红色文化及中医药、陶瓷、茶等古色文化资源的市场转化形式单一；文化资源优势尚未转化为产业优势和经济优势，尤其是各具特色的文化资源分布多呈原生态散落状；文化产业园区的聚集效应不强，产业集群难以形成，缺乏优势互补的产业体系；产业发展深度不够，产业链上下游发展不完整，影响了产业集中度和市场占有率的提升，如媒体传播业中的印刷产业，作为江西重点发展的文化产业，虽然形成了印刷复制、创意设计、印后加工等产业链，但在印刷设备器材、新产品研发、印刷咨询、印刷物流等产业链环节有所缺失；再如广电传媒产业中规模较大的江西有线电视，其经营模式传统，收入结构单一，基本处于依靠收视费的经营状态，在产业链拓展上处于不利地位。

（三）结构不合理，产业融合度不高

江西省的文化产业多集中在文化产业体系的外围层，即为附加值较低、科技含量不高的文化产品制造行业，而"核心文化产业"和"相关文化产业"所占比重较小，没有对文化产业起到支撑带动作用；至于"核心文化产业"，新型传媒、动漫游戏、数字出版等新兴文化产业发展基础薄弱，文化产业发展结构中缺乏主导产业。文化产业体系涉及范围较广，在传统产业转型背景下需要同其他产业融为一体，充分拓展文化产业的功能结构。江西文化产业发展路径相对单一，作为核心产业的新闻出版、广播电视电影、文化艺术服务等文化产业与其他产业的融合度不高，导致产业广度不够，发展

范围受限，难以与现代传媒产业实现"双赢"。文化企业的规模化和集约化程度较低，多为轻资产运营的创新型企业，且固定资产少、抵押担保不足、信用等级不高、企业知识产权价值和品牌形象价值等无形资产难以评估，制约了文化企业融资能力，导致文化产业信贷投入不足、融资渠道狭窄，严重制约本地文化产业的发展。

（四）投入不足，创意人才缺乏

全省文化产业及相关产业固定资产投资增长情况在中部六省中排名最后，低于全国同期水平，从固定资产实际到位资金构成来看，江西省主要依靠自筹资金，国家预算资金仅占很小的比重。江西省作为欠发达省份，经济发展水平偏低，文化产业市场发育不健全，文化产业基础设施建设相对落后，城乡居民文化产业消费不协调，总体水平不高，靠自筹资金很难使当地文化产业有飞跃式发展。投入不足还导致江西文化产业人才较为匮乏，文化科技人才、文化产业经营管理人才紧缺，在很大程度上制约了文化创意和设计服务与相关产业的融合发展。

四 促进江西现代文化产业发展的工作重点

（一）形成与国际市场接轨的文化产业体系

建立以大型文化企业集团为支柱，各类中小型企业互补的文化产业格局；大力发展文化产业创新项目，构筑有效的文化产业链；在现代文化产业发展主要指标上，达到国内先进水平，生产出丰富多彩、人们喜闻乐见、适销对路的各类文化产品，最大限度地满足人们对美好生活的文化需求。

（二）形成一批塑造江西文化形象的重大项目和工程

推出一批体现区域特色、反映时代精神、具有国际一流水准的文化艺术精品，在红色、绿色、古色等方面做文章，创作生产更多、更好、适应人民群众需求的优秀文化产品。

（三）形成规范灵活的文化产业运行机制

创新现代文化要素的市场流通组织和流通形式。允许和鼓励国内民间资本、非文化企业介入文化产业领域；支持和引导外资、个体、私营、民营企业投资和经营文化产业；以多元高效的现代企业运作方式，建立起若干文化产品的连锁经营集团和网络文化的连锁经营机构。

（四）形成有较强辐射力的文化市场

在交易种类、交易方式、服务规范等方面与国际市场接轨。以市场机制为基础，跨地区、跨行业配置各种文化资源，使江西的文化生产和服务在国内和国际文化市场的竞争中得到发展，最大限度地实现江西文化市场资源的合理配置。积极实施"走出去"战略，参与文化产业的国际竞争，努力开拓海外特别是亚太地区文化市场。

（五）形成有利于文化创新和科技发展的产业管理体系

营造规范的文化产业发展环境，保障文化市场规范有序、健康发展，实现文化产业结构优化、文化经营运作市场化、文化生产服务社会化、文化技术手段现代化。

五　促进江西现代文化产业发展的对策建议

（一）打造文化产业特色，增强文化产业实力

江西拥有全国第三多的文化资源，2015 年江西发掘海昏侯墓成为考古界的焦点，江西的汤显祖被称为东方的莎士比亚，江西的佛道教文化资源十分丰富，江西作为革命老区还拥有众多的红色文化资源，这些都是江西发展

文化产业的"金字招牌"。一是立足地方文化特色，积极发掘江西省红色历史文化资源，依靠优势文化艺术门类，开发、宣传、创立新的产品品牌和品牌形象，如红色革命文化、绿色生态文化和古色古韵文化。二是进一步出台政策措施，加大对文化产业的扶持力度，对文化产业给予税收、金融、用地等多方面的激励，对新闻出版、文娱演出、广播影视、网络信息服务等重点行业实行特殊的扶持政策。三是充分抓住"一带一路"、长江经济带、长江中游城市群、鄱阳湖生态区、赣南等原中央苏区等国家建设契机及优惠政策，积极争取更多的中央财政资金投入省内文化产业项目，在更高层次上推进江西文化产业发展。

（二）壮大骨干文化企业，培育文化产业集群

大力培育文化产业集群，把文化企业单个优势转化为文化产业整体优势，通过企业间的系统协调，不断延伸上下游的产业链条，走文化产业规模化、集约化发展道路，提高文化产业发展的集中度和市场占有率。一是文化媒体产业在整个文化产业系统中起中枢作用，立足产业企业，打造线上线下的文化宣传模式，推动全省文化产业生态集聚的迅速形成。二是打造红色文化产业集群、戏曲文化产业集群、宗教文化产业集群、客家文化产业集群、雕塑工艺文化产业集群、焰火鞭炮文化产业集群、油画文化产业集群、休闲文化产业集群等八大区域性特色文化产业集群。三是通过市场机制和政策引导，培育一批核心竞争力强的综合性文化企业集团，引领行业发展。如加快组建江西演艺集团、报业集团、印刷集团等。四是根据文化产业集群发展目标，引导各企业进行集聚生产，努力打造具有当地文化产业特色的文化产业集群空间，培育江西宗教文化品牌、江西生态文化品牌、江西红色文化品牌和江西传统文化品牌，多尺度、大范围举办江西文化月、江西文化舞台剧等活动，打造江西文化知名品牌。

（三）发展核心文化产业，优化文化产业结构

文化产业价值取向独特、覆盖领域广泛、成长迅速，成为经济转型升级

的重要引擎，是江西绿色崛起和产业结构调整、经济转型升级的支撑点。文化产业需要大力发展核心文化产业和新兴文化产业，不断优化文化产业结构。一是打造核心文化产业引擎。进一步做大做强江西出版集团，加速文化产业资源整合，提高新闻出版、传媒报业、广电传媒、文艺服务、印刷复制等核心文化产业集中度，推动核心文化产业规模化、集约化发展并拉动相关文化产业发展。二是加大引导出版、印刷、传统媒体的数字化改造、数字化更新力度。加快发展文化产业新型业态，推动文化产业创新与转型，激发文化产业内在发展动力，促进文化产业本身转型升级。三是引导、扶持"互联网＋"文化产业，发展电子商务、设计服务、网络游戏等文化创意行业发展，引导培育大量小微新兴文化企业，努力实现传统文化产业的转型升级，并以信息化为文化发展的创新平台，大力发展动漫制作、网络游戏等新兴文化产业，使之成为江西省文化产业发展新的增长点。

（四）促进文化产业融合，拓展文化产业广度

文化具有强渗透、强关联的效应，在产业大融合背景下，铸造"文化＋"发展形态，推动文化产业与经济社会各领域更广范围、更深程度、更高层次地融合创新，推动业态裂变，实现结构优化。一是与制造业等基础产业的融合，在产业规划、产品设计、商品营销等环节最大限度地进行融合，提高文化附加值，发挥文化产业的功能。二是与科技业的融合，广泛借助新技术、新媒体搭建新的传播平台，加快培育文化创意、数字出版、移动多媒体等新型业态。三是与金融业的融合，鼓励金融机构、社会资本创新融资形式，吸引金融资本和其他社会资本进入文化产业。四是与旅游业的融合，打造一批有创意、有文化内涵的文化旅游集群项目，将旅游业与新闻出版、文化传播、文艺服务、工艺美术等融合，推动文化产业与旅游业升级发展，提高旅游商品的文化含量和市场竞争力。

（五）加大文化人才培养力度，实现创意人才兴业

人才是文化产业发展的第一资本，要把人才培养放在文化产业发展的重

要位置上。一是造就高素质文化人才队伍，加快构建一支门类齐全、结构合理、梯次分明、素质优良的文化工作者队伍。二是创新人才培养模式，实施高端紧缺文化人才和创意人才培养计划，搭建文化人才终身学习平台。三是创新人才资助机制，通过重大课题、重点项目，培养创新、传媒、管理、国际化文化产业人才。四是完善人才发展体制机制，完善创意人才培养开发、评价发现、选拔任用、流动配置、激励保障机制，为优秀人才脱颖而出、施展才干创造有利的制度环境。

（六）加大文化产业支持力度，保障文化产业发展

深化文化产业管理体制改革，形成富有活力的文化产业管理体制和运行机制。一是建立健全相关法律制度，完善文化产业市场机制。文化产业是跨行业、跨地区、跨部门的综合产业，政策性强，需要省委省政府大力支持，建立相关部门和单位的联席会议制度，进行综合协调和总体指导。二是出台扶持政策，形成良好的文化市场环境。对文化产业龙头企业和文化产业园区企业，给予增值税、营业税和城建税等方面的政策优惠。简化企业集团注册登记手续、放宽注册登记条件，支持文化企业集团化发展。鼓励社会资本参与国有经营性文化事业单位转企改制，完善法人治理结构，建立符合现代企业制度的文化市场主体。三是合理利用国家政策，争取更多国家预算资金。扶持发展文化产业园，完善基础设施建设，减少文化企业固定资产投入，吸引高科技文化产业进驻，带动文化产业整体发展。

参考文献

文化部政策法规司：《文化部"十三五"时期文化发展改革规划》2017年2月23日。

《赣之文化：古代书院的起源地》，https：//zhidao.baidu.com/question/107448742.html，2015－06－08。

王广兵：《百舸争流看今朝》，《江西日报》2017年2月18日。

黄永林：《从资源到产业的文化创意》，华中师范大学出版社，2013。

郑翠仙：《文化产业升级从哪里入手》，《经济日报》2017 年 6 月 16 日。

柯锡奎：《以文化产业推动发展方式转变的路径选择——基于广东建设文化强省的战略思考》，《中国文化产业评论》2011 年第 1 期。

中共中央办公厅、国务院办公厅：《国家"十三五"时期文化发展改革规划纲要》2017 年 5 月 7 日。

洪明顺、杨婷婷：《构建福建省现代文化产业体系研究》，《经济研究导刊》2013 年第 16 期。

叶文辉：《文化产业发展中的政府管理创新研究》，《管理世界》2016 年第 2 期。

梅国平、甘敬义、朱清贞：《江西文化产业发展评价及发展路径研究》，《江西社会科学》2014 年第 11 期。

梅国平、刘珊：《中国文化产业链与空间集聚的评估》，《统计与决策》2014 年第 19 期。

张圣才、汪春翔：《江西文化产业发展报告（2015）》，社会科学文献出版社，2015。

B.20
江西加快推进绿色金融
改革创新的策略与建议

陈经伟*

摘　要： 为了应对全球生态环境面临的严峻挑战，国际上兴起了"绿色金融"试验。国家七部委《关于构建绿色金融体系的指导意见》的发布以及5个省（区）绿色金融改革创新试验区的设立，标志着中国绿色金融体系建设逐步由顶层设计走向落地。江西作为国内中部地区唯一一个试验区，可在借鉴成熟国家绿色金融理念和运作模式，以及国内其他地区经验的基础上，把该方案纳入金融支持"赣江新区"建设配套方案以及全面推进江西省地方金融业发展与改革的顶层设计框架里，实施项目化管理，顺势开展各种绿色金融产品业务；通过探索地方财政利益补偿机制、绿色产业区域标准、中央财政或政策性金融支持经济欠发达地区开展绿色金融和发行"绿色彩票"等方式和手段，加快推进江西绿色金融改革创新试验区建设。

关键词： 绿色金融　改革试点　推进策略

2017年6月23日，经国务院批准，中国人民银行等七部委联合批复《江西省赣江新区建设绿色金融改革创新试验区总体方案》，标志着赣江新

＊ 陈经伟，中国社会科学院金融研究所，副研究员，研究方向为现代金融。

区绿色金融改革试验区建设正式启动，这也是国务院于 2016 年 6 月批准江西设立"赣江新区"之后江西省内另外一件大事。为此，江西省在推进金融综合改革过程中戴上了"两个帽子"："国家级新区"和"国家绿色金融改革创新试验区"。深刻理解绿色金融内涵的同时借鉴国内外其他地方绿色金融改革经验，完善相应的工作机制，进一步提升江西在"赣江新区"开展"绿色金融改革试点"的实施效果，推进江西产业绿色转型，成为本文研究的关注点。

一 绿色金融的主要内涵

为应对经济增长及其过程中的能耗大幅增加和环境污染问题，近年来国际上兴起了"绿色金融"① 概念，其目的和期盼解决的问题是比较明确的，即运用金融手段来促进环境保护和解决生态可持续发展问题，进而实现经济发展和生态保护的"双赢"。从长远目标来看，就是希望通过对金融体系的重塑来推动绿色和包容性经济发展。

在实践中，发达国家和发展中国家对"绿色金融"内涵的理解有一定的差异，发达国家更关注气候问题，并主要以此相关技术调整纳入金融机构风险评价体系里。而发展中国家更加关注和解决经济发展过程中的节能减排和降低石化能源的使用量与降低单位能耗以及环境修复问题。这是因为，发达国家已经通过法律等强制手段基本解决了工业化初期经常出现的环境污染问题，因此，评价是否"绿色"时往往不考虑其治污和防污作用，而发展中国家必须把这类评价因素纳入"绿色"范畴②。

在逻辑上，"绿色金融"首先体现为一种金融与生态之间的价值兼容性，即生态保护的行为主体追求公益性和金融行为主体逐利性，这两种原本

---

① 与"绿色金融"概念内涵相近的提法还有环境金融、生态金融、可持续金融、气候金融、碳金融等。

② 例如：高铁债券在中国一般被认定为绿色金融范畴（绿色债券），发达国家并不把它认定为绿色债券。

相悖的价值理论要融合在一起。也就是，环境资源是公共品，传统商业金融机构更加注重项目盈利水平且不可能主动考虑生态效率问题。因此，"绿色金融"与传统金融相比，其最突出的特点是，主动把保护生态环境和节约资源利用作为计量其活动成效的标准之一，并通过自身经营活动引导经济实体注重自然生态，最终实现金融活动、经济社会与生态环境可持续发展。

正因为"绿色金融"在一定程度上担负着保护环境和生态这一公共品的职能，故其在实施过程中往往要承担着比传统金融更高的运作与运营成本。因此，"绿色金融"运作和有效实施往往以相互配套的环境法规和政策及其相关的行业技术标准为基础，以财政或政策性金融为支撑，借力于市场化运作中一些机制。也就是，与传统金融相比，"绿色金融"行为往往体现为一种政策推动型金融手段。

值得一提的是，绿色金融体系的构建是一个长期、复杂的过程，不可能一蹴而就，在宏观层面其将涉及政府和市场职能定位、资源价格改革、金融政策和产业政策、财政政策协调配合等重要问题，而国内于 2016 年 8 月 31 日发布的《关于构建绿色金融体系的指导意见》及五个试验区的首批选择，只是意味着中国"绿色金融体系"建设步入试点阶段。

二 国外绿色金融发展的经验

把金融与生态两者进行融合的典型案例，可以追溯到 1974 年联邦德国成立的"生态银行"，它主要针对一些环境项目进行优惠贷款（这是一般商业银行不愿意提供的），可以说是世界第一家政策性环保银行。把自然生态问题纳入金融业且在世界范围内影响比较大的事件是，世界银行下属的国际金融公司和荷兰银行，于 2002 年在国际银行业提出一系列绿色信贷政策倡议和一项企业贷款准则——"赤道原则"①。这项准则要求在对一个项目进

---

① 按照这项准则，金融机构要对交易对手项目可能对环境和社会的影响进行综合评估，如果交易对手（如借款方）不愿意或不能够遵守赤道原则中所提出的社会和环境政策，金融机构将拒绝为其项目提供相应的金融服务。

行投资时或在交易活动过程中，金融机构要对交易对手即将发生的行为可能对环境和社会的影响进行综合评估，并通过金融交易行为促进环境保护及社会和谐发展。

国内外理论和实务界对"绿色金融"的关注和热议，主要源于国际气候变化条件下 1997 年至 1999 年间世界范围内 84 国共同签署的《京都议定书》，以及根据该议定书建立起来的碳排放交易机制［主要包括国际排放贸易（IET）、联合履行机制（JI）、清洁发展机制（CDM）三种机制］和由核证减排量（CERs）交易而延伸出来的一套金融交易活动①。

无论是发达国家（如欧洲各国、澳大利亚和美国等）还是新兴国家（如孟加拉、巴西、南非等），在近几年都不断关注"绿色金融"问题。联合国环境规划署于 2014 年 1 月建立"设计可持续金融体系"项目工作组，探索金融体系系统性变革以适应可持续发展问题；世界银行于 2014 年 7 月发布了《环境和社会框架：对可持续发展确定标准》，对绿色金融发展的基础框架、要求、标准和流程等内容进行初探。不过，从国外推动绿色金融发展的经验来看，完全依靠市场机制自发实现"绿色金融"所期盼的目标是很困难的，其体系构建和发展离不开政府的介入和引导，并要借助各种组织的力量共同推进才能够有效实施，这点已经成为一定的共识。

目前，国外相关绿色金融产品主要包括以下几种：（1）零售银行（相当于国内的"商业银行"）的绿色金融产品，包含房屋抵押贷款、商业建筑贷款、汽车贷款及借记卡、信用卡等②；（2）投资银行绿色金融产品，包括项目融资、资产证券化、信贷担保、融资租赁等，如法国开发署（ADF）为约旦提供的可再生能源融资、拉丁美洲国家推出的森林债券、德意志银行推出的技术租赁、加拿大帝国商业银行为温室气体排放公司进行 IPO 等；

① 核证减排量（CERs）根据《京都议定书》中的清洁发展机制（CDM）而设立；CDM 市场是发达国家与发展中国家合作具有温室气体减排效果的项目以获得核证减排额，以此来履行发达国家的减排承诺，在 CDM 市场上，出口方为发展中国家，进口方则是发达国家。
② 如澳大利亚本迪戈银行的家居绿色节能贷款，美国富国银行的绿色商业建筑贷款，加拿大温哥华银行的清洁空气汽车贷款等。

（3）保险公司推出的绿色家庭保险、碳保险和汽车保险等，如通用汽车保险公司提供的混合汽车和节能型汽车保险优惠、瑞士银行的汽车零件回收保险、加利福尼亚州基金保险公司推出的绿色建筑及房屋保险等。

国外推动绿色金融发展的有关经验，主要可归纳为两个方面。

（一）财政手段是绿色金融运作的基础

由于财政资金在绿色金融运作中往往起到杠杆作用，因此，财政手段及其激励机制是将生态环境项目的外部性进行内生化的主要手段之一。按照联合国环境规划署的一般估计，100 亿美元的财政资金往往可以撬动 10 倍社会资金投向相关绿色产业，并且"公共财政机制是解决环境问题方案的一部分，每 1 美元的公共资金可以撬动 3 至 15 美元的私人投资"①。

第一，绿色贷款的政府贴息。如德国通过设立国有控股的政策性金融机构德国复兴信贷银行（KFW）为环境领域的中小企业融资提供金融服务，以及德国复兴信贷银行设立的"KFW 环保贷款项目""KFW 能源资金中转计划"和"KFW 能源效率项目"等多项贷款，均获得联邦政府财政贴息支持。

第二，绿色贷款的政府担保。例如，英国政府采用"贷款担保计划"支持环保类中小企业，而且，在认定担保额度和还款计划的过程中，把企业行为对环境的影响因素作为重要的参考标准。

第三，价格补贴（FIT）。价格直接补贴是一项比较有效的经济激励手段，政府对清洁能源企业或投资者的产出提供一个长期购买保证价格，让投资者可以得到较好的回报②。

第四，政府采购。如欧盟倡导绿色公共采购，并鼓励各成员国政府签订

---

① 马俊等：《绿色金融政策和在中国的运用》，《新金融评论》2014 年 5 月。
② 在国际上，FIT 是在太阳能行业使用得最为普遍的手段。例如，德国的《可再生能源法案》（2000）对新装设太阳能发电系统有明确规定，政府将按照每度电 0.35 到 0.5 欧元的电价标准进行回购，而且，系统连接上全国配电网络将享有 20 年的固定价格收购保证，同时允许太阳能电力公司将额外成本平均分摊给所有用户。在这项法规引导下，德国太阳能发电总量的占比不断上升（2003 年前不足 0.1%，到 2012 年时已占 5.3%）。

绿色合同，采购的绿色产品占比应达 50% 以上，其绿色产品包括电动或混合动力车、可再生能源发电、节能计算机和再生材料桌椅等①。

第五，绿色债券免税计划。一般发达西方国家对有价证券的收益有缴纳所得税的法律规定，为吸引投资者投资或者购买绿色债券，其中部分国家对绿色债券采取免缴收入所得税特别法案②。

（二）金融制度建设对绿色投资的引导

除了财政资金之外，还可以在通过一系列金融体制安排（如立法、重构评估体系、强调社会责任、提供环境成本信息等方法）减少其对污染项目投资倾向的同时引导社会资金投向绿色产业。

第一，通过立法明确金融机构对所投污染项目的法律责任。如，美国于1980 年发布《全面环境响应、补偿和负债法案》，对贷款人（金融机构）因其交易对手所造成的环境污染问题必须承担相应的责任进行规定，这种责任往往被称为贷方责任。

第二，要求金融机构在其决策过程中充分考虑环境因素。强调金融机构或投资者在投资过程中充分考虑 ESG 的元素（即环境、社会以及公司治理）。目前，在世界范围内已经有超过 20 家国际知名金融机构（如德意志银行、花旗银行等）明确将 ESG 因素纳入投资项目审核和资产配置分析模型。

第三，要求企业在证券发行过程中（上市公司和债券发行）必须符合绿色规范的社会责任。国际上，企业上市或发行债券时，往往需要披露相应的环境责任信息，并就其投资行为对环境可能产生的影响进行评估与说明。英国于 1992 年开始实施环境成本信息披露表彰制度；丹麦、荷兰、瑞典等

---

① 目前，欧洲政府每年采购绿色产品金额高达 2 万亿欧元（相当于 19% 的欧盟 GDP）。美国则于 2005 年通过颁布《联邦采购规则：可持续采购》来推动绿色采购，在法规引导下，美国各级联邦政府已实施超过 50 万幢绿色节能建筑计划。

② 如美国国会于 2004 年通过总额为 20 亿美元的免税债券计划，对参加新能源基础设施建设债券计划的债券投资者进行豁免联邦所得税。

欧盟国家于2000年之前强制企业披露环境成本信息；日本于2003年要求日本上市公司发布环境成本会计指标和环境信息指南；加拿大政府对全国的企业（上市和非上市）做污染预防计划披露要求，而且，该计划书也是企业贷款评估的重要依据。

第四，构建绿色机构投资者网络。国际上主要的绿色投资者网络有：（1）The Investor Network of Climate Risk（INCR）。该网络于2003年成立，有100多个国际大型投资者参与，共管理11万亿美元资产。（2）The Institutional Investor Group of Climate Change（IIGCC）。该网络成立于2001年，现有成员80个，有欧洲主要养老金参与，共管理资产7.5万亿欧元[①]。

三　我国绿色金融改革

国务院于2015年9月发布的《生态文明体制改革总体方案》提出了构建"绿色金融体系"，开始了我国绿色金融改革的提法[②]。2016年8月31日，中国人民银行、财政部等七部委联合印发《关于构建绿色金融体系的指导意见》（以下简称"《意见》"），标志着我国绿色金融改革工作开始推进。

（一）我国有关构建绿色金融体系的指导

《意见》共九个方面35条内容，它为各地区开展绿色金融工作提供了指导：一是给出了"绿色金融"的官方定义，它主要是指"为支持环境改善、应对气候变化和资源节约高效利用的经济活动，即对环保、节能、清洁能源、绿色交通、绿色建筑等领域的项目投融资、项目运营、风险管理等所提供的金融服务"。二是对发展绿色信贷提出七条具体的措施，包括绿色信贷的政策体系、逐步建立银行绿色评价机制、绿色信贷资产证券化、明确贷

---

① 马俊：《论构建中国绿色金融体系》，《金融论坛》2015年5月。
② 《国民经济和社会发展第十三个五年规划纲要》明确提出"构建绿色金融体系"；在2016年和2017年的《政府工作报告》中也都有要求"大力发展绿色金融"的内容。

款人环境法律责任、建立符合绿色企业和项目特点的信贷管理制度以及降低绿色信贷成本、将环境和社会风险纳入信贷业务影响因素、将企业对环境违法违规的行为纳入金融信用信息基础数据库等基本内容。三是提出建立国家级的绿色发展基金，并以绿色股权基金形式来推动绿色项目有效实施。四是明确继续推动绿色债券发行①，包括完善绿色债券的相关规章制度和统一绿色债券界定标准、降低绿色债券的融资成本、建立专业化担保和增信机制、探索绿色债券第三方评估和评级标准以及开发绿色债券指数和绿色股票指数等相关产品。五是强调国际合作②。

总之，目前国内政策对"绿色金融"的指引主要包含以下三层含义：一是绿色金融支持增进环境改善、应对气候变化和资源高效利用等环境效益项目；二是对绿色金融产品进行界定和分类，包括绿色信贷、绿色债券、绿色基金等；三是对开展绿色金融服务的内容进行指导，包括项目投融资、项目运营、风险管理的金融服务以及绿色保险、碳金融等。其中的国家级的绿色发展基金是国际上少有的中央政府对支持绿色发展的一种承诺，其股权融资机制在国际范围内也是一种绿色项目融资机制的一种弥补③。

（二）我国各试点地区的绿色金融实践

2017 年 6 月 14 日，国务院批准在浙江、广东、江西、贵州、新疆 5 省（区）设立绿色金融改革新试验区，标志着我国绿色金融体系建设逐步由顶

---

① 这是因为，中国人民银行与国家发改委已于 2015 年底出台了绿色债券发行指导意见并启动国内绿色债券市场建设，并于 2016 年上半年在上交所、深交所启动绿色公司债试点；2016 年 7 月，中国银行在国际市场上发行了 30 亿美元绿色债券，该绿色债券发行当天整体认购比例达 3 倍以上（其中欧洲投资者订单占比达 76%），由于该债券是在全球低利率甚至负利率的背景下发行的亚洲最大一笔美元计价绿色债券，它成为全球的投资亮点。

② 这是因为，绿色投资具有典型的跨国外部性，我国在 2016 年 G20 峰会上将绿色金融作为重点议题之一。

③ 在国际上，绿色金融主要局限于绿色信贷和绿色债券领域。然而，很多新的绿色项目（特别是一些周期长且回报率不够高的项目）难以吸引足够的社会资本，往往需要股权融资为起步。绿色股权基金形式可以帮助降低融资成本或提高项目收益，同时也是让投资者获得合理回报率的机制。

层设计走向落地。

从国家层面上讲,设立试验区的意义在于为我国未来构建绿色金融体系探索出能够适应不同地区的方案和实验。为此,5个省(区)改革创新方案往往体现为各有亮点和各有侧重,每个试验区将结合自身不同的资源禀赋、不同的发展阶段提出自己的操作和实施方案,并开展相应的绿色金融实践。

从实施方案具体内容来看,5个省(区)大概可以分成三类:第一类是浙江省和广东省,第二类是贵州和江西省,第三类是新疆。

第一,浙江省和广东省。它们的共同特点是经济和金融业比较发达,同时作为东部省份,产业转型升级实现绿色发展的需求非常迫切。如何把金融市场发展优势和产业转型升级迫切需要有机地结合起来,探索绿色金融发展就成为一条重要道路。

《浙江省湖州市、衢州市建设绿色金融改革创新试验区总体方案》主要以产业链整合为切入点,加快对传统化工行业的改造升级,带动区域经济结构优化。浙江绿色金融实践及经验,主要包括:"规划先行"并逐步形成"长期规划+行动指南+配套保障"相结合的绿色政策框架体系、绿色金融财政贴息及风险补偿制度建立、开展环境污染责任保险试点和政策性融资担保体系建设等内容;通过支持安吉农商行建立绿色金融事业部和兴业银行湖州分行专门设置环境金融部等方式拓展绿色金融业务;通过开展排污权抵押贷款、光伏贷转型贷款、农村承包土地经营权抵押贷款、合同能源管理融资等绿色信贷业务;通过建立全市债券发行项目库和设立"绿水青山产业投资基金"发展绿色产业股权投资基金;通过积极推广绿色支付、推进绿色信用体系及环境资源交易建设完善基础设施建设。

《广东省广州市建设绿色金融改革创新试验区总体方案》旨在探索建立绿色金融改革与经济增长相互兼容的新型发展模式,提出鼓励成立新能源汽车金融公司,积极开展新能源汽车金融产品创新。广东具备诸多优势且已在绿色金融改革创新试验中走在国内前列,其实践及经验主要包括:广东积极探索控排企业和投资机构参与碳市场交易的多样化工具,在全国七个试点碳市场中走在前列,其试点碳配额规模已跃居全球第三,仅次于欧盟、韩国;

通过创新推出全国首个绿色金融服务平台——广碳绿金，对绿色金融相关的信贷、债券、股权交易、基金、融资租赁和资产证券化等产品进行整合，实现绿色金融政策落地；通过推动（PPP）模式方式动员社会资本、发展绿色保险、完善环境权益交易市场、丰富融资工具；通过在全国银行间债券市场公开发行绿色金融债券，推动证券市场支持绿色投资发展提供经验；通过加强环保与金融融合破解环境污染治理资金投入不足难题的同时促进绿色发展。

第二，贵州省和江西省。它们的共同特点是绿色资源比较丰富，生态优势明显，但又属于经济后发地区。要避免再走"先污染后治理"的老路，需要利用良好的绿色资源发展绿色金融，构建绿色发展方式，包括发展绿色金融现代农业、农业生产排污处理、节能减排、清洁能源等项目和大数据等新兴产业。

《贵州省贵安新区建设绿色金融改革创新试验区总体方案》主要是探索绿色金融引导西部欠发达地区经济转型发展的有效途径，提出创新绿色惠农信贷产品，重点支持都市现代农业、有机生态农业、农村水利工程建设、农业生产排污处理等农业产业项目。贵州绿色金融实践及经验主要包括：通过兴业银行贵阳分行成立生态支行（2014）模式，探索绿色金融差异化授权政策的有效实施；通过贫困地区企业上市绿色通道的政策机制，积极推进生态利用型、循环高效型、低碳清洁型、环境治理型绿色经济"四型"绿色企业优先上市；通过设立多支绿色基金（云上贵州大数据产业基金、贵安智慧制造医药大健康产业并购基金等），促进产业转型升级；通过财政资金和国企资金，引导各类社会资本向绿色产业流动；通过绿色专项债券，支持贵阳市公交事业向新能源和清洁能源转型；通过绿色金融债，支持贵州银行和贵阳银行开展城市垃圾治理、节水节能、环境治理等绿色金融项目；贵州通过实施地方金融机构"五个全覆盖"工程，探索政策性融资担保机构支持绿色项目模式。

第三，新疆。新疆方案突出的特点是其区位——丝绸之路经济带的核心区。因此，新疆方案主要体现在依托"一带一路"建设和向西开放，通过加大对绿色金融的支持力度，探索实现可持续发展的新模式，建设绿色丝绸之路的示范，并以此向外发挥辐射作用，并侧重于探索绿色金融支持现代农业、清洁能源资源（风电、光电相关的高端制造业）等优势产业。新疆绿色金融实践及经验主要包括：新疆金融业发挥后发优势，通过发行绿色永续债券（如金风科技企业绿色债券），探索绿色金融助力新疆经济绿色转型；通过新疆经济绿色化的金融支持方案，探索抑制污染型投资相应的政策导向；通过世行转贷款"华夏银行大气污染防治融资创新项目"，探索新疆风力发电和节能服务产业发展。

相关资料显示，国内其他地方开展绿色金融，主要的成功案例包括：中国银行苏州分行80亿元的"美丽苏州"绿色信贷（2015），中国建行银行福建省分行绿色信贷（2015），江苏镇江市与中美建筑节能绿色发展基金共同设立基金总规模达30亿元的镇江市绿色发展产业基金，湖北宜昌与武钢、长安国际信托股份有限公司共同设立200亿元规模的宜昌绿色发展投资基金（2016），河北发行绿色债券（2016），中国节能规模为50亿元的绿色公司债券（2016）等。

四 江西绿色金融改革方案侧重点及实施难点

（一）江西赣江新区绿色金融改革方案

《江西省赣江新区建设绿色金融改革创新试验区总体方案》围绕创新发展绿色金融产品和服务，设立财政风险缓释基金，抵质押融资模式创新；拓宽绿色产业融资渠道，发行绿色债券或项目支持票据；建设环境权益交易市场，开展绿色金融资产交易；建立绿色金融风险防范机制，设立责任追究制度，建立绿色项目投资风险补偿制度等八项主要改革任务开展试点。

自2017年6月23日赣江新区绿色金融改革总体方案获国务院批复以来，江西省有关部门前后出台《江西赣江新区绿色金融改革创新试验区实施细则》《江西省人民政府关于加快绿色金融发展的实施意见》《2017年推进赣江新区绿色金融改革创新重点任务责任分工》和《江西赣江新区绿色保险创新试验区建设方案》等配套文件。目前，从江西省推进赣江绿色金融初步工作与实践来看，江西省实现了"点"的突破；同时，也基本实现了"法制先行、效率兼顾""改革先行、规范配套"的要求，为稳步推进赣江新区绿色金融改革创新试验区建设提供指引和规范。同时，赣江新区产业投资基金和城市建设基金正在抓紧组建，江西省第二家资产管理公司、首家清洁能源基金设立工作也在加紧推进。随着江西赣江新区绿色金融发展大会暨高峰论坛的举办，越来越多的金融机构正加速向新区汇集。

但是，从《江西省"十三五"建设绿色金融体系规划》具体内容来看，江西也存在着"什么项目"都往绿色金融"篮子"里装的倾向，即江西省绿色金融专项规划几乎等同于地方金融体系改革和《江西省"十三五"金融业改革与发展规划》的整体推进，可能对绿色金融内涵理解有一定的偏差。

（二）实施难点

整体而言，我国绿色金融改革处于初期阶段，目前仍然存在不少问题，受制于国内绿色金融环境是江西推动绿色金融改革面临的一个最大挑战和难点。同时，地方财力、配套政策和人才问题，使得江西实施绿色金融改革将面临"可操作性"难题。

1. 受制于国内绿色金融环境

一是国内对绿色金融的概念理解不甚清晰，导致各地方在开展绿色金融改革试验时，什么项目都往绿色金融"篮子"里装。一方面，至今为止，我国对绿色金融概念仍然缺乏统一认识和详细定义以及统计意义上的框架体系，势必造成各决策者或机构参与者对绿色金融概念的内涵和外延在理解上不完全相同（甚至冲突）。如果走偏了路，不仅达不到支持绿色经济发展的目的，甚至会适得其反。另一方面，绿色金融从运作机理上讲，就是把自然资本引入金融决策中。由于自然资本在当前社会经济当中有很强的不稳定性，若未能正确地评估环境因素风险，也意味着这些风险会向金融体系转化。因此，江西加强生态建设是绿色金融建设之基础，探索出环境效益和经济效益双赢的格局，才是真正走出一条绿色金融发展的道路。

二是生态与环境相关的法律、监管以及制度上存在问题。我国现有生态与环境相关的法律、法规、规章和规范性文件及其监管体系仍然不够完善，同时政府相关部门间关系不明，甚至不同立法文件之间内容矛盾和有关规定被不断弱化，导致很多项目在实施过程中降低环境保护标准和难于对破坏环境行为进行强有力的约束。即，由于我国促进环境保护、污染治理、节能减排和经济资源环境协调发展是目的，而开展绿色金融为手段，如果没有相应的法律法规或政策制度安排为基础，把绿色项目的正外部性和污染投资的负外部性在市场价格体系下充分显性化，将严重制约绿色金融的有效实施和发展。

三是中国行业绿色标准仍未建立。从操作层面上讲，绿色金融运作首先面对的问题是"什么是绿色"？它将涉及行业或产品的国家标准（区域）体系和"由谁来界定且用什么技术手段来界定这一庞大绿色标准"等基础问题。虽然世界银行于2014年7月已经发布《环境和社会框架：为可持续发展确定标准》相关报告，对绿色金融的基本框架、基本要求和基本流程标准提出有效建议，但这一标准要转化为"中国标准"及具体操作细节还有很长的路要走，这是我国绿色金融发展过程中一项比较大的约束条件。在中国行业绿色标准未建立之前，江西省依靠自己的技术条件和科研力量建立相应的区域或者省内行业绿色标准更是难上加难。

四是绿色金融相关的市场和产品存在一定的缺陷。绿色金融产品种类比较单一和有限，覆盖面远未达到生态领域。其中，绿色信贷仍主要以传统商业贷款为主，或者是传统金融业务冠上"绿色"两字。绿色保险一般指环责险，上市公司的环境绩效评估只是在部分地区或行业尝试，很多绿色债券和绿色基金也是给传统产品冠上"绿色"。

值得说明的是，要解决以上这个问题，需要的是国家层面的绿色发展战略，这并非江西区域范围内可以解决的。也就是，绿色金融体系构建需要从国家政策层面进一步完善和建立配套的绿色金融发展正向激励机制，特别是需要中央政府和地方政府的财政贴息、税收优惠等支持，唯有如此，绿色金融的可持续发展之路才能够越走越宽。

2. 受制于江西的财力和配套政策

绿色金融服务于绿色经济。然而，环境生态系统是由围绕人群的各种环境因素及其相互联系、相互作用和相互制约的关系所构成的整体，其中环境因素包括生物因素和诸如大气、水、土地等非生物因素，而我国目前面临的环境问题主要是污染物防治问题，这也意味着地方绿色金融发展需要以地方财力为基础，其具体表现是，在同等市场条件下，江西发展绿色经济往往需要更大的经济投入，如果江西没有雄厚的地方财力支撑（分担金融机构投向绿色经济风险或减少绿色项目成本），其绿色经济项目难以落到实处。

另外，地方绿色金融的有效实施，需要金融政策和产业政策、资源价格改革，特别是地方财政政策等配套政策配合与协调。虽然中央财政对生态修复和环境保护的资金投入每年逐步增加，但真正落到江西省的各类生态修复环保资金往往以应急为主，针对金融机构经营绿色金融业务所实施的财税激励政策很难完全到位和难以支持绿色项目具体落实。

3. 受制于相互配套的人才和中介服务机构

"办好金融，人才是关键"。绿色金融运作的一个重要前提是对项目的环境或生态评估，而江西地方商业银行因在专业领域的技术识别能力欠缺而影响了绿色信贷投放，江西绿色保险业务中的环责险制度则因缺乏专业人才和专门的环境损害鉴定评估机构，而难以依靠本地金融人才推动相应的绿色项目落到实处。

实际上，金融人才缺乏本来就是国内金融业发展的瓶颈，刚刚兴起的绿色金融更是缺少专业人才发展战略，同时中介市场及服务机构发展也相对缓慢。这也意味着在江西绿色金融项目推进的过程中，一些项目往往属于国内少数绿色金融专业团队的"备选项目之一"，具有很多的不确定性。

五 加快推进江西绿色金融改革的策略与建议

江西推进绿色金融改革最大的优势就是先行先试，在国内同一起跑线上借鉴成熟国家绿色金融理念和运作经验，积极探索金融助推生态经济发展的有效途径，探索创新支持节能减排、清洁能源等领域的信贷产品、融资模式和财政支持绿色金融发展的政策效应等，为我国绿色金融体系构建积累可推广的经验做法。

（一）推进绿色金融改革的策略

第一，"回归本源"。推进江西绿色金融改革过程中，首先要深刻认识"绿色金融改革试点"在地方经济社会中的作用，"回归"其为江西省解决绿色发展中的"痛点"问题的"本源"。《江西省赣江新区建设绿色金融改革创新试验区总体方案》毕竟属于地方整体金融业改革中的一个专项方案，不能够替代江西省"十三五"地方金融改革方案。其次，江西省目前已经戴上了"国家级新区"（"赣江新区"）和"国家绿色金融改革创新试验区"两个"帽子"。因此，把该方案纳入金融支持赣江新区建设配套方案以及全面推进江西省地方金融业发展与改革的顶层设计框架里推进，或许对于江西省下一步整体推进各项金融改革更加有利。

第二，以"狠抓一个点"为突破口。国务院之所以同时批准差异化的5个省份进行绿色金融改革试验，是因为各地在实施过程中"各有亮点和各有侧重"。因此，江西省推进赣江新区绿色金融改革过程中的一项策略是，抓住绿色金融"一个点"（一项或几项业务）作为突破口，做深做扎实；谨防什么项目都往绿色金融的"篮子"里装，要严防地方政府或者企业打着绿色经济、绿色金融的旗号，急功近利地去投资其他项目，因其运作结果不仅达不到支持绿色经济发展的目的，甚至会适得其反（如打乱区域内正常金融活动或影响区域内产业发展）。

第三，充分发挥"后发优势"。探索中央财政或政策性金融支持经济欠发达地区开展绿色金融模式。财政手段对绿色金融的作用已是共识，建设"赣江新区绿色金融改革创新试验区"首先是一项国家战略，对于一个后发国家级新区和经济实力和财政收入明显处于弱势条件的江西省而言，单单依靠市场化手段难以推进这项任务，探讨财政性环保投资的长期统筹和有效整合、财政和政策性金融二者紧密配合和共同推动可持续发展的模式，对于江西显得很有必要。

实际上，国家发改委和国开行于 2015 年发布的《关于推进开发性金融支持国家级新区健康发展有关工作的通知》（发改地区〔2015〕1584 号），已经为利用政策性金融推进国家级新区建设和发展提供了指引。因此，把"绿色金融改革试点"与"赣江新区"相互结合，探索构建与后发国家级新区发展相适应的包含绿色金融在内的区域政策性金融体系，对于江西很有可行性。

（二）加快推进绿色金融改革的几点建议

第一，顺"绿色金融改革试点"之势开展各种绿色金融产品业务。在短期内，借赣江新区成为全国首批五个绿色金融改革创新试验区之一这阵"春风"，加快发行绿色债券、绿色信贷、绿色产业基金和推行绿色保险产品等；同时推动绿色项目采取"债贷组合"增信方式，鼓励商业银行进行债券和贷款统筹管理；鼓励各家保险公司开发绿色保险产品和进行巨灾风险证券化试验；鼓励探索使用碳排放权、排污权、用能权、用水权等收益权，以及知识产权、预期绿色收益质押等增信担保方式。

第二，项目落实与项目化管理。"江西绿色金融改革试点"专项金融方案到底能产生多大的经济效果，关键要看此方案梳理出的一批重点改革任务是否具有可操作性，且能否对每项重点任务实行项目化管理。由于各项金融改革细分领域的专业性是比较强的，因此，在执行过程中行动方案整体设计以及注重专业人才配合显得极有必要。

第三，完善地方财政利益补偿机制。财政资金提供激励是绿色金融不可或缺的绿色项目外部性内生化的主要手段之一。因此，江西省一方面可以探索并建立绿色金融风险分担机制和引导担保公司开展"绿色信贷"担保业务，另一方面还可以通过财政资金成立专门基金，调动金融机构发展绿色金融的积极性和能动性，对开展绿色贷款和绿色保险的金融机构，根据其对保护生态环境贡献大小设定不同的贴息比例并给以补贴激励机制。

第四，探索区域绿色产业区域标准和绿色产业目录。江西省要借鉴"赤道原则"① 的有关条款，建立符合江西省特点的、具体的绿色信贷指导目录和环境风险评级标准，同时还要建立一套基于环保要求的产业名录，如对各行业的产品、加工工艺、使用原料、污染程度、如何排污等加以界定，使环保目录能够具体体现出各行业不同环保水平。

第五，加强组织协调和建立绿色金融动态跟踪监测机制。江西应加强监督和检查职能。根据国务院《节能减排综合性工作方案》的要求，严控金融机构对高耗能、高污染、资源型行业资金投放的过快增长，加快淘汰落后生产能力，全面实施节能减排重点工程，推动节能减排科技进步，突出搞好重点企业节能减排和大力发展循环经济，切实提高信贷资产质量。同时，大力推广排污权抵押贷款，以 CERs 为标的的质押贷款，通过金融杠杆鼓励企业重视节能减排、提高清洁能源利用率和相关金融产品创新。

第六，尝试发行"绿色彩票"。彩票机制具有其他融资工具不可比拟的优势：它不存在一般融资工具中的还本付息流程，属于"准税收"或"软财政"性质。我国已在很多领域（如社会福利、体育、教育事业等），通过发行彩票的方式或机制有效地支持了这些领域发展，也积累了不少经验，因此，可以尝试通过发行彩票来支持绿色经济发展。

第七，实施绿色金融人才保障计划。绿色金融在国内外都处于起步期，故不管是国内还是国外绿色金融类人才都极其缺乏，要制订并实施绿色金融人才专项工作计划，不断完善引进和培养绿色金融人才政策，以造就一支具有金融和绿色生态技术知识的复合型金融人才队伍；深化与各类金融机构的合作，充分发挥国内外绿色金融"外脑"作用，深入开展金融发展研究；组建赣江新区绿色金融改革创新专家顾问团，为试验区建设提供专业指导。

---

① "赤道原则"：是参照 IFC 绩效标准建立的一套旨在管理项目融资中环境和社会风险的自愿性金融行业基准。

参考文献

陈雨露：《生态金融的发展与未来》，人民出版社，2015。

张承惠、谢孟哲：《中国绿色金融：经验、路径与国际借鉴》，中国发展出版社，2015。

绿色金融工作组：《构建中国绿色金融体系》，中国金融出版社，2015。

《绿色金融发展产业政策环境》，国务院发展研究中心"中国绿色金融"课题研究分报告，2015。

《建设国家级"赣江新区"问题调研报告——金融支持"赣江新区"发展的思路及措施》，中国社会科学院创新工程重大调研项目，2017。

内部资料：《江西省"十三五"金融业发展专项规划》（第二次征求意见稿）。

《江西赣江新区建设绿色金融改革创新试验区总体方案》。

《江西省"十三五"建设绿色金融体系规划》2017 年 9 月 22 日。

冯静生：《对我国绿色金融发展问题的研究》，《北京金融评论》2016 年 7 月。

B.21
江西技术创新水平的
比较分析及建议

陈华 高燕*

摘 要： 江西省是经济欠发达地区，由于科技投入、科技人才不足，
技术创新产出效率不高，技术创新环境不完善等导致其技
术创新能力相对薄弱，科技进步和社会经济发展步伐相对
缓慢。本文提出可通过加大技术创新投入力度、建设技术
创新平台、引进和培育高精尖缺人才、加大支持企业开展
技术创新力度、加快推动产业优化升级、促进科技创新开
放发展等措施来加快推进江西省技术创新发展，提升江西
省技术创新水平。

关键词： 技术创新 创新驱动 产业升级 人力资源

科技创新是一个国家、一个地区经济社会发展的重要动力。十八届
五中全会提出"创新、协调、绿色、开放、共享"五大发展理念，将创
新置于五大发展理念之首，标志着创新发展将成为"十三五"时期我国
区域经济发展实现战略性调整的关键驱动因素。十九大报告指出：要坚
持新发展理念，科学发展，以创新驱动发展，加快建设创新型国家，不
断壮大我国经济实力和综合国力。由此可见国家对于创新引领社会经济

---

* 陈华，南昌大学科技管理研究所所长，研究方向为科技创新；高燕，江西省科技情报所副所
长，研究方向为科技创新。

发展的高度重视。2017 年 9 月江西省委省政府印发《江西省创新驱动发展纲要》，明确指出江西省实施创新驱动发展的重要性。然而，当前江西综合科技创新水平指数为 50.05%，排在全国第 20 位，位居中下游。因此研究如何推进江西省技术创新发展，对带动江西省经济实现快速发展具有重要意义。

一 江西省技术创新水平与发达地区及中部省份横向比较分析

根据《中国区域科技进步评价报告 2016～2017》的评价指标体系及研究需要，本文将技术创新水平评价指标确定为"技术创新环境、技术创新投入、技术创新产出、高新技术产业化"4 个一级指标，9 个二级指标及 21 个三级指标。

（一）技术创新环境指标分析

技术创新环境是某区域为加快技术创新所提供的物质、资源及条件支持，包括科技人力资源，科研物质条件和科技意识三个方面。

1. 科技人力资源

本文通过万人研究与发展（R&D）人员数和万人大专以上学历人数两个指标评价科技人力资源情况。与发达省份广东省、江苏省以及中部其他省份对比情况如表 1 所示。

表 1 各省份科技人力资源对比

省份	江西	湖南	湖北	安徽
万人研究与发展（R&D）人员数（人年/万人）	10.43	17.48	23.65	22.42
万人大专以上学历人数（人/万人）	1057.09	1189.07	1498.69	1172.83
省份	河南	山西	广东	江苏
万人研究与发展（R&D）人员数（人年/万人）	16.89	12.00	48.05	66.12
万人大专以上学历人数（人/万人）	874.35	1374.21	1198.58	1641.91

《中国区域科技进步评价报告2016～2017》统计数据显示,江西省科技人力资源状况排在全国第23位。表1数据显示,从中部六省看,相对于其他五省,江西省的万人研发人员数处于相对落后的状态,万人大专以上学历人数排名第五,仅高于河南省;从与广东省、江苏省的对比看,江西省的万人研发人员数和万人大专以上学历人数都落后于广东省和江苏省。图1显示,江西省的"万人研究与发展(R&D)人员数"和"万人大专以上学历人数"总体上处于中部六省中的落后位置。图2显示,江西省与这两个省

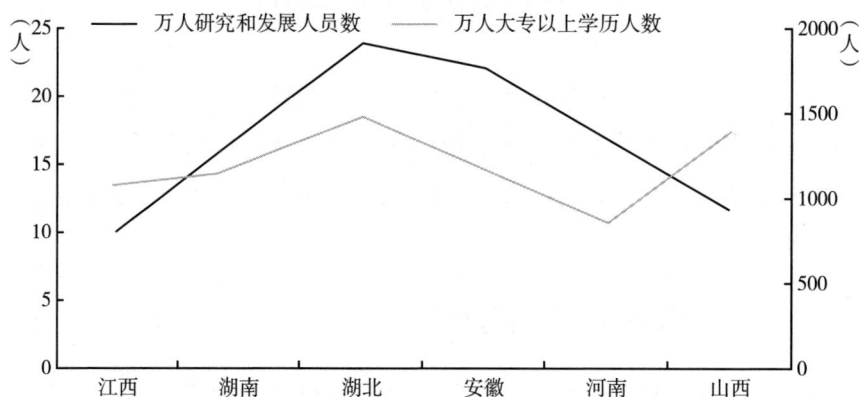

图1 中部六省科技人力资源对比

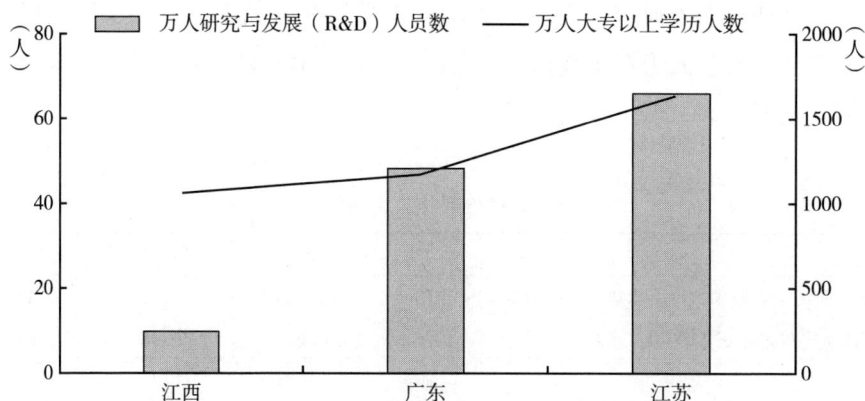

图2 江西省、广东省和江苏省科技人力资源对比

份的万人研发人员数指标差距极大。江西省研究与发展人员与大专学历以上人员明显不足，制约了江西省科技创新的发展。

2. 科研物质条件

科研物质条件主要是指进行技术创新所需要的物质，如设备仪器、孵化企业和创新平台等。本文通过每名 R&D 人员仪器和设备支出、10 万人累计孵化企业数和创新平台数三个指标评价科研物质条件状况，江西省与发达省份广东省、江苏省以及中部其他省份对比情况如表 2 所示。

表 2　各省份科研物质条件对比

省份	江西	湖南	湖北	安徽
每名 R&D 人员仪器和设备支出（万元）	5.12	3.26	4.48	4.33
10 万人累计孵化企业数（个）	1.99	2.66	6.03	3.54
创新平台数（个）	530	596	738	1019

省份	河南	山西	广东	江苏
每名 R&D 人员仪器和设备支出（万元）	3.71	4.25	2.58	3.68
10 万人累计孵化企业数（个）	4.04	1.63	7.59	15.02
创新平台数（个）	1370	352	—	—

《中国区域科技进步评价报告 2016～2017》统计数据显示，江西省科研物质条件排在全国第 9 位。表 2 和图 3 显示，"每名 R&D 人员仪器和设备支出"江西省排在首位，第二是湖北省。"10 万人累计孵化企业数"江西省仅高于山西省，湖北省排在首位。"创新平台数"江西省排名第五，河南省排在首位。图 4 显示，江西省的"每名 R&D 人员仪器和设备支出"高于广东省和江苏省，"10 万人累计孵化企业数"则明显低于这两个省份。总体上看，江西省的科研物质条件较弱，虽然物质条件如设备仪器状况较好，但是孵化企业数和创新平台数较少，需要提升。

3. 科技意识

科技意识是指个人或地区接受应用科技的意愿，本文通过"万名就业人员专利申请数"和"有 R&D 活动的企业占比"两个指标评价科技意识。与发达省份广东省、江苏省以及中部其他省份对比情况如表 3 所示。

图3

图例:
每名R&D人员仪器和设备支出（万元）　　10万人累计孵化企业数（个）
创新平台数（个）

横坐标：江西　湖南　湖北　安徽　河南　山西

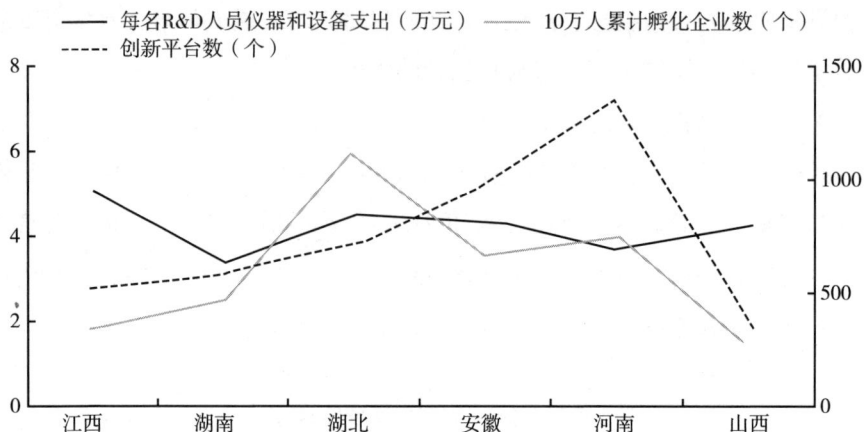

图3　中部六省科研物质条件对比

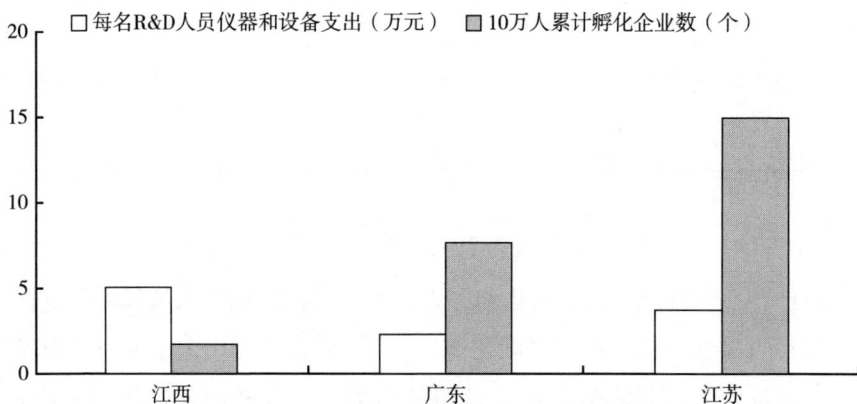

图4

图例:
□每名R&D人员仪器和设备支出（万元）　■10万人累计孵化企业数（个）

横坐标：江西　广东　江苏

图4　江西省、广东省和江苏省科研物质条件对比

表3　与发达省份广东、江苏以及中部六省科技意识对比

省份	江西	湖南	湖北	安徽
万名就业人员专利申请数（件/万人）	16.02	13.6	23.82	33.2
有 R&D 活动的企业占比（%）	12.88	19.52	14.75	17.08
省份	河南	山西	广东	江苏
万名就业人员专利申请数（件/万人）	12.31	8.98	61.61	90.52
有 R&D 活动的企业占比（%）	10.72	7.66	19.26	33.76

《中国区域科技进步评价报告 2016～2017》统计数据显示，江西省科技意识状况排在全国第 15 位。图 5 和图 6 显示，江西省"万名就业人员专利申请数"和"有 R&D 活动的企业占比"分别排在第三位和第四位，处于中部六省的中等水平，可见江西省的科技意识尚可。而图 7 显示，江西省的这两项指标与广东省和江苏省相差较大，所以仍需要继续努力，缩小与发达省份的差距。

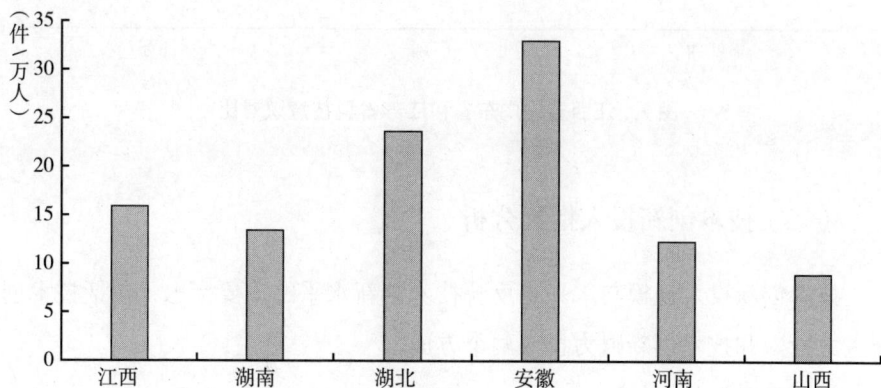

图 5　中部六省万名就业人员专利申请数对比

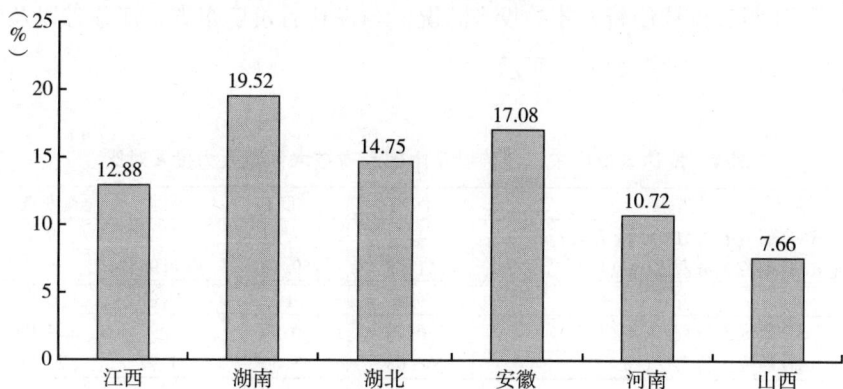

图 6　中部六省有 R&D 活动的企业占比对比

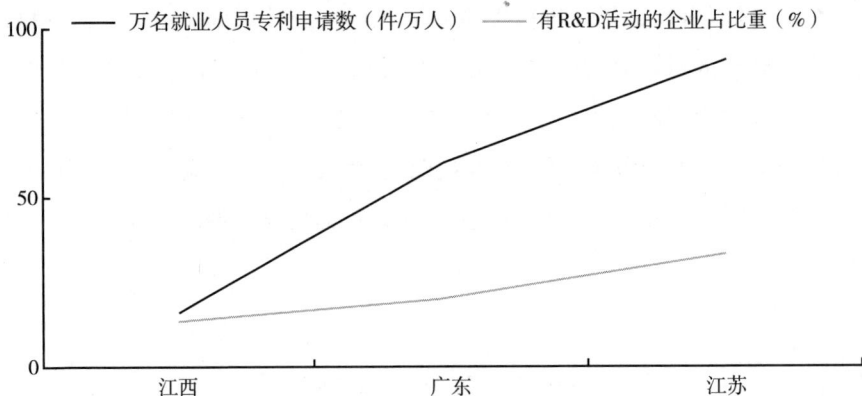

图7 江西省、广东省和江苏省科技意识对比

（二）技术创新投入指标分析

技术创新投入规模与水平是反映技术创新水平的重要标志，包括技术创新人力投入和技术创新财力投入两个方面。

1. 技术创新人力投入

在技术创新过程中所需要的人力资源以研究人员为主，而企业是技术创新的主体。本文通过万人R&D研究人员数和企业R&D研究人员占比两个指标评价江西省科技创新人才的投入状况。与发达省份广东省、江苏省以及中部其他省份对比情况如表4所示。

表4 发达省份广东、江苏以及中部六省技术创新人力投入对比

省份	江西	湖南	湖北	安徽
万人R&D研究人员数（人年/万人）	4.94	7.64	11.44	9.1
企业R&D研究人员占比（%）	51.75	59.50	48.95	55.71
省份	河南	山西	广东	江苏
万人R&D研究人员数（人年/万人）	6.59	6.05	17.92	24.06
企业R&D研究人员占比（%）	68.08	48.36	71.97	72.06

《中国区域科技进步评价报告2016～2017》统计数据显示，江西省科技活动人力投入水平排在全国第22位。图8显示，江西省技术创新人才投入

明显落后于其他省份，其中，"万人R&D研究人员数"在中部地区中排在最末位，"企业R&D研究人员占比"排在第四位。图9显示，与发达省份广东省和江苏省相比，江西省这两项指标明显落后。因此江西省的研究人员数需大力提升，尤其是R&D研究人员数量需大幅度提升。

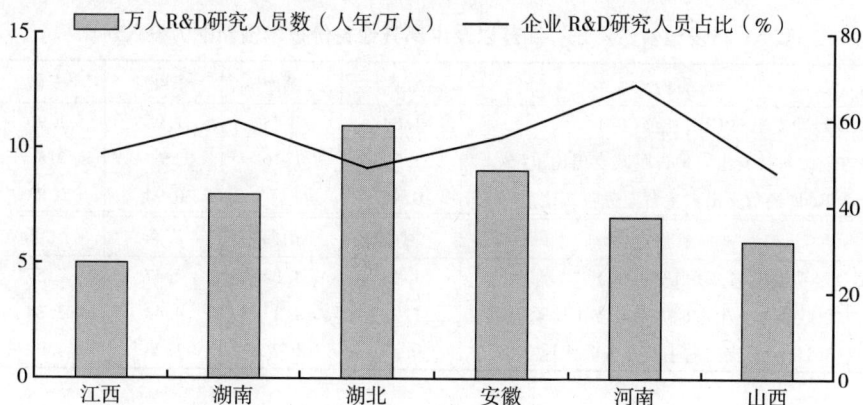

图8　中部六省技术创新人力投入对比

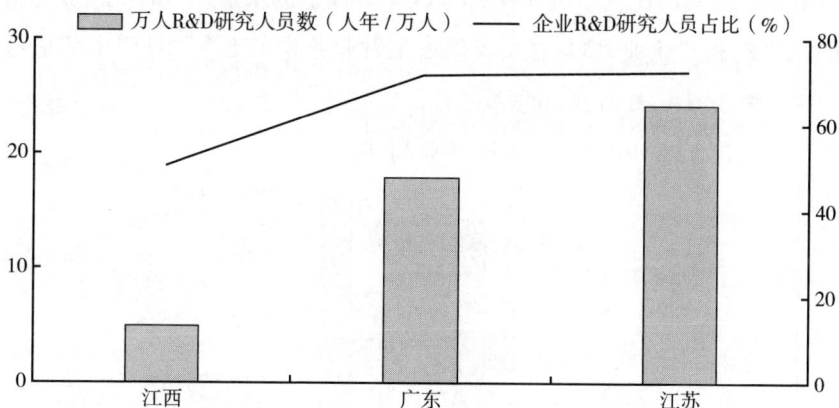

图9　江西省、广东省和江苏省技术创新人力投入对比

2. 技术创新财力投入

在技术创新过程中需要大量的资金支持。本文通过R&D经费支出与

GDP 比值、地方财政科技支出占地方财政支出比重和企业 R&D 经费支出占主营业务收入比重三个指标评价江西省及中部其他地区的技术创新财力投入状况，江西省与发达省份广东省、江苏省以及中部其他省份对比情况如表 5 所示。

表 5　与发达省份广东、江苏以及中部其他省份技术创新财力投入对比

省份	江西	湖南	湖北	安徽
R&D 经费支出与 GDP 比值（%）	1.04	1.43	1.9	1.96
地方财政科技支出占地方财政支出比重（%）	1.7	1.16	2.6	2.8
企业 R&D 经费支出占主营业务收入比重（%）	0.45	1	0.94	0.83
省份	河南	山西	广东	江苏
R&D 经费支出与 GDP 比值（%）	1.18	1.04	2.47	2.57
地方财政科技支出占地方财政支出比重（%）	1.2	1.1	4.44	3.84
企业 R&D 经费支出占主营业务收入比重（%）	0.5	0.7	1.28	1.02

《中国区域科技进步评价报告 2016～2017》统计数据显示，江西科技活动财力投入水平排在全国第 21 位。图 10 显示，江西省的"地方财政科技支出占地方财政支出比重"处于中部地区中等偏上的水平，"R&D 经费支出与 GDP 比值"和"企业 R&D 经费支出占主营业务收入比重"处于中部最低水

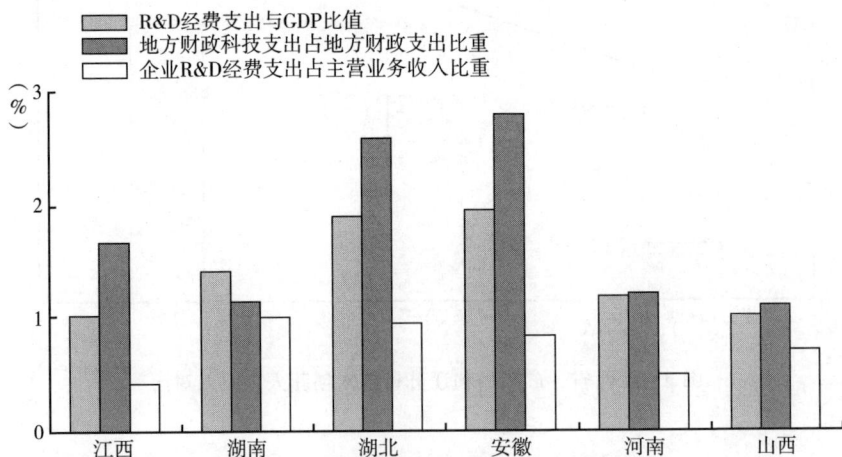

图 10　中部六省技术创新财力投入对比

平。图 11 显示，与广东省、江苏省比，江西省"企业 R&D 经费支出占主营业务收入比重"差距很大，需要提高。

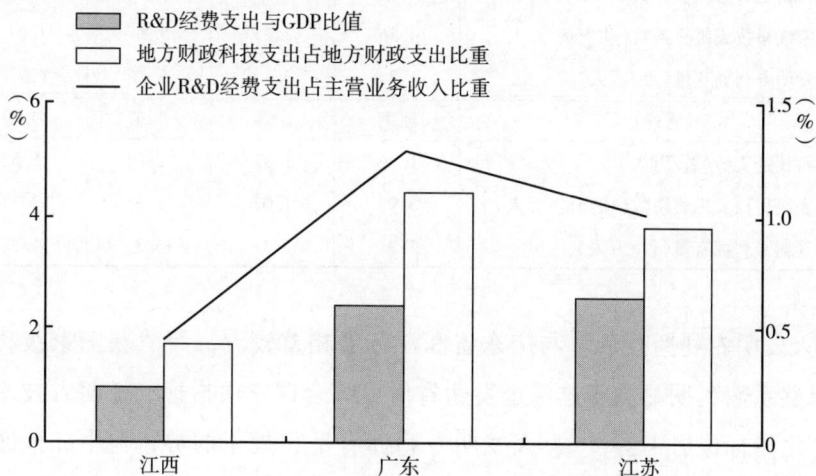

图 11　江西省、广东省与江苏省技术创新财力投入对比

（三）技术创新产出指标分析

技术创新产出是技术创新的最终目的，反映区域真实科技实力。包括技术产出水平和技术成果市场化两个方面。

1. 技术创新产出水平

技术创新的产出主要体现在论文发表与专利申请方面，本文通过万人科技论文数、获国家级科技成果奖系数和万人发明专利拥有量三个指标评价技术创新产出水平，广东省、江苏省以及中部省份对比情况如表 6 所示。

《中国区域科技进步评价报告 2016～2017》统计数据显示，江西省技术产出水平排在全国第 23 位。图 12 显示，江西省"获国家级科技成果奖系数"较高，在中部地区仅次于湖北省，而"万人科技论文数"和"万人发明专利拥有量"明显不足，在中部地区排在最后。图 13 显示，江西省的

表6 广东、江苏以及中部六省技术创新产出水平对比

省份	江西	湖南	湖北	安徽
万人科技论文数(篇/万人)	1.34	2.06	4.12	1.94
获国家级科技成果奖系数(项当量/万人)	4.56	2.33	5.8	1.01
万人发明专利拥有量(件/万人)	1.2	3.4	4.4	4.4
省份	河南	山西	广东	江苏
万人科技论文数(篇/万人)	1.56	1.87	2.61	5.52
获国家级科技成果奖系数(项当量/万人)	3.99	1.07	1.35	2.11
万人发明专利拥有量(件/万人)	1.9	2.3	13.3	14.38

"万人发明专利拥有量"与广东省和江苏省相差较大,而"获国家级科技成果奖系数"明显高于这两个发达省份。综合这三项指标,江西省技术创新产出指标位居中游,"万人发明专利拥有量"处于弱势,与中部地区技术创新产出水平最高的湖北省以及发达省份相比还有差距,需要进一步提升。

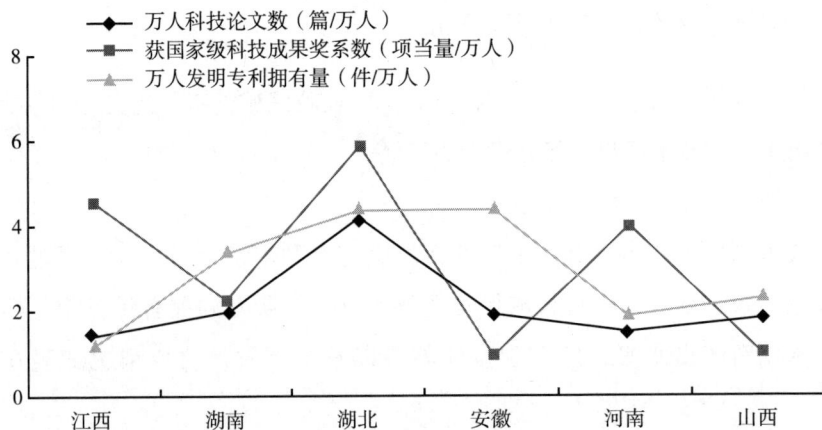

图12 中部六省技术创新产出水平对比

2. 技术成果市场化

技术成果市场化是指将技术创新的研究成果通过产品、技术等形式市场

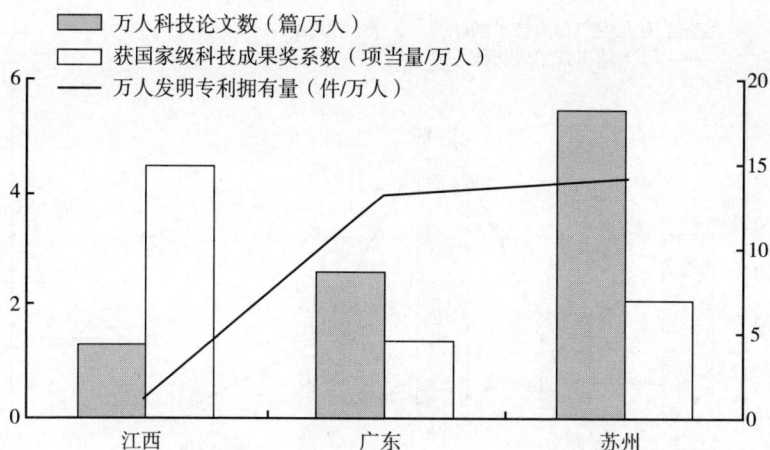

图 13　江西省、广东省和江苏省技术创新产出水平对比

化。本文通过万人输出技术成交额和万元生产总值技术国际收入两个指标评价江西省及中部其他省份技术成果市场化状况，其与发达省份广东省、江苏省以及中部其他省份对比情况如表 7 所示。

表 7　广东、江苏以及中部六省技术成果市场化对比

省份	江西	湖南	湖北	安徽
万人输出技术成交额（万元/万人）	135.08	145.63	1239.18	299.47
万元生产总值技术国际收入（美元/万元）	0.54	0.31	0.84	0.38
省份	河南	山西	广东	江苏
万人输出技术成交额（万元/万人）	47.34	51.2	602.45	679.89
万元生产总值技术国际收入（美元/万元）	0.15	0.23	13.83	3.51

《中国区域科技进步评价报告 2016～2017》统计数据显示，江西省技术成果市场化情况排在全国第 20 位。图 14 显示，江西省的技术成果市场化情况较好，其中，"万人输出技术成交额"处于第四位；而"万元生产总值技术国际收入"处于第二位，仅次于湖北省。如图 15 所示，广东省技术成果市场化情况最优，江西省与其差距较大，需要进一步改善提高。

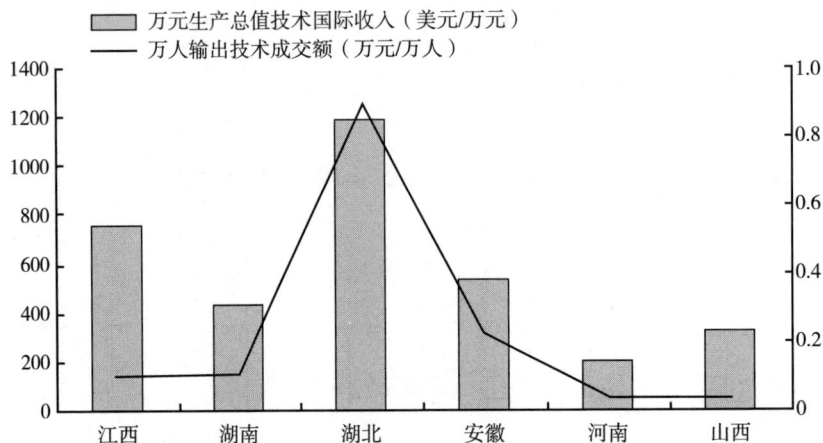

图14　中部六省技术成果市场化对比

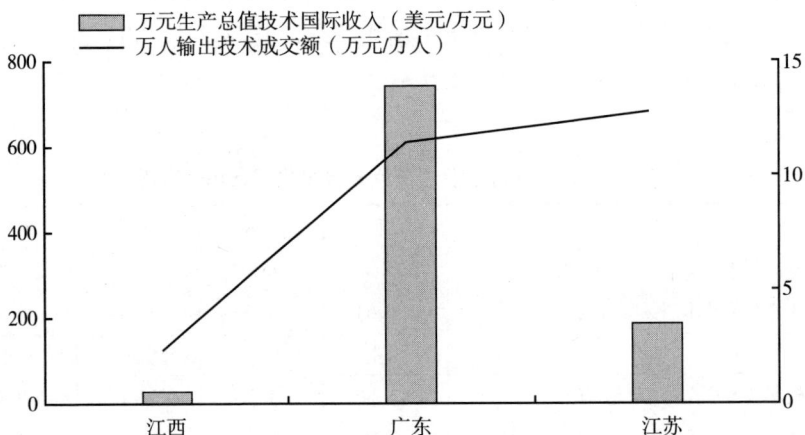

图15　江西省、广东省和江苏省技术成果市场化对比

（四）高新技术产业化指标分析

高新技术产业化完成了高技术成果转化成高技术产品，并实现高经济效益的全过程，是衡量地区科技真实实力的重要指标。包括高新技术产业化水平和高新技术产业化效益两个方面。

1. 高新技术产业化水平

高新技术产业化水平主要通过高技术产品效益来评定，本文通过高技术产业增加值占工业增加值比重和高技术产品出口额占商品出口额比重两个指标评价江西省的高新技术产业化水平，其与发达省份广东省、江苏省以及中部其他省份对比情况如表8所示。

表8　广东、江苏以及中部六省高新技术产业化水平对比

单位：%

省份	江西	湖南	湖北	安徽
高技术产业增加值占工业增加值比重	16.5	14.6	19.3	12.5
高技术产品出口额占商品出口额比重	17	18.84	29.6	24.2
省份	河南	山西	广东	江苏
高技术产业增加值占工业增加值比重	13.2	8.4	27.92	23.43
高技术产品出口额占商品出口额比重	60.4	34.6	31.85	37.59

《中国区域科技进步评价报告2016～2017》统计数据显示，江西省高新技术产业化水平排在全国第17位。图16显示，江西省的"高技术产业增加值占工业增加值比重"排在第二位，"高技术产品出口额占商品出口额比

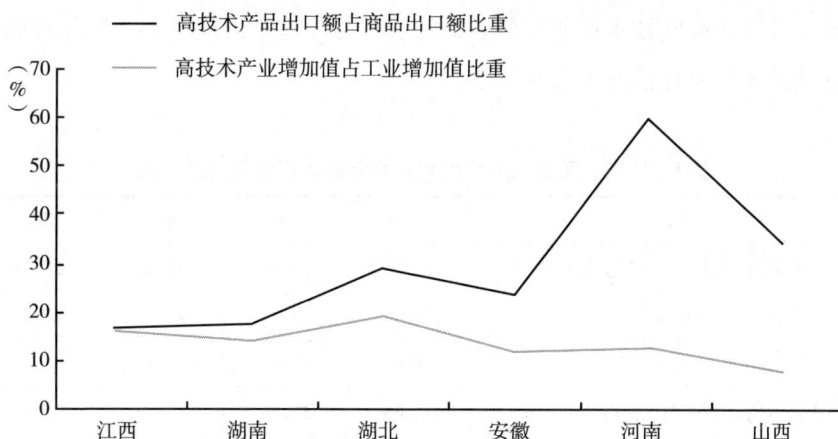

图16　中部六省高新技术产业化水平对比

重"排在最后一位。图 17 显示，两项指标中，江西"高技术产品出口额占
商品出口额比重"与广东省和江苏省相差最大。可见江西省的高技术产品
出口明显处于弱势，有待加强。

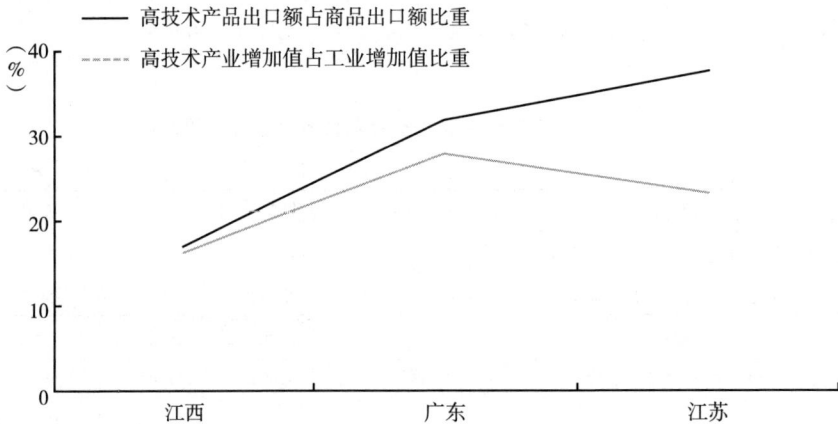

图 17 江西省、广东省和江苏省高新技术产业化水平对比

2. 高新技术产业化效益

高新技术产业化效益一般可由高技术产业劳动生产率与高技术产业增加
值率表示，本文通过高技术产业劳动生产率与高技术产业增加值率两个指标
评价江西省的高新技术产业化效益，江西省与发达省份广东省、江苏省以及
中部其他省份对比情况如表 9 所示。

表 9 广东、江苏以及中部六省高新技术产业化效益对比

省份	江西	湖南	湖北	安徽
高技术产业劳动生产率(万元/人)	25.61	28.39	38.52	29.34
高技术产业增加值率(%)	30.46	29.83	41	27.3
省份	河南	山西	广东	江苏
高技术产业劳动生产率(万元/人)	24.68	18.39	17.59	24.58
高技术产业增加值率(%)	28.74	27.04	21.64	22.82

　　《中国区域科技进步评价报告 2016～2017》统计数据显示，江西省高新技术产业化效益情况排在全国第 22 位。图 18 显示，江西省高新技术产业化效益处于中等偏上水平，其中，"高技术产业劳动生产率"位于第四位，"高技术产业增加值率"位于第二位；结合图 19 所显示的江西省的这两项指标优于广东省和江苏省，可见江西省高新技术产业化效益处于较优位置，但仍可以进一步提高。

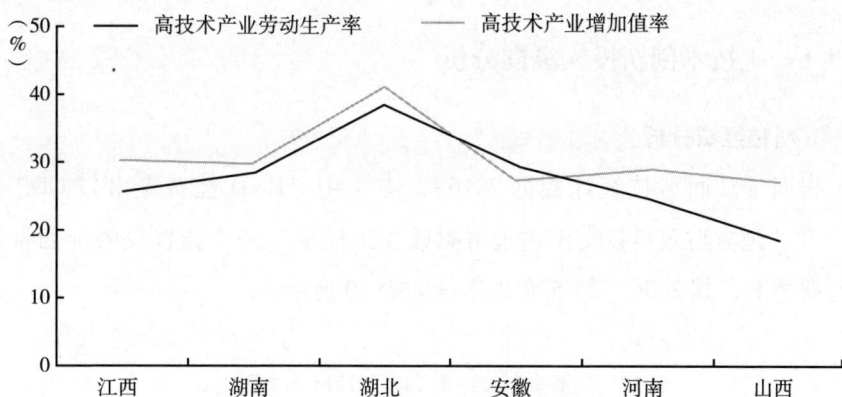

图 18　中部六省高新技术产业化效益对比

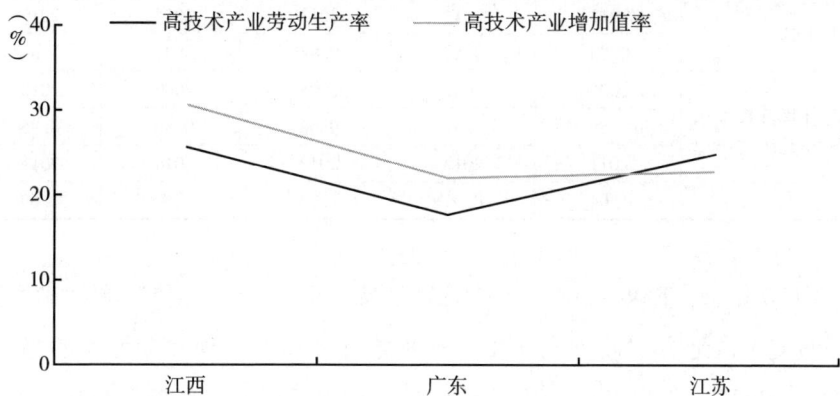

图 19　江西省、广东省和江苏省高新技术产业化效益对比

二 江西省技术创新水平纵向比较分析

根据《江西科技统计数据2016》，本文从技术创新投入、技术创新产出和技术创新环境三个方面纵向分析江西省技术创新水平。其中，技术创新投入由科技经费和科技人力组成，技术创新产出由科技成果表示，技术创新环境由科研机构代表。

（一）技术创新投入纵向分析

1. 科技经费分析

根据《江西科技统计数据2016》，本文用"R&D经费支出与GDP比值"和"地方财政科技支出占地方财政支出比重"两个指标反映江西省科技经费情况，其2006～2015年的数据如表10所示。

表10 江西省科技经费2006～2015年数据对比

单位：%

科技经费	2006	2007	2008	2009	2010
R&D经费支出与GDP比值	0.81	0.89	0.97	0.99	0.92
	2011	2012	2013	2014	2015
	0.83	0.88	0.94	0.97	1.04
地方财政科技支出占地方财政支出比重	2006	2007	2008	2009	2010
	0.86	0.97	0.92	0.86	0.95
	2011	2012	2013	2014	2015
	1.04	0.91	1.33	1.5	1.69

图20显示，2006～2015年"R&D经费支出与GDP比值"和"地方财政科技支出占地方财政支出比重"两项指标整体上呈现波动增长的趋势，其中，"R&D经费支出与GDP比值"的平均增长率为2.82%，呈现缓慢增加的趋势，相对于2006年，2015年增加值不大；"地方财政科技支出占地方财政支出比重"的平均增长率为7.80%，在2012年至2015年急剧增加。

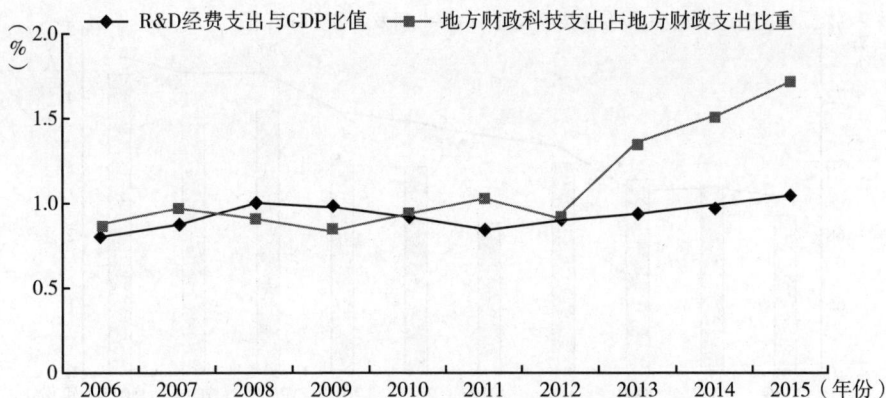

图20 江西省科技经费 2006～2015 年对比

江西省的 R&D 经费支出有待提升。

2. 科技人力分析

根据《江西科技统计数据 2016》，本文用"企事业单位专业技术人员"和"研发人员全时当量"两个指标反映江西省科技人力情况，其 2006～2015 年的数据如表 11 所示。

表 11 江西省科技人力 2006～2015 年数据对比

科技人力					
企事业单位专业技术人员（万人）	2006	2007	2008	2009	2010
	69.69	70.4	70.52	70.94	69.59
	2011	2012	2013	2014	2015
	70.8	70.92	72.06	71.95	73
研发人员全时当量（万人年）	2006	2007	2008	2009	2010
	2.58	2.71	2.71	3.31	3.48
	2011	2012	2013	2014	2015
	3.75	3.82	4.35	4.35	4.65

表 11、图 21 显示，2006～2015 年间，"企事业单位专业技术人员"从 69.69 万人增加到 73 万人，平均增长率为 0.52%；而"研发人员全时当量"呈现逐年增加的趋势，平均增长率为 6.76%。

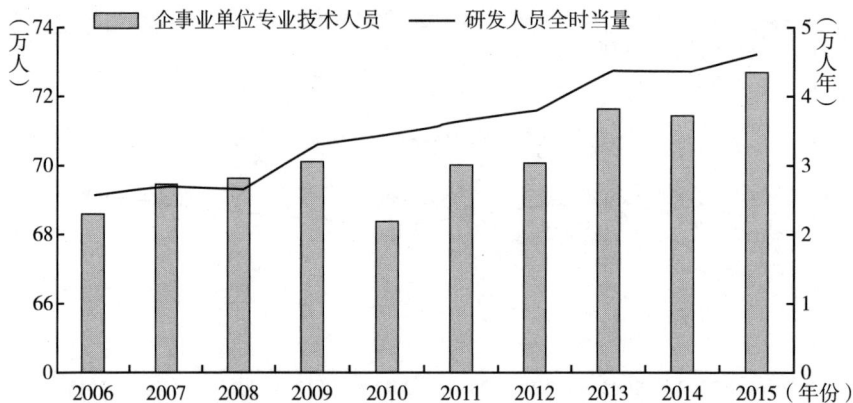

图 21　江西省科技人力 2006～2015 年对比

（二）技术创新产出纵向分析

根据《江西科技统计数据 2016》，本文用"全省专利申请授权量"反映江西省技术创新产出情况，其 2006～2015 年的数据如表 12 所示。

表 12　江西省科技成果 2006～2015 年数据对比

科技成果	2006	2007	2008	2009	2010
全省专利申请授权量(项)	1536	2069	2295	2915	4351
	2011	2012	2013	2014	2015
	5550	7985	9970	13831	24161

图 22 显示，江西省"全省专利申请授权量"2006～2015 年呈现逐年增加的趋势，平均增长率为 35.82%，2014～2015 年增速加快。

（三）技术创新环境纵向分析

根据《江西科技统计数据 2016》，本文用"研究和开发机构数"反映江西省技术创新环境，其 2007～2013 年的数据如表 13 所示。

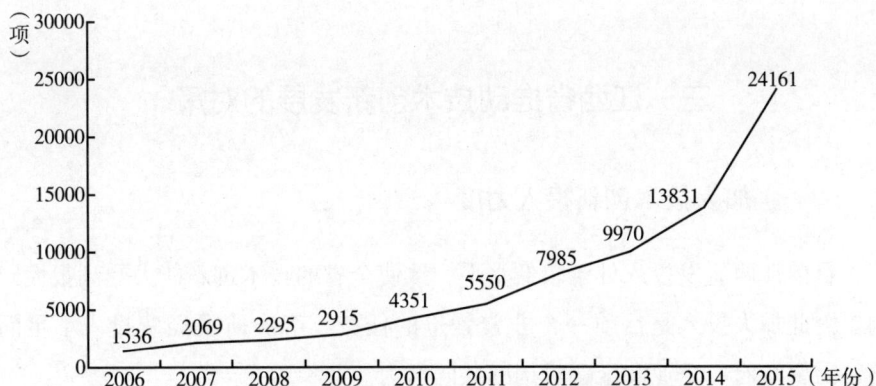

图 22　江西省专利申请授权量 2006～2015 年对比

表 13　江西省科研机构 2007～2013 年数据对比

科研机构	2007	2008	2009	2010
研究和开发机构数 （个）	114	113	112	115
	2011	2012	2013	
	116	117	116	

图 23 显示，2007～2013 年江西省"研究和开发机构数"呈现波动的趋势，年均增长率为 0.19%，可见江西省研发机构数量明显不足，技术创新环境有待优化。

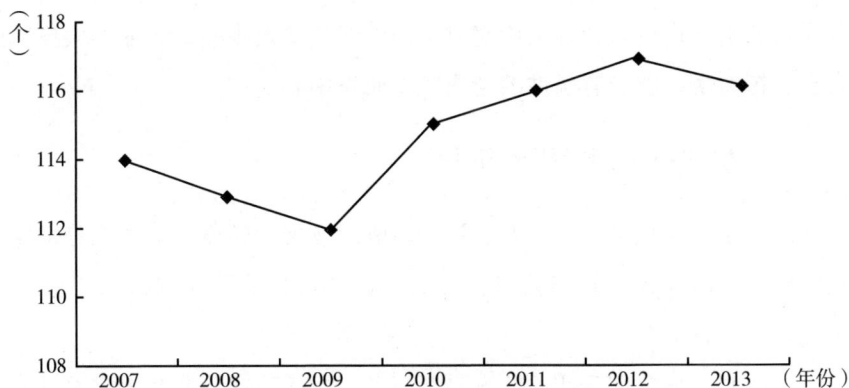

图 23　江西省研发机构数 2007～2013 年对比

三 江西省推动技术创新发展的对策

（一）加大技术创新投入力度

目前江西研发投入处于较低水平，致使全省的技术创新能力受到很大影响。因此加大投入是目前一个非常紧迫的任务。解决研发经费投入不足问题，需要政府、企业和金融机构的共同努力。

——加大各级财政对科技的投入，增加政府在研发经费中的投入比重。要积极发挥政府投入的引导作用，建立健全多渠道全方位的科技投入体系，引导全社会多渠道、多层次增加科技投入，形成以财政投入为引导、企业投入为主体、银行贷款为支撑、社会集资和引进外资为补充、优惠政策作扶持的全社会科技投入体系。

——鼓励企业增强自我创新能力，提高自身经济实力。积极做好项目和产品推介工作，主动拓展筹资渠道，保证足够的创新经费。同时要利用一系列科技创新优惠政策，引导企业加大研发投入，逐渐使企业由激励研发变为自主研发。

——积极完善资金市场，支持金融机构扶持企业的科技创新活动。逐渐拓宽现有资本市场的范围，大力鼓励发展面向企业的资本市场，发挥政府对风险投资的引导作用。金融机构应对有条件建立研发中心的企业加大技术创新资金支持力度，引导有条件的企业建立研发中心。

（二）加快技术创新平台建设

江西省要实现从资源驱动发展到创新驱动发展的转变，必须充分发挥政府的引导和保障作用，积极营造良好的创新环境，消除体制机制"藩篱"，建设创新创业新平台。

——政府是科技创新活动的重要参与者，发挥着在公共技术研发投入中引导及为科技创新者提供政策优惠、打造良好的创新环境的重要作用。各级政府应该在法制规范、政策制定中发挥作用，如通过出台有效可行的政策措施，鼓励省内建设或引进科技创新平台。

——在创新环境上，政府要为创新人才和创业人才提供良好的发展平台，让各类创新人才在良好的硬件和软件环境中积极发挥作用。同时要注意对政策的贯彻落实进行监督指导。

——建设技术创新平台需要加大 R&D 投入。建立研发人员获得政策优惠的强度跟平台科技成果转化率挂钩的政策扶持机制。尽快研究制定和落实把有限的研发经费投入平台研发项目中去的管理办法。

——加强企业技术中心建设。企业技术中心是企业实现创新的重要载体，是提高企业竞争力的核心平台。通过加强企业技术中心建设，推动企业成为技术创新主体，增强企业创新能力，引导和支持创新要素向企业集聚。在引领全省产业技术升级和发展方式转变的关键领域，鼓励未建立技术中心的大型企业整合科技资源，建立企业技术中心。

（三）鼓励高精尖缺人才的引进和培育

从创新调查中可以看到，江西省技术创新能力的高低与人才多少息息相关，因此，人才是创新的关键，是科技创新的主要力量。

——树立人才是第一资源的理念，围绕产业转型升级，立足提升重点领域技术创新水平，大力引进急需紧缺的高层次人才和创新团队，培育、提升本土科技领军人才和创新团队的研发能力，政府要加大对创新人才和团队培养的扶持力度，支持设立创业服务机构和建设留学生创业园，以吸引高素质人才投资创业。

——引导国家级企业技术中心企业实施人才战略，建立公平竞争机制，选拔各类优秀人才进入技术中心，选派优秀人才深造学习，或者自身开设科技创新人才培训与职业教育课程。制定研发成果转化奖励办法，生活待遇和奖金分配向研发人员倾斜，调动研发人员的创新积极性。引导企业围绕关键岗位和核心技术需求，引进高端创新人才，增强企业的持续创新能力。

（四）支持企业进行技术创新活动

2015年，全省规模以上工业企业R&D经费投入为147.5亿元，占全社会研发经费的85.2%，高于全国77%的比例，由此可见企业已成为江西省R&D经费投入的中坚力量，因此，要提高江西省的科技创新能力还需要从企业自身出发。

1. 鼓励中小企业加大创新力度

中小企业是创新的巨大潜在力量。因此不仅需要在政策方面向中小企业适当倾斜，以提高其创新积极性，还可以从以下几方面进行帮扶：一是建立信息共享平台，便于中小企业进行信息查询，也可以定期向中小企业发布有关的信息和知识，使企业能够享受"政府送上门来的服务"，增加信息来源。二是建立设备共享平台，中小企业可以在适当付费的基础上，使用集中在科研院所、高校、大型企业、重点实验室、工程技术中心等部门的科学仪器设备进行研发创新。三是建立科技型中小企业技术创新基金，降低中小企业创新风险。

2. 引导企业增强产学研合作

鼓励企业根据自身的需求，用各种方式与高校、科研院所等机构合作，帮助企业有效配置社会资源。企业的研发项目只要与高校、科研院所合作，均应有机会得到政府的资助；对于申报省级技术创新计划项目为产学研结合的应优先鼓励；鼓励企业与高校院所联合建设实验室、工程中心等基础设施，进一步深化产学研关系。

（五）加快推进产业优化升级

在技术创新过程中，产业是载体。江西传统产业的创新能力有限，无法在短时期内全部改造升级。因此，要结合国家"十三五"规划，紧密联系国家区域发展战略，加快促进传统产业优化升级，大力发展高新技术产业和新兴产业，加强全省产业的区域合作能力，促进"产品外出"和"技术内引"，吸引国际企业、技术、人才和资金向江西转移。

1. 加快发展优势产业

高新技术产业具有高渗透性、高关联度、高附加值的特点，可以产生强烈的乘数效应和溢出效应，带动关联产业的同步发展。因此要围绕优势产业，如生物医药、航空航天、绿色食品、新材料等领域，重点突破关键技术，实现重大成果产业化，培育一批具有较高技术含量的品牌和产品，扶持一批骨干企业，培育特色产业群体，做强做大一批产业，提升产业核心竞争力。

2. 加快融入"互联网＋"

国务院发布《关于积极推进"互联网＋"行动的指导意见》，这是推动互联网由消费领域向生产领域拓展、加速提升产业发展水平、增强各行业创新能力的重要举措。因此要鼓励企业发展"互联网＋"新业态，推动传统制造业企业采用移动互联网、云计算、大数据、物联网等信息通信技术，改造原有产品生产及研发方式，开发新产品，提升产品性能，建立智能服务平台，优化生产资源配置，增强创新能力。

（六）促进科技创新开放发展

对外开放是国家发展战略，江西省对外开放能力较弱，不能及时整合周围区域的要素资源以促进自身发展。因此，江西省不仅要支持企业和产业等双向开放发展，还要鼓励各研发机构平台对外开放，共享科创成果和技术，进一步促进江西省和周边区域科技创新能力的提高。

1. 与国内外创新力量合作

加快提升江西省各类创新主体和载体的引进、消化、吸收、再创新能力，全面提升江西省的科技创新能力和对产业发展的支撑能力。建立健全科技大开放协作机制，将对外科技合作从原来单纯的技术合作提升为技术、人才、产业、资本、管理等全方位的合作，深化和推进与发达地区、著名高校、大院大所、大型企业的科技合作与交流，积极参与"一带一路"建设和长三角、中部地区等区域科技合作，完善开放、流动、竞争、协作的运行机制。

2. 加强对外科技合作基地建设

建立国际合作基地和省级对外科技合作基地，支持有较强竞争力的机构与国内外高水平的企业、研发机构共建联合研究中心，充分利用良好的投资和创业环境吸引国内外优秀人才、高水平科技成果和研发机构参与产业发展升级。扩大对外科技合作与交流，积极组织科技人员赴国内外培训、考察、交流，参与科技展览会、学术论坛等活动；坚持引技、引智、引资相结合，注重关键技术的引进、消化、吸收、再创新以及领军人才的引进和培养；结合产业特色和科技优势，组织企业与国内外先进技术及成果对接，推动锂电新能源、生物新医药、农业等优势资源和技术走出去。

参考文献

中国科学技术发展战略研究院：《中国区域科技进步评价报告 2016～2017》，科学技术文献出版社，2016。

江西省科学技术厅：《2016 江西省科技创新基本情况》，2017。

中华人民共和国科学技术部：《中国区域创新能力监测报告 2016～2017》，科学技术文献出版社，2017。

2014 年度江西省软科学研究计划项目课题组：《江西省科技进步综合水平评价与对策研究》，江西省科技情报研究所，2016。

江西省科学技术厅：《江西科技统计数据 2016》，2017。

B.22
江西深度融入"一带一路"的
战略路径与政策研究

方向军*

摘　要： 江西始终坚持以"一带一路"倡议为统领谋划全省开放发展大局，在战略布局上下"先手棋"，在落实举措上下"狠功夫"，初步形成了从"红色土地"走向"蓝色海洋"的开放格局。为深度融入"一带一路"，江西应抓住国家推进"一带一路"建设带来的重大机遇，充分利用江西在区位、政策、经贸联系上的优势，加快推动重点行业的进出口业务，推动企业走出去参与国际竞争。

关键词： 深度融入　"一带一路"　走出去

习近平总书记在2013年访问中亚四国与东盟期间，先后提出了"丝绸之路经济带"和"海上丝绸之路"的倡议。五年来，"一带一路"倡议在国际社会得到广泛认同，充分彰显了中国致力于打造人类命运共同体的大国形象和责任担当；五年来，"一带一路"倡议从构想蓝图逐步落地实施，推动国际经贸合作繁荣发展，世界各国共享中国经济发展机遇；五年来，"一带一路"倡议引领了中国新一轮对外开放，陆海内外联动、东西双向互济的开放格局正在形成。

---

* 方向军，江西省商务厅党组成员、副厅长。

作为一个内陆欠发达省份，江西始终坚持开放发展理念，结合自身发展实际，提出了打造内陆双向开放高地的战略目标。江西始终坚持以"一带一路"倡议为统领谋划全省开放发展大局，在战略布局上下"先手棋"，在落实举措上下"狠功夫"，初步形成了从"红色土地"走向"蓝色海洋"的开放格局。总的来讲，江西在贯彻落实"一带一路"倡议方面并没有输在"起跑线"上，在战略布局、工程承包、对外援助等领域甚至走在全国前列，为江西实现更高质量的开放发展拓展了战略空间。

一　江西融入"一带一路"发展现状

江西省委省政府认真贯彻国家"一带一路"建设部署，立足江西实际、突出对接重点，着力推动在与重点国家合作、设施联通、产能合作、经贸交往、平台建设、人文交流等方面取得新突破，努力提升江西在全国区域发展格局中的战略地位，推进江西开放发展迈向更高水平更高层次，取得了积极成效。

（一）国际交往"朋友圈"持续拓展

中央提出"一带一路"倡议以来，江西积极参与"一带一路"建设，国际交往"朋友圈"越来越大。江西聚焦重点区域，高位推动对外合作交往。2017年，时任江西省委书记鹿心社率中共代表团出访巴基斯坦和黎巴嫩，签订9个投资项目及合作协议，签约投资额14.1亿美元，推动江西省铁投集团与黎巴嫩法兰萨银行签订合作备忘录，标志着江西从参与国际产能合作拓展到金融高端服务领域。时任江西省长刘奇率领赴捷克、奥地利、德国高访团，举办江西省-奥地利航空和新材料产业交流会、中国江西-欧洲经贸合作推介对接会，洽谈对接项目17个，签约投资额4.8亿欧元。

截至目前，江西与223个国家、地区保持着密切的贸易往来，有66家境外世界500强和跨国公司投资江西。江西作为全国首批四个"国际商务官员研修基地"之一，为124个国家培训了2904名官员，其中正国级领导人 1 名、省部级官员 40 名。江西省与世界五大洲的 35 个国家建立了友好城市关系,友好省州 20 对,友好城市 70 对。江西成功加入中美省州合作、中英地方合作。

(二)连接"一带一路"通道全面畅通

积极推进交通、物流和通关体系建设,着力打通对接"一带一路"通道。一是畅通陆上丝绸之路通道。2017 年全省共开行 26 列赣欧(亚)国际货运班列,平均每两周一列,初步实现了常态化运行,机电、家具、蜜橘、蔬菜等江西制造装上火车可直达欧洲、中亚和东盟。二是畅通海上丝绸之路通道。在稳步发展上饶 – 宁波、赣州 – 厦门铁海联运快速班列的基础上,2017 年新开行了南昌至深圳、抚州至福州铁海联运快速班列,实现 4 条(宁波、厦门、福州、深圳)快速通道全面对接"长珠闽"。2017 年全省铁海联运外贸货运量为 4.7 万标箱,货值约 180 亿人民币,同比分别增长 20% 和 19%。三是畅通空中丝绸之路通道。新开了南昌至美国(塞班)、埃及(开罗)、越南、柬埔寨的国际航线。四是完善大通关体系。在大力推广国际贸易"单一窗口"的同时,积极开展降低集装箱进出口环节合规成本、通关时间专项行动,进一步优化了操作流程、减少了通关时间,降低综合费用 20% 以上;顺利实现货物通关时间压缩"三分之一"以上,海关和检验检疫部门通关效率稳居中西部地区第一、全国前列。

(三)国际产能合作深入推进

江西紧紧围绕优势产业和新兴产业,深入实施国际产能合作,推动优势产业走出去、富余产能转出去,提升产业发展水平。深入推动江西铜业、晶科能源、赣锋锂业、江西国际、正邦集团、赣粮实业等一批龙头企业走出去,开拓海外市场,开展海外并购,转移富余产能。走出去队伍进一步壮大,新设立对外投资企业 83 家,对外投资领域进一步拓宽,一批实体企业纷纷走出国门投资设厂。2017 年,全省对外承包工程营业额 42.63 亿美元,总量跃居全国第 8 位,同比增长 8.12%;对外直接投资 7.12 亿美元。省铁投集团与黎巴嫩法兰萨银行签订合作备忘录，标志着江西从参与国际产能合作拓展到金融高端服务领域。

加强先进产业引进来。围绕改造提升传统优势产业，发展战略性新兴产业，大力引进国外资本、先进技术和管理经验，加快实施江西雅保、孚能科技等一批重点外资合作项目。2017年，全省实际利用外资114.64亿美元，居全国第12位，比上年前移2位，同比增长24.53%，增速居全国第7位。

（四）对外经贸合作持续突破

积极开拓"一带一路"沿线国家市场，进一步提升江西对外经贸合作水平。一是加强经贸推介。举办了外交部江西省全球推介会、赣港会、赣台会、中国江西－欧洲经贸合作推介对接会等系列活动，发出江西声音、树立江西形象、扩大江西影响。二是大力开拓外贸市场。帮助企业拓展沿线市场，大力培育出口品牌，提升江西省机电产品、高新技术产品和优势农产品的出口能力。2017年，全省外贸进出口3020亿元人民币，同比增长14.5%，其中向"一带一路"沿线相关国家和地区的出口占全省总量的40%以上。三是加大对外承包工程力度。2017年，江西对外承包工程取得重大突破，全省完成对外承包营业额37.9亿美元，增长8.47%，总量全国排名第七，新签合同额37.2亿美元，新签10亿美元以上特大项目2个。其中，在"一带一路"沿线21个国家完成对外承包工程营业额8.31亿美元，占全省对外承包工程总额的22%；新签合同额5.96亿美元，增长243%。新签合同额的快速增长，充分体现了江西企业在"一带一路"沿线国家的承包工程业务发展后劲不断增强。四是"走出去"企业做大做强。江西国际、江西中煤、中鼎国际连续入选全球最大国际承包商250强，分别居第90、95、127位，"江西建设"品牌在国际承包工程领域已具有相当的影响力。

（五）合作平台建设跨越发展

统筹推进重点合作平台建设，为参与"一带一路"建设创造有利条件。一是支持重点开放平台建设。推动国家级经开区转型升级，有序开展国家级开发区考评，全省 17 家国家级开发区实际利用外资占比提升到 28%，利用省外项目资金占比提升到 26%。支持赣州综合保税区发展，以服务推动南昌综合保税区封关运营。出台政策支持赣江新区发展。支持赣州港打造连接"一带一路"重要节点城市的国际货物集散地。二是海外产业园区建设顺利推进。积极推进赞比亚（江西）经贸合作区、晶科能源马来西亚光伏产业园、华坚鞋业埃塞俄比亚轻工业城等境外合作区建设。三是企业服务平台加快搭建。"江西走出去企业战略合作联盟" 2017 年大会召开，联盟会员企业达到 300 家，推动企业抱团走出去。江西省工程企业市场开拓力度进一步加大，远赴中东欧的波黑、格鲁吉亚，东南亚的马来西亚、泰国、柬埔寨、老挝、印尼、文莱等国家开展了业务考察和对接，积极把握机遇，布局沿线国家。

（六）人文交流不断深化

深化与沿线国家旅游、科教、文化、医疗等领域的合作交流，促进相互了解和文化认同。旅游方面，组织赴东南亚、蒙古、俄罗斯等地开展旅游推广活动，拓展海外旅游市场。教育方面，设立"一带一路"专项等奖学金，支持"一带一路"沿线国家和地区留学生来赣学习深造；组建了南昌大学俄语中心，深入实施与俄罗斯高校的合作。江西财经大学招收的首届中国政府援外项下国际商务硕士研究生顺利毕业并获得硕士学位，2017 年又获批新招收 19 名研究生。2017，国际商务官员（江西）研修基地成功举办了 33 期援外培训班，共有来自 73 个发展中国家的 965 名政府官员和技术人员参训，其中有 383 名学员来自 28 个"一带一路"沿线国家。文化方面，落实习近平总书记访问英国时的重要讲话精神，联合英国斯特拉特福市共同举办汤显祖和莎士比亚逝世 400 周年系列纪念活动；组织文化团体赴坦桑尼亚、尼日利亚、斯洛文尼亚等 10 多个国家开展文化交流和文艺演出，展示江西文化的独特魅力。医疗卫生方面，实施热敏灸海外发展计划，推动针灸、推拿等传统中医技术走向海外，举办传统中医国际研修班、庐山杏林文化论坛等交流活动，扎实做好援外医疗工作，促进中医药国际传播和贸易合作。

二　江西融入"一带一路"的机遇与挑战

（一）江西融入"一带一路"面临的机遇

1. 宏观发展环境机遇

随着"一带一路"倡议的深入实施，中国与"一带一路"国家在政治、经济、文化各方面的合作不断推进，给江西社会、经济发展带来良好的宏观发展机遇。一是高层推动带来进一步的市场开发。国家"十三五"规划纲要明确了"一带一路"建设对我国构建全方位开放新格局的重要意义。习近平总书记在十九大报告中也多次提到"一带一路"建设。"一带一路"倡议提出四年多以来，国家领导人密集出访沿线国家，向各国阐述倡议的意义和内涵，并积极推动中国与沿线国家经贸合作，给江西深化与沿线国家的开放合作带来重大机遇，诸多合作项目一个个落地开花。二是各部门配合协调，一系列政策措施相继出台。在党中央、国务院的高度重视之下，政府各部门纷纷出台政策支持"一带一路"建设，支持走出去、引进来，为推进合作交流提供了制度上的保障。三是"丝路基金"、亚投行等系列金融机构一定程度上为企业走出去提供了资金保障。此外，"一带一路"高峰论坛、"一带一路"建设推进会等对促进江西参与"一带一路"建设提供了平台。例如在 2017 年举行的"一带一路"高峰论坛上，江西企业积极参与沿线国家项目建设，推进了一批重点工程承包项目。

2. 相关产业发展机遇

"一带一路"框架贯穿欧、亚、非大陆，沿线主要以发展中国家为主，与中国具有较强的产业互补性。出口贸易方面，江西传统的出口产品主要包括机电产品，及含纺织服装、家具、陶瓷在内的劳动密集型产品，以及一部分高新技术产品。2016 年，江西机电产品出口值 811.26 亿元，占全省出口总值的 41.3%；七大类传统劳动密集型产品出口值达 570.91 亿元，占出口总值的 29.1%；高新技术产品 290.55 亿元，占全省出口总值的 14.8%。出口地以东盟、印度及欧盟和美国为主，近年来阿根廷、土耳其、尼日利亚成为江西的新兴出口地。随着"一带一路"建设的开展和沿线国家的市场开拓，江西传统的出口产品将有更大的市场空间。"一带一路"倡导的"设施联通"在沿线国家掀起大规模的基础设施网络建设热潮，为江西工程承包、水电站、照明等相关产业提供了重要的参与机会。此外，随着外商投资准入条件的放宽，江西的外商投资将更多地向高新技术领域转移，外商投资的技术溢出效应将有效促进江西省内产业结构升级，通信设备、计算机及其他电子设备制造业、专用设备制造业、化学原料及化学制品制造业、批发和零售业、交通运输、仓储和邮政业、金融业、文化、体育和娱乐业等领域利用外资的水平将大幅提升。

3. 区域经济发展机遇

从区域层面来看，长江经济带、中部崛起计划、泛珠三角区域合作在江西交汇叠加，给江西更好地参与"一带一路"建设带来重大机遇。2016 年 9 月《长江经济带发展规划纲要》正式印发，成为实施长江经济带发展重大国家战略的纲领性文件；同年 12 月，长江经济带省际协商合作机制正式建立。江西地处长江中游城市群，是连接长三角、珠三角等发达地区和重庆、四川等西部地区的重要支点，在长江经济带建设中起着桥梁纽带的作用。"中部崛起"最早在"十一五"规划中提出，2016 年 12 月，国务院发布《关于促进中部地区崛起"十三五"规划的批复》，明确了中部地区"一中心、四区"的战略定位，中部地区的共同繁荣为江西参与"一带一路"建设提供了更好的发展条件。此外，江西还是长三角、珠三角、闽三角的战略腹地，上海、广东、福建自贸区的建设将为江西承接东部产业转移、完善基础设施建设带来机遇。

（二）江西融入"一带一路"面临的挑战

1. 同质竞争局限发展

策应国家倡议，抢抓发展机遇，江西立足自身优势，积极参与"一带一路"建设，在外经、外贸、特色产业、重大项目等方面都有一定的优势，但同样面临来自其他省份，特别是中部省份的同质化竞争压力。如湖北主要经济社会发展指标在中部地区居于较领先地位，重点发展制造业，打造武汉城市圈，力图发展现代制造业和高新技术产业、现代服务业，承东启西、接南转北，打造具有传导和中继作用的战略支点城市。湖南一方面借泛珠三角经济圈发展的机会，承接珠三角产业转移，推动湖南与粤港澳地区的交流和合作；另一方面利用其装备制造业基地、电子信息以及新能源、新材料等新兴产业基地和自主创新示范区等平台，强化与欧盟、俄罗斯、韩国、新加坡以及中亚地区的合作。安徽加速融入长江三角洲经济圈，努力把安徽建成长三角地区的加工制造业承接基地，在农副产品工业、劳务供应、煤电能源、旅游业等方面都与江西存在竞争关系。河南以郑州都市圈为中心，以洛阳为次中心，开封、新乡等9城市为节点形成密切联系圈，打造"一带一路"的交通和商贸物流中心、新亚欧大陆桥经济走廊区域互动合作的重要平台以及内陆对外开放高地。河南作为农业大省和人口大省，在农产品供应和劳动力供应上与江西存在竞争关系。山西致力于打造国家新型能源基地和工业基地，其电力、煤炭、钢铁、机械等产业都具有良好的基础。

2.产业竞争力弱限制发展

近年来，江西"走出去"实现重大突破，对外承包工程和矿产资源合作项目接连落地，对外投资有序推进，一批境外经贸合作区正在建设，对外贸易规模迈上新台阶，但仍然面临产业竞争力弱、产品结构层次低的严峻挑战。江西的出口产品多为技术含量低、产品附加值低的劳动密集型产品，如主要包括机电产品、服装、家具、陶瓷等，虽然批次大，但货值低、利润低。江西"走出去"企业实力总体不强，与国内其他企业特别是央企相比，在境外合作项目运作和资金筹集等方面能力仍然偏弱。

三 江西融入"一带一路"的战略路径

（一）基本思路

深入贯彻落实党的十九大精神，以习近平新时代中国特色社会主义思想为指导，牢固树立新发展理念，以供给侧结构性改革为主线，以高质量发展为要求，结合江西定位，响应国家"一带一路"倡议，贯彻落实《江西省参与丝绸之路经济带和21世纪海上丝绸之路建设实施方案》。充分利用国内国际两种资源、两个市场，发挥经贸合作的基础和先导作用，结合江西经济发展特点，通过宏观规划、政策引导和全方位服务，围绕江西产业结构转型升级，提高企业国际竞争力，转变外经贸增长方式，提高实际利用外资质量效益，协调各方资源，大力支持江西优势企业多形式、多渠道"走出去"，全方位、多层次开展国际合作，扩大同"一带一路"沿线各国各地区的利益融合、互利共赢，着力构建现代化经济体系，推动形成全面开放新格局，为建设富裕美丽幸福现代化江西做出新的更大贡献。

（二）实施路径

抓住国家推进"一带一路"建设带来的重大机遇，充分利用江西在区位、政策、经贸联系上的优势，加快推动重点行业的进出口业务，推动企业走出去参与国际竞争。明确挑战，正视短板，通过提升外资效益，助推产业转型升级，提高自主创新能力。通过搭建国际化平台，强化服务，积极应对挑战，修炼内功，推动江西更好地参与一带一路建设。

1. 抓重点，提升外贸竞争优势

努力扩大与"一带一路"沿线国家的贸易规模，促进市场多元化。首先，着重提高机电、新能源等高新技术产品出口比重。巩固和提升有色、纺织服装、家具、农业等优势产业及劳动密集型产品竞争力，提升农产品精深加工能力和特色发展水平。帮助相关产业加强品牌建设，完善国际营销网络布局，设立海外商品展示中心、售后服务中心、仓储中心和分拨中心，积极引入先进技术提高行业创新能力和效益，扩大出口份额。其次，利用江西区位优势，积极畅通与"一带一路"国家的连接通道。加密国际国内重要干线机场航线航班，力争新开至俄罗斯、新加坡等"一带一路"沿线国家航线航班。推动赣欧（亚）班列常态化运行，全年力争开行70列以上，带动沿线产业发展。稳定开行至宁波、厦门、福州、深圳等长珠闽经济板块重要港口的集装箱快速班列，辐射范围进一步向全省各市县拓展，形成"大"字形网络格局。再次，发挥海外投资对贸易的促进作用，充分利用江西走出去企业的海外布局带动机械设备、零部件以及技术和服务业的出口。此外，增强进口、出口的双向促进作用。通过增加高品质进口，一方面保持与"一带一路"沿线国家的相对贸易平衡；另一方面通过刺激江西生产制造企业提升技术水平，来提升对外贸易的综合竞争力。

2. 提质量，提高招商引资效益

提升利用外资质量水平是江西应对当前形势、获取"一带一路"开放红利的迫切需要。第一，根据《国务院关于扩大对外开放积极利用外资若干措施的通知》（国发〔2017〕5号）的精神，放宽外商投资准入限制。鼓励外商投资现代物流、信息服务、金融服务、电子商务、商务会展、科技服务等生产性服务业，以及旅游休闲、商贸服务、健康养老等生活性服务业。第二，发挥财政资金的引导作用，加大利用外资财政奖励力度，鼓励外商推动跨国公司总部来赣投资，支持外资设立研发机构，鼓励外资企业提供技术转让、技术服务、技术开发，增强外资技术溢出效应。第三，优化重点园区环境，创新政策支持，促进外资大项目的落地，增强开发区对外资的聚集效应。第四，开展产业链招商，重点引进本地产业链中的瓶颈产业，以带动整个产业链的发展。

3. 控风险，助推海外投资步伐

江西的钢铁、有色金属、轻纺、照明等产业是走出去的优势产业，以江西国际、江西中煤、江西中鼎为代表的企业在工程承包中积累了丰富的经验。未来在参与"一带一路"建设中，防控海外投资风险是重点。一方面要引导企业加快形成与国际接轨的组织架构，健全风险防控机制，加强境外安全生产工作，保证人员和财产安全；另一方面，要完善重点国别的有关环境保护等投资政策，完善风险评估和预警机制，鼓励引入金融工具帮助企业分散海外投资风险，建立应急事件处理机制，完善舆情监测和危机事件处理机制，提高舆情监测和危机处理能力。

4. 筑平台，对接国际发展机遇

第一，积极推进江西自由贸易实验区审批，打造高标准的开放平台；第二，充分发挥经开区对外开放排头兵的作用，通过体制机制创新，在产业转型升级、创新要素集聚、优化利用外资、承接产能转移上发挥先锋作用；第三，加强口岸通关平台建设，推进口岸通关便利化，研究建立与"一带一路"战略相适应的通关管理机制，强化跨部门、地区的通关协作，推广信息互换、监管互认的合作机制；第四，打造一系列高知名度的经贸活动平台，重点提升世界绿色发展投资贸易博览会、赣台经贸文化合作交流会、景德镇国际陶瓷博览会等重大活动的影响力；第五，建设对外综合信息平台，加强与国外商会的合作，与相关区域省市深化合作，定期举办利用外资、对外投资项目接洽会，宣传江西投资环境、产业发展需求。

5. 重服务，优化对外开放环境

首先，推动投资服务便利化。改革外商投资和境外投资项目管理机制，健全服务体系。加快推行行政权力清单、行政审批负面清单，积极下放、简化项目的审批流程，考虑建设审批电子政务平台，简化企业人员出国手续，放宽企业团组人员次数和天数等审批条件。其次，推进贸易服务便利化。加强外贸出口基地建设，简化货物申报、通关、检查、放行手续。此外，提高综合信息平台服务质量，高效利用政府资源，一方面做好境外国别政治、经济、法律、市场需求的分析，加强信息和风险评估服务，另一方面做好江西利用外资政策、产业政策的宣传、咨询工作。

四　加快推动江西融入"一带一路"的政策建议

（一）健全协调机制

推动形成"一带一路"联席会议制度，建立常态化的交流机制，加强各部门协调联动，定期或不定期召开专题讨论会，形成工作合力，统筹协调包括大项目落地、产业发展、市场开拓、基础设施对接、投资贸易平台建设、人才对接、产业转移在内的相关事项。深化与商务部等国家部委的合作，争取更多的项目、资金和政策支持。加强与驻外使（领）馆、国外投资促进机构和专业中介机构的交流合作，做好境外投资环境分析，引导企业区别不同国别和地区，统筹谋划"一带一路"跨国经营。

（二）加强政策协同

省内依托各部门间协调机制，理顺外资、外贸、走出去、产业发展、财政、税收、人才、金融等各个环节的政策关系，加强各类政策统筹，实现各部门政策联通，更加注重政策前瞻性、引领性，推动已出台政策可操作、能落地。立足于中部崛起计划、长江经济带和泛珠三角区域合作，借力长江经济带省际协商合作机制、泛珠三角区域合作省（区）部际协商会议重点解决区域间政策协同问题，形成区域大合作的发展格局。此外，同"一带一路"沿线国家之间，要充分利用已有合作机制，密切配合高层互访，发挥友好城市、海外通商的积极作用，促进政策协调和发展战略对接，有效减少通关障碍与贸易摩擦，促进与"一带一路"沿线国家互利共赢。

（三）优化人才结构

一是建立前瞻性的人才培养体系。联合国内外高等院校与民间研究机构，共同搭建"一带一路"国际化人才培养和发展平台，培养适应"一带一路"建设需求的管理人才和专业技术人才，重点培养掌握国际规则、具有国际视野的复合型人才，提高对人才培养的支持力度，把与国际贸易和国际投资等专业相关的金融、法律、税收等领域的人才培养放在首位，打破"走出去"国际人才瓶颈。二是落实应用型人才培养计划。支持高校与江西品牌企业以学徒制、定制学科等形式联合培养人才，鼓励高校与本地重点产业领军企业开展产学研合作，促进各层次、各领域的高端人才向本地品牌企业和龙头企业聚拢。三是设立江西丝路人才培养专项保障计划。鼓励企业引进人才，同时推动本地人才国际化，结合培训、调研、国际交流等多种方式，提高本地人才的国际先进管理经验和技术能力，依托专业人才带动企业更高水平地参与"一带一路"建设。加强宣传引导，吸引赣籍优秀人才回流。

（四）做好智力支撑

充分发挥江西各类大专院校、研究机构的作用，积极联合国内外各专业领域的智库，加强"一带一路"沿线国家、地区全方位、多层次的研究，为江西参与"一带一路"建设提供专业智力支持。建立江西"一带一路"信息数据库，采集江西和"一带一路"国家货物贸易、服务贸易、投资合作、对外援助等商务数据，摸清底数，明确江西外资、外贸等各项业务在全国的定位、比较优势和差距；结合各国（地区）贸易政策、通关流程、物流情况、电子商务、财税汇率等有关信息，利用经贸大数据，整合国内外智力资源，聚焦江西实际和国内外典型案例，进行各业务领域的专题研究，为智慧决策提供更优服务。

参考文献

李子君：《"一带一路"背景下的江西经济发展若干问题探讨》，《南昌教育学院学报》2016 年第 10 期。

毛小明等：《"一带一路"背景下江西出口贸易增长分析》，《江西社会科学》2015 年第 3 期。

梁成意等：《"一带一路"视野下江西融入长江经济带的价值研究》，《新余学院学报》2017 年第 6 期。

曾巧生：《创造"一带一路"的江西机会》，《江西行政学院学报》2015 年第 7 期。

黄剑辉：《"一带一路"战略视阈下我国区域经济的协调发展》，《税务研究》2015 年第 6 期。

B.23
赣商精神时代价值及推动
江西省实体经济发展研究

孙育平　庞振宇*

摘　要： 赣商在我国经济社会发展的历史上占据重要的地位，赣商
　　　　精神是赣鄱文化的瑰宝。新时代呼唤当代赣商大力弘扬赣
　　　　商精神，振兴江西实体经济需弘扬光大赣商精神。本文梳
　　　　理了赣商发展的辉煌历程，并分析了新时代赣商发展的新
　　　　态势，结合对赣商精神的内涵及价值的深刻阐述，指出振
　　　　兴江西实体经济仍需弘扬光大赣商精神，在此基础上进一
　　　　步提出了弘扬赣商精神促进江西实体经济发展的基本路径。

关键词： 赣商精神　赣商大会　实体经济　创新

　　赣商在我国经济社会发展的历史上占据重要的地位。赣商有如其"赣"
字符号，是较其他商贾早走一步、有创新精神的商人，也是福荫社会、具有
奉献精神的商人群体。赣商在经商实践中，创造了具有江西手工业者和商人
人文特色的商业精神。在赣商精神的培育和激励下，一批又一批能够在商场
上纵横捭阖的江西商人登上历史舞台，创造人生的辉煌和经济的奇迹。江西
要实现"兴赣富民"战略目标，就要奋力践行省委提出的"担当实干"要

---

* 孙育平，江西省社会科学院产业经济研究所所长，研究员，研究方向为产业经济；庞振宇，
　江西省社会科学院历史研究所研究员，研究方向为近现代史。

求，依靠大力弘扬赣商精神，加快区域经济与实体经济的发展，为建设富裕美丽幸福现代化江西而不懈努力。

一　赣商发展的辉煌历程

根据目前的研究，赣商的出现应该是在商代中期。当时赣鄱区域开始进入文明时代，有学者考证，赣江中游地区的吴城方国居民不仅和江汉地区，而且和陕南地区都有着商贸往来，从陕南汉中地区经汉水到长江后进入赣江流域的古代水道已经开通，成为经济交流的重要商路。进入秦汉六朝时期，赣鄱商业经济处于初兴阶段。南朝宋雷次宗《豫章记》云：（豫章郡）"奇异珍货，此焉自出。……嘉蔬精稻，擅味于八方。金铁篠荡，资给于四境。……故穰岁则供商旅之求。"可见当时豫章郡的出产十分丰富，赣商开始带着当地的商品活跃于周边地区。隋唐 300 余年间，赣鄱区域承六朝时期的发展之势，社会经济迅速崛起。《隋书·地理志下》载："豫章之俗……衣冠之人，多有数妇，暴面市廛，竞分铢以给其夫。"可见隋代豫章的妇女已积极从事商业经营。进入唐代，洪州城（今南昌）是赣鄱区域乃至长江中游地区的商业中心，号称"江淮之间一都会"。

随着全国经济重心的南移，在南唐两宋时期赣鄱区域人口之众、物产之富，居各地前茅，商业繁荣起来。北宋时期，洪州城在唐代的基础上扩展了近一倍。朱熹在《江西运司养济院记》中称，"豫章为江西一都会，地大物众，而四方宾旅之有事于其土者，又不绝于道路"。元代江西商人的足迹遍及大江南北、幽燕关陕、八闽两广、荆楚川蜀。宋末元初著名诗人、诗论家方回《桐江续集》卷三《石头田》称，"江西走荆蜀，行行三十年。铃卒递羽檄，贩夫骈担肩"，反映的就是江西商人活跃于湖北、四川一带的景况。

由宋元而明清，江西经济一直保持着良好的发展势头，和苏、徽、浙一道，是整个中国的经济、文化中心。依赖大宗的大米、茶、瓷、纸、夏布等商品，江西商人在明前期独领风骚，明中后期及清前期与徽商、晋商三足鼎立。明清时期的江西习惯上被称为"江右"，江西商人被称为"江右商"，亦有称之为"西商"。又因为江右商人在外人数众多，常常"以众帮众"，江右商人群体又被称为"江右商帮"或"西帮"。江右商帮在明清十大商帮中兴起最早，江右商人或来往于江西和外地之间进行买卖，或久居他乡从事商业活动，"挟技艺经营四方"，有"无江西人不成市场"之民谚。

步入近代，江右商帮的衰落已是不争的事实，但他们并没有完全退出历史舞台。在外国列强入侵和国内社会动荡加剧的环境下，我国传统产业在市场的大海中沉浮不定，包括江西商人在内的传统商人都面临着严峻的考验和挑战。考察晚清以来的商业界，我们能够看到江西商人在传统的活动区域以及经营行业中衰中求变。他们积极参与商会建设，仍然是一支重要的商业力量，并在传承与转型中获得一定程度的新生。晚清民国年间，江西商人中涌现出周扶九、汤子敬、黄文植、胡品高、卢绍绪、萧云浦、余建丞等资本雄厚、影响广泛的代表人物。在江西商人的传统活动区域，各地商会要真正成为大多数商人的组织，很多情况下必须借重江西商人。

从新中国成立之初到"文革"结束的近 30 年间，江西和全国一样逐步建立起行政命令式、计划色彩较浓的工商业体制。在企业任职的厂长、书记等管理者，并不是按市场规律进行生产和经营，因而他们不能归为真正意义上的赣商。1978 年 12 月，党的十一届三中全会确立了改革开放的基本路线，从此，逐步对经济体制进行改革，不断提高对外开放水平，不断扩大企业自主经营权，确立了以公有制为主体、多种所有制共同发展的经济体制，这为赣商的崛起和发展提供了良好的社会经济环境和文化氛围。以张果喜为代表的赣商及时把握消费的新趋向，几乎是在"第一时间"生产出当时具有进口替代性质的产品和国内创新产品。他们在国内第一个生产摩托车，第二个生产方便面、洗衣机和羽绒服装，也很早就生产电视机和电冰箱。当年，长虹的老总曾来赣新电视机厂取经，春兰的老总曾去湾里制冷设备厂学习。进贤文港的文化用品，李渡的医疗器械，安义的铝合金，资溪的面包和鹰潭的眼镜业，其经营者足迹遍神州，并执全国同行业之牛耳。2007 年 12 月 17 日，江西省赣商联合会在南昌宣告成立。2008 年 10 月 26 日，由中国商业联合会、中华新商帮大会组委会专家评审团综合评定，赣商联合会以机制创新、制度创新、内容创新、活动创新被授予"2008中华十佳商会"称号，正式进入全国十大新商帮行列。

赣商的发展，历经先秦至唐宋的兴起，明清的辉煌，近代的衰中求变，以及改革开放以来一大批具有商业才能、文化素质高和社会责任感强的江西商人在市场经济中站稳脚跟。赣商深受赣鄱优秀文化的浸润，更多地意识到自己的历史使命。赣商姓赣，赣字中有个"早"字，有个"贡"字，他们是早走一步、有创新精神的商人，也是造福社会、有奉献精神的商人。他们在经商实践中创造了具有江西特色的商业精神。在赣商精神的影响和激励下，一批又一批能够在商场上纵横捭阖的江西商人登上历史舞台，创造出人生的辉煌和经济的奇迹。

二 赣商精神的内涵及价值体现

关于赣商精神的内涵，有多种概括。例如，2007年，世界赣商论坛把赣商精神概括为"胸有大志，脚踏实地；去浮不躁，潜心学艺；勤勉躬行，稳扎稳打；以义制利，童叟无欺；和合共赢，善行天下"。这一概括较为全面，但字数过多不便于记忆。2013年，方志远教授把赣商精神概括为"一个包袱一把伞，走遍天下做老板"的闯荡精神，"从小买卖到大开张"的创业精神，"使予而商，身劬母康"及回馈社会的担当精神，"以众帮众"抱团发展的互助精神。这一概括主要是针对明清江右商帮群体，有着一定的时代局限性。

今天，要实现江西"兴赣富民"的目标，赣商是一支重要的推动力量。因此，挖掘、概括出能被普遍认同的赣商精神，就显得意义十分重大。2017年，江西省工商联、江西省社会科学院、江西省商务厅等多家单位汇聚众多学者的力量，经过征集、研究和确定三个阶段，对赣商精神的内涵进行了新的概括。赣商精神的新概括，回顾和总结赣商的过去，评价和点赞赣商的现在，引领和期盼赣商的未来。2017年11月28日，在首届世界赣商大会开幕式上，时任江西省省委书记鹿心社在开幕式欢迎辞中首次发布赣商精神的新表述语——"厚德实干、义利天下"。时任江西省省长刘奇在主旨演讲中对赣商精神的内涵进行了诠释，即"厚德，是赣商一脉相承的可贵品质；实干，是赣商迈向成功的聚力法宝；义利，是赣商轻利重义的商业伦理；天下，是赣商博大致远的家国情怀"。

"厚德实干、义利天下"8个字最能概括出赣商精神的内涵和价值。这一精练的表述，既传递了旧时赣商的优良传统，又体现了今日赣商的精神面貌，以期增强赣商文化自信，激励赣商不忘初心，再造赣商辉煌荣光。

1. 厚德

每个成功的商人必须首先是堂堂正正的人，厚德方可载物，厚德方可聚财。赣商深受儒家思想的浸润熏陶，"贾而好儒"，遵规重道、守德善谋、忠厚义气，始终与国家同呼吸共命运，热爱家庭，忠于朋友。他们讲究"贾德"，诚信为本，遵循"君子爱财、取之有道""公平守信""货真价实，童叟无欺""和气生财"等道德规范。他们对客户讲仁爱，真诚可信，诚实无欺；对家国讲仁爱，为家庭尽责，对国家忠诚。他们说到做到，表里如一。他们重信、守诺、尚和，既赢得了事业的蓬勃发展，也为国家、为工作生活所在地的经济社会发展做出重要贡献。

2. 实干

无论是"一个包袱一把伞，走遍天下当老板"的江右商，还是当代遍布全球的赣商，成功路径就是"实干"。创业之初，他们多数是为谋生而外出打工、做小生意，然后学会技术、积攒资本再进行投资，慢慢成长起来。他们苦心经营，讲究贾术，艰苦创业，成功之后仍吃苦耐劳、精心筹算。他们精于发现商机，敏于捕捉商机，善于引领商机。他们的成功，无一例外靠的是踏实肯干、起早贪黑，敢干真干、巧干善干。他们以各自成功的实例，生动地诠释了勤劳致富、实干兴邦的道理。

3. 义利

追求"利"源于人的天性，崇尚"义"则取决于人的修养。利与义是人们在物质与精神两方面的追求。赣商在义和利的冲突中寻求调适之道，逐步形成"正义谋利""义利并重""以义制利""见利思义""非义之利不取"等普遍价值取向。他们以义取利，遵循"君子爱财，取之有道"的义利思想，遵循市场规则，依法经营，善待客户、善待股东、善待员工。他们以义为重，不满足于只做财富的拥有者，而是追求在经营财富的过程中获得事业上的成就感。他们把赡养父母作为追求财富的起始点，当财富满足家庭需求之后，用财富改变社会就成为更高层次的追求。他们自觉地认识到商业活动的目的是通过合理运用财富来获得生存的意义，追求财富与人、财富与自然、财富与社会的和谐共生，终极目标是在促进社会经济发展过程中实现自我价值。他们以商求富而不为财富所佣，用财富造福社会、改变社会。他们的社会性投资由家庭扩展到家族，扩展到乡里，进而扩展到经商地的公益性活动，投身兴学助教、扶贫帮困等社会公益事业，展现兼济社会的慈善情怀和公益担当。

4. 天下

赣商得赣江、抚河、信江、修水、饶河之利，出鄱湖、入长江，带着梦想启程，营通四海，不断开辟成就事业、善利天下的新天地。他们致力于推动社会进步和科技发展，"敢闯、敢拼、敢为天下先"，勇做第一个吃螃蟹的人。他们打通经商与"治国、平天下"，胸怀国家发展和民族复兴，有着做大做强企业、实业报国的理想抱负，体现了"立德立功""做和平年代的民族英雄"的理想和胸怀。他们无论在成功之初，成功之时，还是成功之后，将自己与天下融为一体，以实现"达则兼善天下"的家国情怀。他们用商业智慧书写自己的历史，用财富改变我们的社会。

赣商精神经过数代江西商人的努力和积淀，形成了"厚德实干、义利天下"的丰富内涵，是赣鄱文化的瑰宝。新时代呼唤当代赣商大力弘扬赣商精神。当代赣商，要秉持"创新是企业血液"的经营理念，坚持锐意创新，朝着自主创新的方向努力，不断给企业以发展的活力，做大做强企业；要培养"敢闯敢干、敢于冒险"的进取精神，夺取市场先机，为企业赢得大发展的机遇；要坚持"质量至上，打造品牌"的发展战略，把品牌做成全国品牌、世界品牌，把企业做成领军企业。在中国特色社会主义新时代，当代赣商要弘扬赣商精神，砥砺奋进、铿锵前行，为建设富裕美丽幸福现代化新江西做出更大贡献。

三 新时代赣商发展的新态势

1. 赣商兴赣的势头强劲

2017 年，江西与毗邻的浙江省都举办了声势浩大、面向全球的招商引资大会，依托两省规模庞大的浙商与赣商资源，两省的招商大会应该说都取得了预期的丰硕成果。然而，从招商大会的实际投资合作签约成果来看，江西应该成绩更为显赫。据初步统计，2017 年世界浙商大会签订投资金额达到 1548 亿元，而世界赣商大会的签约投资额达到了 3000 亿元。

2017 年 11 月盛大召开的世界赣商大会，签订的单个项目平均投资达 13.65 亿元。亿元以上重大项目 222 个，占 98.3%，其中：10 亿元以上项目 112 个，50 亿元以上项目 14 个，100 亿元以上项目 4 个。有 21 个省市（含 2 个特别行政区）和 1 个国（境）外赣商回乡投资项目，投资较大的有广东赣商、北京赣商、浙江赣商与江苏赣商（见表 1）。

表 1　2017 年世界赣商大会外地赣商回乡投资签约情况

地区	项目(个)	投资额(亿元)
广东赣商	71	916.76
北京赣商	22	447.2
浙江赣商	24	254.9
江苏赣商	9	202

资料来源：江西省商务厅。

2. 赣商对实体经济发展具有强大推动作用

从对赣商回归江西进行投资的意向调查看，外地赣商对江西的发展环境与潜力给予肯定并寄予厚望，以把握发展机遇促进家乡经济繁荣为己任的想法居多。从投资倾向与签约的内容来看，外地赣商回赣投资的形式具有时代特点，可以归纳为六个"回归"，即资本回归、项目回归、科技回归、总部回归、人才回归、公益事业回归等。

——历史上赣商多以实业立家、产业报国。赣商名号、产品与品牌享誉国内乃至全球，依靠的都是具有本土特色的产业与产品，是通过诚实守信、苦心经营与联通四方的商业网络来达成的。历史上赣商多以勤劳肯干著称，将瓷茶药木盐粮纸布，肩挑行担走天下，如樟树帮成为中国三大药帮之一，江西茶帮成为中国六大茶帮之一。唐代赣商陶玉将景德镇陶瓷进贡给朝廷，从此"昌南镇瓷名天下"，景德镇最终成为"世界瓷都"，让全球瞩目。

——现代赣商更加奋发有为，以新的姿态在本土或全国甚至全球展现赣商的风采与魅力。在把握改革开放的发展机遇方面，赣商表现突出，如果喜集团的张果喜、方大集团的熊建明、步步高集团的段永平等赣商，均洞察改革开放之商机，顺势而为，乘势而出，成为中国民营企业成功之典范。在推动开放型经济发展过程中，赣商展示了其眼光与广博的胸怀，如正邦集团的林印孙、华坚集团的张华荣、中阳建设的陈胜德等赣商积极参与"一带一路"建设，将生意做到世界各地，共谋天下之发展。赣商还敢为天下先，在新的领域大胆尝试，拓展新的商机与市场，如广丰的挖掘机产业，无中生有，为广丰赢得"挖掘机之都"之称号。赣商善于在认准的经营领域坚守信念，精耕细作，不断扩大市场份额，成长为行业翘楚，如章源钨业的黄泽兰、煌上煌的徐桂芬等赣商脚踏实地，逐步将小生意做成大买卖，做成标杆企业，做成行业领头羊。本土赣商通过不懈的努力，打造了系列江西现代制造业的集群与品牌，如鹰潭眼镜、进贤医疗器械、安义铝合金、黎川油画、金溪面包、南康家具、武宁装饰、芦溪电瓷等一批地方特色产业在全国占据巨大市场份额，显示了赣商在实体经济领域强劲的发展势头。

当代赣商不仅影响力不断扩大，实力日渐雄厚，在全国商派中占据了重要地位，而且在引领新经济发展方面取得了令人瞩目的成绩。结合《2017胡润全球富豪榜》以及江西籍民营企业家上市公司最新市值、网络数据，估算出《赣商50强排行榜》的赣商50强总财富高达3212亿元。据统计，《赣商50强排行榜》中的赣商企业，除5家从事服务业外，其他45家赣商企业均涉足实体经济行业，显示赣商企业在实体经济领域的投资倾向及相应的实力，可喜的是，在此榜单前 10 强中，有近 7 成的赣商企业，其生产经营涉足战略性新兴产业（见表 2）。

表 2　2017 年胡润全球富豪榜——赣商 50 强排行榜前十

排名	姓名	财富 （亿元）	公司	籍贯	行业
1	郑跃文	270	科瑞集团	南　昌	生物制药、投资
2	李义海	190	济民可信	南　昌	医药
3	王华君夫妇	174	裕同科技	彭泽县	纸质印刷、包装
4	王文京	135	用友网络	上饶县	IT
5	孙清焕	135	木林森	高　安	LED 封装及应用产品
6	鲍洪星	133	双胞胎	龙南县	饲料
7	程　维	130	滴滴出行	铅山县	IT
8	黄绍武	105	神州通、爱施德、海康威视	永　修	手机、物流、房地产
9	聂景华	102	华伍股份	丰　城	工业制动器及其控制系统
10	顾　伟	100	兆驰股份	南　昌	家庭视听类电子产品

资料来源：2017 年胡润全球富豪榜。

据不完全统计，目前实力较强的赣商省外企业数量已经超过 20 万家，规模较大的有 6000 多家，各省江西商会副会长以上重点企业 1200 多家，在境内外上市赣商企业多达 100 多家。走进新时代，科瑞、济民可信、裕同科技等一大批江西商界精英，正在世界各地演绎赣商精神，他们以诚信礼义、淳厚朴实、重德能干等优良品质正引起广泛关注，让世界感知新时代赣商精神。

——把实业报国与社会责任担当紧密结合，既做大了赣商企业，又创造了响亮的赣商品牌，为缔造百年赣商企业夯实了基础。如科瑞集团的郑跃文、毅德集团的王再兴、博能集团的温显来、汇仁集团的陈年代、锦绣集团的管飞等赣商在不断壮大企业的同时，积极参与光彩事业，投身公益事业，塑造光彩人生，把企业发展的命运与国家人民发展的命运紧密联系起来，相得益彰，共同进步与成长。

3. 振兴江西实体经济仍需弘扬光大赣商精神

"发展不足仍然是江西的主要矛盾，欠发达仍然是江西的基本省情，相对落后仍然是江西的最大现实"，江西欠发达表现在经济的相对落后上，其中实体经济发展水平不高、结构不优、实力不强是主要原因。

不容置疑，赣商崛起在历史上为江西的发展做出了突出的贡献。但是，随着近代交通格局变迁，铁路修通使水运变陆运、河运变海运，处于内陆的江右商帮因思想更新、信息接收落后等，错过了一次次发展良机，终至失去曾经的商业领地。改革开放后，在全省上下共同努力下，江西的经济社会发展虽然取得了巨大成就，但在东部沿海地区率先开发开放的大背景下，江西的发展脚步出现了迟缓迹象，与东部发达地区逐渐拉开了差距。应该清醒地看到，江西经济实力不强，发展后劲不足，人民收入水平不高，根本性原因还是支持现代化经济体系构建的实体经济没有得到充分发展，与发达地区比，江西省的企业规模不够大、实力不够强、品牌缺乏影响力、企业集群发展的优势没有得到体现，具有高新技术驱动特点的创新型产业与企业还比较缺乏，传统产业仍然是拉动江西经济增长的主要力量。在我国经济进入新常态，创新引领成为新旧动能转换主导力量的新时代，江西实体经济振兴面临着传统产业的转型升级、战略性新兴产业加速发展的双重压力与抉择考验。

江中行舟不进则退，慢进其实也是一种倒退。在我国经济发展方式由高速增长阶段向高质量发展阶段转型的过程中，江西实体经济需要依靠精神的力量和要素资源的强力集聚与支撑，来实现更大的飞跃与推进。

加快江西实体经济的发展与实力提升，加速产业结构的优化调整与转型升级，仍然需要依靠赣商精神与要素资源的集聚，在构建现代化经济体系的新时代，进行前瞻性的战略布局与谋划。应该在"厚德实干，义利天下"的赣商精神引领下，加快赣商资本、项目、技术与人才的回流，通过要素的集聚与创新动能的释放，促进江西制造业整体水平高质量地提升，推动新经济加速增长，增强经济发展的新动能，以形成江西后发赶超的良好发展态势。

四 弘扬赣商精神促进江西实体经济发展的基本路径

要深刻理解与把握赣商精神"厚德实干，义利天下"的内涵与实质，结合新时代江西构建现代化经济体系的客观要求，在促进实体经济创新发展、集群发展、开放发展与可持续发展方面，通过大力弘扬赣商精神，提升江西实体经济的发展层次与水平。

1.弘扬赣商敢为天下先的精神，加快江西经济转型升级

执着于信念，敢为人先，勇于把握发展机遇，在市场空隙中发现商机与成长空间，是历史上赣商把握商机，求得较快发展与扩张的宝贵经验。在我国经济发展方式向高质量发展阶段转型的重要阶段，江西实体经济发展同样面临着转型与提升发展质量与效率的考验。主要有三个方面的问题必须考虑：一是在推进传统产业的转型升级中，要充分发扬赣商的创新与创业精神。在积极响应国家供给侧结构性改革的号召下，要充分发扬赣商创新创业的敢闯精神，加快国企改制以提升国企的市场竞争能力，加快落后产能的淘汰以整合优势资源，加快技术改造以提升传统产业的质量与运行效能，加快行业融合发展以促进传统产业的转型升级。二是在加快战略性新兴产业的发展中，要发挥赣商的行业地位与要素资源优势作用，以务实求新的姿态，加快江西在高新科技领域的发展。当前，尤其要在智慧经济、AI 产业、新能源与新材料等领域，集聚赣商的精英人才与企业，抢占市场高地，为江西在新一轮新技术革命浪潮中把握发展的先机。三是在加速新经济、新产业、新业态"三新"经济发展中，要充分发挥赣商锐意进取、敢为天下先的创造精神，促进江西在新经济领域实现新的突破与赶超，如在大数据、云端产业、健康养老、智慧城市等产业领域，赣商企业有广阔的发展空间。

2.弘扬赣商担当实干精神，着力打造赣企产业集群

江西企业市场竞争实力不强，影响力不大，非常重要的原因在于产业发展的集约化程度不高，企业集群与大企业集团建设没有在本土形成规模与优势，导致产业难以做大做强，在与其他省市区企业的"大兵团"竞争中处

于不利地位。其实，在江西省外的赣籍企业家云集，也不乏打造企业集群发展的高手能人，应该借助省外赣商大规模回流投资江西经济的大好时机，通过构建国家级的技术研发中心（实验室）、博士后工作站、总部经济等途径，联合江西本土原有产业的基础与优势，在生物医药、新能源、新材料、航空制造、环境保护、生态农业等产业领域，打造在全国具有行业领导力的企业集群，这是应对未来新经济挑战的重要战略选择与安排。

3. 弘扬赣商厚德诚信精神，推进江西制造业品牌建设

江西经济的弱项，不在于对新兴产业的跟进不及时，事实证明，在改革开放初期，江西在诸如彩电、冰箱、电脑、汽车、摩托车、火腿肠等制造行业都早于其他省份起步。为什么没有借助早起先发的优势进一步做大产业？问题的关键就在于对产业发展前景与市场的坚守不够，对品牌建设与服务体系配套的重视不足，使得江西逐渐失去了原来具有的市场优势与份额。现代市场经济已经从制造经济迈入知识经济、信息经济与服务经济时代，企业不仅需要依靠技术创新提供满足消费者个性化需求的高质量产品来进行充分的市场竞争，还需要依靠品牌与服务体系的构建与完善来满足消费群体更高层次的追求。在企业产品与服务同质化日趋激烈的时代，江西企业要在企业品牌建设中脱颖而出，弘扬赣商厚德实干、诚信经营的精神，追求取信于消费者的市场策略是不二之选。

在发展经济中有两点需要着力推动：一是要整合赣企的优势品牌，构建统一形象与信息传达的赣商品牌。如江西的茶叶品牌，"四绿一红"是品类的集中宣传，还需要有一个从物质到精神层面的主导品牌立意，以提升消费者对江西茶叶品牌的共性认知。二是对新兴产业发展也要赋予赣商创业的精神内涵，如生物医药与 LED 产业等，在全国业界有不错的口碑，还应该通过外化的形象与品牌宣传，强化人们对赣商优秀文化的认知与认可，进而接纳江西企业、产品与服务，增强江西企业的市场竞争力。

4. 弘扬赣商广济天下精神，加快江西企业走出去步伐

建设江西开放型经济高地，实现江西经济的双向开放，必须大力弘扬赣商的"天下"观，要有博大的视野和产业与经济发展胸怀，来构建江西经

济发展的战略开放大格局。赣商要放眼"两个市场，两种资源"，将产业与生意做到海内外，才能不断做大做强，立于不败境地。

当前需要关注两点：一是要形成大招商、招大商的发展格局。进入新时代的江西，在对外开放方面，机遇与挑战共存，相对来看面临环境挑战的压力更大，需要充分利用赣商的广博资源，把产业的做大与国家大开放主战略紧密结合起来，尤其是要利用"一带一路"节点区域的战略定位，通过本土企业资源与外地赣商的联强做大，向海外市场逐渐扩展，以实现资源要素的优势整合与利用，进而获取"1 + 1 + 1" > 3 的合作效应。二是加强对外开放的平台建设。如赣州市的内陆口岸建设，开通了 17 条直通欧亚地区的"中欧（亚）班列"，成为盐田港、厦门港、广州港的内陆港，实现了家具、木材、煤炭、蔬菜、汽车整车和电子信息产品的多口岸直通、多品种运营。2017 年 11 月，赣州港成功获批全国'一带一路'多式联运示范工程。赣州港的模式成功，在于其充分把握了国内外两大市场的需求，把实体经济与市场有机地结合起来，是内陆地区争取经济开放优势的重要探索。

参考文献

方志远：《赣商与江西商业文化》，《江西社会科学》2011 年第 3 期。

贺三宝：《"江右商帮"兴衰与赣商重塑》，《江西社会科学》2012 年第 4 期。

B.24
江西决战全面建成小康社会进展、问题与建议

张启良 *

摘　要： 本报告分析了党的十八大以来江西全面建成小康社会取得的进展及主要成就，小康社会五大领域全面推进，尤以经济发展步子最快；多数监测指标进展良好，有 12 个达到目标值；经济总量快速翻番，发展水平进入新阶段；城乡居民收入翻番提速，人民生活水平明显提升；农村脱贫步伐显著加快，扶贫攻坚战取得决定性胜利。本报告还深入分析了江西在科技创新、信息化发展、文化产业与文化建设、农村小康等方面存在的短板与问题。最后，对如何立足省情实际，明确目标抓重点，采取措施补短板，决胜全面建成江西小康社会提出了建议。

关键词： 全面小康　进展　小康指数

　　党的十八大以来，江西按照"创新引领、绿色崛起、担当实干、兴赣富民"的发展方针，围绕"决胜全面建成小康社会、建设富裕美丽幸福现代化江西"目标，全面贯彻落实"创新、协调、绿色、开放、共享"的新发展理念，经济在新常态下保持平稳较快增长，居民收入和生活品质明显提

---

* 张启良，江西省统计局科研所所长，研究员，研究方向为全面小康、宏观经济、居民收入。

升，扶贫攻坚取得决定性胜利，各项社会事业全面发展，全面小康建设不断迈出新步伐、取得新成就。但存在的短板与不足也应引起高度重视，要按照党的十九大提出的决胜全面建成小康社会的新要求，突出抓重点、补短板、强弱项，采取积极有效的政策措施，加快推进江西全面建成小康社会的进程，确保到2020年江西与全国同步进入全面小康社会。

一 江西全面小康进程总体保持平稳推进

根据测算：2016年，江西全面小康指数（总体实现程度）为88.0%[①]，比2012年提高12个百分点，年均提高3个百分点。江西省全面小康进程主要情况和突出特点如下。

1. 五个领域建设全面推进，经济发展步子最快

从全面小康监测的经济发展、民主法治、文化建设、人民生活和资源环境五个方面看，经济发展推进的步子最快。2016年，全省"经济发展"子目标的实现程度80.8%，比2012年提高了25.0个百分点，平均每年提高6.24个百分点，是发展提速最快的领域。其次是人民生活，全省"人民生活"子目标的实现程度为92.9%，比2012年提高11.0个百分点，平均每年提高2.75个百分点。全省"文化建设"子目标的实现程度为82.6%，比2010年提高7.0个百分点，平均每年提高1.75个百分点；全省"资源环境"子目标的实现程度为88.6%，比2012年提高7.0个百分点，平均每年提高1.74个百分点。全省"民主法治"子目标的实现程度为92.5%，比2010年提高5.2个百分点，平均每年提高1.31个百分点。

2. 多数监测指标进展良好，有12个达到目标值

到2016年，在40个监测指标中，已达到小康目标值的监测指标有12个，分别是基层民主参选率、每万人口行政诉讼发案率、公众安全感指数、

---

① 本文使用的江西全面小康指数，是参照国家统计局全面小康监测指标体系，结合江西"十三五"规划目标与江西实际制定的江西全面小康监测方案计算的。

"三馆一站"文化服务设施覆盖率、城镇登记失业率、城乡居民家庭人均住房面积达标率、平均预期寿命、产品质量合格率、非化石能源占能源消费比重、环境质量指数、生活垃圾无害化处理率和农村卫生厕所普及率。

全面小康目标实现程度高于全省小康指数（88.0%）的监测指标有23个，占全部指标数的57.5%；实现程度在80%~88%之间的监测指标有6个；实现程度在70%~80%之间的监测指标有7个；实现程度在70%以下的监测指标有4个（见表1）。

表1　2016年江西全面小康监测指标达到目标值情况

小康目标实现程度	指标个数	监测指标
100%	12	基层民主参选率、每万人口行政诉讼发案率、公众安全感指数、"三馆一站"文化服务设施覆盖率、城镇登记失业率、城乡居民家庭人均住房面积达标率、平均预期寿命、产品质量合格率、非化石能源占能源消费比重、环境质量指数、生活垃圾无害化处理率、农村卫生厕所普及率
<100% ≥88%	11	城乡收入比（99.96%）、广播电视综合人口覆盖率（99.43%）、服务贸易占对外贸易比重（96.55%）、污水集中处理指数（95.49%）、基本社会保险参保率指数（95.33%）、服务业增加值占GDP比重（93.33%）、公共交通服务指数（93.17%）、GDP（89.68%）、城乡居民文化娱乐服务支出占家庭消费支出比重（89.49%）、单位GDP能源消耗（88.84%）、常住人口城镇化率（88.51%）
≥80% <88%	6	农村自来水普及率（87.75%）、城乡居民人均收入（87.61%）、平均受教育年限（86.94%）、单位GDP生产安全事故死亡率（86.67%）、每千人口执业（助理）医师数（86.00%）、农村贫困人口累计脱贫率（81.48%）
<80% ≥70%	7	战略性新兴产业增加值占GDP比重（78.78%）、单位GDP用水量（77.80%）、单位GDP建设用地使用面积（76.64%）、文化及相关产业增加值占GDP比重（76.00%）、高新技术产品出口值占出口总值比重（74.48%）、互联网普及率指数（74.36%）、全员劳动生产率（73.35%）
<70%	4	每万人口拥有律师数（69.78%）、人均文化体育与传媒财政支出（61.74%）、研究与试验发展经费投入强度（56.03%）、一般工业固体废物综合利用率（53.00%）

3. 经济总量翻番快速推进，发展水平进入新阶段

2012~2016年，全省经济保持了平稳较快发展，全省经济年均增长9.5%，在新常态下持续运行在中高速增长区间，增速高于全国平均水平，居全国前列。经济总量不断迈上新台阶，到2016年，全省GDP达到18499

亿元，为 2012 年的 1.43 倍，在全国排位由第 19 位前移到第 16 位。按当年价计算，江西经济总量占全国 GDP 的比重由 2012 年的 2.40% 提高到 2016 年的 2.49%；全省人均 GDP 由 28800 元提高到 40400 元，按当年人民币兑美元平均汇率计算，2012~2016 年，全省人均 GDP 由 4562 美元提高到 6084 美元；参照世界银行收入分组标准，江西从长期处于中等偏下收入社会进入中等偏上收入社会。

从全面建成小康社会目标实现情况看，到 2016 年，按全国人均 GDP（58000 元，2010 年价）的全面小康目标，江西实现了小康目标的 64.1%；按照江西 GDP 自身翻一番目标，全面小康目标实现程度为 89.6%；预计到 2018 年全省 GDP 将提前实现翻番。

4. 城乡居民收入翻番提速，人民生活水平明显提升

2012~2016 年，全省城乡居民人均可支配收入由 13567 元提高到 20110 元，其中：城镇居民和农村居民人均可支配收入分别由 20085 元和 8103 元提高到 28673 元和 12138 元；城乡居民人均可支配收入占人均 GDP 的比重由 2013 年的 47.3% 上升到 2016 年的 49.8%。从全面小康目标实现程度看，按照江西居民人均收入自身翻一番的目标，已经实现小康目标的 88.6%[①]；按照全国小康目标（25000 元，2010 年价），已经实现目标的 71.3%。如果"十三五"时期居民收入增长保持与经济增长同步，到 2018 年全省城乡居民人均收入可提前实现翻番；到 2020 年有望达到全国小康目标的 90% 以上。

居民收入的增长促进了居民生活水平的进一步提高，反映"人民生活"的小康指数达到 92.85%，是五个方面实现程度最高的；12 个监测指标有城镇登记失业率、城乡居民家庭人均住房面积达标率、平均预期寿命、产品质量合格率 4 个达到了目标值，其他指标实现程度最低的也在 81% 以上。居民家庭主要耐用消费品普及率明显提高，城乡差距有所缩小。

[①] 城乡居民人均可支配收入有两种计算方法，本文是按照全国小康监测方案中提供的方法：以常住人口城镇化率为权数，通过城镇和农村居民可支配收入加权计算的，数据有可能高估。

表2　2016年江西城乡居民每百户家庭主要耐用消费品拥有量

耐用消费品	农村	城镇	耐用消费品	农村	城镇
家用汽车(辆)	13.90	26.20	热水器(台)	64.72	93.15
摩托车(辆)	75.45	32.70	微波炉(台)	9.85	50.37
洗衣机(台)	49.54	92.35	摄像机(台)	0.39	2.5
电冰箱(台)	89.79	97.45	照相机(台)	1.99	18.46
彩色电视机(台)	130.88	135.72	计算机(台)	22.24	71.22
空调机(台)	48.34	129.79	中高档乐器(架)	0.48	3.33

5. 农村脱贫步伐显著加快,攻坚战取得决定性胜利

2012~2016年,全省农村贫困人口由385万人减少到113万人,累计脱贫272万人;贫困发生率从2012年底的10.8%下降到2016年底的3.3%,下降7.5个百分点。江西贫困人口在全国贫困总人口中的比例明显下降,贫困发生率明显低于全国水平。到2016年底,经过精准脱贫攻坚,井冈山市、吉安县贫困发生率降至2%以下,在全国国家级贫困县中率先脱贫、摘除贫困县帽子。2017年又有瑞金、万安、永新、上饶、横峰、广昌6个贫困县脱贫摘帽,53万人脱贫,1000个贫困村退出,全省农村贫困发生率降至2.37%。

表3　2012~2016年江西贫困人口脱贫情况及与全国比较

年　份	2012	2013	2014	2015	2016
江西贫困人口(万人)	385	328	276	199.6	113
占全国贫困人口比例(%)	3.89	3.98	3.93	3.73	2.61
江西贫困发生率(%)	10.8	9.2	7.7	5.8	3.3
全国贫困发生率(%)	10.2	8.5	7.2	5.7	4.5

注:数据来源于相关年份《江西统计年鉴》和《中国统计年鉴》。

二　存在的问题与差距分析

1. 创新驱动发展能力有待提升

2016年,全省研究与试验发展经费支出为207.3亿元,比上年增长

19.7%，是最近 6 年增速最快的一年；占全省地区生产总值的比重为1.12%，实现江西"十三五"规划目标的 56%，实现全国小康目标（2.5%）的 44.8%，是差距较大的指标之一。2016 年，全省研发经费投入总量仅占全国总量的 1.32%，投入强度只及全国平均水平（2.11%）的53%。与中部省份相比，同期江西研发投入总量仅相当于湖北的 35%、河南的 42%，分别为安徽和湖南的 44%。

按照江西"十三五"规划目标，到 2020 年全省研发经费支出强度要达到 2.0%，同时预计 2020 年全省地区生产总值将达 2.6 万亿元（当年价）以上，则全省研发经费支出总量要达到 520 亿元，年均增长要达到 26% 才能实现目标。要达到全国平均水平 2.5%，则研发经费支出的增加速度要求更高。

另外，反映战略性新兴产业、高新技术产业发展的指标，战略性新兴产业增加值占 GDP 比重（78.78%）、高新技术产品出口值占出口总值比重（73.9%）等指标的目标实现程度都比较低。

表 4　2016 年江西战略性新兴产业、高新技术产品出口指标小康目标实现情况

监测指标	江西			全国	
	实际值	达到小康目标		实际值	达到全国小康目标
		全国	江西		
战略新兴产业增加值占 GDP 比重	6.3	42.0	78.8	9.0*	60.0
高新技术产品出口值占出口总值比重	14.8	49.2	73.9	25.0	83.2

注：①战略新兴产业增加值占 GDP 比重 2020 年目标值：全国为 15%，江西为 8%；高新技术产品出口值占出口总值比重全国为 30%，江西为 20%。②2016 年全国战略新兴产业增加值占 GDP 比重数据为分析数，数值区间在 8% ~ 10%。

2. 信息化建设有待加强

以互联网为依托的经济社会信息化是当今世界发展的大趋势，科技创新、新经济发展、新动能培育都有赖于信息化的发展与支撑。小康监测用互联网普及指数来反映信息化发展情况，该指标由固定宽带家庭普及率和移动宽带用户普及率构成。近年来，江西信息化发展较快，但与经济社会发展的需要比，依然滞后。

2016 年，全省互联网普及指数为 74.4%，达到小康目标的 74.4%。其中，固定宽带家庭普及率为 64.3%（达到小康目标的 91.9%），移动宽带用户普及率为 48.4%（达到小康目标的 56.9%）。与全国平均水平比较，江西互联网普及指数比全国低 11.3 个百分点，差距主要在于移动宽带用户普及率指标明显落后。

表 5　2016 年江西互联网普及率指标小康目标实现情况

指　标	目标值（%）	江　西		全　国	
		监测指标实际数（%）	达到小康目标（%）	监测指标实际数（%）	达到小康目标（%）
互联网普及率指数	100	74.4	74.4	85.7	85.7
固定宽带家庭普及率	70	64.3	91.8	61.4	87.7
移动宽带用户普及率	85	48.4	56.9	71.2	83.8

注：全国数据来源于网络搜索。

江西固定宽带家庭普及率相对较高，移动宽带用户普及率还需要提升。2010～2016 年，全省移动宽带用户普及率平均每年大约提高 7.8 个百分点，到 2020 年要达到 85% 的目标，今后每年平均要提高 9.2 个百分点。

3. 文化产业与事业发展相对滞后

2016 年，全省文化及相关产业增加值占 GDP 的比重为 3.80%，实现小康目标的 76%；同期，全国文化及相关产业增加值占 GDP 比重为 4.07%，实现小康目标的 81.4%；江西实现程度比全国低 5.4 个百分点。2011～2016 年，全省文化及相关产业增加值占 GDP 比重平均每年提高 0.235 个百分点，预计到 2020 年这一比重为 4.7% 左右，要达到 5% 的目标还有一定的差距。

2016 年，全省文化体育与传媒财政支出 70.5 亿元，同比仅增长 2.3%，而"十二五"期间年均增长高达 19.4%。全省人均文化体育与传媒财政支出为 154 元，实现小康目标（人均 250 元）的 61.6%。同期，全国人均文化体育与传媒财政支出为 229 元，实现小康目标的 91.8%；江西实现程度比全国低30.2个百分点。

2016年，全省城乡居民文化娱乐服务支出占家庭消费支出比重为3.76%，达到小康目标的89.5%，但比上年有所下降。因此，要进一步促进全省文化产业的发展，加大对公共文化娱乐设施的投资和建设力度，满足民众日益增长的文化需要。

4. 城镇化进程有待加速提质

目前，我国人口城镇化率细分为常住人口城镇化率和户籍人口城镇化率两个指标。从常住人口城镇化率看，2016年末，全省城镇常住人口达到2439万人，占全省总人口的比重达到53.1%，比上年提高1.49个百分点；达到小康目标（60%）的88.5%。同期全国人口城镇化率为57.35%，达到小康目标的95.6%，实现程度江西比全国低7.1个百分点。2011～2016年，全省常住人口城镇化率平均每年提高1.5个百分点，如果2017～2020年继续按照这一趋势发展，则到2020年江西人口城镇化率只能达到59.1%。

从户籍人口城镇化率看，2016年末，全省户籍人口城镇化率达到35.74%，同比提高3.59个百分点；近3年来户籍人口城镇化率明显提速，年均大约提高3个百分点。随着我国户籍制度改革的继续推进，要完成"十三五"规划全省户籍人口城镇化率40%的目标问题不大，重点是要解决这部分人能与城镇老居民平等享受教育、就业、社会保障、医疗、住房等方面的公共服务问题。可见，今后3年江西的城镇化还需进一步提速提质，城镇化的任务依然较重。

5. 服务业发展明显滞后

2016年，全省服务业增加值占GDP的比重为42.0%，实现全国小康目标的75.0%；同期，全国服务业增加值占GDP比重为51.6%，达到目标的92.1%；江西服务业比重比全国低9.6个百分点，小康目标实现程度比全国低17.1个百分点。江西"十三五"服务业专项规划提出服务业增加值占GDP比重为45%的发展目标，2016年全省达到规划目标的93.3%。

表6 2016年全省服务业增加值占GDP比重达标情况

	服务业比重（%）	目标实现程度（%）	
		小康目标	规划目标
江　西	42.0	75.0	93.3
全　国	51.6	92.1	92.1

注：服务业增加值占GDP比重：全国小康目标为56%；"十三五"规划目标：全国56%，江西45%。

6. 资源利用效率有待提高

从全面小康监测的"资源环境"领域看，江西环境监测指标的小康目标实现程度不高，资源利用效率有待提高，除万元GDP能耗指标外，其他指标的小康目标实现程度较低。

2016年，全省一般工业固体废物综合利用率为38.7%，与上年的57%比有较大幅度下降，小康目标实现程度为53.0%。同期，全国一般工业固体废物综合利用率为59.5%，达到小康目标的81.6%。同全国比较，江西实现程度低28.5个百分点。全省单位GDP建设用地使用面积75.7公顷/亿元，达到江西"十三五"规划目标的76.6%，达到全国小康目标的70%。2016年，全国单位GDP建设用地使用面积60.7公顷/亿元，实现小康目标值的87.3%。同全国比较，江西每产出1亿元GDP使用的土地比全国平均高15公顷，小康目标实现程度低17.3个百分点。全省单位GDP用水量144立方米/万元，实现江西"十三五"规划目标的77.8%，实现全国小康目标的55.6%。2016年，全国单位GDP用水量93.8立方米/万元，达到小康目标的85.3%。同全国比较，江西每产出1亿元GDP比全国多消耗50.2立方米水，小康目标实现程度低29.7个百分点。

因此，要按照建设"资源节约型、环境友好型"社会的要求，以建设江西全国生态文明试验区为契机，进一步提高土地、水资源的利用效率，稳步推动循环经济的发展。

7. 发展不平衡问题突出

江西属于发展不充分省份，省内地区之间发展不平衡的特征也比较明显。2016 年，11 个设区市小康指数为 78.9% ~ 95.0%，其中：南昌市最高，达到 95.0%；上饶市最低，为 78.9%。最高与最低相差 16.1 个百分点。在全面小康监测的五个领域中，"经济发展"的小康目标实现程度最低，并表现出突出的地区不平衡性。11 个设区市经济发展小康目标实现程度为 59.0% ~ 95.4%，设区市之间最高（南昌）与最低（上饶）相差 36.4 个百分点，是五个领域中差距最大的。

以经济发展监测指标为例，2016 年，人均 GDP 按照全国人均 5.8 万元（2010 年价格）的小康标准实现程度，新余市为 155.7%，南昌市为 131.6%，这两个设区市已经远超过全国小康目标；鹰潭市为 93.8%，景德镇和萍乡市分别超过 85%，九江市为 68.2%；其他设区市都不到 50%。全省人均 GDP（2010 年价）最高与最低设区市的倍数为 3.71 倍。从城镇化进程情况看，2016 年 11 个设区市常住人口城镇化率为 46.5% ~ 72.3%，城镇化水平最高与最低的设区市相差 25.8 个百分点。南昌、新余、萍乡、景德镇 4 个设区市已经达到全面小康目标（60%），鹰潭实现程度为 95.8%，九江为 87.0%，上饶为 81.5%，其他设区市均不足 80%。从研究与试验发展经费支出看，2016 年，南昌市达到 71.4 亿元，占全省的 34.5%；其次是鹰潭市，占全省 13.4%；萍乡、抚州和吉安分别在 5% 以下。从研究与试验发展经费投入强度看，鹰潭市达到 3.90%，景德镇和南昌分别为 1.72% 和 1.62%，新余 1.18%，萍乡、九江、吉安、抚州和上饶只有 0.5% ~ 0.6%。

三 江西决胜全面建成小康社会的建议

今后 3 年，是我国决胜全面建成小康社会的关键时期。要按照党的十九大提出的决胜全面建成小康社会的新要求，紧扣我国社会主要矛盾变化，统筹推进经济建设、政治建设、文化建设、社会建设、生态文明建设，大力实施科教兴国战略、人才强国战略、创新驱动发展战略、乡村振兴战略、区域协调发展战略、可持续发展战略、军民融合发展战略。突出抓重点、补短板、强弱项，着力补齐江西创新发展短板，文化产业和文化建设短板，"三农"发展与农村小康短板，等等。要采取积极有效的政策措施，加速江西全面建成小康社会的进程，确保到2020年江西与全国同步进入小康社会。

1. 创新驱动，推动经济高质量增长

稳中求进，推动经济高质量发展。在经济发展速度上，如果按2017年基数以实现"十三五"规划为目标测算，2018~2020年平均增速大约只需要8.2%，就能较好地完成规划目标任务；届时江西人均GDP水平在全国的相对地位显著提升。但从稳中求进、进一步缩小江西与全国差距的原则与需要看，今后3年江西有必要保持适当的高于全国平均水平的发展速度。因此，要认真贯彻落实新发展理念，深入实施创新驱动发展战略，进一步制定或完善政策措施，加大研究与试验发展经费的投入力度，促进战略性新兴产业较快发展；以大力发展互联网及新一代技术、大数据为依托，大力实施"互联网＋""中国制造2025"等战略，推动新经济的发展，实现经济增长动能的成功转换、产业结构的转型升级。大力推进党的十九大提出的乡村振兴战略，通过深化农村各项改革，推动农业现代化、农村小城镇和农村基础设施以及一二三产业融合发展，充分挖掘农村发展的巨大潜力。

2. 多管齐下，促进居民收入有更快增长

进一步增加城乡居民收入，保持居民收入增长与经济发展同步，是全面建成小康社会的重要任务之一，是实现经济发展成果共享的基本要求。一要稳步促进城镇居民增收。积极扩大和促进多种形式就业，增加城镇居民收入。二要多渠道促进农村居民增收。通过实现适度规模化生产经营，推进农业现代化，提高农业劳动生产率，挖掘农民家庭经营性收入增长的潜力。通过加快农村富余劳动力转移，增加农民家庭工资性收入。通过继续扶持农村贫困地区的经济发展，加大帮助贫困人口脱贫致富的力度，进一步增加贫困人口的收入。三是要通过实施财政转移支付、减税等政策措施，进一步缩小城乡之间、地区之间、部门之间和个人之间的收入差距；加强对房价和居民消费品价格的有效调控，提高居民的实际购买力。

3. 着力文化建设，补齐产业发展与事业建设短板

从全面小康监测指标看，2016年，全省文化及相关产业增加值占GDP的比重为3.80%，实现程度只有76%；要达到全省文化及相关产业增加值占GDP比重5%的目标还有较大的差距。另外，全省人均文化体育与传媒财政支出实现程度只有61.74%，2016年城乡居民文化娱乐服务支出占家庭消费支出比重同比还有所下降。因此，要坚持文化产业和文化事业两手抓，满足广大老百姓日益增长的精神文化生活需要。一是要依托江西特色挖掘文化优势，推动文化产业继续快速发展。江西文化底蕴深厚，赣文化传承两千多年，有着丰富多彩的区域文化，文化资源异常丰富，如：瓷文化、铜文化、书院文化、禅道文化、苏区文化等。通过不断挖掘特色文化产业资源，找准文化产业优势，促使文化资源尽快转化为文化资本，促进居民的文化娱乐消费，实现文化与经济发展的相互促进，把文化产业培育成经济发展的新支柱。要通过创新，不断加强文化与科技、金融、旅游的深度融合，借助产业融合的新机遇，实现文化向经济社会各领域的渗透，为江西经济提供新动力、开辟新空间。二是加大财政对公共文化的投入，加强文化基础设施建设，抓好公共文化设施改善、公共文化产品有效供给。如兴建博物馆、公共图书馆、文化馆、文化站、文化广场等场所。三是充分利用电影、电视、出版、互联网等渠道，进一步加强对大众的社会主义核心价值观宣传与教育，使之深入人心。

4. 大力实施乡村振兴战略，补齐农村小康短板

全面建成小康社会最艰巨、最繁重的任务在农村。要大力实施党的十九大提出的乡村振兴战略，一是扩大对农村地区的基础设施投资，加快建设农村交通、水利、文化、医疗等生产生活基础设施，进一步改善农村地区生存条件，优化发展环境，切实解决制约农村发展的长期性、瓶颈性问题。二是加快农业产业化和农业现代化进程。与新型工业化、新型城镇化比较，我国农业现代化的发展处于相对滞后状况，要积极运用现代科技改造农业、以现代手段装备农业、以现代经营形式发展农业，提高农业生产的专业化、集约化、规模化、社会化、组织化程度，使农业真正成为富民产业。三是促进农村居民收入以更快的速度增长，进一步缩小城乡收入差距。要全面建成小康

社会,进一步增加居民收入是关键;要提高居民的收入,农村是重点。当前,城乡居民之间的收入差距仍然较大,涉及的面广、人数众多。因此,必须多管齐下,促进农村居民收入更快增长;尤其要全面打赢精准脱贫攻坚战,促进贫困人口脱贫致富。当前精准脱贫攻坚战已经取得决定性胜利,但是要巩固成果、防止返贫仍有工作要做。

5. 着力探索生态文明试验区建设,走出一条绿色崛起新路

要全面推进《国家生态文明试验区(江西)实施方案》的实施,推动江西绿色发展,走出一条具有江西特色的绿色崛起之路。一是优化产业结构,实现绿色发展。以发展低碳经济为抓手,提高服务业在经济中的比重;在制造业中降低高消耗、高污染、高排放产业的比重,大力发展战略性新兴产业,全面推进经济社会信息化,充分利用"互联网 +"改造传统产业,发展智能制造产业;推动生态农业、有机农业的发展,减少农药、化肥的使用,降低农业面源污染。二是推动绿色消费,减少环境排放。继续推进县城及小城镇生活污水处理工程建设,加强城乡生活垃圾收集、分类与处理。三是实施生态工程,进一步加强生态环境保护。进一步推进节能减排,加强城市生活污水、工业废水废渣处理项目建设,控制 COD、二氧化硫、氨氮、氮氧化合物等主要污染物的排放总量,促进单位 GDP 主要污染物排放强度继续下降。四是发展循环经济,提高资源利用效率。重视节水工作,促进单位 GDP 用水量下降;合理开发利用土地资源,进一步降低单位 GDP 的土地占用率;提高土地、水资源的利用效率。五是积极创建生态宜居家园。继续推进城镇拆违、旧城改造与城区美化工程,进一步提升城镇卫生环境水平,提升城镇绿化水平和品质;加强农村山水田园路、环境卫生整治和生产生活设施建设,建设"整洁美丽,和谐宜居"的新农村。

参考文献

张启良等:《"十二五"江西全面建成小康社会进程中的六大历史性突破》,《当代

江西》2016 年第 9 期。

张启良：《江西居民收入增长的新特点与展望》，《调研世界》2016 年第 11 期。

张启良：《全面小康背景下的农村贫困定义及脱贫标准》，《统计与咨询》2016 年第 5 期。

张启良：《迈出新步伐　取得新成就——十八大以来江西全面建成小康社会回眸》，《中国信息报》2017 年 10 月 19 日。

张启良、李春根、熊小刚：《江西与全国同步全面小康的对策研究》，《调研世界》2017 年第 12 期。

B.25
江西打赢脱贫攻坚战的重点难点及破解方略

江西农业大学课题组 *

摘　要： 打赢打好脱贫攻坚战，是新时代江西必须坚决扛起的政治责任，更是必须完成的政治任务。其中，实现脱贫攻坚目标是重点，难在如期脱贫摘帽提高质量；精准识别精准退出是重点，难在贫困户动态变化频繁；攻克深度贫困堡垒是重点，难在一计单策无法奏效；产业与就业精准帮扶是重点，难在产业就业稳定性不持续；强化驻村精准帮扶是重点，难在增强驻村帮扶实效；增强自主脱贫能力是重点，难在激发脱贫内生动力。需要抓住四个聚焦点，盯紧重点要求，突出重点路径，强化保障体系，统筹整体，协同脱贫攻坚。

关键词： 脱贫攻坚　产业脱贫　驻村帮扶

　　党的十八大以来，以习近平总书记为核心的党中央高度重视和关心贫困群众和贫困地区，以全面建成小康社会、实现中华民族伟大复兴的使命担当

---

* 课题组组长：曹国庆，江西省委统战部副部长，江西省民族宗教事务管理局党组书记、局长，江西农业大学原党委书记，研究员，研究方向为农村经济与区域发展。成员：魏毅（执笔人），江西农业大学江西现代农业发展协同创新中心、马克思主义学院党总支书记、高等教育研究所，教授；翁贞林，江西农业大学江西现代农业发展协同创新中心主任，经济管理学院党委书记，教授，博士；张天乐，江西省扶贫和移民办公室政策法规处；汤晋，江西农业大学经济管理学院讲师，博士。

引领脱贫攻坚，扶贫开发深入人心，脱贫攻坚深得民心。江西全省上下认真贯彻习近平总书记扶贫开发重要战略思想，脱贫攻坚工作取得历史性成就。"全面建成小康社会，一个不能少；共同富裕路上，一个不能掉队。"党的十九大再次吹响打赢脱贫攻坚战的号角。在未来三年脱贫攻坚的决胜期，以习近平新时代中国特色社会主义思想为指导，深入贯彻落实习近平总书记关于打赢脱贫攻坚战的一系列重要讲话精神，结合实际，咬定目标，突出脱贫重点，攻克攻坚难点，提高脱贫质量，坚决打赢打好脱贫攻坚战，是新时代江西必须坚决扛起的政治责任，更是必须完成的政治任务。

一 江西脱贫攻坚取得的历史性成就

（一）总体实效

2017 年，江西省立足决胜全面建成小康社会、建设富裕美丽幸福现代化江西，坚持把脱贫攻坚作为重要政治任务扛在肩上，列入第一民生工程攥在手里，按照"核心是精准、关键在落实、确保可持续"的要求，明确目标靶向，压实责任担当，完善政策体系，健全机制定位，突出抓重点补短板、攻难点强软肋，逐户精准识别，逐类精准施策，逐项精准整改，聚焦脱贫力度加大、聚力攻坚进度加快，脱贫实效和质量呈现稳步提高的良好态势。全面完成脱贫 52.93 万人，1000 个贫困村退出，6 个贫困县完成达到脱贫摘帽条件的年度任务[①]。2017 年全省获得 26.44 亿元中央财政专项扶贫资金投入，较 2016 年增长 15.1%；1.2 亿元中央专项彩票公益金扶贫资金投入，比上年净增 0.4 亿元。省、市、县三级财政专项扶贫资金共投入 66.2 亿元，其中省本级为 26.63 亿元，较上年增加 9.2 亿元，增长幅度为 52.8%，市、县两级投入 39.57 亿元[②]。脱贫攻坚时期，全省贫困人口由

---

① 江西省人民政府：《关于表彰 2017 年度全省脱贫攻坚奖获得者的决定》，［2017 - 03 - 01］，http：//www.jxfpym.gov.cn/news/3eb2e1ce - fc01 - 4254 - b673 - 61858c3b8439.html。

② 郑颖：《江西全面完成年度脱贫计划》，《江西日报》2018 年 1 月 19 日。

2011 年的 438 万人下降到 2017 年的 87.54 万人，贫困发生率由 12.6% 降为 2.37%，顺利达到脱贫攻坚预期目标，实现历史性跨越。

（二）基本做法

——产业就业扶贫持续发力。大力支持贫困户参与产业扶贫，投入产业扶贫资金 523.6 亿元，培育 4.8 万个农业新型经营主体，特色种养业带动贫困户 63.6 万户 210 万人，户均增收 3900 元。规模 117 万千瓦的光伏扶贫电站令 24.3 万户贫困户受益。依托就业扶贫园区、乡村就业扶贫车间等创业平台，共带动 32.57 万人实现就业。其中，3541 个乡村"扶贫车间"为 5.5 万余名建档立卡贫困家庭劳动力提供就业岗位[①]，令其实现家门口就业，边顾家边挣钱。

——住房安全保障如期推进。全年累计安排 19.4 亿元政府补助资金，维修改造农村困难群众的土（砖）木瓦结构危旧房 8.02 万户，其中建档立卡贫困户 6.7 万户。推进易地扶贫搬迁，2017 年为 7 万建档立卡贫困人口新建安置房 18460 套。其中，竣工住房 15170 套，竣工率 82.2%，42430 人共享乔迁之喜，搬迁入住率 60.6%[②]。

——健康保障扶贫力度加大。全省共安排 4.35 亿元扶贫资金，全额资助所有建档立卡贫困人口免费参保；按年人均不低于 90 元筹资标准，投入财政扶贫资金 4.93 亿元购买重大疾病医疗补充保险，惠及所有建档立卡贫困人口。持续筑牢基本医保、大病保险、补充保险、医疗救助等"四道保障线"[③]。全省符合条件的贫困患者当年住院自付费用比例下降到 6.79%，医疗救助建档立卡贫困人口累计 52.60 万人，救助金额达 3.27 亿元[④]。

——教育精准扶贫稳步覆盖。2017 年全省累计拨付教育资助资金 8.98 亿元，资助建档贫困人口 35.05 万人[⑤]，建档立卡贫困户子女因贫辍学现象

---

① 赖永峰、刘兴：《向着全面小康全力冲刺》，《经济日报》2018 年 1 月 28 日。
② 郑颖：《江西着力筑牢贫困群众民生保障底线》，《江西日报》2018 年 2 月 6 日。
③ 指城乡居民基本医疗保险、大病保险、贫困人口疾病医疗补充保险、医疗救助四道医疗保障线。
④ 郑颖：《江西着力筑牢贫困群众民生保障底线》，《江西日报》2018 年 2 月 6 日。
⑤ 熊楚成：《江西发起春季扶贫强劲攻势》，《中国产经新闻》2018 年 2 月 9 日。

总体得到遏制。新增 7 个营养改善计划地方试点县，新增受益学生 42 万人，关爱农村留守儿童 91 万人，5301 名建档立卡贫困家庭高校毕业生受助顺利就业，26 所贫困地区中职学校实现"一对一"帮扶。

——社会保障兜底有效提升。2017 年全省农村低保标准达到 305 元/月，平均补助水平达到 225 元/月，农村低保常补对象比例提高到 18.1%。农村特困人员集中供养标准提高到每人每月 425 元，分散供养标准提高到每人每月 320 元，年保障水平达到 3660 元[①]。

二 江西打赢脱贫攻坚战的重点难点

打赢脱贫攻坚战，确保到 2020 年全省脱贫实效和质量进入全国"第一方阵"，这本身就是一场硬仗。越往后贫困程度越深，致贫惯性越大，脱贫成本越高、攻坚难度越大，是越来越难啃的硬骨头，越来越难攻的硬堡垒。全省打赢脱贫攻坚战的重点更加凸显，难点更加突出。

（一）实现脱贫攻坚目标是重点，难在如期脱贫摘帽、提高质量

按现行标准，实现江西农村贫困群众和地区"人脱贫，村退出，县摘帽"，解决区域性整体贫困，确保到 2020 年全省脱贫实效和质量进入全国"第一方阵"，农村贫困群众同步迈入全面小康社会，是江西省委省政府向党中央和全省人民作出的庄严承诺，是江西脱贫攻坚必须实现的底线目标。继 2017 年 2 月井冈山市、2017 年 10 月吉安县脱贫摘帽后，2018 年 2 月又有瑞金市、万安县、永新县、上饶县、横峰县和广昌县等 6 个县（市）进入退出贫困县的公示程序。脱贫攻坚取得的历史性突破，稳中有进的良好发展势头，振奋人心，催人奋进。但全省仍有 87.54 万农村贫困人口，2018 年的年度目标是 40 万人脱贫、1000 个贫困村退出、8 个贫困县摘帽。实现脱贫和巩固脱贫成果，要着力提高质量，筑牢长效机制，促进稳定脱贫，既

---

① 《江西省着力筑牢贫困群众民生保障底线》，《江西日报》2018 年 2 月 6 日。

不能吊高胃口，又要防止出现返贫现象，还要避免因扶贫拉大贫富差距。要坚决打赢精准脱贫攻坚战，如期实现全省脱贫攻坚既定目标。

（二）精准识别、精准退出是重点，难在贫困户动态变化频繁

从收入变化情况看，农户经济收入稳定，是实现脱贫的基本前提。按照现行标准，2017 年家庭年人均收入达到 3335 元的贫困户符合脱贫标准。但调研中发现，有些贫困户脱贫后出于自然灾害、病虫害等原因，种养收入减少，甚至绝收而返贫，有的非贫困家庭因灾、因病，或因家庭主要成员遭遇突发变故而致贫，给农村群众稳定脱贫带来难度。从住房变化情况看，建档立卡时，已结婚成家的哥哥自立门户，照顾有残疾或大病的弟弟同住父母留下的房子。看到邻居享受到政府的安置房，就让弟弟搬出去住进简易草棚，并以房子是哥哥出钱建的，现不同意其居住为由，向相关部门要求解决其住房问题。从户籍结构变化看，有些农户借故将家中年迈体弱多病无收入的老人户口拆分，形成新的贫困户。有的地方为了减轻帮扶压力，简单地把早已分户、长期在外务工居住的子女与其父母的户籍合并，造成"户籍合并脱贫"。从"七清四严"① 执行情况看，调研中了解到，有的贫困户为了让家里小孩能娶到媳妇，四处借钱买来一辆二手车"装门面"，帮扶干部劝其将

---

① 《关于开展贫困人口精准识别与退出及易地扶贫搬迁整改工作的通知》（赣扶移综字〔2017〕21 号）就贫困人口精准识别整改工作提出"七清四严"要求。"七清"，有下列情况的，在精准识别贫困户评议中原则上一票否决。特殊情况，经群众评议公示公告程序认可为贫困户的，可保留。一是家庭成员有私营企业主，或长期从事各类工程承包、发包等营利性活动的，长期雇用他人从事生产经营活动的农户。二是拥有家用小汽车、大型农用车、大型工程机械、船舶等之一的农户。三是在集镇、县城或其他城区购（建）商品房、商铺、地皮等房地产（不包括搬迁移民扶贫户）或现有住房装修豪华的农户。四是家庭成员中有自费出国留学的农户。五是家中长期无人，无法提供其实际居住证明的，或长期在外打工，人户分离的农户。六是为了成为贫困户，把户口迁入农村，但实际不在落户地生产生活的空挂户，或明显为争当贫困户而进行拆户、分户的农户。七是因赌博、吸毒、打架斗殴、寻衅滋事、长期从事邪教活动等违法行为被公安机关处理且拒不改正的农户。"四严"，有以下情况的，要从严审核和甄别。一是家庭成员中有在国家机关、事业单位、社会团体等由财政部门统发工资，或在国有企业和大中型民营企业工作，收入相对稳定的农户；二是家中有现任村委会成员的农户。三是购买商业养老保险的农户。四是对举报或质疑不能做出合理解释的农户。

小车卖掉给他们建档，但是贫困户不同意。有些农户原本家庭生活相对较好，但是家中发生变故，负债累累，生活艰难，却没有被纳入贫困建档。甚至也有些家庭的子女在外事业有成，却因婆媳关系不和或不承担赡养责任，使得年事已高、住老家旧屋的老人要求建档。乡村干部上门与其子女协商无果，欲将其子女告上法庭而老人不肯。诸如此类状况，让帮扶干部扶真贫、真扶贫左右为难。

（三）攻克深度贫困堡垒是重点，难在一计单策无法奏效

2017 年全省确定深度贫困村 269 个、深度贫困人口 16.79 万人，占当年全省农村贫困人口总数的 14.9%，主要分布在赣南原中央苏区、罗霄山连片区、重点贫困县、深山和滨湖地区，涉及 7 个设区市，其中，赣州有167 个、宜春市 55 个、九江市 24 个、上饶市 9 个、吉安市 8 个、抚州市 3个、萍乡市 3 个。全部深度贫困村总体呈现集体经济空心化、产业结构单一、基础设施落后、自然灾害易发多发、公共服务较差、社会长期封闭、乡村文明程度低等特点，贫困发生率均在 10% 及以上。有的乡村偏僻穷困，村里的劳动力都外出务工，仅剩下一个空心村，村里人口总数 1000 多人，实际每年居住的人口只有 30~50 人。由于没有产业，没有劳动力，无法带动乡村发展，村集体经济薄弱，村中的房子破旧、无人维修，村中居民无人愿意返乡居住。深度贫困村的致贫因素复杂，脱贫"一计一策"的带动作用有限，巩固脱贫成果存在较大不确定性，成为打赢脱贫攻坚战中的硬仗、堡垒仗。

（四）产业与就业精准帮扶是重点，难在产业就业稳定性不够

目前，全省农村特别是贫困地区的产业融合、新业态发展尚不均衡不充分。贫困地区产业扶贫的普遍做法，主要是通过"公司或专业合作社 + 贫困户""公司或专业合作社 + 基地 + 贫困户"等模式，对当地自然资源和传统产业资源进行市场化整合，产业化动作，促进产业规模化发展，带动贫困户在就业增收、资产增值、产业增效中脱贫致富。调研中发现，不少地方扶

贫产业同质同构率高，缺特色，无优势；龙头企业规模偏小，升级发展空间不大，带动脱贫能力不强；产业扶贫政策落地不及时，资金或补贴到位滞后，甚至有时被挪用，严重时被套取，能够分配到项目的村庄大多具备一定的优势，或为"重点村"，或离县城近，交通便利，或有一定实力的经营主体支持，条件相对较好的"精英村庄"容易获得更多产业扶贫项目和资源，而条件较差的贫困村容易被冷落。同时，自然风险、经营风险、管理风险和资金风险等诸多风险，往往对扶贫产业可持续发展带来很大不确定性，贫困户心里不踏实。"培训搞宣传""农民缺技能""岗位不稳定""帮扶重眼前"，仍是不少地方就业扶贫需要补齐的短板。

（五）强化驻村精准帮扶是重点，难在增强驻村帮扶实效

从帮扶资源配置情况看，有的贫困村有县、市、省，甚至中央部委、大型国企派干部驻村帮扶，而有的贫困村和非贫困村一般就是乡镇干部驻村帮扶，帮扶力度、资源配置不同带来不同的帮扶效果，造成新的贫富差距，不少非贫困村的道路、水利、照明、环境卫生等基础设施明显不如贫困村。从驻村干部工作情况看，驻村帮扶工作要求高、任务重，周期长、难度大，考核多、问责严，有的有畏难心理，担心帮不了、会误事；有的持被动态度，表面照着要求做，实际上是敷衍应付；有的有"厌战"情绪，认为不帮是穷，扶了还是穷，不如不帮，干脆不扶；有的有委屈情绪，感觉花了精力有成效，群众就是不认可，到头来轻则受批评，重则被问责。从帮扶对象表现情况看，有的贫困户把扶贫政策看成"护穷符"，争着抢着要当贫困户，达到标准拒签"退出书"；有的把帮扶干部当作"财神爷""摇钱树"，帮扶干部送来钱物给"笑脸"，省市领导来访隐瞒真情作"苦状"；有的对待测评不客观，讲成效打折扣，谈困难爱夸张，影响帮扶信心，干扰扶贫评估。

（六）增强自主脱贫能力是重点，难在激发脱贫内生动力

贫困户和贫困人口缺乏脱贫内生动力，其主要表现可概括为"五不"："不愿"，部分贫困户主观上习惯于过苦日子，甚至"甘于"贫穷，以当

"贫困户"为荣，缺少主动脱贫的内在意识；"不敢"，因观念落后，受条件限制，部分贫困户对脱贫信心不足，对帮扶顾虑重重，不敢踏出"自家门槛"；"不能"，有的贫困户想脱贫、愿致富，但因个人能力不足而无法脱贫；"不会"，有的贫困户习惯于政府大包大揽，包办代替，在脱贫工作中找不到切入点和突破点，不知如何脱贫；"不干"，"懒、散、闲"习气严重，或游手好闲，甚至赌博成性，整天等着盼着"天上掉馅饼"，或好高骛远，高不成低不就，嫌送上门的工作收入低，不屑干。究其原因，一是"等靠要"思想在农村根深蒂固，自立精神有所懈怠；二是素质技能缺乏积累，劳动致富能力短缺；三是"输血式"扶贫吊高了部分人的胃口，存在"养懒助穷"的误区。

三　江西打赢脱贫攻坚战的重难点破解方略

（一）抓住四个聚焦，盯紧重点要求脱贫攻坚

——聚焦深度贫困。盯紧深度贫困地区，锁定贫中之贫，对赣南原中央苏区、罗霄山连片区、重点贫困县和深山、滨湖、老库区，尤其是现有贫困村以及贫困发生率10%以上的非贫困村，加大集中支持的力度和强度；盯牢深度贫困人口，找准困中之困，对因病致贫返贫和低保、孤寡人、残疾、长期患病者等"无业可扶、无力脱贫"的特殊群体，因人精准识别，因户精准施策，全面兜住保障底，确保到2019年269个深度贫困村、16.79万深度贫困人口达到脱贫退出标准，2020年如期实现稳定脱贫。

——聚焦均衡发展。统筹推进贫困县与非贫困县、贫困村与非贫困村脱贫攻坚。拓宽精准识别面，及时把非贫困县中的贫困人口和贫困村、非贫困村中的贫困群众识别出来，纳入建档对象；延伸精准施策线，促进脱贫政策和帮扶措施向非贫困县中的贫困人口和贫困村、非贫困村中的贫困群众全覆盖，力争全省脱贫攻坚统筹推进，整体均衡，不掉边线，不留死角。

——聚焦精准施策。按照精准扶贫、精准脱贫基本方略，严把精准识别

核心要义，实现贫困动态管理信息准确、程序合规、资料健全、归档规范，在建档立卡信息共享基础上，加强与相关部门信息数据和帮扶政策的对接，不漏一户、不落一人，因村因户因人精准施策、有效帮扶，确保"扶持谁、谁来扶、怎么扶、如何退"全过程精准。

——聚焦脱贫成效。立足精准扶贫的实际，既不吊高胃口，也不降低要求，对照贫困人口脱贫标准，实现扶贫开发与社会保障、教育就学、卫生医疗、安全住房等各项政策协同发力，提高稳定"两不愁"质量，增强落实"三保障"效果。坚持因地制宜，合理制订到2020年的年度脱贫退出计划，严防虚假脱贫、数字脱贫，确保贫困发生率、脱贫人口错退率、贫困人口漏评率和群众认可度过得了国家考核评估关，脱贫成效经得起实践和历史检验。

（二）坚持精准方略，突出重点路径脱贫攻坚

——推进产业扶贫全覆盖、攻坚断"穷根"。大力发展农村产业，壮大农村集体经济，是打赢脱贫攻坚战的根本路径，是实施乡村振兴战略的基础工程。坚持产业发展"绿色导向"。大力发展绿色种养业，立足当地特色资源，坚持"一村一品"或"一村多品"，注重发展群众基础好、带动能力强的绿色扶贫产业，打造绿色品牌。扶持发展绿色业态，特别是在改造和提升深度贫困村传统产业过程中，因地制宜培育和发展"旅游＋扶贫""电商＋扶贫""光伏＋扶贫"等扶贫产业。不断完善政策支持，增强龙头企业、合作社、产业基地等经营主体的带动能力，提高贫困户参与发展产业的组织化程度。强化产业资金的"多元融资"。通过财政奖补、金融信贷、项目招引等措施，汇聚和整合更多资金流向扶贫领域，支持扶贫产业发展。

——推进易地搬迁扶贫再发力，攻坚挪"穷窝"。按照"搬得出、稳得住、逐步能致富"的思路和要求，坚持政府主导、农民主体、市场运作、社会参与、全程评估的原则，科学完善搬迁规划和年度实施计划，严格执行和落实易地搬迁政策，加大对贫困户危房改造的扶持力度，积极做好农房加固改造技术手册的试行推广，全面完成农村村庄特别是贫困村危旧房加固改

造和建设，确保贫困农户告别危房。同时，对已搬迁贫困户重在落实后续帮扶措施，坚决防止贫困户因建房举债致贫或返贫；对新搬迁贫困户采取政府统规统建的方式，强化集中安置。鼓励各地大胆探索，创新保障深度贫困户住房安全的兜底措施。

——推进贫困村生态扶贫再提升，攻坚脱"穷貌"。抓住实施乡村振兴战略的重大机遇，把贫困地区作为重点，统筹乡村振兴项目、资金、政策等资源，将其优先用于贫困地区，特别是支持深度贫困村发展绿色产业、改善基础设施、提升公共服务、优化生态环境，促进贫困村稳定脱贫、巩固退出与乡村振兴相得益彰。加大生态补偿力度，落实贫困县补偿资金和管护补助，建立补偿资金与扶持贫困群众挂钩机制，大力开发生态公益岗位，优先安排贫困劳动力担任护林员、护路员等，实现稳定就业脱贫。优先推进贫困村的生态环境建设，集中硬化村组道路，整治生活垃圾，治理污水和面源污染。提高自来水普及率，优化农村电网，改造信息网络，全面改善农村宜居环境，摆脱贫困落后面貌。

——推进教育扶贫再深化，攻坚挖"穷兜"。完善教育扶贫资助政策和机制，建立贫困家庭建档立卡信息与其子女学籍管理数据融合共享平台，全程跟踪和监控贫困学生享受资助的动态情况。明确农村学校校长为落实资助政策的第一责任人，确保学生不因家庭经济困难辍学失学。针对因病因残无法随班就学或厌学的贫困学生，创新"控辍保学"措施，切实阻断贫困代际传递。加大教育培训力度，对贫困家庭子女接受中、高等职业教育和贫困劳动力参加转移就业技能培训及创业培训的，给予资助和补贴。按照"进得来、留得住、安得心、教得好"的要求，突出重点，加强农村贫困乡村学校和教学点的教师队伍建设。依据学生规模，按规定缺编的要扩编，补齐数量不足短板；把好进人入口关，加强师德师风教育和职业素质培训，提高教书育人能力；建立乡村教师工资适度优先增长机制，落实边远贫困地区农村教师特殊津贴、连片特困地区和乡镇工作补贴等政策，切实提高乡村教师收入；推动保障性住房政策惠及贫困地区乡村教师，安居乐教。

——推进健康和社会保障扶贫再提升，攻坚兜"穷底"。夯实农村低保基础。坚持扶贫开发与社会保障有效衔接，建立健全与经济发展水平相适应的农村低保提标提补机制。按照"应保尽保"要求，加强低保年度审核和低保对象动态管理，及时把新增符合农村低保条件的贫困群众全部纳入农村低保范围，对失能弱能贫困人口应保尽保、兜牢保障底线。以健康扶贫再提升工程为重点，全面筑牢基本医保、大病保障、补充保险、医疗救助"四道保障线"，切实保障门诊特殊慢性病待遇水平，加大贫困人口医疗救助力度，进一步提高贫困人口重大疾病医疗补充保险筹资标准和保障水平，全面实现贫困人口县域内住院"先诊疗后付费"和"一站式"报销结算服务，确保贫困患者县域内住院医疗自付费用不高于 10%。在实施 10 种大病免费救治的基础上，15 种大病全部得到专项救治，并对深度贫困人口探索建立"爱心"救助兜底机制新防线，确保不让一人因病致贫返贫。

（三）强化保障体系，统筹整体协同脱贫攻坚

——强化精准识别机制保障。精准识别是合理制定脱贫目标、精准施策的前提和基础。强化精准识别基础。严格对照国家精准识别统一部署和要求，坚持精准识别一年一"回头看"核查机制，及时做好建档立卡贫困人口动态识别调整，确保新增或退出的贫困人口情况明、数据准。完善精准脱贫大数据管理平台建设，加强基础信息数据核实核准，跟踪过程进展信息比对衔接，及时开展产业、就业扶贫、教育和健康扶贫，危房改造和易地搬迁扶贫，以及安全饮水、社会保障兜底等政策到户到人落实情况排查核准，确保新增信息准确无误，退出数据真实可靠。

——强化扶贫产业发展保障。强化产业风险防范。坚持一业为主、多业并举，采取"一村一品""一村多品"或"多村一品"模式精准选好扶贫产业，规避扶贫产业自然风险；通过提升产业组织化程度，延伸产业链，扩大规模降成本，化解扶贫产业市场风险。加强扶贫产业技术吸收、服务和指导，防范扶贫产业技术风险。强化产业特色扶持。加大农业产业项目武装新型农业经营主体力度，配套用地供给、水电使用、技术培训、产品销售、税收和贷款等优惠政策，支持龙头企业发展绿色农产品规模化生产和标准化养

殖，增强扶贫带动能力。强化业态创新融合发展。坚持向农业供给侧结构性改革要红利，挖掘贫困地区资源禀赋优势，调优传统种植业、做强特色养殖业，激活市场需求潜力，发展农产品深加工，依托"电商＋""旅游＋""光伏＋"模式等创新业态，推动农村产业融合深度发展。强化利益共享，创新产业扶贫利益联结机制，激发扶贫产业链中各主体、各要素的动力、活力。

——强化扶贫资金投入保障。强化政府投入的主体责任、主导作用，促进扶贫资金稳定增长、协调统筹、高效整合，确保脱贫攻坚期内已有资金持续攻坚脱贫返贫，新增资金着力聚焦深度贫困和重点工程。深入落实脱贫攻坚"十大工程"行业扶贫责任，集中各部门行业政策发力扶贫重点对象和领域，优先解决贫困群众实际困难。开发和用好金融扶持政策，加大金融融资力度，集中支持深度贫困地区推进重点扶贫工程。完善社会扶贫鼓励政策，深化中央在赣定点扶贫，对口支援单位及军队和武警部队驻地机构的对接服务，深入开展"千企帮千村行动"、慈善救助、志愿者帮助、爱心人士捐助，多方发掘社会资源，广泛吸纳社会资金深度参与扶贫。防范扶贫资金风险，强化扶贫资金使用管理、监督审计和绩效评价，确保做到阳光扶贫、廉洁扶贫、高效扶贫。

——强化脱贫攻坚责任保障。压实压紧领导责任。继续实施省、市、县、乡各司其职的全省脱贫攻坚领导体制，一把手负责制，省市县乡村五级书记一起抓的责任机制。大力开展"不忘初心、牢记使命"主题教育，进一步强化打好脱贫攻坚战的政治责任。聚焦重点贫困县和深度贫困村，全面提高基层领导班子"头雁"能力，建好全省脱贫攻坚主战场的前线"指挥部""先遣队"。按照"四有"要求组建乡村扶贫工作站（室）。强化农村基层基础，建好建强村级班子，创新"党建＋"扶贫模式，鼓励党支部勤攻坚、党员微帮扶，完善村民自治组织，大力培养农村党员致富带头人、乡土人才创业带头人，深入打造"不走的扶贫工作队"。强化驻村入户对口帮扶。坚持选优配强与强化担当并重，督促考核与关心关爱相济，确保驻得下、能真扶，帮得动、能真帮。

——强化内生动力培育保障。继续面向贫困地区和贫困群众深入开展就业技能培训，开发就业岗位，促进就地就近就业，做到"挣钱""顾家"两不误、两促进。坚持扶贫与扶志、扶智、扶勤、扶德相结合，深化教育扶贫内涵，运用群众身边的脱贫成果、致富典型，讲好脱贫故事，传诵脱贫精神。大力开展自立自强、勤劳致富、孝亲敬老、互帮互助等传统美德教育，强化精神思想扶贫，补齐内生动力"短板"。针对"因懒致贫、因婚致贫、因赌致贫、因子女不赡养老人致贫"等不良现象，因户施策加强思想教育，强化精神帮扶，引导贫困户树立勤劳致富、脱贫光荣的思想。要改变简单给钱、给物的扶贫方式和做法，强化正向激励机制，在帮扶资金安排上正向引导，采用奖补生产、补助劳务及以工代赈等方式，激励贫困群众想干敢干、能干会干，激发贫困户脱贫内生动力，促进自立自强和自主脱贫。

——强化督察考核统筹保障。打赢打好全省精准脱贫攻坚战，要有抓铁有痕、踏石留印的精神，要大兴艰苦奋斗、求真务实的作风，以工作作风攻坚促脱贫攻坚。要强化扶贫督察考核，加强扶贫领域工作作风建设。充分发挥省派驻各地脱贫攻坚督察组的重要作用，坚持问题导向，开展常态化督察。落实对各市县党委和政府脱贫攻坚工作成效考核办法，实行最严格的考核评估。建立督察计划统筹、督察成果共享机制，避免层层督察、重复检查、多头考核，减轻基层迎查负担，提高扶贫工作效率。及时督察纠正脱贫攻坚中的形式主义，防止虚假脱贫、数字脱贫式"政绩工程"。强化扶贫领域执纪问责。要坚持责任预警与责任追究相结合。对脱贫攻坚中出现的违法违纪问题，要实行"零容忍"，加大责任追究力度，从严、从快、从重执纪问责，始终保持高压态势。要依法打击村霸黑恶势力，严防干扰基层政权运行。建立扶贫主体责任预警机制、基层扶贫干部工作创新容错纠错机制，及时预警可能出现的责任风险，有效防控不良倾向和现象，切实整改不当做法和行为，确保扶贫工作务实，脱贫过程扎实，脱贫结果真实，以真扶贫、扶真贫，脱真贫、真脱贫的实际成效取信于民、接受实践和历史的检验。

参考文献

习近平：《在深度贫困地区脱贫攻坚座谈会上的讲话》，http：//www. xinhuanet. com/politics/2017 −08/31/c_ 1121580205. htm，2017 年 8 月 31 日。

魏毅、曹国庆、张天乐：《江西脱贫攻坚的路径选择与保障措施》，《农林经济管理学报》2017 年第 3 期。

中共江西省委办公厅、江西省人民政府办公厅：《关于深入推进脱贫攻坚工作的意见》，2017 年 9 月 16 日。

B.26
江西打造共建共治共享社会
治理格局的探索与实践

江西省社会科学院课题组 *

摘　要： 打造共建共治共享社会治理格局是习近平总书记在党的十九
大报告中对我国社会治理提出的新要求，也是中国共产党在
社会治理方面的伟大实践。通过回顾江西省如何解决人民群
众最关心最现实的利益问题，努力增进广大人民群众的获得
感，探求破解社会治理难题，提出社会治理是一项系统工程，
打造共建共治共享社会治理格局需要整合各方面的资源，实
现整体联动，发挥社会合力的推动作用。

关键词： 共建共治共享　社会治理　获得感

习近平总书记在党的十九大报告中指出："打造共建共治共享的社会治
理格局。"习近平总书记的这一重要论断为我国在新时代加强和创新社会治
理指明了前进方向、提供了行动的指南，是中国共产党在社会治理方面的伟
大实践。共建即共同参与社会建设，包括社会事业建设、社会法治建设和社

* 课题组组长：邓虹，江西省社会科学院社会学研究所所长，研究员，研究方向为社会学。成
员：平欲晓，江西省社会科学院社会学研究所副所长，副研究员，研究方向为社会学；涂龙
峰，江西省社会科学院社会学研究所副所长、助理研究员，研究方向为社会学；张晓霞，江
西省社会科学院社会学研究所，研究员，研究方向为社会学；刘月平，江西省社会科学院社
会学研究所，助理研究员，研究方向为社会学；程秀敏，江西省社会科学院社会学研究所，
研究实习员，研究方向为社会学。

会力量建设三个方面；共治即共同参与社会治理，形成党委领导、政府负责、社会协同、公众参与、法治保障的治理格局；共享即共同享有治理成果，保障人民群众有权共享政治成果、经济成果、文化成果和生态成果。江西省在打造共建共治共享的社会治理格局中结合实际条件，实施了一系列有效的做法，在优先发展教育事业、提高就业质量和人民收入水平、加强社会保障体系建设、实施健康中国战略等方面取得了长足进步。

一 江西省努力打造共建共治共享的社会治理格局

（一）共建共治全覆盖

2017 年，江西省共建立村（居）民理事会 84259 个，覆盖所有村（居）民委员会，全省 16942 个村全部建立了村务监督委员会，城乡社区协商民主工作初步实现了平台全搭建。共建共治的成绩体现在以下几个方面。

——基层民主政治建设和农村社区建设水平不断提高。基层民主政治建设实现了"一个完善、五个健全"的规制设计。"一个完善"是指村民自治法律法规进一步完善，有力地推动了基层民主有法可依、有章可循。"五个健全"主要指：（1）民主选举制度进一步健全，一大批德才兼备、群众公认、热心为群众服务的人员通过民主选举当选为村（社区）干部，村（社区）干部的年龄结构、性别结构、学历结构、来源结构进一步优化。（2）民主协商制度进一步健全，做到了"一个健全，两个规范"。"一个健全"即健全村（居）民理事会制度，"两个规范"即通过搭建协商平台、明确协商主体、规范协商内容、规范协商程序来规范村级议事协商内容和程序。（3）民主决策制度进一步健全。建立了村民代表联系户制度，推行了"五步决策法"，即村级重大事务的决策必须通过"一拟二听三审四决五监督"五个步骤进行。（4）民主管理制度进一步健全。按照"公开、民主、简便"原则，探索创造了就村级重大党务和重要村务决策进行两轮投票的"两重两轮"治村模式和"一事一议"的村级事务管理机制，受到基层群众的普遍好评。（5）民主监督制度进一步健全。做到"一个建立，两项公开，三级监督"。"一个建立"就是全面建立村务监督委员会，覆盖全省16942个村；"两项公开"就是村级事务公开，村级财务公开；"三级监督"就是逐步建立起村民监督、村民理事会成员监督、村务监督委员会监督的制度。

建设改造了一批社区综合服务中心（站），打造省级社区示范点353个，社区服务场所面积实现了5年翻番，综合服务设施覆盖率达到91%。开展"绿色社区美丽家园"创建活动，探索开展城乡社区协商。

农村社区建设营造了"一个率先、两个创造"的江西印象。"一个率先"是指在全国率先探索开展农村社区建设，共创建省级"精品农村社区"824个。都昌县、上饶县等5个县（区）被民政部评为"全国农村社区建设实验全覆盖示范单位"。"两个创造"是指创造了"中心+村落"农村社区建设模式，这是一个符合江西实际、具有地方特色的农村社区建设新模式，创造了"农村社区建设"江西品牌。

——社会组织和专业社会工作发挥了积极的作用。截至2017年11月底，江西省各级民政部门依法注册登记社会组织23430个，比2012年新增社会组织9871家，增幅达到72.8%。这些社会组织遍布城乡，业务领域涉及经济社会各个方面，大量社会组织植根基层，凝聚志愿者数百万，活跃于城乡社区。自2013年以来，江西省民政厅共安排3500万元福彩公益金开展社会组织公益创投活动，资助社会服务项目300多个，其中，为空巢老人、留守儿童、残疾人、贫困家庭等困难群众提供多样化服务项目187个，针对不良行为青少年、涉罪未成年人等特殊人群提供专业矫治服务项目20个，开展心理健康知识宣传和心理援助项目85个。①

江西省社会工作人才总量达7万人，其中社会工作专业人才总量达1.84万人。全省已有3481人取得社会工作者职业水平证书，其中助理社会工作师2615人，社会工作师866人。全省有设置社会工作本科的高校7所，

---

① 朱炳顺：《江西省社会组织公益项目成果展在南昌举行》，http://ce.jxcn.cn/system/2017/12/26/016658153.shtml。

其中 3 所高校设置了社会工作专业硕士学位，每年培养社会工作专业硕士70 余人。① 江西省社会工作人才队伍建设经过几年的探索实践，逐步走出了一条经济欠发达地区尤其是农村社会工作人才队伍建设的路子。万载县和青云谱区被命名为全国社会工作人才队伍建设试点示范地区，井冈山大学和江西省民政学校联合申报为全国首批社会工作培训基地。② 2013 年，全省民办社会工作服务机构仅 12 家，2017 年已经发展到 145 家，为基层社会治理创新提供了专业和人才支撑，大大增强了基层社会治理能力。

——完善社会矛盾排查预警机制。江西省积极推进社会矛盾排查预警工作的规范化、制度化、科学化，加大对劳资关系等领域重大矛盾隐患的预防排查力度，建立了劳动关系应急预警机制。在各级党委、政府的统一领导下，由人社部门、总工会、企业代表组织参加，运用排查监测、信息收集、分析研判、预防预报、提早协调、应急处置等措施，及时掌握产生劳动关系矛盾的诱因，预防和处理劳动关系矛盾群体性突发事件。具体做法，一是构建劳动关系应急预警网络，二是化解过剩产能职工安置的矛盾隐患，三是建立矛盾隐患统计报告制度，四是完善与维稳工作部门的联动机制。

（二）各级各类教育齐头并进促共享

坚持教育优先发展，各级各类教育全面进步。2016 年底，江西省有小学 8329 所、教学点 843 个，在校小学生 422.76 万人，小学净入学率99.68%；全省有普通初中（含九年一贯制学校）2142 所，在校初中生180.28 万人，初中阶段毛入学率 100.31%③。全省义务教育阶段巩固率为93%，有 64 个县（市、区）和开发区通过了国家义务教育基本均衡评估认定。2017 年，有 92 个县（市、区）通过义务教育基本均衡国家认定。

---

① 江西省民政厅：《江西省社会工作十年发展报告》，http：//mzzt. mca. gov. cn/article/sggzzsn/jlcl/201611/20161100887276. shtml。

② 江西省民政厅：《江西省社会工作十年发展报告》，http：//mzzt. mca. gov. cn/article/sggzzsn/jlcl/201611/20161100887276. shtml。

③ 这与该指标的算法有关，初中毛入学率 = 在校初中生人数（不含成人）/12～14 岁年龄组人口数（统计局普查调整数）。

全省有普通高中 469 所，在校普通高中学生 94.29 万人，高中阶段毛入学率达 88.5%；全省有特殊教育学校 88 所，在校学生 28006 人，其中随班就读学生 20158 人，全省三类适龄残疾儿童少年入学率为 91%。

截至 2017 年 6 月底，全省共有高职院校 57 所，其中国家示范和骨干校 5 所，省级示范校 12 所，在校生 52 万人；有中职学校 483 所，其中国家示范校 30 所，省级达标校 108 所，在校生 67.12 万人。职业教育呈现了良好的发展态势，教学质量全面提升，服务经济发展的能力明显增强。

江西省普通高校由 2012 年的 88 所增加到 100 所，在校生由 87.6 万人增加到 106.9 万人，共青科教城 5 所大学顺利建成，南昌大学入选国家世界一流学科建设高校。

（三）教育扶贫见实效

全面落实贫困家庭受教育子女资助政策校长负责制的学校及幼儿园数为 14321 个，全省建档立卡贫困户应享受教育补助政策的人数为 282466 人，已享受教育补助政策的人数为 233115 人，占比为 82.53%，累计发放资金 38672 万元。

营养改善计划稳步进行。2017 年安排中央和省级资金约 9.21 亿元，在 24 个县（17 个集中连片特困县和 7 个国家扶贫开发重点县）实施营养改善计划，为 5881 所学校提供食堂供餐或课间餐，受益学生达到 125 万名。

（四）医疗卫生共享惠民生

——医疗卫生资源日益丰富。截至 2016 年底，江西省共有各级各类医疗卫生机构 3.82 万个，其中医院 592 个、基层医疗卫生机构 3.67 万个、专业公共卫生机构 795 个；各类医疗卫生机构床位总数 20.9 万张，每千人口医疗卫生机构床位数 4.55 张；全省卫生人员总数 30.1 万人，每千人口拥有卫生技术人员 4.81 人，每千人口执业（助理）医师 1.72 人，每千人口注册护士 2.08 人。

——大力推进健康江西建设。2016 年 11 月 28 日，江西省委、省政府召开全省卫生与健康大会，明确推进健康江西建设的总体要求和战略目标，着力普及健康生活、优化健康服务、完善健康保障、建设健康环境、发展健康产业，全省卫生与健康事业发展迎来重要发展机遇。2017年6月16日省委、省政府印发了《"健康江西2030"规划纲要》，明确了未来全省卫生与健康事业发展的指导思想、基本原则、目标要求。2017年，全省基层医疗卫生机构达标率提高到90%以上。2017年，江西省全民基本医疗保险、大病保险实现全覆盖。

——公立医院改革全面推开。江西省公立医院综合改革采取"自下而上、先易后难"的推进策略，截至2017年9月9日零时，以取消药品加成为标志的全省公立医院综合改革实现全覆盖，持续半个多世纪的"以药补医"政策在江西省彻底终结，公立医院改革开启新纪元。江西省连续两年在国务院医改办组织的公立医院效果评价中居全国第一等次，国务院医改办给予江西省888万元的奖励，新余、芦溪两地公立医院改革入选国务院"2016年全面深化改革真抓实干、成效明显"的表扬激励名单，新余、于都分别入选国家公立医院综合改革示范市、县。

——健康扶贫工程深入开展。江西省政府出台《健康扶贫工程实施方案》，提出23条具体政策措施。江西省通过创新五项机制，先后对贫困家庭尿毒症、重性精神病等10种大病实施免费救治，全省累计免费救治84.3万例，免费救治的病种数量和患者数量都为全国最多。2017年，全省贫困人口就医自付比例降至10%以下。江西省两次在全国健康扶贫工作会议上做典型经验发言，并在国家卫计委首场健康扶贫专场新闻发布会上介绍江西经验。

（五）促就业让人民共享发展成果

党的十八大以来，江西省牢固树立"就业为民生之本"的观念，不断推动实现更高质量的就业。2016年末，江西省全社会就业人数达到2637.6万人，比2012年增加81.6万人，增幅达3.2%。2016年城镇新增就业55.2万人，失业人员再就业24.7万人，6.7万就业困难人员完成就业。2017年城镇新增就业55.8万人、新增转移农村劳动力60万人，分别完成年度计划的123.9%和119.9%，城镇登记失业率3.34%。五年来累计新增城镇就业275.4万人、新增转移农村劳动力294.7万人。

党的十八大以来，江西千方百计增加居民收入，努力实现发展成果由人民共享，积极统筹协调城乡、区域共同发展，不断缩小城乡差距。江西的城乡居民人均收入倍数由2012年的2.45倍缩小到2016年的2.36倍，是全国城乡居民收入差距最小的十大省份之一。江西城乡居民人均年收入呈现快速增长的态势，2016年，江西全年居民人均可支配收入为20110元。其中，城镇居民人均可支配收入28673元，较2012年增长44.4%；农村居民人均可支配收入12138元，较2012年增长55.1%。2017年，江西城镇居民人均可支配收入31198元，增长8.8%；农村居民人均可支配收入13242元，增长9.1%。人民群众获得感进一步增强。2017年，江西省企业退休人员基本养老金实现"十三连调"。

二 江西省打造共建共治共享的社会治理格局的做法

（一）义务教育均衡发展促进教育公平

——统筹推进城乡一体化。2017年3月印发《江西省人民政府关于统筹推进县域内城乡义务教育一体化改革发展的实施意见》。把"统筹推进县域内城乡义务教育一体化改革"纳入江西省委深改组成员2017年领衔推进落实的重大改革项目，明确由一名副省长领衔推动，把责任落实到相关部门。

——大力改善办学条件。从2012年起实施了"标准化建设工程"，并圆满收官，累计投入资金46.53亿元，共新建、改扩建农村学校12000余所，超额完成三年规划新建、改扩建农村学校10000所的目标任务。在中央的支持下，先后实施了农村义务教育薄弱学校改造计划和全面改善贫困地区义务教育薄弱学校基本办学条件项目，累计投入资金172.11亿元，校舍建设竣工率和设备采购完成率分别达82.02%、75.53%，在全国的排位分别为第 4、第 6 位。

——均衡配置教育资源。2010 年以来，启动了扩充城区义务教育优质资源改革试点，推动优质学校带动薄弱学校发展；2015 年以来省财政共下达城乡义务教育学校均衡发展专项资金 45 亿元，推动在城区新建、改扩建义务教育学校 1000 余所，有效缓解"择校热"现象，全省城区公办义务教育学校 90% 以上生源实现了就近入学。努力优化农村教学网点布局，在宜春市、吉安市开展农村教学网点调整改革试点工作，按照"一校一案"的要求，探索对农村规模过小的教学网点进行适当集中。

——落实保障教育公平。全省共有义务教育阶段留守儿童 70 万余人，全部在校接受义务教育并得到关爱保护。全省共有进城务工人员随迁子女 48 万余人，全部在当地学校接受义务教育。2014 年，南昌市率先在全国省会城市实行义务教育免试就近入学"零择校"。

（二）普通高中强特色

——狠抓普通高中建设。2012～2015 年，中央财政共安排江西省专项资金 5.2 亿元，用于 17 个集中连片特困县的普通高中学校建设和改造。2013～2015 年，省级财政共安排专项资金 10 亿元，对其他地方的普通高中加强建设和改造。

——保障学校基本运行。全省全面取消了普通高中择校政策后，省级财政 2014 年安排 1 亿元、2015 年安排 2 亿元补助学校公用经费。2016 年安排 4 亿元，用于补助公用经费和学校建设，保障学校基本运行。

——开展特色办学试验。2012 年和 2016 年，分别确定 44 所和 56 所共 100 所普通高中为全省特色发展试验试点学校，从普职融合、音体美教育、德育教育、教学改革等多方面进行探索，推进培养模式多样化。2017 年省教育厅制定并印发了《江西省普通高中特色发展工程实施方案》。

——开展重点中学评估。全省共有省级重点中学 173 所。从 2010 年起，每年通过随机抽取和指定相结合的方式确定 20 所省级重点中学进行评估，以评促建，推动提升办学水平。目前已经评估 120 所。制定了《江西省深化考试招生制度改革实施方案》以及两个配套文件，从 2018 年秋季新入学的高一学生开始启动高考综合改革。

（三）职业教育抓对接

——狠抓职业教育关键任务。持续推进中等职业教育资源整合，全省共有 481 所中职学校参与整合，将撤销中职学校 110 所；有 7 所中职学校进行合并，计划合并成 29 所较大规模的中职学校。

——全面提升服务"三农"能力。以江西省政府办公厅名义印发了《关于加强面向"三农"职业教育和职业培训的若干意见》，明确了农村职业教育与职业培训的具体目标。2017 年，印发了《关于组织江西省优质高等职业院校结对帮扶国家级贫困县中等职业学校工作的通知》，由优质高等职业院校引领带动省内国家级贫困县中等职业学校发展。

——狠抓职业院校规范管理。把抓规范管理作为推进职业教育改革发展的首要任务，重点抓好招生、实习、校企合作等方面的规范管理。2017 年，针对校企合作办学过程中出现的一些合作目的不端正、管理不规范、收费不合理等问题，下发了《关于进一步规范职业院校校企合作办学行为的通知》，要求职业院校加强过程监管，规范收费管理，迅速纠正违规行为。

——狠抓职业院校教育教学质量。建成一批国家级示范专业点。全省有 8 个专业点入选全国职业院校装备制造类、交通运输类、邮政和快递类、酒店管理类示范专业点。积极推进教学诊断与改进工作，通过确定试点学校、召开培训会议、邀请专家指导等方式来推进。组织开展系列竞赛活动，江西代表团在全国技能大赛共获得 109 个奖项，获奖总数比上年提高了26.74%，信息化教学大赛获得 17 个奖项。

（四）教育扶贫措施得力

——出台工作方案，加强数据核对。印发了《江西省教育扶贫工程推进方案（2017~2020）》《江西省教育脱贫攻坚"百日行动"工作方案》，明确具体任务、责任单位和完成时限。全省各级教育部门加强与当地扶贫部门的对接，共同做好数据核对工作，对符合条件的建档立卡学生享受学生资助政策情况进一步进行核查，确保"一人不漏，一人不错"，确保教育扶贫政策落实到位。2017年10月份已完成扶贫系统与学生管理系统数据比对工作。

——认真开展督查检查。2017年教育厅组织各类检查共计8次，在教育扶贫政策落实情况专项督查中，重点对6个计划2017年脱贫摘帽贫困县进行督促指导。

（五）保障就业，提高收入抓落实

党的十八大以来，江西省委、省政府始终坚持"社会政策要托底"的思路，不断加强江西就业保障体系建设。

加强就业援助，托底帮扶就业困难人员。对于农村贫困劳动力和就业困难人员给予适当政策倾斜，促进农村贫困劳动力转移就业。

加大再就业支持力度。全面落实各项扶持政策，促进经济结构调整、产业转型升级中的失业人员实现再就业。

完善就业服务体系。建立健全人才的多元评价机制，完善职业技能培训体系，落实职业培训补贴等相关政策。建立起覆盖城乡劳动者的"五台一网"（即劳动保障平台、劳动力市场、创业实训平台、创业服务平台、创业孵化基地、就业信息网络）就业服务体系。

健全失业保险制度。江西省11个设区市在2012年就实现了失业保险市级统筹，失业保险参保人数达到267.44万人。

三 江西在打造共建共治共享的社会 治理格局中遇到的困难

（一）社会工作人才队伍建设滞后，社会认知度低

一是薪酬保障水平低。江西省社会工作者的薪酬跟东部省份比相对较

低，也缺乏健全的薪酬保障、政策保障机制，这使社会工作者缺乏工作的热情。而收入低又影响社会工作者的社会地位，导致社会工作人才留不住。二是社会工作专业普遍认识程度低。当前许多群众和基层干部仅仅把社会工作定位于乐善好施、扶危济贫等志愿服务，没有认识到社会工作能给基层社区治理提供专业服务。

（二）打造共建共治共享社会治理格局投入不足

打造共建共治共享社会治理格局是一项系统性的社会工程，涉及部门多，资源分散在各个部门，整合难度较大。江西省多数地区存在基础设施落后、服务功能不全、人员不足、服务能力偏弱等问题。社区开展治理活动缺乏经费支持，对社会组织的孵化和培育力度不够。社会组织参与此项工作的意识和专业性不强，服务水平停留在浅层次。以留守儿童关爱保护为例，对从事农村留守儿童关爱保护工作的社会组织的孵化和培育力度不够，服务性和专业性不强，情感关爱还不到位。

（三）依法行政有待进一步落实

十九大报告指出，全面依法治国任务依然繁重，国家治理体系和治理能力有待加强。从社会保障领域来看，有的地方和工作人员不能自觉遵守法律法规的规定，留下历史遗留问题引发矛盾，依法行政意识还有待强化。群众学法、守法、用法、靠法的氛围还不够浓，群众"信访不信法"的现象还存在，期望通过缠访、闹访等途径实现不合理诉求。同时，有的用人单位法律意识不强，欠薪欠保、超时加班等侵害劳动者合法权益的案件时有发生。

（四）化解劳动关系矛盾的长效机制需要完善

平台经济、共享经济等新业态、新商业模式的涌现，带来了劳动用工和就业形式的深刻变化，传统的劳动关系规则难以适应这种变化，协调管理更加困难，传统的劳动关系矛盾解决机制难以适应新时代的发展。比如，中央提出到2020年基本实现农民工工资无拖欠，保障农民工劳动报酬权益，维护社会和谐稳定，但有的地方没有完全吃透精神，有的地方把治理欠薪的成绩仍停留在为农民工追讨工资越多越好的传统理念上，而不是考虑如何从源头上防止欠薪案件的发生。

全省各地区推进劳动关系矛盾化解机制的工作进展不平衡。以农民工工资监管为例，从江西省农民工工资监管信息系统监测结果看，大部分设区市和所辖县（区）已经启动实名制监管信息化工作，并正在按实施方案要求逐步推进。新余市和鹰潭市实现了市本级及所辖县（区）实名制监管全覆盖，并已通过预存工资专户给农民工发放工资。但仍有部分地方没有启动实名制监管信息化工作，有的地方虽然启动，但没有通过预存工资账户发放工资。

（五）教育存在短板

——义务教育和高中教育经费有缺口。一是大班额及农村学校"空心化"现象比较严重。江西省义务教育阶段 56 人以上大班额和 66 人以上超大班额的比例分别为 19.74%、10.36%；普通高中 50 人以上大班额比例为 77%。农村义务育阶段学校 50 人以下的村小、教学点占比达到 48.15%。二是中小学教师编制问题比较突出。全省小学、初中生师比分别为 19.29∶1 和 15.08∶1，与全国和 17.05∶1 和 12.41∶1 的平均水平比差距较大，按照国家城乡统一（小学 19∶1、初中 13.5∶1）的编制标准匡算，全省中小学共需增加教职工编制 2.1 万个左右。中小学教师年龄结构、性别结构、学科结构不够合理。三是经费投入存在较大困难。根据"消除大班额专项规划"确定的目标任务，经测算，全省 4 年内需投入专项资金约 100 亿元。全省普通高中学校锁定债务 98 亿元。作为经济欠发达和财力较为紧张的省份，江西亟须国家进一步加大对江西基础教育的资金支持力度。

——职业教育有短板。一是职业院校办学水平不高。高水平的职业院校仍然偏少，部分职业院校，特别是农村职业学校办学条件较差。中等职业教育办学效益偏低，全省达到教育部中等职业学校设置标准的仅 108 所。二是中职教育招生存在困难。2017 年，全省中等职业教育计划招生 24.78 万，截止到 11 月 20 日，实际完成 22.28 万，完成率 89.91%，全国排名 22 名（30 个省份参加排名）。三是师资队伍力量薄弱。省属中职学校"双师型"教师占比达到 33.5%，各市中等职业学校"双师型"教师比例只有 16.8%；需进一步加大对各地中职学校"双师型"教师的培养力度。四是经费保障力度不够。2017 年，江西省属普通中等职业学校生均财政拨款达到 5000 元，各地中职学校生均经费标准依然偏低。国务院规定"教育费附加安排用于职业教育的比例不低于 30%"，但仅有少数地区落实了这一政策，大部分地区仍将教育附加费主要用于巩固义务教育发展。

四 进一步打造共建共治共享的社会治理格局的建议

（一）转变政府职能，积极推进共建共治

——开发设置社区社会工作岗位，保障对社会工作发展的财政资金支持。一是政府应加快转变职能，在社会管理和公共服务部门配备社会工作人员，在社区社会福利、社会救助、社区建设等领域合理开发岗位，为社会工作人才发挥作用提供平台。二是促进公办和民办社工机构的发展，发挥社工机构在社会治理方面的功能。按照"资格与岗位挂钩，岗位与薪酬挂钩"的原则，落实社会工作者的薪酬，从薪酬待遇和福利方面真正体现社会工作人才的价值。三是把政府购买社工服务纳入政府购买服务目录，加大财政支持力度。四是鼓励社会资金、社会捐赠进入社会工作服务领域，为社会工作者参与社会治理提供强有力的经费支持。

——发展和扩大基层民主，提升农村社区的治理水平。不断完善农村基层治理结构，推动形成"党委领导、政府主导、各方参与、协商共治"的农村基层治理新格局。推动农村基层建立健全科学有效的利益协调机制、诉求表达机制、民主协商机制、矛盾调处机制、权益保障机制，实现政府行政管理与农村自治的有效衔接、良性互动。重点完善农村社区服务体系建设，完善服务设施，切实提高村干部的工作待遇，促进村干部队伍健康发展。大

力推进农村社区服务标准化、信息化建设，实现服务平台、服务内容、服务流程的标准化，促进服务手段和载体的信息化。

——全面推进和完善"三社"联动机制。通过建立健全社区、社会组织和社会工作者"三社联动"机制，充分发挥社区的基础平台作用、社区社会组织的服务载体作用、社会工作专业人才的骨干作用，建立居民群众提出需求、社区组织开发设计、社会组织竞争承接、社工团队执行实施的联动机制。推动"三社"互联互促互动，更好地实现基层社会服务精细化，更好地完善基层社会治理体制。让人民群众和社会各方有更多机会参与社会治理，增进全民共建共享，增加社会和谐因素，增强经济社会发展活力。

——加大相关领域立法力度，加强普法宣传的针对性和有效性。根据国家《法治政府建设实施纲要（2015～2020年)》的要求，要加强重点领域政府立法，特别是民生领域的立法。根据打造共建共治共享社会治理格局的需要，在相关法律薄弱领域加大立法工作力度，提升社会治理的法治化水平，如《社会保险法》已颁布实施5年，但是配套的法规规章还不多，在实际工作中很难操作。要加强普法宣传的针对性和有效性，通过有关部门收集与群众生活工作密切相关、社会关注、百姓关心的实际案例，制作普法宣传书籍、案例汇编、电视宣传专题片等，让真人真事现身说法起到正面教育引导的作用，促动用人单位和群众主动学法用法、遵法守法、依法靠法，有效推进普法宣传教育工作。

（二）加大义务教育的投入

——亟待提高农村学校办学水平。近两年江西省教育投入增长的幅度虽然在全国位居前列，但预算内教育事业费和公用经费总量仍低于全国平均水平，加上部分地方一定程度上存在挤占、挪用等现象，以致经费更加紧张。特别是一些边远山区县，经济基础相对薄弱，对省级投入依赖过大，地方投入相对不足，改善学校办学条件的缺口依然较大。

——克服化解"大班额"的困难。根据江西省"消除大班额专项规划"

确定的目标任务，经测算，全省 4 年内共需增加小学学位 756470 个、初中学位 439615 个。为确保目标任务的完成，对照现行的普通中小学基本办学条件标准（中学按生均建筑面积 7.29 平方米、小学按生均建筑面积 6.04 平方米），以每平方米 1200 元建设费用测算，4 年内需投入教学用房建设费约为 92.5 亿元；对照 2015 年江西省中小学生生均仪器设备值估算（小学 481.63 元、初中 916.55 元），4 年内需投入仪器设备添置费约为 7.5 亿元。仅解决教学用房建设和教学仪器设备添置两个问题，全省 4 年内需投入专项资金约 100 亿元。

（三）改善普通高中办学条件

2016 年江西省普通高中在校生占高中阶段学生总数的 58%，全省普通高中发展不平衡不充分，存在的主要问题是"班额大、保障弱"，3600 人以上的普通高中占 20%、超过省定班额 50 人的班级占 77%，66 人以上超大班额占 21%；全省普通高中负债严重，至今尚未制订生均公用经费标准，学费收费标准自 1999 年以来一直没有调整，最高为每学期 400 元。发展普通高中，实现 2020 年高中阶段全面普及，必须积极实施高中阶段普及攻坚计划，加大投入，改善普通高中办学条件，逐步降低校额、班额。

（四）进一步做好教育扶贫工作

扶贫先扶智，通过教育扶贫让每个孩子都能够安心地学习好文化知识，要逐步完善教育扶贫机制，保障建档立卡贫困家庭学生得到充分资助，取消学前教育阶段教育扶贫政策中对"普惠性幼儿园"的限制，改为"学前阶段补助"。

有序推进教育扶贫项目落实，改进资助补助贫困生的办法，将"义务教育阶段家庭经济困难寄宿生生活补助"修改为"家庭经济困难学生补助"。

要继续扩建贫困地区幼儿园、改造农村义务教育薄弱学校；进一步做好营养膳食工作，惠及更多的贫困地区中小学生。

（五）进一步推进医疗卫生事业改革

——加快推进"健康江西"建设。（1）探索协调推进新机制。推动建立健康江西建设协调推进机制，探索建立健康影响评价评估制度，制定监测与考核办法，试点开展考核评估。（2）探索项目建设新模式。聚焦重点领域和主攻方向，努力探索推进健康江西建设的新模式、突破重点难点的新办法，力求在具有全局性、牵引性的重大卫生与健康项目建设上取得新突破。（3）探索加快发展新路径。以普及健康生活、优化健康服务、完善健康保障、建设健康环境、发展健康产业为重点，探索出一条符合江西实际、体现江西特色、彰显江西智慧的卫生与健康事业发展的新路子。

——全面深化医疗卫生体制改革。持续推进综合医改试点。积极争取国家第三批国家综合医改试点省，开展公立医院改革示范工作，加快构建分级诊疗制度体系，推进多种形式的医疗联合体建设。持续深化公立医院改革。探索建立现代医院管理制度，深化医疗服务价格改革，健全完善科学的补偿机制，控制医疗费用不合理增长。加强基层医疗服务体系建设，运用"互联网＋医疗"，持续改善群众看病就医体验。

——大力实施健康扶贫工程。完善"四道保障线"。健全基本医疗保险、大病保险、医疗救助和医疗补充保险等制度，确保贫困患者医疗费用实际补偿比达到90％以上，最大限度减少因病致贫、返贫的发生。完善大病救治制度。积极开展大病集中救治并逐步扩大范围，加快推进"先诊疗后付费"制度和"一站式"结算制度落实。完善健康管理服务。优先为低收入人群建立健康档案，发放居民健康卡，推出家庭医生签约服务，加强健康管理和服务。

——积极推进健康事业产业融合发展。促进社会办医疗机构发展。破除社会力量进入医疗领域的不合理限制，区域卫生规划为社会办医留出合理空间，对符合规划的新增资源优先考虑社会办医，逐步扩大外资兴办医疗机构的范围。促进健康服务新业态发展。推动医疗服务与养老、旅游、互联网、体育、食品深度融合，加快发展健康养老、健康旅游、休闲养生、滋补养生和健康保健等健康服务新业态。

参考文献

刘奇：《江西省人民政府 2017 年政府工作报告》。

江西省统计局：《江西统计年鉴（2016）》。

江西省统计局：《江西统计年鉴（2017）》。

江西省教育厅职业教育与成人教育处：《江西省职业教育工作情况》。

典型调查

Typical Investigations

B.27

"草根经济"的蝶变

——南康家具产业转型升级的经验与启示

江西省社会科学院课题组*

摘　要： 党的十九大报告明确指出，我国经济已由高速增长阶段转向高质量发展阶段。江西要在高质量发展上展现更大作为，就要不断转换发展动能，加快产业升级，推动产业向价值链中高端跃升。南康家具产业发展历程与改革开放历程基本一致，其转型升级是江西传统产业向高质量发展的一个样本，同时也面临着一些困难与问题，需从研发设计、招大引强、营销

---

* 课题组组长：梁勇，江西省社会科学院院长、研究员，研究方向为区域经济；副组长：龚建文，江西省社会科学院副院长、研究员，研究方向为农业经济。成员：李志萌，江西省社会科学院应用对策研究室主任、研究员，研究方向为生态经济；张宜红，江西省社会科学院应用对策研究室副主任、副研究员，研究方向为农业经济；盛方富，江西省社会科学院应用对策研究室助理研究员，研究方向为农业经济；尹传斌，江西省社会科学院应用对策研究室助理研究员、博士，研究方向为资源与环境经济。

突破、港口驱动、唱响品牌、政策创新等方面推动南康家具产业向中高端发展。

关键词: 南康 家具产业 转型升级

党的十九大报告明确指出,我国经济已由高速增长阶段转向高质量发展阶段。加快新旧动能转换,推动产业转型升级,是推进经济高质量发展的关键所在。江西要在高质量发展上展现更大作为,就要不断转换发展动能,加快产业转型升级,推动产业向价值链中高端跃升。南康家具产业正是抓住了产业转型升级这一"牛鼻子",演绎了一场从"草根经济"到"千亿产业集群"的精彩蝶变,与此同时也存在一些问题。因此,南康家具要加快推动产业转型升级,加快动能转换,坚持瞄准市场做实前端,借助市场做强中端,聚焦市场做大后端,向研发、销售两端发力,打造全国乃至世界家具集散地,为全省传统产业向高质量发展提供鲜活样本。

一 发展历程

南康家具产业萌芽于20世纪80年代,起步于90年代初,现如今已蜕变成为全国最大的实木家具生产基地。风雨兼程,回顾南康家具产业发展历程,与我国改革开放四十年历程基本一致,经历了四个发展阶段。

(一)萌芽孕育阶段(1980~1992年)

1980~1985年间,中原第三次人口大迁徙,"男会手艺,女会耕织"的客家人大量迁入江西,在迁入南康的男性手艺人之中有60%是木匠。改革开放初期,南康一批富余劳动力南下赴广东打工,其中大量手艺人去往顺德水藤的家具厂打工。这批手艺人积累了资金、技术和管理经验,返乡后成为南康家具产业的先行者。

（二）引导培育阶段（1993～2005年）

1993年第一家打工人员返乡创办的家具厂在南康设立，标志着南康家具产业破土发芽，实现了"从无到有"的转变。1997年，《南康区家具产业发展五年规划》出台，通过投资、政策导向等方式，引导大量到广东家具厂打工的南康人返乡创业。返乡创业者吸收沿海改革开放城市的创业理念，在105国道、323国道旁边搭建松皮棚，生产简易家具向过路的司机和商旅销售，形成了"前店后厂"家具生产制造模式。经过10多年的艰苦创业，2005年南康家具产业产值突破10亿元，成为南康最具活力和发展潜力的支柱产业。

（三）发展壮大阶段（2006～2012年）

"小散乱"是南康家具产业引导培育发展阶段突出的特征，同时产品低端化、同质化、环境污染等问题严重，产业发展甚至一度陷入"水货"家具的低谷，产品销路不畅，迫使南康家具产业开始了第一次转型升级。这一次转型升级主要是从"企业规模化发展求效率、产品品牌化和品质化发展求市场"两个方向发力。在这一阶段南康家具产业高速成长，实现了"从小到大、从弱到强"的转变，南康家具产业开始良性发展。在数量上，到2012年底，家具企业从600多家发展到6000多家，产业产值突破百亿元；在质量上，经过"水货家具"挫折期的教训，许多南康家具老板意识到品质的重要性，开始积极引进国外优质设备、成品家具和高质量人才，从以杂木为主材转变为以橡胶木为主材，南康家具的品质迅速提升，南康家具开始走上品牌之路。

（四）转型跨越发展阶段（2013年至今）

经过前一阶段的发展，南康家具产业实现了"从小到大、从弱到强"的转变。然而，南康家具产业依然处于中低端层次，发展方式依然较为粗放。在整个家具行业转型的关口，在家具产业智能化、品牌化、集约化发展的趋势下，南康家具产业仍需进一步转型升级以谋求跨越发展。2013年以来，南康区委区政府抢抓国务院在《关于支持赣南等原中央苏区振兴发展的若干意见》（以下简称《若干意见》）中明确指出支持南康家具产业加快产业转型升级的政策机遇，积极对接"一带一路"国家倡议，主动适应经济发展新常态，推进供给侧结构性改革，促进家具产业转型升级。近年来，"南康家具"转型升级全面提速，产业整体呈现"破茧成蝶"的发展态势。如图1所示，2013年后南康家具产业发展进一步提速，2013年产值相比2012年增长了近300%。2017年南康家具企业达7500余家，从业人员达40万人，2016年南康家具产业集群产值突破千亿大关，达1020亿元，出口创汇6781.19万美元。在2016年跨入千亿产业基础上，2017年家具产业集群总产值达1300亿元，增长了27.4%。

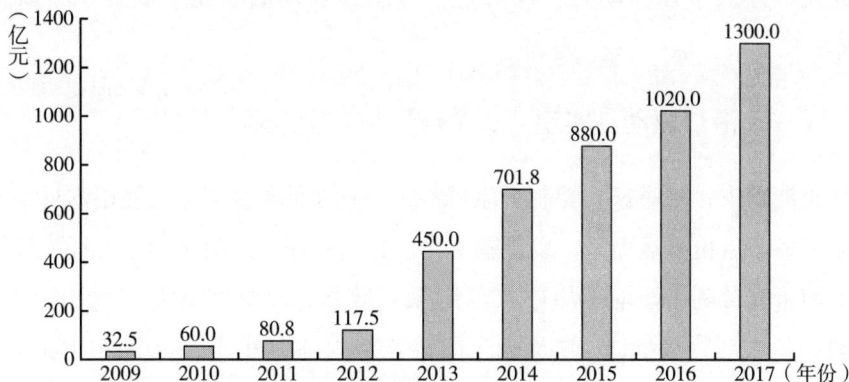

图1 南康区家具产业产值增长情况

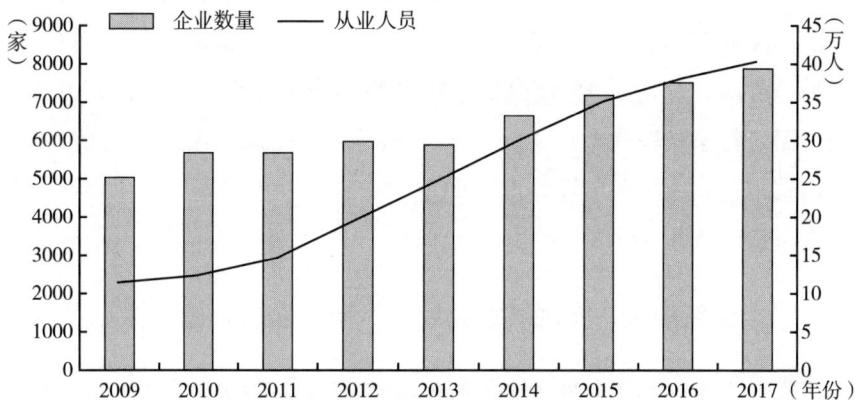

图2 南康家具企业数量及从业人员数量情况

二 经验做法

近年来，在省委、省政府的坚强领导下，南康紧紧围绕"打造全国乃至世界家具集散地"的目标，充分挖掘《若干意见》政策红利，以深化供给侧结构性改革为主线，大力实施"设计引领、创新驱动、品牌带动"战略，推动打造现代家居城，推进产业由中低端向中高端大步迈进，南康家具产业逐步实现"智能化、品牌化、集约化、开放化"发展，为赣南苏区振兴发展注入了强劲动力，也为全省传统产业向高质量发展提供了鲜活样本。

（一）港口驱动，实现"买全球"与"卖全球"同步

长期以来，南康家具受制于原材料，一直在低端发展。所使用木材主要从全国各个省份采运而来，以橡胶木为主，品种单一且对国内生态环境破坏大。南康充分利用赣南等原中央苏区振兴政策，以最快速度"无中生有"推动"赣州港"获批，使之成为全国第 8 个内陆对外开放口岸和内陆首个国检监管试验区，2017 年 11 月赣州港成功获批全国第二批多式联运示范工程项目。一方面，依托赣州港，木材从内贸转向进口，每年使用来自全球52 个国家和地区的 500 多万立方米的木材，木材类型也呈现多样化，其中包括了东南亚的橡胶木、北欧和俄罗斯的松木以及非洲北美等全球各地木材。另一方面，开通了 16 条内贸、铁海联运班列线路和 17 条中欧（亚）班列线路，将家具销往全球 105 个国家和地区，完成了南康家具贸易"由单一内贸市场到内外贸市场并重"的重大突破，真正实现了"木材买全球、家具卖全球"同步。

（二）创新引领，实现"家具制造"向"家居制造"转变

过去，南康家具产业处于中低端发展境况，也被贴上了"水货"标签。为扭转局面，南康区大力实施"设计引领、创新驱动"战略，以研发设计

引领产业迈向中高端发展。一是组建全省首个家具工业设计中心。为改变原来的"模仿"状况，2017年，通过政企合作，打造了全省首个、业界一流的家具工业设计中心，建立了线上家具"设计师联盟"，推动线上线下融合，实现了前沿开发设计理念与南康家具的高位嫁接。汇聚设计机构近百家、线上设计师500多名，其中不乏德国IF、中国设计红星奖的获奖者；推动新增原创产品超过1000项，申请专利超过800项，引导100多家家具企业实施"机器换人"。二是推进一批标准车间建设。为改变过去"家家生炉、户户冒烟"的生产模式，南康引进了国内最专业的实木家具标准生产线，打造"机械化、智能化、定制化"的标准车间，为企业转型提供可参考、可复制、可推广的样板，一批智能工厂、标准车间相继投入使用，三是培大培优。为改变过去"低小散弱"局面，在全省率先启动"转企升规"，2017年规上标准家具企业达1008家，省级核准规上家具企业总数由原来88家增长到369家；引导汇明集团建成了世界第三条、全国第一条对废旧家具直接回收循环利用的生产线，打造了全省第一个家具生产无人智能化车间，龙头家具企业示范带动作用愈发明显。四是搭建销售平台。改变过去"前店后厂＋实体订单"销售模式，一方面，积极探索"互联网＋家具"发展模式，打造了国内首个"互联网＋家具"综合服务平台"康居网"。截至2017年底，入驻企业1300多家，销售额2亿元以上，家具电商成交额

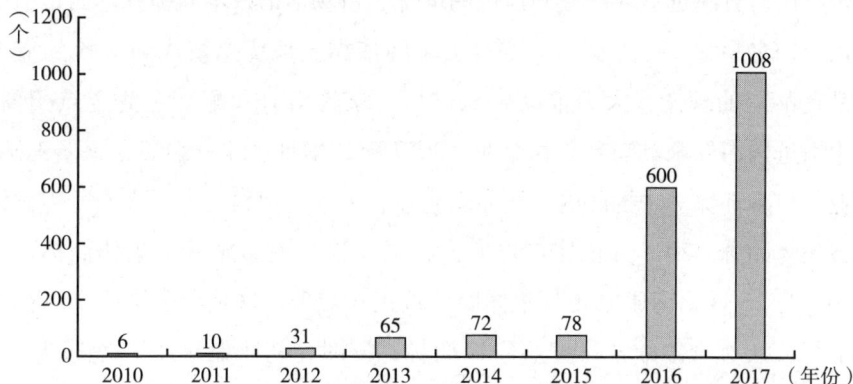

图3　南康区规上家具企业数量

190.9 亿元，同比增长 78.2%；南康家具市场入选"国家电子商务示范基地"全国十强。另一方面，搭建完善展销平台。搭建了中国（赣州）家具产业博览会，并升格为国家级展会，2017 年举办的中国（赣州）第四届家具产业博览会，参展商超过 8500 家，吸引经销商和采购商约 33.2 万人次，其中境外采购商近 200 人，签约金额（含全年订单）约 30.58 亿元。

（三）品牌培育，实现"标准化"与"品牌化"双轮发力

很长一段时间里，南康家具品牌影响力仅局限于江西省内，甚至某些时候成为"贴牌"产品的代名词，这也与缺乏标准、没有掌握话语权等有关。为改变这一状况，南康从标准化与品牌化发力，引导南康家具产业迈向高端发展。一是制定实木家具行业标准。以家具研发院为载体，起草了南康家具行业《实木单层床》《实木餐桌椅》团体标准，经国家标准委员会认定、颁布并实施。二是建设国家级检测中心。南康积极争取建设国家（江西）家具产品质量监督检验中心，是全国第五家、中部地区唯一一家，也是落户县区第一家的国家级家具检测机构，填补了南康家具产业"有产品无检测、有标准无认证"的空白，为南康家具品牌化夯实了基础。三是发布中国（南康）木材价格指数。2016 年 5 月，中国（南康）木材价格指数发布平台正式启用，成为国外木材进入南康市场重要的定价标杆，改变过去进口木材价格由对方决定、处于被动地位的境况，市场话语权不断提升。四是引进和培育知名品牌。一方面，改变过去单纯依靠土地优惠模式和"捡到篮子里都是菜"的理念，大力推动木材进口、家具出口和配套企业定点招商，着力引进国内外家具知名品牌企业。2017 年，华日、北京端瑞、森堡王国、鸿业、科霖环保等一批国内一线品牌企业相继落户南康。另一方面，为做强区域集体品牌，2017 年南康向国家商标局申报"南康家具"集体商标，于同年 9 月 15 日"南康家具"集体商标被正式受理，这是全国第一个以县级以上行政区划地名命名的工业集体商标；同时，初步制定了"南康家具"集体商标的使用细则，并积极制定南康家具主要品种制造标准，严格准入机制，采用"南康家具"区域品牌 + 企业商标的"母子"商标模式运作。此

外，做大企业品牌，截至 2017 年底，南康家具企业拥有中国驰名商标 5 个，江西省著名商标 88 个，江西名牌 43 个，单个产业的品牌占有量在江西名列前茅。

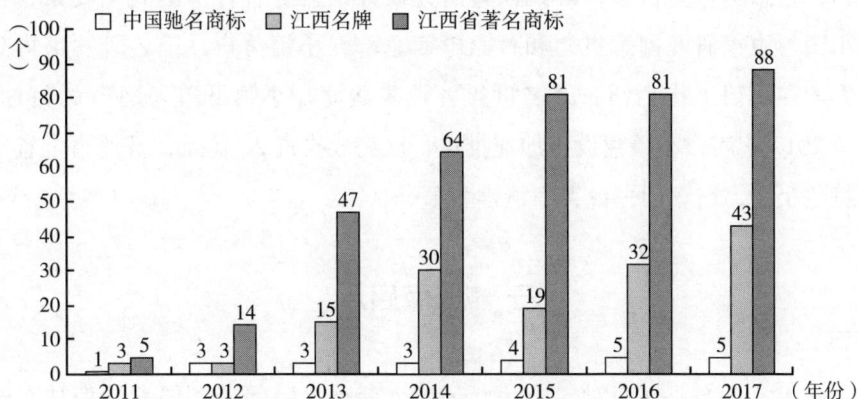

图 4　南康家具企业拥有各类品牌数量情况

（四）配套保障，实现产业融合发展

为助推南康家具产业转型升级，实现高质量发展、融合发展，南康不断强化政策配套保障。一是创新金融支持政策。为解决家具产业融资难、融资贵等问题，允许符合条件的规上企业，在享受"财园信贷通""小微信贷通"等金融产品的基础上，可叠加享受"家具产业信贷通"，最高增信至2000 万元。2017 年"财园信贷通"为 385 家符合条件的企业贷款 16.1 亿元，规模居全省第一；"家具产业信贷通"为 116 户规上企业放款 2.17 亿元。二是加大了高端人才培训力度。为解决南康家具产业高端人才短缺问题，依托南康家具研究开发院产业培训基地，2017 年培训高级管理、设计、技术等方面人员 2200 多人次。三是创新推动物流快速发展。为打通物流快递、安装服务"最后一公里"，降低家具企业成本，2017 年先后引进了德邦、京东、顺丰、邮政及"三通一达"等物流巨头，其中，全国首个无人机物流配送试点项目——顺丰无人机配送应用试点示范工程落户南康。截至

目前，物流企业 400 余家，国家 A 级物流企业 15 家，物流专线 1000 多条，货运通达全国各地，形成了"人联四方"的区域美名。四是打造家具特色小镇融合发展平台。以"要把家居特色小镇建设成为世界家具创新创业孵化园、生态园"为目标，聚集家具研究设计销售等各环节的高端要素，实现小镇"百家研发创意机构和百家电商总部在小镇落户，千名研发销售高端人才在小镇工作生活，万名世界各地采购商在小镇下单采购"的目标。截至 2017 年底，小镇建设正加速推进，已完成投资 20 亿元，被评为全省优秀特色小镇，在双创平台类小镇排名第一。

三　几点启示

南康家具产业在面对"土地、环境、劳动力"等资源要素约束加大的情况下，按照高质量发展的理念，坚定不移推动家具产业转型升级、突破重围、破茧成蝶，"草根经济"跃升为千亿产业集群，原因在于"特在其人，人联四方"与"开放包容，文化筑底"，对其他县域产业转型升级启示深刻。

（一）政策叠加优势

一个产业的发展壮大，是各项政策叠加而促使形成产业新优势。一方面，南康享有苏区振兴和罗霄山片区扶贫政策的叠加优势，享受西部大开发减按 15% 税率征收企业所得税、贫困地区企业 IPO "绿色通道"等系列优惠政策，有国家发改委、中国证监会、中国民航局对口支援帮扶，"无中生有"试点建设赣州港，实现了"木材买全球、家具卖全球"。与此同时，充分发挥国家承接产业转移示范区平台作用，来自沿海发达地区的华日、森堡王国、鸿业、科霖环保等一批国内一线家具品牌企业相继落户南康，广东顺德家具研发院、家具设计中心、优秀设计师及顺丰速运、京东物流、德邦物流、申通快递等资源不断向南康集中，政策资源优势不断发力，助推了南康家具产业不断转型升级。

（二）创新实干作风

一个产业的发展壮大，离不开干部"有功成不必在我"的胸怀，也离不开干部"久久为功、持之以恒"的韧劲，更离不开干部的"改革创新"的作风。不论是坚持"不争论，大胆地试，大胆地闯"，大力实施"个私兴康"，还是大力推动简政放权，放水养鱼；不论是强化改革创新，打造家具全产业链，还是在全省率先推进"转企升规"，推进标准化生产，都是南康干部传承"无中生有"、学习借鉴发达地区发展思维的创新精神、发扬苏区干部好作风、不等不靠、主动作为的典型体现，才使"做木匠"这个千百年来的老行当，从无到有、从小到大，由"一把刨刀、一根锯条"破茧化蝶蜕变为名扬全国的家具产业，做到了人无我有、人有我新、人新我优。

（三）创业文化基因

一个产业的发展壮大，与其区域创业文化基因是分不开的。南康家具产业能够兴起"特在其人"，根源于客家文化基因与企业家精神。一方面，南康95%的人口是客家人，凭着敢想敢干的创新精神、吃苦耐劳的客家传统，木匠文化、工匠精神源远流长、传承至今，铸就了南康家具产品品质。另一方面，南康拥有庞大的企业家群体，他们不断开拓进取，一批批具有创新意识、开发意识、竞争意识的新时代企业家不断涌入或回到南康创业。

（四）开放包容土壤

一个产业的发展壮大，一定是厚植于开放包容土壤的。南康继承发扬了客家人好客的传统，开放包容不排外，拥有40多万外来人口在南康生活工作，其中不乏大学生、外商、创业人员身影；"亲商、安商、富商"投资环境好，对企业诉求能马上就办、办就办好，对重大问题实行"一企一策""一事一议"，入驻企业能享受到专人对接、专人代办的"店小二""保姆式"服务，"海纳百川、开放包容"正是南康家具产业转型升级的深厚土壤。

四 对策建议

虽然南康家具产业转型升级取得了显著成效，但也存在产业大而不强、龙头企业偏少、环保约束强化、研发能力普遍偏弱、高端人才缺乏、品牌影响力有待加强等诸多问题，应紧紧抓住产业转型升级"牛鼻子"，加快动能转换，以科技创新为引领，从微笑曲线的研发设计、销售两端延伸发力，整合家居产业链条的各种要素，推动江西家具产业由中低端向中高端转变，加快打造全国乃至世界家具集散地。

（一）研发设计引领家具产业迈向中高端

研发设计能力弱仍然是制约南康家具产业转型升级的短板。为此，一是打造省级乃至国家级创新创意产业园。依托南康工业（家具）设计中心，打造江西省创新创意产业园，给予政策倾斜，并支持其申报国家级工业设计中心或创意产业园。二是举办全省或全国性工业设计技能竞赛。将江西省工业（家具）设计大赛会址永久定在南康，支持南康参加"2018年全国家具制作职业技能竞赛"并支持由南康承办总决赛，通过设计大赛或技能竞赛吸引全省乃至全国范围设计研发界的高端人才参与，以家具研发设计为主题开展研发设计竞赛，营造浓厚的设计氛围。三是进一步补齐建强工业设计链条。按照建链、补链、强链的工作思路，进一步补齐建强家具行业研发设计链条，以点带面、以面聚焦，带领家具企业强设计、重研发、促发展，进一步强化南康家具在国内家具行业中的话语权。鼓励企业生产和研发设计相剥离，设立产品研发中心或产品设计部。

（二）招大引强壮大家具产业集群

南康家具产业企业众多，呈现"繁星满天独缺月"，缺乏支柱性带动型的"领头雁"，亟须引进培育一批大型家具龙头企业。一是加快引进知名家具企业。瞄准全国家具行业知名企业、龙头企业，实行"一对一"精准招商，引进一大批知名龙头家具企业落户南康，打造家具产业精品示范园区。二是加大本地企业培育力度。加快推进本土家具企业并购重组、抱团发展，加快汇明、金瀚实业等家具企业上市步伐。三是继续深入实施"转企升规"。围绕"拆、关、查、停、改"整顿规范环境，加快推动重点区域绿皮厂棚全部拆除。引导规范园区内企业，强化已入驻园区规上企业的设备智能化、环保达标化监督。完善规上家具企业考核机制，建立规上企业的优质库、培育库和双向流动动态管理机制，严格进退管理，加强已入规企业的动态管理，实现规上企业从数量扩张向质量提升转变。

（三）营销突破拓宽家具产业销售面

虽然南康家具产业销售渠道有所拓展，"互联网＋"取得了一些突破，但以传统展销会为主的模式并没有根本改变，急需拓宽销售渠道。一是做大做强家具展销平台。"中国家具产业博览会"继续且永久由南康举办，按照工业设计、绿色环保、智能化、数字化等思路，进一步擦亮"中国家具产业博览会"这块金字招牌，把家博会打造成全国家具行业的风向标，打造成全国家具行业运营商、经销商、参展商和采购商云集"亮剑"的重要平台。与此同时，加速移动互联网、云计算、大数据、物联网、研发创意机构等与产业的结合，举办中国（南康）家具数字家博会，推动传统家具向生态、智能和定制家具转变，实木家具向家居和家居创意产业裂变。二是积极引导企业外出参展。鼓励企业组团参加国际国内知名展会，积极走向国内和国际市场，拓展自身经销商和合作商，推动企业发展。三是加快境内外家具销售网络布局。鼓励家具企业在省内外加快布点，设立专卖店，同时加强与康居网、淘宝、京东商城等网上综合平台的合作，引导家具企业线上线下双发展，推动南康家具企业新零售业态发展；鼓励支持企业到赣州港中欧班列沿线国家设立境外办事处或外贸点，降低外贸中间环节成本。

（四）港口驱动加速家具产业升级步伐

赣州港虽然极大地促进了南康家具产业转型升级，但其相关配套设施仍需完善。一是加快赣州港配套设施建设。加强赣州港冷链、监管仓、铁路场站等基础设施建设，加快推进地方家具企业与顺丰、申通、圆通、德邦等物流巨头合作，开通海外物流班列，增加肉类、矿产、电子信息产品等品种运营，深化与沿海沿边口岸的港务合作，实现"多口岸直通、多品种运营、多方式联运"。二是优化临港产业布局。高标准打造临港经济区、保税物流园区、国际快件监管中心，全力推动港口招商，培植打造承接沿海电子信息产业带，引爆港口经济。三是推动产港城联动发展。推进赣州港与赣州综合保税区、"两城两谷一带"等横向联系，实现产港城联动发展。与此同时，高标准高效率推进家居特色小镇建设，支持将南康家居特色小镇列入第三批国家级特色小镇。加大招商运营力度，推动家具研发、设计、销售等各环节高端要素加速向小镇聚集，打造世界家具创新创业的孵化园、生态园，形成引领家具产业转型升级的主抓手、新引擎。四是加大赣州港政策支持力度。发行赣州港和家具集聚区建设专项债券30亿元，用赣州港运营收入和集聚区标准厂房出租出让取得的收入逐年归还债券本息。依据上海证券交易所下发的《关于开展"一带一路"债券试点的通知》（上证发〔2018〕8号）文件精神，引导各大金融机构支持赣州港发行"一带一路"专项债券20亿元。

（五）唱响品牌提升家具产业竞争力

"南康家具"集体商标虽成功注册，但在全国的知名度尚待提升，且缺乏如曲美、欧派这样的知名家具企业品牌。为此，一是加快推进产业标准化发展。采取政府统建、股权回购、EPC等多种模式大力度推进标准厂房建设；采取政策引导、环保倒逼等办法，大力推广水性漆，推进家具产业环保化，推动家具智能制造设备广泛使用；依托京东家居馆、云上小镇等互联网手段，依靠境内外专卖店或办事处（外贸点），加强与大型房地产开发公司合作精装样板房，推动原材料标准化、实木家具板式化，进而实现家具产业个性定制化。二是用活用好"南康家具"集体商标。制定好南康家具主要品种制造标准，严格准入机制，运作好"南康家具"区域品牌+企业商标的"母子"商标模式,进一步提升南康家具的品牌影响力。与此同时,加大"南康家具"集体商标宣传力度,定期在中央二套发布南康家具价格指数。三是培育壮大一批著名产品品牌。出台相关奖励政策,支持汇明、维平、团团圆等一批知名产品品牌的打造。

(六)政策创新保障家具产业做大做强

融资难,融资贵,缺乏一批高端设计、跨境与营销高端人才,仍然是制约南康家具产业转型升级的瓶颈。一是持续引导金融资源向规上企业集中。引导符合条件的规上企业享受"财园信贷通""小微信贷通""家具产业信贷通"及最高增信。同时,鼓励引导金融机构创新产品,开发高效便利续贷产品、线上融资产品、纯信用产品、涉外金融产品。支持金融机构开展股权质押、仓单质押、二次抵押担保、厂房按揭贷款、跨境快贷、住房租赁贷、厂房租赁贷、信用证业务、中信保融资等融资业务,通过金融措施促进实体经济加快发展。二是加大产业相关人才培养引进力度。依托赣州及南康职业中专(学校)、高校等资源,组建中国(南康)家具学院,联合南康家具研究院,培养一批设计人才、营销品牌运营人才;柔性吸引更多国内知名设计企业、团队、研发机构和院校入驻;依托京东培训学院、电商协会,远程教育培养引进一批跨境电商人才。

参考文献

萧森:《南康区:放眼世界的"中国实木家具之都"》,《赣南日报》2017年6月28日。

任江华:《南康:打造千亿级家具产业集群》,《中国品牌》2014年第8期。

《江西南康家具产业加快转型升级》,央广网,2017年7月28日。

《"草根经济"如何蜕变?——江西千亿产业南康家具蹲点观察》,新华网,2017年6月15日。

江西省社科联课题组:《集聚发展新动能的华丽转身——南康家具产业转型升级调查》,2017年8月。

B.28
奋力打造智慧新城的江西探索

——来自鹰潭智慧城市建设的调查

高 玫*

摘 要： 智慧城市是我国新型城镇化发展的重要方向，鹰潭市入选国家智慧城市建设试点名单以来，全面统筹实施信息惠民、智慧城市、电信普遍服务、窄带物联网四个国家级试点工程，全方位构建"智慧互联、普惠共赢"的智慧新城，智慧新城示范应用成为向国内外推广的"鹰潭模式"。与此同时，由于建设时间短，鹰潭市智慧城市建设存在多元化投融资机制未形成、信息孤岛问题仍存在、信息安全隐患未彻底消除等问题，需从投融资机制、智慧化应用、信息风险防范、智慧产业等方面破解，以便纵深推进鹰潭智慧城市建设，为国家智慧城市建设提供可推广、可复制的经验。

关键词： 智慧城市 鹰潭市 信息技术

智慧城市是运用移动互联网、物联网、云计算、大数据、空间地理信息集成等新一代信息技术，促进城市规划、建设、管理和服务智慧化的新理念和新模式①。智慧城市与绿色城市、人文城市并列，是我国新型城镇化发展

---

* 高玫，江西省社会科学院经济研究所副所长，研究员，研究方向为区域经济。

① 国家发展和改革委员会、工业和信息化部等：《关于促进智慧城市健康发展的指导意见》，2014 年 8 月 27 日。

的重要方向，也是信息化社会面向未来的战略选择。智慧城市的概念自2011年引入我国，便引进国家的高度重视，2012年以来，我国先后选择了277个城市分三批进行智慧城市试点建设，鹰潭市便是2014年第三批入选的试点城市之一，也是江西进行智慧城市试点的九个城市之一。鹰潭市入选国家智慧城市建设试点名单3年多以来，深入研究、精心部署，科学制定智慧新城建设总体实施方案，加快智慧新城软硬件基础设施建设，大力发展物联网等智慧产业，加快信息化与城市化、工业化融合发展，全方位构建"智慧互联、普惠共赢"的智慧新城，赋予整个城市全新的智慧和内涵，为富裕美丽幸福鹰潭建设插上了"智慧"翅膀。

一 做法与成效

（一）顶层设计指引方向

顶层设计作为智慧城市建设的首要环节，对智慧城市建设的各方面、各层次、各要素进行统筹考虑和总体安排。鹰潭市研究制定了《智慧鹰潭建设规划纲要（2016~2020）》《鹰潭智慧新城建设总体实施方案》，明确了智慧新城建设"1223"总体实施框架：一套公共性基础支撑能力，包括统一信息采集、智慧新城云平台、信息共享与数据开放平台、移动物联网服务平台；两大保障体系，包括技术标准与规范体系，组织、制度、政策保障体系；两大展示窗口，面向管理者的智慧新城大脑、面向企业和市民的智慧新城体验中心；三大实施体系，产业新业态项目群、政府管理新手段项目群、百姓生活新体验项目群。

（二）信息化基础设施建设不断推进

信息化基础设施建设是智慧城市建设的重要支撑。鹰潭市为推动智慧新城的发展，一是建成市、县、乡三级的电子政务网络。全市169个市直部门、6个县（市、区）、60个乡镇100%接入政务外网，非涉密委办局均实现基础信息资源共享的网络联通，实现全市"一张网"互联互通。二是建成统一的政务云数据中心。按照网络整合、设备整合、机房整合的集约化理念，建成全市统一的600平方米的B级数据中心机房，大楼所有党政机关的机房全部整合到数据中心机房，不再单独另建机房。依托华为的云平台技术，搭建了768核CPU、4864G内存、65T存储容量的智慧鹰潭政务云，为鹰潭市公共信息平台、鹰潭市电子政务综合办公平台、公共资源交易系统等提供了IAAS基础硬件服务。

（三）信息资源整合共享有序推进

城市公共信息平台是智慧城市进行各类信息数据交换和共享的场所，基础数据库则是人口、法人、地理空间、建筑物等城市公共数据储存的仓库，它们都是智慧城市建设的基础性平台。鹰潭市在这方面做了大量工作。一是建设四大基础数据库。完成了人口、法人、宏观经济、地理信息四大基础数据库和数字鹰潭统一门户管理系统、信息资源目录管理系统等14个重点应用系统的设计开发。在四大基础数据库中，地理信息基础数据库结合目前全市"三规合一"工作，在原来的基础上进行升级，建成了一库一平台和五个典型应用系统，人口数据库支撑社区管理系统。二是建设了市级公共信息平台。按照国家住建部《智慧城市公共信息平台建设指南（试行）》的要求，鹰潭市基于政府公开数据搭建了面向全社会的公共信息平台，实现了人社局、国土局、市场监管局等10家部门接入，数据资源目录88个，指标总数达1950条，并进行数据对接，实现数据实时同步，资源交换总条数42万条。

（四）领域信息化建设多点开花

在综合办公平台、网上联审联批、便民"12345"一号通、"多险合一"等领域也涌现出一批信息化建设的先进者。一是综合办公"一平台"。2015年10月建成了市、县、乡三级的全市统一电子政务综合办公平台，极大提高了办事效率。二是网上审批"一网通"。为了提高行政审批服务效率，鹰潭市建成了网上并联审批系统，实现了让"数据多跑腿，群众少跑路"的改革目标，企业注册登记审批 3 个工作日办结，投资建设项目施工许可 30 个工作日完成。三是便民查询"一号通"。鹰潭市本着一个窗口对外、一个热线督办、一个电话解忧的宗旨，大力推进了"拨通 12345、1 个号码找政府"服务，将全市 22 个部门的服务热线全部整合到 12345 政务综合服务热线，建立起统一的电话呼叫中心、网络受理中心、政务微博微信互动中心受理平台，极大地方便了群众，同时有效地防止了部门履职缺乏现象的发生，成为政府联系群众的平台和展示形象的窗口，群众反映事项办理时间平均缩短至 1.6 个工作日。四是"互联网 + 城市服务"平台。将交通出行、医疗、社保、教育、户政等 24 项惠民服务事项整合到腾讯公司微信公众平台，打造了江西省第一个"腾讯 + 城市服务"平台，为广大民众提供了更便捷的城市公共服务。五是全省第一个实现"多险合一"。居民免费发放社保卡覆盖率超过 96%，实现养老、医疗、工伤、生育、失业五个险种统一征缴、参保人员社会保险"同人同城同库"管理、省内异地就医一卡通用，持卡居民享受社会保险缴费、查询、待遇领取、诊疗挂号、诊费结算、异地就医和小额支付等便捷服务。六是建成区域卫生信息化平台和"阳光医药"试点。全市超过 95% 的居民建立了电子健康档案，市内所有基层医疗机构、各乡镇卫生院和 2 个三级医院皆整体接入"阳光医药"系统，既规范了各医疗机构的诊疗用药行为，提升了医院管理水平，又方便了居民查询检查记录、就诊治疗，形成了被全省推广的"鹰潭模式"。

（五）智慧产业发展方兴未艾

一是物联网产业发展形势喜人。在《鹰潭市人民政府关于加快推进物联网产业发展的意见》《鹰潭市大力发展物联网及智能终端产业若干政策措施》等产业扶持政策的推动下，一批通信行业巨头如中国移动、中国电信、中国联通、中国信通院、华为公司、中兴通讯、浪潮集团、中国电子、上海移远通讯等企业纷纷前来鹰潭落户，展开产业布局。目前，全市已引进智慧新城及物联网产业相关项目50余个，投资总额80多亿元。其中，新引进物联网企业21家，生产企业7家。

二是智慧旅游产业初见成效。以创建国家级旅游业改革创新先行区、国家全域旅游示范区为契机，大力发展智慧旅游。在龙虎山景区率先启动"智慧景区"建设，搭建智慧停车平台，开发使用智慧旅游统计系统和全面提供免费无线上网服务，推进数字化景区建设，构建以旅游监控调度、可视化治安防控网、矛盾纠纷和信访问题排查化解为主要内容的数字化社会综合治理体系。积极发展智慧旅游营销，建成旅行社报团系统、游客客源地分析系统，通过大数据营销分析，多渠道掌握游客对旅游要素的需求特征，并对目标游客的年龄、区域、消费习惯、消费水平等进行数据分析，实现营销的有的放矢。开展智慧旅游体验，让游客们在饱览山水风光的同时，享受更新、更时尚的旅游体验。整合国内优秀的OTA（在线旅行社，如携程网、去哪儿网、驴妈妈网等）资源，实现电子票务、酒店、餐饮、特色商店在线销售和支付。

三是"互联网＋农业"迈出步伐。建成农村集体"三资"电子监管平台，对全市3727个村小组集体资产、资金、资源实行规范化代管，是全省第一个将农村集体"三资"管理延伸到村小组的设区市。建成市、县、乡、村全市统一的农村承包土地流转信息平台，探索为农民方便流转、放心流转、不吃亏流转、按政策流转、自愿流转、有保障流转新模式。

四是"互联网＋高效物流"加速推进。以建设区域性物流中心城市和全国性物流节点城市为目标，加快物流信息化建设，推动"互联网＋物流业"大发展。建成了面向全国的赣东北货运配载中心线上物流信息发布交易平台，实现了车源、商城、仓储、竞价、配载等信息智能化，有效解决了"货难找车""车难找货"的信息不对称问题，提高了物流效率。大三江电商物流公司打造的"三江商城B2B"电商物流平台成功投入运营，让实体物流与电子商务平台的结合更加紧密。中部电子商务国际贸易中心、林安商贸物流园、贵溪电子商务生态示范园、余江国际物流中心等涵盖现代物流信息平台的项目也在加速推进之中，这些项目的建成，将推动鹰潭物流产业进一步发展壮大。

五是"互联网＋电子商务"茁壮成长。实施了十大重点电商园区建设工程，其中鹰潭电子商务创新孵化基地、高新区智慧园、贵溪电子商务创业园、余江电子商务孵化园等 6 个电商园区已基本建成，电商园区入驻企业已超过 300 家，从业人员超 1.2 万人，电商交易额近 50 亿元。不仅如此，鹰潭还率先推出跨境电商新模式——跨境云，2016 年已实现 17 家企业、25 个网店在跨境电商平台上正式上线。在农村电商方面，通过整合万村千乡市场工程信息化农家店、供销社基层网点、邮政物流网点，建立了较为完善的农村电子商务体系，涌现了农村电商的"领舞者"——大众民生农村电子商务综合平台，培育了一批农村电商网点，打通了农村"最后一公里"，解决了农村老百姓"买难""卖难""收获难""缴费难"等问题。

六是传统产业智慧化改造成效卓著。江铜贵溪冶炼厂、三川智慧等企业以入选江西、全国智能制造示范企业为契机，加快智能化改造步伐，工业化和信息化融合水平大幅提升。据统计，鹰潭市企业成功研发的智能化产品主要有三川智慧的窄带物联网水表、智诚科技的智能鞋垫、凯顺科技的智能装备、物优科技的机房管家、美纳途的智能箱包、渥泰科技的智能净水系统，以及百盈光电、阳光照明、美的集团的智能路灯等。此外，企业研发的窄带物联网产品多达 10 余款。

七是智慧鹰潭品牌影响力凸显。一分耕耘一分收获，经过 3 年的实践与探索，鹰潭智慧城市建设取得了初步成效。鹰潭在窄带物联网网络（NB－IoT 网络）建设、公共服务平台建设、示范应用建设三方面领跑全国，特别是窄带物联网建设成就斐然，成为全国唯一建成三张 NB－IoT 网络覆盖全域的城市，"鹰潭样板"叫响整个物联网产业界，成为鹰潭闪光的城市名片。鹰潭智慧新城建设的成效也得到了国家发改委、中央网信办等部委的充分肯定，鹰潭市先后荣获国家发改委城市和小城镇改革发展中心"中欧绿色和智慧城市先行奖"、国家信息中心"2016 中国智慧城市创新奖"、中国社会科学院信息化研究中心"2016 中国智慧城市建设 50 强奖"。

二 存在的问题

由于我国智慧城市建设起步较晚，国家相关政策不健全，建设标准缺乏，鹰潭市在智慧城市建设中也不可避免地存在一些问题与困境。

（一）多元化投融资机制尚未形成

智慧城市建设涉及领域众多，需要建立"政府引导、企业主导"的多元化投融资机制。智慧城市建设投资巨大，不管采取哪种商业模式进行建设运营，政府持续不断的资金投入都是不可缺少的。但是，仅靠地方财政力量也是无法满足智慧城市建设全部资金需求的，必须动员广大的社会资本共同参与智慧城市建设，才能消除智慧城市建设资金瓶颈。鹰潭市财力有限，2017年一般公共预算收入只有75亿元，可见政府财力相对于智慧城市建设所需资金而言有较大缺口。在吸引民间资本投入方面，尽管鹰潭市出台了多项政策，采取了很多措施，但由于智慧城市建设早期实施的项目，如城市基础数据库、公共信息交换平台等，大多属于公益性、民生服务性质，这类项目本来就不适合商业化运作。且大多数项目的投资额大（动辄数亿元）、建设周期长（一般需要几年时间）、投资风险高，在没有形成成熟的商业盈利模式、投资收益率不可预期的情况下，出于审慎原则，大多民营企业一般不敢贸然进入。即便有的企业敢吃"螃蟹"，也属于试探性质的，不会进行大规模投入。民营企业参与合作的平台有限，渠道不太畅通，影响了社会资本参与智慧城市建设的积极性。

（二）信息孤岛问题未彻底解决

数据资源是智慧城市建设的关键要素，信息整合是智慧城市建设的核心内容。尽管鹰潭市在打破部门垄断、进行数据整合方面做了不少努力，但受部门管理体制的限制，数据资源"条条管理"的特征依然明显，信息化主管部门的统筹协调职能又有限，以致信息孤岛问题突出，缺乏横向的有效关联和共享，难以为政府科学决策提供准确、及时的跨部门、跨系统的综合信息，没有发挥信息系统及其应用的规模效益。加之，在法律层面，国家对于智慧城市建设中如何实现数据的互联互通、资源共享，还没有相关的立法；在技术层面，相应的标准规范建设也很滞后，以致各部门数据库之间缺乏统一的技术标准，给各系统的对接造成极大的障碍，难以实现全市跨部门、跨系统、跨行业的共享协同。

（三）信息安全风险隐患仍待消除

智慧城市中存储了海量城市数据信息，涉及政务、医疗、交通、教育、社保等，这些数据在智慧城市建设过程中会被收集汇总，并为全社会所共享。数据的开放共享是把"双刃剑"，一方面为城市管理和市民服务带来便利，另一方面也可能造成政府和企业敏感数据被泄露甚至被篡改、城市居民个人隐私信息被泄露的风险隐患。因此，在智慧城市建设过程中，筑牢信息安全的防线，消除信息泄露的隐患，确保智慧城市海量数据的安全，无疑是鹰潭市在当前和今后智慧城市建设过程中面临的艰巨任务。

（四）智慧城市项目服务属性和商业模式尚待明确

与全国大多数城市一样，当前鹰潭智慧城市建设多以面向大众的民生服务类项目为主，这就不可避免地会遇到一些问题：哪些是公共产品，该由政府买单？哪些是非公共产品，应由消费者承担？目前，智慧城市建设项目中关于公共产品与非公共产品的边界还没有厘清，给智慧建设城市造成较大的困扰。此外，哪些项目应当允许建设运营单位开展增值服务，这些项目的盈利标准如何确定？对于涉及国家和地方信息安全、个人隐私类的增值服务项目，是规定由国有企业来建设运营，还是允许民营企业共同参与运营？总之，智慧城市建设中有诸多问题需要在试点过程中思考与探索。

（五）人力资本支撑不足

人力资本是智慧城市发展的重要推动力。智慧城市建设虽然以信息技术为重要手段，但必须依靠掌握了信息技术的人和人力资本来推动。可以说，高质量的人力资本是智慧城市建设不可或缺的重要支撑。鹰潭作为一个中部地区的四线城市，城市基础设施和公共服务设施不很完善，高校、科研单位稀少，在吸引高端人才方面无疑存在诸多不足，这在一定程度上导致全社会的学历水平和文化水平不很高，这会制约鹰潭信息化技术的发展和智慧产业的做大做强，从而影响智慧城市的建设进程。

三 进一步推进鹰潭智慧城市建设的对策建议

新时代，鹰潭要紧紧围绕《智慧鹰潭建设行动计划（2016～2018）》和《智慧鹰潭建设规划纲要（2016～2020）》的要求，结合新型城镇化试点，深入推进智慧城市试点建设，发掘特色应用，充分发挥信息惠民作用和成效，打造有特色的智慧城市，全力打造新型智慧城市，积极争取成为国内中小城市智慧城市的典范。

（一）探索建立多元化的投融资机制

鹰潭市智慧城市建设需持续不断投入资金，必须建立多元化的投融资机制，鼓励和吸引社会资本参与，多渠道拓宽资金来源。要保持智慧鹰潭建设专项资金逐年增长，大力支持重点领域智慧化应用，及市级全局性、基础型、公益性、示范性重大信息化工程建设，加强对新一代信息技术产业的资金扶持，促进智慧产业的发展。要进一步优化投资环境，依法放宽资本准入条件，拓宽投融资渠道，积极鼓励和引导通信运营商、系统集成商、软件开发商等具有专业技术、经营管理和人才优势的企业参与智慧鹰潭建设，大力推行项目总承包、服务外包等政府购买服务的商业模式，同时加强与银行、社会投资公司等金融机构对接，创新政府投资机制，充分利用市场机制，逐步建立多元化投资体系，吸引和鼓励社会资本、金融资本投向智慧鹰潭建设。要建立沟通协调机制，促进金融机构加大对智慧城市建设重点工程项目的信贷支持力度。要鼓励符合条件的企业发行企业债募集资金开展智慧城市建设。

（二）创新民生服务的智慧化应用

一是进一步推进实施"互联网＋政务服务"。根据国办发〔2016〕23号文件要求，全面梳理服务事项，整合各类业务系统，建全电子证照库，改造全市各级服务大厅窗口，实现80%基本公共服务事项"一号一窗一网"，达到就近能办、同城通办、异地可办。二是继续推进公共信用信息平台建设。对接整合各行业部门信用信息系统数据，向社会公众、企业、金融部门、信用服务机构和政府机关提供信用公示、信用查询等多层次信用信息服务，实现公共信用信息在行政管理、政府决策、经济运行等各领域的广泛应用，提升全市信用水平。三是加快大数据应用基础建设。制定出台促进大数据应用实施方案，进一步推进政务数据开放和利用，为城市治理、便民服务和产业升级等信息化应用提供平台支撑。四是组织实施鹰潭市统一政务云专项建设，满足智慧城市应用平台的硬件、网络、平台需求。探索政务云平台建设和运营模式创新，切实解决目前技术支撑不足、人员缺乏和供应商单一的难题。

（三）纵深推进窄带物联网试点城市建设工作

以开展窄带物联网业务试点建设为契机，构建窄带物联网产业发展平台，形成在鹰潭有突破、引领全省物联网产业发展的格局，努力把鹰潭打造成国内窄带物联网应用标杆城市。一是加快NB－IoT开放实验室建设。全面完成窄带物联网全域覆盖，为入驻开放实验室的企业提供端到端的实验环境及优先试用的应用场景，争取纳入国家、省级重点实验室。二是推进NB－IoT示范应用项目建设。着重从智能制造、智慧物流、智慧旅游、智慧城管、智慧农业几个领域进行突破，建立物联网优秀解决方案库和展示体验中心，推动优秀解决方案的应用示范。三是深化与华为、中国移动等战略合作伙伴的合作，联手打造NB－IoT物联网生态圈，辐射省内外周边地区。

（四）全面协调推进信息化建设

一是规范全市信息化工作管理。健全完善信息化领导小组工作机制，出台《鹰潭市信息化项目管理暂行办法》和《鹰潭市政务信息资源共享管理暂行办法实施细则》，力争从管理体制、信息规划、资源整合、项目管理、信息安全、保障机制等方面进一步规范全市信息化工作。二是进一步营造信息化发展环境。定期举办不同类型、不同层次的信息化培训，普及信息化知识，提高鹰潭各级领导干部和广大人民群众的认识。

（五）努力消除信息安全风险隐患

智慧城市的信息安全建设至关重要。为了确保海量数据的安全，让智慧城市健康有序地运行，必须高度重视信息安全工作，牢固树立安全为先、安全为要的思想，将智慧城市建设的观念由同步建设转为安全先行，引入高端智库，深入开展智慧城市敏感数据和隐私保护技术等相关课题的研究工作，通过优惠政策吸引一批科研机构和行业优强企业开展物联网安全技术研发，力争在感知追踪、安全接入、安全通信等方面取得突破，提升鹰潭在信息安全关键领域的技术创新能力。同时，要定时对信息安全进行评估和检测，查漏补缺，及时采取安全防护措施。总之，只有正确处理智慧城市与信息安全的关系，才能充分享受智慧城市建设带来的便利。

（六）大力发展智慧产业，加速经济转型升级

智慧城市建设与智慧产业发展相辅相成、互为促进。鹰潭市要通过智慧城市建设推动智慧产业的发展，同时通过智慧产业的蓬勃发展促进全市产业转型升级，走出一条欠发达地区智慧产业发展的独特路径。一是继续做大做强移动物联网产业。加快推动已出台系列支持政策以及签约项目的落地，充分发挥产业引导基金和移动物联网产业联盟、TD产业联盟的作用，做好产业环节培育、本地企业扶持、外部企业引进、创新能力提升等方面的引导工作，提升物联网产业竞争力。二是深化"两化"融合，推动产业转型升级。按照"企业主体、市场需求、重点突破、分步实施"的原则，加快对铜产业、水表产业等传统产业的智能化改造，提升当地传统优势产业的现代化水平。结合鹰潭"十三五"服务业发展方向，推动信息技术在现代物流、节

能环保、电子商务、旅游、健康养老等重点服务业领域的智慧应用，提升服务业智能化水平，培育服务业新业态新模式。三是强化智慧产业园的管理。对全市智慧产业园进行规划管理，形成全域一体的智慧产业管理机制，引导各地智慧产业集聚化和健康有序发展。

参考文献

艾君川、曹路：《打造智慧新城　凸显先发优势》，《当代江西》2017 年第 10 期。

盛广耀：《智慧城市建设与城市转型发展研究》，《中共福建省委党校学报》2017 年第 6 期。

严望佳：《智慧城市必须加强信息安全建设》，科学网，2017 年 3 月 20 日。

陈桂龙：《借"NB－IoT"东风　打造"鹰潭样板"》，中国建设信息化网，2017 年 3 月 15 日。

徐振强、刘禹圻：《基于"城市大脑"思维的智慧城市发展研究》，《区域经济评论》2017 年第 1 期。

李扬、潘家华等：《智慧城市论坛》，社会科学文献出版社，2015。

夏东华：《我市打造智慧新城建设工作综述》，鹰潭在线，2017 年 4 月 12 日。

国家发展和改革委员会、工业和信息化部等：《关于促进智慧城市健康发展的指导意见》，2014 年 8 月 27 日。

江西省住建厅、江西省发改委、江西省工信委：《关于推进我省智慧城市建设的指导意见》。

《鹰潭智慧新城建设总体实施方案》。

B.29

"绿水青山就是金山银山"的
生动实践*

——基于靖安生态文明建设的调查

江西省社会科学院课题组**

摘　要： 靖安县人口少、面积小、经济总量低、生态环境好，在生态文明建设上奋勇争先，创新体制机制，成效显著，被评为江西省首个国家生态县、全国重点生态功能区，先后被列入首批国家生态文明建设示范县、首批"绿水青山就是金山银山"实践创新基地、首批河湖管护体制机制创新试点县等，其推进生态文明建设的经验做法对江西全省推进国家生态文明试验区建设具有典型示范意义。

关键词： 生态文明　体制机制　示范

作为人口少、面积小、经济总量小、生态环境好的靖安县，在生态文明建设上奋勇争先，被评为江西省首个国家生态县、全国重点生态功能区，先后被列入首批国家生态文明建设示范县、首批"绿水青山就是金山银山"

　　* 本文系国家社会科学基金项目"绿色长江经济带生态环保一体化与政策协调机制研究"（16BJL072）的阶段性研究成果。
　** 课题组组长：孔凡斌，江西省社会科学院副院长，研究员，博士，研究方向为林业经济、生态经济。副组长：李志萌，江西省社会科学院应用对策研究室主任，研究员，研究方向为生态经济。成员：陈胜东，江西省社会科学院产业经济研究所副研究员，博士，研究方向为生态经济；盛方富，江西省社会科学院应用对策研究室助理研究员，研究方向为生态经济。

实践创新基地、首批河湖管护体制机制创新试点县等，连续四年获评"全省科学发展综合考核评价先进县"。靖安县推进生态文明建设的经验做法对全省推进国家生态文明试验区建设具有典型示范意义。

一 靖安生态文明建设成效和主要经验做法

（一）靖安生态文明建设取得成效

靖安县紧紧围绕"呵护绿心、领跑昌铜、融入省会、和美靖安"工作方针，在生态文明建设中坚守"绿水青山就是金山银山"的理念，在发展中实现绿水青山就是金山银山，不断提升经济总量、增加财政收入、加大生态投入，形成保护、发展的良性循环，提高百姓收入、增强百姓获得感，让百姓充分享受生态保护、经济发展的成果。

1. 生态环境质量持续领跑

一是森林覆盖率稳居全省前列。全县森林覆盖率稳定在84.1%，居全省第三。林业用地占国土面积的85.1%，有林地107851.8公顷，林地利用率为92.1%，其中针叶林35019.0公顷、阔叶林5415.6公顷、针阔混交林43479.2公顷、竹林23938公顷；境内活立木总蓄积936.5万立方米，活立竹蓄积量4477.3万株，林分亩均活立木蓄积量达到5.3立方米。全县封山育林面积达6.65万公顷，占国土面积的43.6%，全面推行"树保姆"管护模式后，新增造林395.7公顷、封山育林680公顷、森林抚育466.7公顷，森林质量得以持续提升。

二是水生态环境质量稳中向好。靖安县处亚热带多雨区，年平均径流量15.1280亿立方米，中等干旱年为13.7752亿立方米，年平均径流模数为30.65公升/秒·km^2。北潦河南北两支境内河长249公里，2公里以上支流69条，流域面积1414km^2。全县着力于河湖管护体制机制创新，把河道当街道管理，把库区当景区保护，设有277个河长、库长，聘请了253名专职巡查保洁员，69条支流全部建立了"一河一档"，制定了"一河一策"，境内主要河流监测断面水质达标率100%，水质监测值优于Ⅱ类标准，顺利通过全国河湖管护体制机制创新试点县验收，率先实施河湖管护"认领制"，靖安"河长制"被列为2017年最成功的改革案例之一，引起各界广泛关注。

三是空气质量持续提升。靖安县全境范围内空气清新，县城空气质量优良率85.9%，PM10平均浓度远低于省、市平均水平，空气中负离子含量6.914万个/cm³，空气环境质量达到或优于一级标准；三爪仑景区空气中负氧离子含量高达10万个/cm³，是名副其实的天然"氧吧"；已开发出骆家坪、观音岩、宝峰等八大景区，有保护完好的原始森林分布，空气清新、气候舒适宜人，负离子含量均非常高。

四是物种丰富多样。靖安县内有发育良好的森林生态系统，为多种动植物的生长、发育和繁衍提供了广阔空间，孕育着丰富的生物多样性。在野生植物方面，分布有高等植物共300科966属2106种（变种、亚种和变型），其中，苔藓植物57科114属170种，占全省苔藓植物种类的30.19%，蕨类植物38科81属152种，占全省蕨类植物种类的34.94%，裸子植物7科10属14种，占全省裸子植物种类的45.16%，被子植物198科761属1770种，占全省被子植物种类的43.30%，属于国家Ⅰ级保护植物有红豆杉、南方红豆杉、银杏、伯乐树4种。在野生动物方面，分布有动物共38目110科283属429种，占全省脊椎动物总种数的50.41%，其中鱼类7目18科55属77种，占江西省鱼类种数的37.02%；两栖动物2目8科12属27种，占江西省两栖动物种数的69.23%；爬行动物有3目11科38属58种，占江西省爬行动物种数的73.42%；鸟类有18目53科129属207种，占江西省鸟类种数的49.29%；哺乳动物有8目20科49属60种，占江西省哺乳动物种数的57.14%，属国家Ⅰ级保护动物的有中华秋沙鸭、白颈长尾雉、云豹和豹等4种。

2. 生态经济持续壮大

一是经济发展实现"四个突破"及"四个较快增长"。2017年全县生产总值突破40亿元，达42.8亿元，增长9%；财政总收入突破9亿元，达9.27亿元，增长7%；社会消费品零售总额突破8亿元，达8.76亿元，增长 12.6%；金融机构存贷比首次突破 60%，同比提高 6 个百分点，达 62%；固定资产投资 59.6 亿元，增长 17.1%；实际利用外资 2788 万美元，增长 10.7%；城镇居民人均可支配收入 27682 元，增长 8.8%；农村居民人均可支配收入 13136 元，增长 9.2%。

二是农业由起势转为优势。2017 年农业总产值 14 亿元，增长 6%；粮食总产 9.4 万吨，白茶干茶产量 98 吨，果业面积 5.2 万亩，大鲵、棘胸蛙养殖规模分别达 12 万尾、120 万只；新建高标准农田 2440 亩，新增耕地 1058 亩、水田 206 亩。重点打造了 12 个有机农业示范村，6 家农业企业建立了视频可追溯体系，50 个农产品获得绿色有机食品认证，认证面积 17.3 万亩，全国绿色食品原料标准化生产基地 2 个。加快培育家庭农场、专业大户、农民合作社、农业产业化龙头企业等新型农业经营主体，拥有农业产业化组织 266 家，其中市级以上龙头企业 16 家、农民合作社 226 家、家庭农场 24 家。拥有电商农业企业和电商农户 146 家，带动农户 2.2 万户，户均增收 1500 元。

三是工业由短板变成跳板。规模以上工业企业总数达 65 户，主营业务收入 95 亿元，实现利税总额 5.78 亿元，分别增长 17% 和 14%。通过举办产业对接会、招商推介会和合作洽谈会，新签约项目 70 个，其中亿元以上项目 26 个；引进基金投资公司 8 家，注册资本达 72.4 亿元。飞尚科技快速发展，金畅科技、南特机械、宝盛科技入选全省"专精特新"中小企业库，德铭纳工具获评中国创新创业大赛优秀企业奖，江钨合金荣获全省技术发明奖三等奖。按照工贸新城的标准，完善了园区基础设施，引进了商贸、金融、电子商务等服务机构，健全住房、餐饮、娱乐等设施，逐步将园区打造成设施完善、充满活力的现代化新城。

四是旅游由突破迈向突出。2017 年共接待游客 757 万人次，实现综合收入 44.2 亿元，分别增长 40.1%、40.4%；全国休闲农业与乡村旅游五星级企业 1 家、四星级企业 4 家、省级休闲农业示范点 6 个；新增云溪谷、云必居、禅舍、桂庐等中高端民宿 8 家；休闲农业（园区）142 家，其中休闲园区 14 家、休闲农庄 12 家、农家乐 116 家。建成了观音岩、虎啸峡和中部梦幻城等重点景区，启动了 5A 级景区创建，引进了亿元以上重点旅游项目 16 个，成功列为全省重点旅游县，入选全省重点旅游产业集群。"靖安旅游""靖安发布"微信公众号关注率不断提升。

3. 居民幸福指数持续提升

一是建设秀美城乡环境。开展了城市改造升级，对县城 4 条主干道和 3 个街区的外立面、街道绿化亮化、店招统一设施进行了改造，美化了市容市貌；全面启动集镇改造工程，宝峰禅韵生态小镇获评"全国深化城镇基础设施投融资模式创新试点特色镇""全国卫生乡镇"，仁首田园牧歌小镇建设初见成效；建成了 25 公里环城自行车绿道和滨河公园，为市民提供了休闲健身场所。

二是打造一流人居环境。实施城乡垃圾一体化处理工程，做到"垃圾不落地"，累计投入 8000 多万元建成了 1 个大型生活垃圾无害化处理场和 9 个垃圾压缩转运站，实现了全县 11 个乡镇集镇和 1020 个自然村的生活垃圾无害化处理，每 50 户村民配备一名 1 保洁员，全县有 623 名保洁员，城镇生活垃圾无害化处理率达 100%，农村卫生环境由"脏、乱、差"变成"洁、静、美"；实施镇村生活污水处理工程，做到"污水不入河"，建成了镇村生活污水处理站 39 座，日处理污水能力最高可达 4500 吨，集镇生活污水处理率达 90% 以上；实施生态质量提升工程，做到"黄土不见天"，启动"全国森林可持续经营试点"工作，主动压缩木材砍伐指标 10 万立方米，先后整顿关闭木竹粗加工企业 127 家，建成沼气池 1 万余个。

（二）靖安生态文明建设的主要经验做法

1. 着力创新绿色生态制度

在生态文明建设过程中，靖安县在绿色生态制度上积极创新，形成可复制、能推广的生态制度体系。一是制定《靖安县重点生态功能区产业准入负面清单》；二是推动河湖管护体制机制创新，打造"河长制"升级版；三是建设"生态云"综合信息管理平台，推动监测管理模式创新；四是率先实施城乡垃圾一体化处理新模式，按照"户分类入桶—村集中收集—乡镇清运压缩—县转运处理"的处理模式，实现了全县垃圾无害化处理，建立并逐步完善垃圾分类管理制度；五是建立了城市环境卫生长效管理新机制，对县城环境卫生实行网格化管理、市场化运作，开展国家级园林县城创建和数字化城管建设活动；六是开展自然资源资产离任审计试点；七是开展农村环境整治政府购买服务试点；八是开展全国森林可持续经营创新试点，积极推行"树保姆"制度，对全县 3000 多棵珍稀古树名木进行了建档挂牌保护，探索森林保护与生态效益同步提升的林业发展之路；九是建立生态检察制度，通过强化打击防护提升生态执法水平、立足检察监督着力修复生态环境、加强检察宣传倡导生态法制理念；十是建立生态旅游环境资源综合审判体系，以批准设立的环境资源审判庭为载体，探索生态旅游、生态环境资源案件的综合性审判体系建设，组建跨专业、跨现有审判团队的综合审判团队。

2. 全面践行绿色生态理念

全县积极贯彻以"河"为贵、以"树"为荣、以"旅"为先、以"得"为本、以"城"为美、以"俭"为宝的绿色工作理念，走生态保护与经济发展共赢之路，争当全省生态经济排头兵。一是以"河"为贵。抓好境内河道管理，实行境内河道分段管理、大小支流分片管护，建立河道日常巡查制度，确保"污水不入河"；抓好河岸风光维护，着力打造风景如画的沿河风光带，严禁在沿河可视范围内挖山采矿，实现"一河清水、两岸风光"；抓好沿河景观打造，科学规划拟开发项目，合理利用河道景观，高起点、高标准打造沿河旅游景观水利。努力形成"水上有花、岸上有绿、绿中有景、人水相亲"的河道自然风光。二是以"树"为荣。突出保护每棵大树，对普查登记的 3000 多棵古树名木进行挂牌，推广古树名木认养，加强古树名木保护；突出提升森林景观，以公路沿线整体景观建设为主线，通过新造补植、森林抚育、封山育林等方式修复林相林貌，不断扩量绿色、增量彩色、形成特色；突出开发树的项目，推进树化玉文化产业园、鹤坪森林公园、香樟林养生养老基地建设。三是以"旅"为先。按照 5A 级景区提升规划要求，加速景区标准化改造，建设提升宝峰、虎啸峡、观音岩三大景区，全面建成县城、宝峰、观音岩三个游客中心，精心打造茅山风情、中源避暑、璪都户外运动三座小镇；积极发展休闲度假旅游、乡村旅游、水上旅游、养生旅游等多元旅游业态，促进"吃住行游购娱"升级，延伸旅游产业链。四是以"得"为本。通过壮大绿色低碳工业、扩大对外开放、挖掘增收潜力、加大民生保障等途径做大县域经济总量、增强发展后劲、提升群众幸福感，以此作为工作的落脚点，提升县域经济的竞争力。五是以"城"为美。以旅游引领新型城镇化建设，按照全域型景区的理念，通过做大县城规模、做全城市功能、做强产城融合，建设旅游特色城镇，促产城一体融合，将全县建成一个环境优美、功能完善的生态大公园。六是以"俭"为宝。积极倡导节俭持家办事业，节约政府开支，降低行政成本，把有限的资金用在民生事业上，弘扬实干精神，改进文风、会风，勤俭务实转作风。落实党风廉政建设"一岗双责"，扎实推进惩治和预防腐败体系建设，大力营造风清气正的政治生态。

3. 大力发展绿色生态产业

一是发展有机休闲农业。采取"以点带面，从线到面"的形式，整县打造有机农业，制定出台《靖安县有机农业区域发展规划》，建立了有机农业生产补偿基金，对有机转换基地给予 50 元/亩的补偿，对整村推进有机农业示范村给予 2 万元的扶持；坚持农业与旅游"联姻"，以创建 5A 景区为抓手，建设乐丰生态园、百香谷和象湖湾等农业示范基地，发展了一批休闲农庄和观光农业园，打造了"十五贯""靖安白茶""友和""三爪仑""古楠村"等一批知名品牌。二是发展绿色低碳工业。以绿色为依托，坚持"五个没有"（没有烧煤的锅炉烟囱、没有污水或少量可控、没有工厂刺鼻气味、没有易燃易爆产品、没有落后产能）的工业标准，编制了《绿色低碳工业发展规划》，大力发展绿色低碳工业；以创新为引领，全力推进大众创业、万众创新，积极鼓励江钨、杰浩、合力照明、邓氏园林等重点企业开展技术创新，建成了硬质合金和绿色照明两大省级产业基地，杰浩工具、合力照明、南特集团通过国家高新技术企业认定，获评"全省绿色低碳工业示范县"和"绿色低碳转型试点县"。三是发展全域休闲旅游。把靖安全境作为一个"大景区"来建设，依托生态优势，创建国家5A级旅游景区，坚持"一个抓手"，做好"动静"两篇文章，引进"三类项目（康疗养生、特色小镇、文创基地）"，纵深推进全域旅游；扎实推进三个游客中心、三个特色小镇、三条旅游线路建设，加快景区标准化改造。

4. 不断培育绿色生态文化

一是积极倡导生态文化理念。挖掘禅宗、诗词和廉政等文化，通过开设"宝峰讲堂"、举办诗词大赛、拍摄廉政纪录片等系列活动，营造浓厚生态文化氛围；积极开展谋事实、创业实、做人实"三实"干部以及存好心、说好话、做好事"三好"靖安人创评活动，使"好风气"与"好生态"共靖安一色。二是大力开展生态文明宣传。将生态文明教育纳入中小学德育工作体系，启动了生态文化进班级、进社区、进农村计划；开展景区收垃圾奖励、"小手牵大手"、"环保志愿者靖安行"等活动，增强全民节约意识、环保意识、生态意识；开展"书香靖安·全民阅读"活动，开设一批文明讲堂，建成了100个农宿文化广场，推动了城乡群众文明素质不断提升。三是广泛深入开展生态文明创建。按照生态文明建设的标准，全面启动集镇改造工程，提升宝峰禅韵生态小镇、仁首田园牧歌小镇建设，推进璪都户外运动小镇、三爪仑茅山风情小镇规划建设，积极推进国家园林县城创建和数字化城市管理工作。四是努力践行低碳健康生活。积极践行绿色消费、绿色出行理念，支持群众选择广场舞、户外运动等健康运动方式，举办房车音乐节、环鄱阳湖自行车赛等特色活动，丰富群众精神文化生活；利用靖安得天独厚的生态、区位优势发展足球运动产业，促进足球运动与旅游产业、全民健身、城镇化建设的深度融合，助推旅游产业发展，做旺人气、财气。

5. 积极实施绿色生态规划

一是构建生态文明规划体系。立足生态禀赋，坚持"绝不以牺牲环境为代价换取一时的经济发展"原则，提出了"生态立县、工业强县、旅游兴县"生态发展战略，制定了全域有机农业发展规划、绿色低碳工业发展规划、全域旅游发展规划、产业准入负面清单、环保准入负面清单等生态发展规划，全面构建科学协调、统一促进的生态文明规划体系。二是提升生态规划品质。坚持规划先行，高标准编制和实施了国家级生态县建设规划、国家生态文明示范工程实施规划、国家河湖管护体制机制创新试点规划和江西省水生态文明县创建规划等，为推进生态文明建设提供可复制、可推广模式。三是注重生态规划实施。通过编制靖安县昌铜高速生态经济带建设实施方案和12个专项子规划，对生态文明28项重点任务和100项重点工作明确了责任分工；实施"金桥、金牌、金山"三金工程，规划45个项目，打造了江西省第一朵"生态云"。

6. 主动创建绿色生态品牌

一是积极创建绿色生态品牌。在政府领导高度重视及高位推动下，靖安县积极参与国家级、省级绿色生态品牌的创建，荣获了"一园三区五县"多个绿色生态品牌：被评为江西省首个国家生态县、全国重点生态功能区、全省生态文明建设示范县，拥有三爪仑国家级示范森林公园、九岭山国家级自然保护区、潦河大鲵及和尚坪省级自然保护区，连续三年被评为"全省生态环境建设先进县"，连续两年被评为全省"美丽乡村"建设试点县。二是参与生态文明示范试点创建。荣获全国第二批生态文明示范工程试点县、全国首批河湖管护体制机制创新试点县、全省唯一的全国森林可持续经营试点县、全国休闲农业与乡村旅游示范县、全省绿色有机农产品示范县、省级现代农业示范园区、全省首个"绿色低碳工业示范县"称号，被列入首批全国"绿水青山就是金山银山"实践创新基地、国家有机产品认证示范创建区；积极申报国家级重点生态功能区，被纳入"五河"源头保护区，开展森林补偿试点；启动全省水生态文明示范县创建，积极申报潦河水生态示范园项目，切实抓好水口青山"水生态文明示范村"建设。

二 靖安推进生态文明建设的经验与启示

靖安县的经验做法对全省乃至全国推进生态文明建设具有启示借鉴意义。

（一）一以贯之坚守生态立县理念是生态文明建设的重要法宝

生态文明建设，理念需先行。靖安县始终坚持"生态立县"战略不动摇，把"生态立县、绿色 GDP"理念一以贯之，践行"绝不以牺牲环境为代价换取一时的经济发展""一产助推旅游，二产服从生态，三产激活全局""生态立县、工业强县、旅游兴县""水木清华、禅韵靖安"等发展理念和工作思路，致力于打造"生态文明示范区、美丽中国样板间"。靖安县一以贯之坚守生态立县理念，以"一任接着一任干、一件事情接着一件事情办"的精神和"踏石留印、抓铁有痕"的劲头推进生态文明建设。这启示我们，推进生态文明建设不可能一蹴而就，也不是某一个人、某一届政府就能够完成得了的，必须久久为功，要有"功成不必在我"的担当精神和全局意识，切实将绿色发展理念武装广大干部群众的头脑，由脑入心并最终化为日常行动，多做打生态文明建设基础、利生态文明建设长远的事情，这是推进生态文明建设的重要法宝。

（二）坚持不懈升级绿色发展制度体系是生态建设的有效保障

生态文明建设，制度是保障。为系统有效推进生态文明建设，靖安县的执政者、策划者、设计者、建设者严格按照绿色发展理念去谋划、布局、建设、施工和管理，让全县发展的每一个细节都体现出节约、绿色、生态和人文关怀，并根据形势和要求的不断变化，紧紧围绕美丽中国"靖安样板"目标，坚持不懈升级制度体系，已形成"三色文章①、六大行动②、九大创新③"的

---

① "三色文章"包括"金色文章""绿色文章""蓝色文章"，其中"金色文章"是指全力创建国家 5A 级旅游景区；"绿色文章"是指把绿色生态作为靖安最"核心"的品牌、优势、竞争力来打造；"蓝色文章"是指以蓝色海洋的宽广胸怀扩大开放合作。

② "六大行动"详指全面实施工业园区污染综合治理、农业面源污染综合治理、大气污染防治、城乡生活垃圾分类及处理提升、"清河"提升、生态文明建设督查。

③ "九大创新"：1. 制定并实施《靖安县重点生态功能区产业准入负面清单》；2. 加快全国第一批河湖管护体制机制创新，打造"河长制"升级版；3. 深入推进"生态云"试点；4. 开展生活垃圾强制分类试点；5. 开展自然资源资产离任审计试点；6. 继续开展生态文明评价考核体系试点；7. 开展靖安农村环境整治政府购买服务试点；8. 开展绿色产业发展引导机制、生态环境保护机制、生态文化创建等制度创新工作；9. 探索森林可持续经营试点。

生态文明建设制度体系，高标准制定并升级一套系统完备的制度体系，为靖安生态文明建设提供了政策依据和行动方向。这启示我们，江西推进国家生态文明试验区建设，全省各地各级政府应有科学的总体规划和合理的空间布局，以及灵活高效的管理架构所形成的制度体系，这是促进生态文明建设的前置条件，是引领各方力量致力于经济、文化、社会、生态系统建设的凝聚剂，也是护航全省国家生态文明试验区建设的重要保障。

（三）因地制宜发展绿色生态产业是生态文明建设的强力支撑

生态文明建设，产业是支撑。工业产业见效快、对地方财政贡献大，向来是县域经济发展的首选产业，这也是大多数县市提出"工业立县""工业强县"发展战略的原因所在。靖安县没有照搬县域经济发展的传统套路，而是坚持从县情出发，立足于生态优势和资源特色，确立"以旅为先"的发展战略，着力构建全域有机农业、绿色低碳工业、全域旅游等绿色产业体系，先后谢绝多个总投资过亿元传统工业项目，关闭木竹加工、化工等不符合生态建设要求的企业200余家，向绿色生态优势要竞争力和发展力，找到了一条"绿色青山就是金山银山"的生态与经济协调发展的现实路径。这启示我们，由于各地发展基础不同、资源禀赋各异，江西各市县在推进生态文明建设的过程中，应立足实际，因地制宜，充分发挥绿色生态优势，多在绿色产业体系上做"加法"，在新产业新业态新模式上做"乘法"，以绿色经济的发展来支撑生态优势的进一步厚植。

（四）与时俱进使用现代信息技术是生态文明建设的关键举措

生态文明建设，科技是关键。靖安县在全省率先启动"生态云"建设项目，运用大数据、云计算、人工智能技术，建立起以传感器为触角、物联网为血脉、大数据为血液、人工智能为大脑的生态监测自动化系统，实现生态眼、生态脑、生态警三大功能，将生态大数据集中管理，实时展示生态文明建设成果、在线监测预警生态环境、创新社会管理、推动"互联网＋""生态＋"新业态发展，探索建立将生态优势转化为产业优势的云智慧平台。这启示我们，生态优势只有插上科技创新的翅膀，才能真正转化为经济优势，江西全省各地在推进生态文明建设的进程中，应坚持走科技创新之路，大量应用推广先进、适用技术，特别要注重运用大数据、互联网等现代信息技术，推动生产方式、生活方式、治理方式、管控方式等的转变与提升，以形成各地独具特色的生态技术支撑格局，进而开创科技改变生活、创新驱动产业的绿色发展新局面。

（五）想方设法激发群众积极参与是生态文明建设的活力之源

生态文明建设，群众是主体。人人都是排污者，人人又都是环境污染治理的参与者、监督者和潜在的受益者。生态文明建设是一个庞大的系统工程，若仅仅依靠政府权力系统效能的提高来解决，必将导致生态文明建设成为一个封闭的系统，缺少生命力，也不可持续。以河长制为例，靖安县为充分激发最广大群众的自主参与意识，出台《提升"河长制"实行"河长认领制"工作方案》，制定《河长制"认领人"奖励办法》，创新性推进"党员示范、群众认领"的新模式，对认领人实行"两优先、五减免、一补贴"① 奖励方式，以增强认领河长的荣誉感和责任感，形成了全民参与、人人争做河长的生动局面。这一创新实践启示我们，在推进生态文明建设的过程中，最重要的活力是广大群众的积极参与，而发动广大群众积极参与，不能仅仅停留于传统的宣传引导和依靠人们的觉悟提升，还应通过激励约束机制的创新设计来构建政府、企业、社会组织、广大群众等多元主体共同参与的局面。

（六）持之以恒弘扬环境生态文化是生态文明建设的持久动力

生态文明建设，文化是根本。弘扬环境生态文化，全面提高公民的环境保护意识、社会公德意识，打造全民关心、参与、支持生态文明建设的良好

---

① "两优先、五减免、一补贴"中"两优先"即优先参加庆典、优先节日走访，"五减免"即免费参观旅游、免费文体观影、免费公共交通、免费体检医保、免费高残疾病意外保险，"一补贴"即志愿者补贴。

氛围，是生态文明建设的强大动力。靖安县充分挖掘禅宗文化、孝文化、户外养生、客家文化等生态文化元素，全面践行以"河"为贵、以"树"为荣、以"城"为美、以"旅"为先、以"得"为本、以"俭"为宝的生态理念，实施生态文化进班级、进社区、进农村计划，开展"我家在景区，人人是风景"主题实践活动，全县公众生态文化理念不断加强。靖安县注重培育和弘扬环境生态文化的做法启示我们，推进生态文明建设，不仅要注重生态保护与修复相关的基础设施等项目建设，还应突出具有本地特色生态文化的挖掘、培育与弘扬，以文化来提升大家保护生态的行动自觉，以文化来凝聚大家的生态共识，以文化来形成推动生态文明建设的强大合力。

三　靖安生态文明建设过程中面临的主要问题

（一）生态文明建设中资金投入较大导致财政压力持续增加

一是生态文明建设配套资金压力较大。每年全县用于生态文明建设项目实施的配套资金达 6626 万元，随着生态文明建设的进一步深入，项目投入会呈现增加趋势，配套资金压力会进一步加剧。二是全县生态文明建设维护成本持续增加。全县每年生态文明建设运行基本费、垃圾处理费、保洁费用支出等维护成本达 1720 万元。三是政府购买支出呈现逐年增加趋势。每年政府用于污水处理兜底支出 900~1000 万元、县城内绿色公交费用补贴 263 万元、南昌到靖安高速公路免费通行费用补助 300 万元等政府购买支出达 500 万元，并会进一步地增加。

（二）用地指标有限导致生态建设项目实施频繁受阻

一是农宿、休闲农业（园区）等休闲旅游项目用地在实施中受用地指标、生态红线划定等因素影响开发较为缓慢。二是一些新建旅游项目，如高山滑雪场工程项目涉及公益林调规等问题而未能如期开工建设。三是一些森林公园，如鹤坪森林公园等因林地调规等问题，以致项目受阻。

（三）生态文明建设中生态价值实现机制不完善

一是市场购买平台不健全，如碳汇交易因境内工业不发达，参与购买的企业少，购买力有限，交易平台效果未能真正显现。二是生态项目优势发挥不充分，发展与保护的矛盾仍然突出，资源环境容量约束加剧，招商引资难度较大，生态经济效益不明显。三是生态补偿机制尚未完全到位，老百姓的付出与回报不成比例，未能真正体现使用者付费、破坏者受罚、保护者受益的效果。

（四）管理体制中存在多头管理效率低下现象

一是存在管理重复交叉、责任不明现象。如河道管理虽然境内实行河长制，但仍存在"九龙治水"现象，河道日常管理归水务局管理、水质污染归环保局管理、河道两侧面源污染归农业局管理等多部门同时管理而导致责任不明。二是资金分散、效果不佳。生态文明建设过程中，各部门可以通过各自领域项目获得项目资金，资金在使用中明显分散，使用效果有限。

（五）生态文明建设中以部门创建为主，缺乏全域性指导

一是生态文明建设立体空间格局有待于进一步优化。全县生态文明建设主要各部门根据部门职责及权限开展创建工作，创新试点以线状、块状的创建为主，缺乏由"点"串"线"、由"线"汇"面"的立体空间发展格局。二是顶层设计有待优化，生态保护与经济发展的模式还比较模糊，"五位一体"实施还存在一定困难，全过程、全领域生态文明建设思路有待于进一步完善。

（六）各级考核中生态文明建设重要性未能真实体现

一是各级各部门领导干部考核仍然以经济指挥棒为主，生态建设、绿色经济、环境保护等考核指标的权重还比较小，生态建设与经济发展之间的关系有待于进一步权衡。二是生态文明建设中老百姓参与程度有待进一步提

高，生态文明建设的重要性与老百姓的利益关系有待进一步宣传，要进一步提升老百姓的融入意识。

（七）生态文明建设市场化程度不高

一是生态文明建设主要是政府主导，占用了大量政府资源，给地方政府带来了全方位的压力。二是政策体系缺失和生态产品价值难以体现，生态文明建设利益机制不清晰，导致市场主体缺乏积极性，社会资本不想介入，全民参与性不够，市场力量没有得到发挥，建设"美丽中国"有共识无共为。

四　推进江西全省生态文明建设的建议

为深入推进国家生态文明试验区建设、打造美丽中国"江西样板"，在宣传推广靖安县创新做法的基础上，针对江西省生态文明建设中普遍存在的问题，提出如下几点建议。

（一）强化生态制度体系建设

一是优化科学发展考核指标体系。当前江西省虽已实施分类考核，但生态文明建设的考核结果与经济建设的考核结果在综合考评中的权重往往不具可比性，因此，应严格按照主体功能区规划要求，对生态文明建设的重点县（市、区）不予以经济考核并落到实处。二是加快建立领导干部自然资源资产离任审计和生态环境损害责任追究制度。全省在总结试点地区经验的基础上，借鉴省外经验，通过编制自然资源资产负债表，开展领导干部自然资源资产离任审计，客观评价领导干部在河湖自然资产管理和生态环境保护方面的履职尽责情况。探索建立党政领导干部生态环境损害责任追究制度，加快成立环境损害鉴定评估中心，建立严格的生态环境保护责任台账制度，对生态环境损害责任追究实行"党政同责、一岗双责，权责一致、终身追责"。

（二）推进生态综合执法体系建设

一是建立联合执法机制。应加快出台并下发《江西省生态联合执法工作方案》，以统筹林业、水利、公安、海事等多部门执法力量，在全省范围内探索建立适应各地实际的生态环境综合执法体系，开展联合执法行动与联合行动。二是加强司法的保障作用。推广赣州市安远县等地创新做法，在省、市、县检察院因地制宜成立生态环境保护检察处，在法院成立环境资源合议庭或环境资源审判庭等，在公安机关成立生态保护公安局，推动检察、法院、公安、环保、水利等部门建立重大案件第一时间通报机制和环境损害鉴定沟通机制。

（三）优化完善投入机制

一是进一步做大全流域生态补偿资金规模。在优化存量的同时稳步做大增强，推动全流域生态补偿资金规模与国家生态文明试验区建设的目标要求相适应；同时，在实践的基础上进一步健全流域生态补偿资金分配技术标准，以更好发挥激励约束的"指挥棒"作用，切实引导各地强化生态文明建设。二是大力推进政府购买生态产品与服务。在生态修复重大工程、流域水资源保护与改善等领域积极探索 PPP 等模式，通过政府购买生态产品与服务的方式，鼓励和引导民营资本、社会资金等参与生态文明建设。三是探索多元化资金筹措机制。积极拓展绿色信贷、融资租赁、定向融资等新型投融资渠道在生态文明建设中的应用，按照"社会参与、自愿认筹、留本返还、收益捐赠"的思路，多渠道筹措生态文明建设所需资金。

（四）推动山水林田湖草系统综合治理

一是大力开展鄱阳湖流域山水林田湖草系统治理工程。大力开展鄱阳湖流域生态系统整体保护、系统修复和综合治理，协调推进水土流失综合防治、森林质量提升、湿地保护等绿色生态工程。针对鄱阳湖流域生态区位的极端重要性以及治理任务繁重的现实，积极争取国家将鄱阳湖流域纳入重点流域范围，加大生态环保资金投入支持。二是积极探索"生态＋"发展模式。鼓励和扶持绿色产业。将绿色产业列入支持性产业政策范围进行扶持，增加对绿色产业的投资。建立生态脱贫新制度，完善江西省森林生态补偿制度、湿地生态补偿制度等，使之与流域地区脱贫工作紧密结合，建立起生态脱贫的长效制度。

（五）健全完善公众参与机制

一是健全公众参与机制。研究生态文明建设的工作中，应充分吸纳企业、公众的意见与建议，实现共商共治共享；生态执法与督考中可请当地群众参与，考核、监测重点违法案件查处并向群众公开，接受社会监督。二是多措并举激发群众主动参与。借鉴靖安县等地的做法，创新激励约束机制，实现管护主体从"政府忙干、群众闲看"向"政府引导、群众主体"转变，打造更严密的"防护网"。三是营造全民参与氛围。积极利用微信、微博等现代传媒，充分发挥媒体宣传、教育、监督作用，营造群众参与的社会氛围；积极培育一批专业性和组织能力且执行力强的社会环保组织，完善生态文明建设中第三方参与机制等。

（六）培育弘扬优秀生态文化

一是梳理总结江西省禅宗、道教、宗教等传统优秀生态文化元素，深入挖掘传统优秀生态文化在国家生态文明试验区建设中的积极作用；将生态文化建设置于更为重要的位置。二是加大生态文化的宣传和普及力度，借鉴靖安县等地做法，实施生态文化进班级、进社区、进农村计划，围绕生态文明建设主题，广泛开展"小手拉大手"等形式多样的实践活动，全面提升全省人民的生态文化素养。三是加大典型宣传推广力度，对生态文明建设中创新性推进生态文化建设的经验做法予以推广，以在全省形成竞相注重生态文化建设的良好氛围，通过全省上下生态意识和生态自觉的提升来凝聚生态文明建设的持久动力。

参考文献

霍莹莹、姜丽杰、王丽杰：《发展围场特色生态产业扶贫之路》，《中国统计》2017年第 11 期。

王丽娇：《农村水库移民土地流转现象研究——基于河南省七个移民新村的调查》，《湖北农业科学》2018 年第 1 期。

王莉娜、周静、陈玲：《浅析生态文明建设中加强环保民间组织建设——以常州市为例》，《绿色科技》2013 年第 12 期。

肖继辉、张沁琳：《论我国编制自然资源资产负债表的制度创新》，《暨南学报》（哲学社会科学版）2018 年第 2 期。

孔凡斌：《统筹山水林田湖草系统治理》，《江西日报》2017 年 11 月 20 日。

李志萌：《生态文明：从理念到实践》，《江西日报》2017 年 10 月 15 日。

B.30
现代农业建设的生力军
——来自永丰家庭农场的调查

江西省社会科学院课题组[*]

摘　要： 家庭农场是新型农业经营主体，是繁荣我国乡村产业的重要主体。永丰县家庭农场在全省率先发展并走在全省前列，主要得益于其"适度规模＋核心成员"释放深度活力、"职业农民＋现代理念"构筑发展持续动力、"科技支撑＋标准化"增强农产品竞争力、"家庭农场＋贫困户"成为产业扶贫推动力、"家庭农场＋党建"创新社区治理核心力等五个方面的主要做法，走出了一条具有永丰特色的家庭农场发展新路子，对全省乃至全国类似山区发展家庭农场具有重要启示。

关键词： 家庭农场　永丰调查　职业农民

家庭农场作为新型农业经营主体，主要以家庭成员为核心，并以农业收入为家庭主要收入来源，呈现"适度、专业、活力"及以"农"为本的特点，已成为我国推动适度规模经营、培育职业农民、振兴乡村产业的重要有

＊ 课题组组长：龚建文，江西省社会科学院副院长、研究员，研究方向为农业经济。副组长：李志萌，江西省社会科学院应用对策研究室主任、研究员，研究方向为生态经济。成员：张宜红，江西省社会科学院应用对策研究室副主任、副研究员，研究方向为农业经济；盛方富，江西省社会科学院应用对策研究室助理研究员，研究方向为农业经济；王胜奇，江西省社会科学院文化研究所，研究方向为区域文化；朱羚，江西省社会科学院应用对策研究室研究实习员，研究方向为区域经济。

生力量，其经营者大多接受过农业教育或技能培训，种养规模与家庭成员的劳动生产能力和经营管理能力相适应，具有商品农产品生产能力，是极具活力和竞争力的经营主体，适合江西南方丘陵山区。纵观世界各国农业生产经营，家庭农场是占绝对优势的经营形式，并已成为我国农业规模化、集约化、商品化和现代化发展的一个方向。家庭农场是2013年中央首次提出的，永丰根据县情实际，勇于探索，先行先试，探索走出了一条适合永丰发展实际的家庭农场特色发展新路。其经验与做法，在全省深入推进农业供给侧结构性改革的当下，具有重要现实意义。

一 永丰县发展家庭农场的主要做法

2013年永丰县在全省率先出台《永丰县家庭农场认定登记管理暂行办法》和《关于大力扶持家庭农场发展的实施意见》等文件，截至2017年6月底，共发展家庭农场1945家，家庭农场经营规模达14万亩，其中种植类家庭农场平均经营规模114亩，家庭农场数量与经营规模在全省县（市、区）中均处于前列，并呈现发展快、数量多、分布广、活跃度高等特点，总结其经验做法，可概括为以下几点。

（一）"适度规模＋核心成员"释放深度活力

"山多地少"是永丰县的一个基本特点，而近年来永丰县立足这一实际，发挥家庭农场的主体作用，推动农村土地确权颁证及"三权分置"改革，大力推进适度规模经营，实现农村土地规模化、集约化经营，吸引集聚了土地、资本、劳动力、科技等要素下乡流动，提升了农业全要素生产率，农业比较效益显著增加，永丰农业经营收入占家庭农场总收益的80%以上，农业成为有奔头、有盼头、有吸引力的职业并成为吸引家庭青年核心成员返乡创业的重要平台，他们在厚植传统特色优势农业产业的基础上，突出生产、生活、生态"三生一体"和"三产融合"的经营理念，主动拓展功能链条，纷纷成立家庭农场，实施家庭综合经营以增加农业综合效益。如

"永丰县藤田镇中西山村绿百合生态家庭农场",依托村30多年的百合传统种植优势、现代的加工营销,集中力量打造"龙芽百合"品牌,以品牌效应和经济效益带动全村形成近2000亩的种植基地,并围绕百合推动观光旅游、精深加工、电子商务等融合发展,适度规模经营让传统农业焕发出新的活力和生机。

(二)"职业农民+现代理念"构筑发展持续动力

调研发现,永丰县具有高中文化以上的农场主占比达到1/3以上,并且越来越多的"城市白领"加入进来,如手持注册会计师证并供职于上海立信会计师事务所的永丰籍张美凤毅然辞职返乡当起农场主,岭南海归博士王美关将葡萄研发技术和经营团队扎根农场。一批像张美凤、王美关博士这样受过高等教育的农场主,有能力、有意愿将电子商务、物联网、现代企业管理制度等新技术、新理念、新知识运用到农业生产、经营和管理之中,成为家庭农场现代化运作的"关键人"。此外,永丰县成立了全省首个合作制家庭农场——"光明家庭合作农场",创新性探索出了"家庭农场+农民专业合作社+龙头企业"多元联合发展机制,通过这种"抱团取暖"的方式,实现了单个家庭农场(或农户)与大市场的有机衔接,显著提升了农业发展竞争力,推进了农业生产经营规模化发展。

(三)"科技支撑+标准化"增强农产品竞争力

相较于低、小、散的传统家庭农业生产,家庭农场更加注重技术运用、规范生产和品牌建设,近2000家家庭农场是永丰县现代农业发展的主阵地,也是引领农业科技化、标准化、品牌化的主要载体。得益于此,自2002年以来,永丰县先后荣获"全国首批无公害蔬菜生产基地示范县""全国绿色食品原料(蔬菜)标准化生产基地县""全国绿色农业示范县""全国首批农业综合标准化示范县"等称号,并制修订地方标准14项,推广实施各级标准280余项,建成4个国家级农业标准化示范区、1个省级示范区,标准化生产覆盖全县可耕地面积的25%,执行标准覆盖率达到95%。永丰藤田镇葡萄基地在岭南海归博士王美关的带领下，重视葡萄种植技术研发，已成为"国家葡萄综合标准化示范区"。

（四）"家庭农场 + 贫困户"成为产业扶贫推动力

永丰县积极探索"家庭农场 + 贫困户"模式，每年设立 1000 万元的农业产业化专项资金，对与建档立卡贫困户建立利益联结的家庭农场予以资金扶持。贫困户以土地作价或资金入股的方式参与家庭农场分红，以自身劳力进农场务工增加工资收入，这样既解决农场主招工难、土地流转难、资金不足等困境，又可弥补农民个体"单打独斗"的短板，从而激发农场主和贫困户两端积极性，实现家庭农场健康发展与脱贫长效可持续的"双赢"。如：永丰县坑田镇加入家庭农场的 106 户贫困户实现脱贫的有 56 户，脱贫率达到 52.8%；在"永丰县藤田镇中西山村绿百合生态家庭农场"的示范带动下，相关村民每年人均增收 8000 元以上，实现精准脱贫；再如，新天地家庭农场以帮扶资金入股方式，带动了石桥村 24 户贫困户脱贫，户均分红收入达 1000 余元。

（五）"家庭农场 + 党建"创新社区治理核心力

为进一步发挥农村基层党组织的引领和服务作用，永丰县不断强化党建与家庭农场的有效衔接，形成新时期"基层党组织建设 + 家庭农业发展"的良好互动格局。依托家庭农场在全省率先发展的经验优势，发挥党员示范带头作用，以把党员培养成家庭农场主、把家庭农场主发展成为党员、把党员家庭农场主培养成为村组干部的"三培养"为基础，以干部联系家庭农场、家庭农场主联系精准扶贫户的"双联系"为纽带，注重家庭农场主尤其是党员、村组干部身份农场主在发展特色产业、开展美丽乡村建设等各项事业中的关键作用。目前，永丰县全县已成立家庭农场党小组近百个，其中"永丰县光平家庭农场"就是由永丰县佐龙乡富裕村党支部书记钟光平建设经营的，"产业带动奔小康、组织带领树形象"是其典型特征，钟光平本人也因此先后获江西省"劳动模范"、江西省"优秀共产党员"等荣誉称号，并当选为党的十九大代表。

二 经验与启示

（一）规范化管理是基础

规范化管理是促进家庭农场持续壮大的基础。江西省要加快家庭农场发展，就必须进行规范化管理。一是率先出台《江西省家庭农场条例》。在全省家庭农场现有管理办法基础上，率先在全国出台《江西省家庭农场条例》，对全省家庭农场的市场主体地位、认定标准、经营性质、注册登记、资格审查与年检制度等方面作出规定，依法促进家庭农场健康发展。二是理顺统一家庭农场管理机构。目前，江西省家庭农场注册与认定分属工商和农业两个不同管理部门，家庭农场身份较为混乱。因此，应由农业管理部门统一负责全省家庭农场注册与认定工作；同时，建立家庭农场信息直报系统，推进家庭农场注册登记，加强家庭农场基础数据统计工作，建立健全全省家庭农场动态名录和信息数据库。三是加强示范家庭农场创建。鼓励通过开展示范家庭农场创建，培育发展一批基础条件好、经营管理好、生产效益好的省级示范家庭农场。

（二）规模化经营、标准化生产、品牌化打造是核心

因地制宜，推进适度规模经营、抢占农产品生产"国家标准"、注重农产品品牌打造是家庭农场不断壮大的重要经验，也是江西省加快家庭农场发展的核心所在。一是推进适度规模经营。尽快修订完善土地流转法律法规，进一步完善土地承包权和经营权的法律和政策，搭建土地流转平台，扶持规模适度的家庭农场通过土地经营权流转、农业生产托管、组内互换并地等多种方式稳定流转土地、整合土地资源。因地制宜，根据资金、技术和经营管理水平，合理控制农场的经营规模，切勿盲目追求流转土地面积的扩大和农场经营规模的膨胀。二是规范推进标准化生产。支持和引导家庭农场制订农产品生产标准化技术规程，并上升为"国家标准"；建立健全科学、系统的

标准化体系，加强家庭农场生产全过程质量检测和标准控制，实现"从田地到餐桌"全过程质量可追溯，确保产品安全。三是注重品牌打造。积极培育一批规模大、特色明、品牌响的家庭农场，通过示范带动，促进家庭农场健康、规范发展；支持家庭农场开展农业投入品科学使用、农业新技术应用、"三品一标"认证、农产品质量安全追溯等工作，通过品牌注册、培育、拓展、保护等手段创建地理标准农产品品牌和知名农产品商标。

（三）家庭农场经营者职业化是关键

引进和培育一大批文化素质高、生产技术好、经营管理水平先进、社会责任感强的新型职业农民，是加快江西省家庭农场发展的关键。一是实施家庭农场主精准培训。合理建立"普惠性"的家庭农场主培训体系、指导体系和支持体系，依托现有的"阳光工程""雨露计划""一村一名大学生"等农村人才培养工程，加强与农业科研院所和高等院校对接，建立农业职业教育和资质考核认证机制，强化对家庭农场主的农业生产技术、模式和经营管理能力等进行定期、定点、定向的精准培训。二是大力引导和支持一批新农人创办经营家庭农场。用足用好江西省小额创业贷款、农业产业引导资金等政策，建立家庭农场创业孵化园，建立导师帮带机制，引进和支持一大批返乡创业的能人、大学生等青年创办经营家庭农场，并将其优先作为农村实用人才加以培养；与此同时，加强对有文化、懂技术、会经营的青年家庭农场主进行典型示范宣传，并将其纳入各级人才评价和培养体系，推荐进入村"两委"班子，推荐为人大代表、政协委员等。

（四）完善农业服务体系社会化是支撑

家庭农场发展要与龙头企业、农民专业合作社互补、合作与联合，以获得较为完善的农业社会化服务。因此，江西省要加快家庭农场发展，完善其农业服务体系社会化是重要支撑。一是家庭农场与农民专业合作社构建"关系共同体"。创新组织和管理模式，加快推进由家庭农场主领办或参与合作社和合作社理事长注册家庭农场的"场社合一"模式建设，或家庭农场与专业合作社订立契约，由专业合作社提供农资供应、农机服务、农产品销售、信贷、加工和储运等农业社会化服务。二是鼓励构建家庭农场发展联合会或家庭农场服务中心。在家庭农场集聚程度较高的地方，鼓励和支持由政府机构、事业单位、合作社、企业、协会、家庭农场等主体设立家庭农场发展联合会或家庭农场服务中心，以营利为目的，为家庭农场提供产前的农资供应和市场信息服务、产中的农业技术指导和农机服务、产后的保鲜储藏和加工销售服务等。

（五）三产融合是方向

三产融合是江西省家庭农场发展的重要特征和重要方向。一是夯实特色农业基地。立足当地种养殖产业优势，因地制宜，支持家庭农场精心打造特色农业基地，让家庭农场成为"真正的农产品生产者"，形成产业集群发展优势。二是突出农产品深加工。支持鼓励家庭农场兴办农产品加工企业，或通过品牌嫁接、资本运作、产业链延伸等方式，加强与资本实力强、品牌知名度高的加工企业对接，大幅度提升农产品附加值和产业链价值。三是拓展家庭农场功能。根植于家庭农场的生产功能，充分发挥"互联网＋"功能，降低家庭农场农产品销售成本，扩大销量，提高销售价值；发挥"旅游＋"作用，依托家庭农场，打造各类特色小镇，加快与休闲、观光旅游、健康养生等功能融合，加快推广"家庭农场＋贫困户"模式，促进农民增收，带动贫困户脱贫致富。

参考文献

刘浩军：《江西永丰县培育新型农业经营主体——家庭农场"五道加法"亮点纷呈》，《老区建设》2017 年 21 期。

薛亮、杨永坤：《家庭农场发展实践及其对策探讨》，《农业经济问题》2015 年第 2 期。

苏昕、刘昊龙：《中国特色家庭农场的时代特征辨析》，《经济社会体制比较》2017

年第 2 期。

亢志华、沈贵银：《江苏省集体农村发展现状、问题及对策建议》，《江苏农业科学》2017 年第 2 期。

李玮、郭俊征：《家庭农场社会责任培育的途径探析》，《农业经济》2014 年第 6 期。

张保军、张宏彦、张红萍：《家庭农场发展制约因素及对策研究》，《开发研究》2016 年第 1 期。

荣振华：《家庭农场注册登记中的问题及其治理》，《湖南农业大学学报》（社会科学版）2018 年第 2 期。

❖ 皮书起源 ❖

"皮书"起源于十七、十八世纪的英国,主要指官方或社会组织正式发表的重要文件或报告,多以"白皮书"命名。在中国,"皮书"这一概念被社会广泛接受,并被成功运作、发展成为一种全新的出版形态,则源于中国社会科学院社会科学文献出版社。

❖ 皮书定义 ❖

皮书是对中国与世界发展状况和热点问题进行年度监测,以专业的角度、专家的视野和实证研究方法,针对某一领域或区域现状与发展态势展开分析和预测,具备原创性、实证性、专业性、连续性、前沿性、时效性等特点的公开出版物,由一系列权威研究报告组成。

❖ 皮书作者 ❖

皮书系列的作者以中国社会科学院、著名高校、地方社会科学院的研究人员为主,多为国内一流研究机构的权威专家学者,他们的看法和观点代表了学界对中国与世界的现实和未来最高水平的解读与分析。

❖ 皮书荣誉 ❖

皮书系列已成为社会科学文献出版社的著名图书品牌和中国社会科学院的知名学术品牌。2016年,皮书系列正式列入"十三五"国家重点出版规划项目;2013~2018年,重点皮书列入中国社会科学院承担的国家哲学社会科学创新工程项目;2018年,59种院外皮书使用"中国社会科学院创新工程学术出版项目"标识。

中国皮书网

（网址：www.pishu.cn）

发布皮书研创资讯，传播皮书精彩内容
引领皮书出版潮流，打造皮书服务平台

栏目设置

关于皮书：何谓皮书、皮书分类、皮书大事记、皮书荣誉、
皮书出版第一人、皮书编辑部

最新资讯：通知公告、新闻动态、媒体聚焦、网站专题、视频直播、下载专区

皮书研创：皮书规范、皮书选题、皮书出版、皮书研究、研创团队

皮书评奖评价：指标体系、皮书评价、皮书评奖

互动专区：皮书说、社科数托邦、皮书微博、留言板

所获荣誉

2008 年、2011 年，中国皮书网均在全
国新闻出版业网站荣誉评选中获得"最具
商业价值网站"称号；

2012 年,获得"出版业网站百强"称号。

网库合一

2014 年，中国皮书网与皮书数据库端
口合一，实现资源共享。

权威报告·一手数据·特色资源

皮书数据库
ANNUAL REPORT(YEARBOOK)
DATABASE

当代中国经济与社会发展高端智库平台

所获荣誉

- 2016年，入选"'十三五'国家重点电子出版物出版规划骨干工程"
- 2015年，荣获"搜索中国正能量 点赞2015""创新中国科技创新奖"
- 2013年，荣获"中国出版政府奖·网络出版物奖"提名奖
- 连续多年荣获中国数字出版博览会"数字出版·优秀品牌"奖

成为会员

通过网址www.pishu.com.cn访问皮书数据库网站或下载皮书数据库APP，进行手机号码验证或邮箱验证即可成为皮书数据库会员。

会员福利

- 使用手机号码首次注册的会员，账号自动充值100元体验金，可直接购买和查看数据库内容（仅限PC端）。
- 已注册用户购书后可免费获赠100元皮书数据库充值卡。刮开充值卡涂层获取充值密码，登录并进入"会员中心"—"在线充值"—"充值卡充值"，充值成功后即可购买和查看数据库内容（仅限PC端）。
- 会员福利最终解释权归社会科学文献出版社所有。

卡号：794389782933

密码：

数据库服务热线：400-008-6695
数据库服务QQ：2475522410
数据库服务邮箱：database@ssap.cn
图书销售热线：010-59367070/7028
图书服务QQ：1265056568
图书服务邮箱：duzhe@ssap.cn

S 基本子库
UB DATABASE

中国社会发展数据库（下设 12 个子库）

全面整合国内外中国社会发展研究成果，汇聚独家统计数据、深度分析报告，涉及社会、人口、政治、教育、法律等 12 个领域，为了解中国社会发展动态、跟踪社会核心热点、分析社会发展趋势提供一站式资源搜索和数据分析与挖掘服务。

中国经济发展数据库（下设 12 个子库）

基于"皮书系列"中涉及中国经济发展的研究资料构建，内容涵盖宏观经济、农业经济、工业经济、产业经济等 12 个重点经济领域，为实时掌控经济运行态势、把握经济发展规律、洞察经济形势、进行经济决策提供参考和依据。

中国行业发展数据库（下设 17 个子库）

以中国国民经济行业分类为依据，覆盖金融业、旅游、医疗卫生、交通运输、能源矿产等 100 多个行业，跟踪分析国民经济相关行业市场运行状况和政策导向，汇集行业发展前沿资讯，为投资、从业及各种经济决策提供理论基础和实践指导。

中国区域发展数据库（下设 6 个子库）

对中国特定区域内的经济、社会、文化等领域现状与发展情况进行深度分析和预测，研究层级至县及县以下行政区，涉及地区、区域经济体、城市、农村等不同维度。为地方经济社会宏观态势研究、发展经验研究、案例分析提供数据服务。

中国文化传媒数据库（下设 18 个子库）

汇聚文化传媒领域专家观点、热点资讯，梳理国内外中国文化发展相关学术研究成果、一手统计数据，涵盖文化产业、新闻传播、电影娱乐、文学艺术、群众文化等 18 个重点研究领域。为文化传媒研究提供相关数据、研究报告和综合分析服务。

世界经济与国际关系数据库（下设 6 个子库）

立足"皮书系列"世界经济、国际关系相关学术资源，整合世界经济、国际政治、世界文化与科技、全球性问题、国际组织与国际法、区域研究 6 大领域研究成果，为世界经济与国际关系研究提供全方位数据分析，为决策和形势研判提供参考。

法律声明

　　"皮书系列"（含蓝皮书、绿皮书、黄皮书）之品牌由社会科学文献出版社最早使用并持续至今，现已被中国图书市场所熟知。"皮书系列"的相关商标已在中华人民共和国国家工商行政管理总局商标局注册，如 LOGO（▣）、皮书、Pishu、经济蓝皮书、社会蓝皮书等。"皮书系列"图书的注册商标专用权及封面设计、版式设计的著作权均为社会科学文献出版社所有。未经社会科学文献出版社书面授权许可，任何使用与"皮书系列"图书注册商标、封面设计、版式设计相同或者近似的文字、图形或其组合的行为均系侵权行为。

　　经作者授权，本书的专有出版权及信息网络传播权等为社会科学文献出版社享有。未经社会科学文献出版社书面授权许可，任何就本书内容的复制、发行或以数字形式进行网络传播的行为均系侵权行为。

　　社会科学文献出版社将通过法律途径追究上述侵权行为的法律责任，维护自身合法权益。

　　欢迎社会各界人士对侵犯社会科学文献出版社上述权利的侵权行为进行举报。电话：010-59367121，电子邮箱：fawubu@ssap.cn。

社会科学文献出版社

皮书系列

2018年

智库成果出版与传播平台

社会科学文献出版社
SOCIAL SCIENCES ACADEMIC PRESS (CHINA)

社长致辞

蓦然回首，皮书的专业化历程已经走过了二十年。20年来从一个出版社的学术产品名称到媒体热词再到智库成果研创及传播平台，皮书以专业化为主线，进行了系列化、市场化、品牌化、数字化、国际化、平台化的运作，实现了跨越式的发展。特别是在党的十八大以后，以习近平总书记为核心的党中央高度重视新型智库建设，皮书也迎来了长足的发展，总品种达到600余种，经过专业评审机制、淘汰机制遴选，目前，每年稳定出版近400个品种。"皮书"已经成为中国新型智库建设的抓手，成为国际国内社会各界快速、便捷地了解真实中国的最佳窗口。

20年孜孜以求，"皮书"始终将自己的研究视野与经济社会发展中的前沿热点问题紧密相连。600个研究领域，3万多位分布于800余个研究机构的专家学者参与了研创写作。皮书数据库中共收录了15万篇专业报告，50余万张数据图表，合计30亿字，每年报告下载量近80万次。皮书为中国学术与社会发展实践的结合提供了一个激荡智力、传播思想的入口，皮书作者们用学术的话语、客观翔实的数据谱写出了中国故事壮丽的篇章。

20年跬步千里，"皮书"始终将自己的发展与时代赋予的使命与责任紧紧相连。每年百余场新闻发布会，10万余次中外媒体报道，中、英、俄、日、韩等12个语种共同出版。皮书所具有的凝聚力正在形成一种无形的力量，吸引着社会各界关注中国的发展，参与中国的发展，它是我们向世界传递中国声音、总结中国经验、争取中国国际话语权最主要的平台。

皮书这一系列成就的取得，得益于中国改革开放的伟大时代，离不开来自中国社会科学院、新闻出版广电总局、全国哲学社会科学规划办公室等主管部门的大力支持和帮助，也离不开皮书研创者和出版者的共同努力。他们与皮书的故事创造了皮书的历史，他们对皮书的拳拳之心将继续谱写皮书的未来！

现在，"皮书"品牌已经进入了快速成长的青壮年时期。全方位进行规范化管理，树立中国的学术出版标准；不断提升皮书的内容质量和影响力，搭建起中国智库产品和智库建设的交流服务平台和国际传播平台；发布各类皮书指数，并使之成为中国指数，让中国智库的声音响彻世界舞台，为人类的发展做出中国的贡献——这是皮书未来发展的图景。作为"皮书"这个概念的提出者，"皮书"从一般图书到系列图书和品牌图书，最终成为智库研究和社会科学应用对策研究的知识服务和成果推广平台这整个过程的操盘者，我相信，这也是每一位皮书人执着追求的目标。

"当代中国正经历着我国历史上最为广泛而深刻的社会变革，也正在进行着人类历史上最为宏大而独特的实践创新。这种前无古人的伟大实践，必将给理论创造、学术繁荣提供强大动力和广阔空间。"

在这个需要思想而且一定能够产生思想的时代，皮书的研创出版一定能创造出新的更大的辉煌！

社会科学文献出版社社长

中国社会学会秘书长

2017年11月

社会科学文献出版社简介

社会科学文献出版社（以下简称"社科文献出版社"）成立于1985年，是直属于中国社会科学院的人文社会科学学术出版机构。成立至今，社科文献出版社始终依托中国社会科学院和国内外人文社会科学界丰厚的学术出版和专家学者资源，坚持"创社科经典，出传世文献"的出版理念、"权威、前沿、原创"的产品定位以及学术成果和智库成果出版的专业化、数字化、国际化、市场化的经营道路。

社科文献出版社是中国新闻出版业转型与文化体制改革的先行者。积极探索文化体制改革的先进方向和现代企业经营决策机制，社科文献出版社先后荣获"全国文化体制改革工作先进单位"、中国出版政府奖·先进出版单位奖、中国社会科学院先进集体、全国科普工作先进集体等荣誉称号。多人次荣获"第十届韬奋出版奖""全国新闻出版行业领军人才""数字出版先进人物""北京市新闻出版广电行业领军人才"等称号。

社科文献出版社是中国人文社会科学学术出版的大社名社，也是以皮书为代表的智库成果出版的专业强社。年出版图书2000余种，其中皮书400余种，出版新书字数5.5亿字，承印与发行中国社科院院属期刊72种，先后创立了皮书系列、列国志、中国史话、社科文献学术译库、社科文献学术文库、甲骨文书系等一大批既有学术影响又有市场价值的品牌，确立了在社会学、近代史、苏东问题研究等专业学科及领域出版的领先地位。图书多次荣获中国出版政府奖、"三个一百"原创图书出版工程、"五个'一'工程奖"、"大众喜爱的50种图书"等奖项，在中央国家机关"强素质·做表率"读书活动中，入选图书品种数位居各大出版社之首。

社科文献出版社是中国学术出版规范与标准的倡议者与制定者，代表全国50多家出版社发起实施学术著作出版规范的倡议，承担学术著作规范国家标准的起草工作，率先编撰完成《皮书手册》对皮书品牌进行规范化管理，并在此基础上推出中国版芝加哥手册——《社科文献出版社学术出版手册》。

社科文献出版社是中国数字出版的引领者，拥有皮书数据库、列国志数据库、"一带一路"数据库、减贫数据库、集刊数据库等4大产品线11个数据库产品，机构用户达1300余家，海外用户百余家，荣获"数字出版转型示范单位""新闻出版标准化先进单位""专业数字内容资源知识服务模式试点企业标准化示范单位"等称号。

社科文献出版社是中国学术出版走出去的践行者。社科文献出版社海外图书出版与学术合作业务遍及全球40余个国家和地区，并于2016年成立俄罗斯分社，累计输出图书500余种，涉及近20个语种，累计获得国家社科基金中华学术外译项目资助76种、"丝路书香工程"项目资助60种、中国图书对外推广计划项目资助71种以及经典中国国际出版工程资助28种，被五部委联合认定为"2015-2016年度国家文化出口重点企业"。

如今，社科文献出版社完全靠自身积累拥有固定资产3.6亿元，年收入3亿元，设置了七大出版分社、六大专业部门，成立了皮书研究院和博士后科研工作站，培养了一支近400人的高素质与高效率的编辑、出版、营销和国际推广队伍，为未来成为学术出版的大社、名社、强社，成为文化体制改革与文化企业转型发展的排头兵奠定了坚实的基础。

宏观经济类

经济蓝皮书

2018 年中国经济形势分析与预测

李平 / 主编　2017 年 12 月出版　定价 : 89.00 元

◆　本书为总理基金项目,由著名经济学家李扬领衔,联合中国社会科学院等数十家科研机构、国家部委和高等院校的专家共同撰写,系统分析了 2017 年的中国经济形势并预测 2018 年中国经济运行情况。

城市蓝皮书

中国城市发展报告 No.11

潘家华　单菁菁 / 主编　2018 年 9 月出版　估价 : 99.00 元

◆　本书是由中国社会科学院城市发展与环境研究中心编著的,多角度、全方位地立体展示了中国城市的发展状况,并对中国城市的未来发展提出了许多建议。该书有强烈的时代感,对中国城市发展实践有重要的参考价值。

人口与劳动绿皮书

中国人口与劳动问题报告 No.19

张车伟 / 主编　2018 年 10 月出版　估价 : 99.00 元

◆　本书为中国社会科学院人口与劳动经济研究所主编的年度报告,对当前中国人口与劳动形势做了比较全面和系统的深入讨论,为研究中国人口与劳动问题提供了一个专业性的视角。

中国省域竞争力蓝皮书

中国省域经济综合竞争力发展报告（2017～2018）

李建平 李闽榕 高燕京/主编　2018年5月出版　估价：198.00元

◆　本书融多学科的理论为一体，深入追踪研究了省域经济发展与中国国家竞争力的内在关系，为提升中国省域经济综合竞争力提供有价值的决策依据。

金融蓝皮书

中国金融发展报告（2018）

王国刚/主编　2018年2月出版　估价：99.00元

◆　本书由中国社会科学院金融研究所组织编写，概括和分析了2017年中国金融发展和运行中的各方面情况，研讨和评论了2017年发生的主要金融事件，有利于读者了解掌握2017年中国的金融状况，把握2018年中国金融的走势。

区域经济类

京津冀蓝皮书

京津冀发展报告（2018）

祝合良　叶堂林　张贵祥/等著　2018年6月出版　估价：99.00元

◆　本书遵循问题导向与目标导向相结合、统计数据分析与大数据分析相结合、纵向分析和长期监测与结构分析和综合监测相结合等原则，对京津冀协同发展新形势与新进展进行测度与评价。

社会政法类

社会蓝皮书

2018年中国社会形势分析与预测

李培林　陈光金　张翼/主编　2017年12月出版　定价：89.00元

◆　本书由中国社会科学院社会学研究所组织研究机构专家、高校学者和政府研究人员撰写，聚焦当下社会热点，对2017年中国社会发展的各个方面内容进行了权威解读，同时对2018年社会形势发展趋势进行了预测。

法治蓝皮书

中国法治发展报告 No.16（2018）

李林　田禾/主编　2018年3月出版　估价：118.00元

◆　本年度法治蓝皮书回顾总结了2017年度中国法治发展取得的成就和存在的不足，对中国政府、司法、检务透明度进行了跟踪调研，并对2018年中国法治发展形势进行了预测和展望。

教育蓝皮书

中国教育发展报告（2018）

杨东平/主编　2018年4月出版　估价：99.00元

◆　本书重点关注了2017年教育领域的热点，资料翔实，分析有据，既有专题研究，又有实践案例，从多角度对2017年教育改革和实践进行了分析和研究。

社会体制蓝皮书

中国社会体制改革报告 No.6（2018）

龚维斌 / 主编　2018 年 3 月出版　估价：99.00 元

◆　本书由国家行政学院社会治理研究中心和北京师范大学中国社会管理研究院共同组织编写，主要对 2017 年社会体制改革情况进行回顾和总结，对 2018 年的改革走向进行分析，提出相关政策建议。

社会心态蓝皮书

中国社会心态研究报告（2018）

王俊秀　杨宜音 / 主编　2018 年 12 月出版　估价：99.00 元

◆　本书是中国社会科学院社会学研究所社会心理研究中心"社会心态蓝皮书课题组"的年度研究成果，运用社会心理学、社会学、经济学、传播学等多种学科的方法进行了调查和研究，对于目前中国社会心态状况有较广泛和深入的揭示。

华侨华人蓝皮书

华侨华人研究报告（2018）

贾益民 / 主编　2018 年 1 月出版　估价：139.00 元

◆　本书关注华侨华人生产与生活的方方面面。华侨华人是中国建设 21 世纪海上丝绸之路的重要中介者、推动者和参与者。本书旨在全面调研华侨华人，提供最新涉侨动态、理论研究成果和政策建议。

民族发展蓝皮书

中国民族发展报告（2018）

王延中 / 主编　2018 年 10 月出版　估价：188.00 元

◆　本书从民族学人类学视角，研究近年来少数民族和民族地区的发展情况，展示民族地区经济、政治、文化、社会和生态文明"五位一体"建设取得的辉煌成就和面临的困难挑战，为深刻理解中央民族工作会议精神、加快民族地区全面建成小康社会进程提供了实证材料。

产业经济类

房地产蓝皮书

中国房地产发展报告 No.15（2018）

李春华　王业强 / 主编　2018 年 5 月出版　估价：99.00 元

◆　2018 年《房地产蓝皮书》持续追踪中国房地产市场最新动态，深度剖析市场热点，展望 2018 年发展趋势，积极谋划应对策略。对 2017 年房地产市场的发展态势进行全面、综合的分析。

新能源汽车蓝皮书

中国新能源汽车产业发展报告（2018）

中国汽车技术研究中心　日产（中国）投资有限公司

东风汽车有限公司 / 编著　2018 年 8 月出版　估价：99.00 元

◆　本书对中国 2017 年新能源汽车产业发展进行了全面系统的分析，并介绍了国外的发展经验。有助于相关机构、行业和社会公众等了解中国新能源汽车产业发展的最新动态，为政府部门出台新能源汽车产业相关政策法规、企业制定相关战略规划，提供必要的借鉴和参考。

行业及其他类

旅游绿皮书

2017 ~ 2018 年中国旅游发展分析与预测

中国社会科学院旅游研究中心 / 编　2018 年 2 月出版　估价：99.00 元

◆　本书从政策、产业、市场、社会等多个角度勾画出 2017 年中国旅游发展全貌，剖析了其中的热点和核心问题，并就未来发展作出预测。

民营医院蓝皮书

中国民营医院发展报告（2018）

薛晓林／主编　2018 年 1 月出版　估价：99.00 元

◆　本书在梳理国家对社会办医的各种利好政策的前提下，对我国民营医疗发展现状、我国民营医院竞争力进行了分析，并结合我国医疗体制改革对民营医院的发展趋势、发展策略、战略规划等方面进行了预估。

会展蓝皮书

中外会展业动态评估研究报告（2018）

张敏／主编　2018 年 12 月出版　估价：99.00 元

◆　本书回顾了 2017 年的会展业发展动态，结合"供给侧改革"、"互联网＋"、"绿色经济"的新形势分析了我国展会的行业现状，并介绍了国外的发展经验，有助于行业和社会了解最新的展会业动态。

中国上市公司蓝皮书

中国上市公司发展报告（2018）

张平　王宏淼／主编　2018 年 9 月出版　估价：99.00 元

◆　本书由中国社会科学院上市公司研究中心组织编写的，着力于全面、真实、客观反映当前中国上市公司财务状况和价值评估的综合性年度报告。本书详尽分析了 2017 年中国上市公司情况，特别是现实中暴露出的制度性、基础性问题，并对资本市场改革进行了探讨。

工业和信息化蓝皮书

人工智能发展报告（2017～2018）

尹丽波／主编　2018 年 6 月出版　估价：99.00 元

◆　本书国家工业信息安全发展研究中心在对 2017 年全球人工智能技术和产业进行全面跟踪研究基础上形成的研究报告。该报告内容翔实、视角独特，具有较强的产业发展前瞻性和预测性，可为相关主管部门、行业协会、企业等全面了解人工智能发展形势以及进行科学决策提供参考。

国际问题与全球治理类

世界经济黄皮书
2018 年世界经济形势分析与预测
张宇燕 / 主编　2018 年 1 月出版　估价：99.00 元

◆　本书由中国社会科学院世界经济与政治研究所的研究团队撰写，分总论、国别与地区、专题、热点、世界经济统计与预测等五个部分，对 2018 年世界经济形势进行了分析。

国际城市蓝皮书
国际城市发展报告（2018）
屠启宇 / 主编　2018 年 2 月出版　估价：99.00 元

◆　本书作者以上海社会科学院从事国际城市研究的学者团队为核心，汇集同济大学、华东师范大学、复旦大学、上海交通大学、南京大学、浙江大学相关城市研究专业学者。立足动态跟踪介绍国际城市发展时间中，最新出现的重大战略、重大理念、重大项目、重大报告和最佳案例。

非洲黄皮书
非洲发展报告 No.20（2017 ~ 2018）
张宏明 / 主编　2018 年 7 月出版　估价：99.00 元

◆　本书是由中国社会科学院西亚非洲研究所组织编撰的非洲形势年度报告，比较全面、系统地分析了 2017 年非洲政治形势和热点问题，探讨了非洲经济形势和市场走向，剖析了大国对非洲关系的新动向；此外，还介绍了国内非洲研究的新成果。

国别类

美国蓝皮书

美国研究报告（2018）

郑秉文　黄平／主编　2018年5月出版　估价：99.00元

◆　本书是由中国社会科学院美国研究所主持完成的研究成果，它回顾了美国2017年的经济、政治形势与外交战略，对美国内政外交发生的重大事件及重要政策进行了较为全面的回顾和梳理。

德国蓝皮书

德国发展报告（2018）

郑春荣／主编　2018年6月出版　估价：99.00元

◆　本报告由同济大学德国研究所组织编撰，由该领域的专家学者对德国的政治、经济、社会文化、外交等方面的形势发展情况，进行全面的阐述与分析。

俄罗斯黄皮书

俄罗斯发展报告（2018）

李永全／编著　2018年6月出版　估价：99.00元

◆　本书系统介绍了2017年俄罗斯经济政治情况，并对2016年该地区发生的焦点、热点问题进行了分析与回顾；在此基础上，对该地区2018年的发展前景进行了预测。

文化传媒类

新媒体蓝皮书

中国新媒体发展报告 No.9（2018）

唐绪军 / 主编　2018 年 6 月出版　估价 : 99.00 元

◆　本书是由中国社会科学院新闻与传播研究所组织编写的关于新媒体发展的最新年度报告，旨在全面分析中国新媒体的发展现状，解读新媒体的发展趋势，探析新媒体的深刻影响。

移动互联网蓝皮书

中国移动互联网发展报告（2018）

余清楚 / 主编　2018 年 6 月出版　估价 : 99.00 元

◆　本书着眼于对 2017 年度中国移动互联网的发展情况做深入解析，对未来发展趋势进行预测，力求从不同视角、不同层面全面剖析中国移动互联网发展的现状、年度突破及热点趋势等。

文化蓝皮书

中国文化消费需求景气评价报告（2018）

王亚南 / 主编　2018 年 2 月出版　估价 : 99.00 元

◆　本书首创全国文化发展量化检测评价体系，也是至今全国唯一的文化民生量化检测评价体系，对于检验全国及各地 " 以人民为中心 " 的文化发展具有首创意义。

地方发展类

北京蓝皮书

北京经济发展报告（2017～2018）

杨松/主编　2018年6月出版　估价：99.00元

◆　本书对2017年北京市经济发展的整体形势进行了系统性的分析与回顾，并对2018年经济形势走势进行了预测与研判，聚焦北京市经济社会发展中的全局性、战略性和关键领域的重点问题，运用定量和定性分析相结合的方法，对北京市经济社会发展的现状、问题、成因进行了深入分析，提出了可操作性的对策建议。

温州蓝皮书

2018年温州经济社会形势分析与预测

蒋儒标　王春光　金浩/主编　2018年4月出版　估价：99.00元

◆　本书是中共温州市委党校和中国社会科学院社会学研究所合作推出的第十一本温州蓝皮书，由来自党校、政府部门、科研机构、高校的专家、学者共同撰写的2017年温州区域发展形势的最新研究成果。

黑龙江蓝皮书

黑龙江社会发展报告（2018）

王爱丽/主编　2018年6月出版　估价：99.00元

◆　本书以千份随机抽样问卷调查和专题研究为依据，运用社会学理论框架和分析方法，从专家和学者的独特视角，对2017年黑龙江省关系民生的问题进行广泛的调研与分析，对2017年黑龙江省诸多社会热点和焦点问题进行了有益的探索。这些研究不仅可以为政府部门更加全面深入了解省情、科学制定决策提供智力支持，同时也可以为广大读者认识、了解、关注黑龙江社会发展提供理性思考。

宏观经济类

城市蓝皮书
中国城市发展报告（No.11）
著(编)者：潘家华 单菁菁
2018年9月出版 / 估价：99.00元
PSN B-2007-091-1/1

城乡一体化蓝皮书
中国城乡一体化发展报告（2018）
著(编)者：付崇兰
2018年9月出版 / 估价：99.00元
PSN B-2011-226-1/2

城镇化蓝皮书
中国新型城镇化健康发展报告（2018）
著(编)者：张占斌
2018年8月出版 / 估价：99.00元
PSN B-2014-396-1/1

创新蓝皮书
创新型国家建设报告（2018~2019）
著(编)者：詹正茂
2018年12月出版 / 估价：99.00元
PSN B-2009-140-1/1

低碳发展蓝皮书
中国低碳发展报告（2018）
著(编)者：张希良 齐晔
2018年6月出版 / 估价：99.00元
PSN B-2011-223-1/1

低碳经济蓝皮书
中国低碳经济发展报告（2018）
著(编)者：薛进军 赵忠秀
2018年11月出版 / 估价：99.00元
PSN B-2011-194-1/1

发展和改革蓝皮书
中国经济发展和体制改革报告No.9
著(编)者：邹东涛 王再文
2018年1月出版 / 估价：99.00元
PSN B-2008-122-1/1

国家创新蓝皮书
中国创新发展报告（2017）
著(编)者：陈劲 2018年3月出版 / 估价：99.00元
PSN B-2014-370-1/1

金融蓝皮书
中国金融发展报告（2018）
著(编)者：王国刚
2018年2月出版 / 定价：99.00元
PSN B-2004-031-1/7

经济蓝皮书
2018年中国经济形势分析与预测
著(编)者：李平 2017年12月出版 / 定价：89.00元
PSN B-1996-001-1/1

经济蓝皮书春季号
2018年中国经济前景分析
著(编)者：李扬 2018年5月出版 / 估价：99.00元
PSN B-1999-008-1/1

经济蓝皮书夏季号
中国经济增长报告（2017~2018）
著(编)者：李扬 2018年9月出版 / 估价：99.00元
PSN B-2010-176-1/1

经济信息绿皮书
中国与世界经济发展报告（2018）
著(编)者：杜平
2017年12月出版 / 估价：99.00元
PSN G-2003-023-1/1

农村绿皮书
中国农村经济形势分析与预测（2017~2018）
著(编)者：魏后凯 黄秉信
2018年4月出版 / 估价：99.00元
PSN G-1998-003-1/1

人口与劳动绿皮书
中国人口与劳动问题报告No.19
著(编)者：张车伟 2018年11月出版 / 估价：99.00元
PSN G-2000-012-1/1

新型城镇化蓝皮书
新型城镇化发展报告（2017）
著(编)者：李伟 宋敏 沈体雁
2018年3月出版 / 估价：99.00元
PSN B-2005-038-1/1

中国省域竞争力蓝皮书
中国省域经济综合竞争力发展报告（2016~2017）
著(编)者：李建平 李闽榕 高燕京
2018年2月出版 / 估价：198.00元
PSN B-2007-088-1/1

中小城市绿皮书
中国中小城市发展报告（2018）
著(编)者：中国城市经济学会中小城市经济发展委员会
中国城镇化促进会中小城市发展委员会
《中国中小城市发展报告》编纂委员会
中小城市发展战略研究院
2018年11月出版 / 估价：128.00元
PSN G-2010-161-1/1

区域经济类

东北蓝皮书
中国东北地区发展报告（2018）
著（编）者：姜晓秋　2018年11月出版 / 估价：99.00元
PSN B-2006-067-1/1

金融蓝皮书
中国金融中心发展报告（2017~2018）
著（编）者：王力 黄育华　2018年11月出版 / 估价：99.00元
PSN B-2011-186-6/7

京津冀蓝皮书
京津冀发展报告（2018）
著（编）者：祝合良 叶堂林 张贵祥
2018年6月出版 / 估价：99.00元
PSN B-2012-262-1/1

西北蓝皮书
中国西北发展报告（2018）
著（编）者：任宗哲 白宽犁 王建康
2018年4月出版 / 估价：99.00元
PSN B-2012-261-1/1

西部蓝皮书
中国西部发展报告（2018）
著（编）者：瑲勇 任保平　2018年8月出版 / 估价：99.00元
PSN B-2005-039-1/1

长江经济带产业蓝皮书
长江经济带产业发展报告（2018）
著（编）者：吴传清　2018年11月出版 / 估价：128.00元
PSN B-2017-666-1/1

长江经济带蓝皮书
长江经济带发展报告（2017~2018）
著（编）者：王振　2018年11月出版 / 估价：99.00元
PSN B-2016-575-1/1

长江中游城市群蓝皮书
长江中游城市群新型城镇化与产业协同发展报告（2018）
著（编）者：杨刚强　2018年11月出版 / 估价：99.00元
PSN B-2016-578-1/1

长三角蓝皮书
2017年创新融合发展的长三角
著（编）者：刘飞跃　2018年3月出版 / 估价：99.00元
PSN B-2005-038-1/1

长株潭城市群蓝皮书
长株潭城市群发展报告（2017）
著（编）者：张萍 朱有志　2018年1月出版 / 估价：99.00元
PSN B-2008-109-1/1

中部竞争力蓝皮书
中国中部经济社会竞争力报告（2018）
著（编）者：教育部人文社会科学重点研究基地南昌大学中国
　　　　　中部经济社会发展研究中心
2018年12月出版 / 估价：99.00元
PSN B-2012-276-1/1

中部蓝皮书
中国中部地区发展报告（2018）
著（编）者：宋亚平　2018年12月出版 / 估价：99.00元
PSN B-2007-089-1/1

区域蓝皮书
中国区域经济发展报告（2017~2018）
著（编）者：赵弘　2018年5月出版 / 估价：99.00元
PSN B-2004-034-1/1

中三角蓝皮书
长江中游城市群发展报告（2018）
著（编）者：秦尊文　2018年9月出版 / 估价：99.00元
PSN B-2014-417-1/1

中原蓝皮书
中原经济区发展报告（2018）
著（编）者：李英杰　2018年6月出版 / 估价：99.00元
PSN B-2011-192-1/1

珠三角流通蓝皮书
珠三角商圈发展研究报告（2018）
著（编）者：王先庆 林至颖　2018年7月出版 / 估价：99.00元
PSN B-2012-292-1/1

社会政法类

北京蓝皮书
中国社区发展报告（2017~2018）
著（编）者：于燕燕　2018年9月出版 / 估价：99.00元
PSN B-2007-083-5/8

殡葬绿皮书
中国殡葬事业发展报告（2017~2018）
著（编）者：李伯森　2018年4月出版 / 估价：158.00元
PSN G-2010-180-1/1

城市管理蓝皮书
中国城市管理报告（2017-2018）
著（编）者：刘林 刘承水　2018年5月出版 / 估价：158.00元
PSN B-2013-336-1/1

城市生活质量蓝皮书
中国城市生活质量报告（2017）
著（编）者：张连城 张平 杨春学 郎丽华
2018年2月出版 / 估价：99.00元
PSN B-2013-326-1/1

城市政府能力蓝皮书
中国城市政府公共服务能力评估报告（2018）
著(编)者：何艳玲　2018年4月出版 / 估价：99.00元
PSN B-2013-338-1/1

创业蓝皮书
中国创业发展研究报告（2017～2018）
著(编)者：黄群慧 赵卫星 钟宏武
2018年11月出版 / 估价：99.00元
PSN B-2016-577-1/1

慈善蓝皮书
中国慈善发展报告（2018）
著(编)者：杨团　2018年6月出版 / 估价：99.00元
PSN B-2009-142-1/1

党建蓝皮书
党的建设研究报告No.2（2018）
著(编)者：崔建民 陈东平　2018年1月出版 / 估价：99.00元
PSN B-2016-523-1/1

地方法治蓝皮书
中国地方法治发展报告No.3（2018）
著(编)者：李林 田禾　2018年3月出版 / 估价：118.00元
PSN B-2015-442-1/1

电子政务蓝皮书
中国电子政务发展报告（2018）
著(编)者：李季　2018年8月出版 / 估价：99.00元
PSN B-2003-022-1/1

法治蓝皮书
中国法治发展报告No.16（2018）
著(编)者：吕艳滨　2018年3月出版 / 估价：118.00元
PSN B-2004-027-1/3

法治蓝皮书
中国法院信息化发展报告No.2（2018）
著(编)者：李林 田禾　2018年2月出版 / 估价：108.00元
PSN B-2017-604-3/3

法治政府蓝皮书
中国法治政府发展报告（2018）
著(编)者：中国政法大学法治政府研究院
2018年4月出版 / 估价：99.00元
PSN B-2015-502-1/2

法治政府蓝皮书
中国法治政府评估报告（2018）
著(编)者：中国政法大学法治政府研究院
2018年9月出版 / 估价：168.00元
PSN B-2016-576-2/2

反腐倡廉蓝皮书
中国反腐倡廉建设报告No.8
著(编)者：张英伟　2018年12月出版 / 估价：99.00元
PSN B-2012-259-1/1

扶贫蓝皮书
中国扶贫开发报告（2018）
著(编)者：李培林 魏后凯　2018年12月出版 / 估价：128.00元
PSN B-2016-599-1/1

妇女发展蓝皮书
中国妇女发展报告 No.6
著(编)者：王金玲　2018年9月出版 / 估价：158.00元
PSN B-2006-069-1/1

妇女教育蓝皮书
中国妇女教育发展报告 No.3
著(编)者：张李玺　2018年10月出版 / 估价：99.00元
PSN B-2008-121-1/1

妇女绿皮书
2018年：中国性别平等与妇女发展报告
著(编)者：谭琳　2018年12月出版 / 估价：99.00元
PSN G-2006-073-1/1

公共安全蓝皮书
中国城市公共安全发展报告（2017～2018）
著(编)者：黄育华 杨文明 赵建辉
2018年6月出版 / 估价：99.00元
PSN B-2017-628-1/1

公共服务蓝皮书
中国城市基本公共服务力评价（2018）
著(编)者：钟君 刘志昌 吴正果
2018年12月出版 / 估价：99.00元
PSN B-2011-214-1/1

公民科学素质蓝皮书
中国公民科学素质报告（2017～2018）
著(编)者：李群 陈雄 马宗文
2018年1月出版 / 估价：99.00元
PSN B-2014-379-1/1

公益蓝皮书
中国公益慈善发展报告（2016）
著(编)者：朱健刚 胡小军　2018年2月出版 / 估价：99.00元
PSN B-2012-283-1/1

国际人才蓝皮书
中国国际移民报告（2018）
著(编)者：王辉耀　2018年2月出版 / 估价：99.00元
PSN B-2012-304-3/4

国际人才蓝皮书
中国留学发展报告（2018）No.7
著(编)者：王辉耀 苗绿　2018年12月出版 / 估价：99.00元
PSN B-2012-244-2/4

海洋社会蓝皮书
中国海洋社会发展报告（2017）
著(编)者：崔凤 宋宁而　2018年3月出版 / 估价：99.00元
PSN B-2015-478-1/1

行政改革蓝皮书
中国行政体制改革报告No.7（2018）
著(编)者：魏礼群　2018年6月出版 / 估价：99.00元
PSN B-2011-231-1/1

华侨华人蓝皮书
华侨华人研究报告（2017）
著(编)者：贾益民　2018年1月出版 / 估价：139.00元
PSN B-2011-204-1/1

环境竞争力绿皮书
中国省域环境竞争力发展报告（2018）
著（编）者：李建平　李闽榕　王金南
2018年11月出版 / 估价：198.00元
PSN G-2010-165-1/1

环境绿皮书
中国环境发展报告（2017～2018）
著（编）者：李波　2018年4月出版 / 估价：99.00元
PSN G-2006-048-1/1

家庭蓝皮书
中国"创建幸福家庭活动"评估报告（2018）
著（编）者：国务院发展研究中心"创建幸福家庭活动评估"课题组
2018年12月出版 / 估价：99.00元
PSN B-2015-508-1/1

健康城市蓝皮书
中国健康城市建设研究报告（2018）
著（编）者：王鸿春　盛继洪　2018年12月出版 / 估价：99.00元
PSN B-2016-564-2/2

健康中国蓝皮书
社区首诊与健康中国分析报告（2018）
著（编）者：高和荣　杨叔禹　姜杰
2018年4月出版 / 估价：99.00元
PSN B-2017-611-1/1

教师蓝皮书
中国中小学教师发展报告（2017）
著（编）者：曾晓东　鱼霞　2018年6月出版 / 估价：99.00元
PSN B-2012-289-1/1

教育扶贫蓝皮书
中国教育扶贫报告（2018）
著（编）者：司树杰　王文静　李兴洲
2018年12月出版 / 估价：99.00元
PSN B-2016-590-1/1

教育蓝皮书
中国教育发展报告（2018）
著（编）者：杨东平　2018年4月出版 / 估价：99.00元
PSN B-2006-047-1/1

金融法治建设蓝皮书
中国金融法治建设年度报告（2015～2016）
著（编）者：朱小黄　2018年6月出版 / 估价：99.00元
PSN B-2017-633-1/1

京津冀教育蓝皮书
京津冀教育发展研究报告（2017～2018）
著（编）者：方中雄　2018年4月出版 / 估价：99.00元
PSN B-2017-608-1/1

就业蓝皮书
2018年中国本科生就业报告
著（编）者：麦可思研究院　2018年6月出版 / 估价：99.00元
PSN B-2009-146-1/2

就业蓝皮书
2018年中国高职高专生就业报告
著（编）者：麦可思研究院　2018年6月出版 / 估价：99.00元
PSN B-2015-472-2/2

科学教育蓝皮书
中国科学教育发展报告（2018）
著（编）者：王康友　2018年10月出版 / 估价：99.00元
PSN B-2015-487-1/1

劳动保障蓝皮书
中国劳动保障发展报告（2018）
著（编）者：刘燕斌　2018年9月出版 / 估价：158.00元
PSN B-2014-415-1/1

老龄蓝皮书
中国老年宜居环境发展报告（2017）
著（编）者：党俊武　周燕珉　2018年1月出版 / 估价：99.00元
PSN B-2013-320-1/1

连片特困区蓝皮书
中国连片特困区发展报告（2017～2018）
著（编）者：游俊　冷志明　丁建军
2018年4月出版 / 估价：99.00元
PSN B-2013-321-1/1

流动儿童蓝皮书
中国流动儿童教育发展报告（2017）
著（编）者：杨东平　2018年1月出版 / 估价：99.00元
PSN B-2017-600-1/1

民调蓝皮书
中国民生调查报告（2018）
著（编）者：谢耘耕　2018年12月出版 / 估价：99.00元
PSN B-2014-398-1/1

民族发展蓝皮书
中国民族发展报告（2018）
著（编）者：王延中　2018年10月出版 / 估价：188.00元
PSN B-2006-070-1/1

女性生活蓝皮书
中国女性生活状况报告No.12（2018）
著（编）者：韩湘景　2018年7月出版 / 估价：99.00元
PSN B-2006-071-1/1

汽车社会蓝皮书
中国汽车社会发展报告（2017～2018）
著（编）者：王俊秀　2018年1月出版 / 估价：99.00元
PSN B-2011-224-1/1

青年蓝皮书
中国青年发展报告（2018）No.3
著（编）者：廉思　2018年4月出版 / 估价：99.00元
PSN B-2013-333-1/1

青少年蓝皮书
中国未成年人互联网运用报告（2017～2018）
著（编）者：季为民　李文革　沈杰
2018年11月出版 / 估价：99.00元
PSN B-2010-156-1/1

人权蓝皮书
中国人权事业发展报告No.8（2018）
著（编）者：李君如　2018年9月出版 / 估价：99.00元
PSN B-2011-215-1/1

社会保障绿皮书
中国社会保障发展报告No.9（2018）
著（编）者：王延中　2018年1月出版 / 估价：99.00元
PSN G-2001-014-1/1

社会风险评估蓝皮书
风险评估与危机预警报告（2017~2018）
著（编）者：唐钧　2018年8月出版 / 估价：99.00元
PSN B-2012-293-1/1

社会工作蓝皮书
中国社会工作发展报告（2016~2017）
著（编）者：民政部社会工作研究中心
2018年8月出版 / 估价：99.00元
PSN B-2009-141-1/1

社会管理蓝皮书
中国社会管理创新报告No.6
著（编）者：连玉明　2018年11月出版 / 估价：99.00元
PSN B-2012-300-1/1

社会蓝皮书
2018年中国社会形势分析与预测
著（编）者：李培林 陈光金 张翼
2017年12月出版 / 定价：89.00元
PSN B-1998-002-1/1

社会体制蓝皮书
中国社会体制改革报告No.6（2018）
著（编）者：龚维斌　2018年3月出版 / 估价：99.00元
PSN B-2013-330-1/1

社会心态蓝皮书
中国社会心态研究报告（2018）
著（编）者：王俊秀　2018年12月出版 / 估价：99.00元
PSN B-2011-199-1/1

社会组织蓝皮书
中国社会组织报告（2017-2018）
著（编）者：黄晓勇　2018年1月出版 / 估价：99.00元
PSN B-2008-118-1/2

社会组织蓝皮书
中国社会组织评估发展报告（2018）
著（编）者：徐家良　2018年12月出版 / 估价：99.00元
PSN B-2013-366-2/2

生态城市绿皮书
中国生态城市建设发展报告（2018）
著（编）者：刘举科 孙伟平 胡文臻
2018年9月出版 / 估价：158.00元
PSN G-2012-269-1/1

生态文明绿皮书
中国省域生态文明建设评价报告（ECI 2018）
著（编）者：严耕　2018年12月出版 / 估价：99.00元
PSN G-2010-170-1/1

退休生活蓝皮书
中国城市居民退休生活质量指数报告（2017）
著（编）者：杨一帆　2018年5月出版 / 估价：99.00元
PSN B-2017-618-1/1

危机管理蓝皮书
中国危机管理报告（2018）
著（编）者：文学国 范正青
2018年8月出版 / 估价：99.00元
PSN B-2010-171-1/1

学会蓝皮书
2018年中国学会发展报告
著（编）者：麦可思研究院
2018年12月出版 / 估价：99.00元
PSN B-2016-597-1/1

医改蓝皮书
中国医药卫生体制改革报告（2017~2018）
著（编）者：文学国 房志武
2018年11月出版 / 估价：99.00元
PSN B-2014-432-1/1

应急管理蓝皮书
中国应急管理报告（2018）
著（编）者：宋英华　2018年9月出版 / 估价：99.00元
PSN B-2016-562-1/1

政府绩效评估蓝皮书
中国地方政府绩效评估报告 No.2
著（编）者：贠杰　2018年12月出版 / 估价：99.00元
PSN B-2017-672-1/1

政治参与蓝皮书
中国政治参与报告（2018）
著（编）者：房宁　2018年8月出版 / 估价：128.00元
PSN B-2011-200-1/1

政治文化蓝皮书
中国政治文化报告（2018）
著（编）者：邢元敏 魏大鹏 龚克
2018年8月出版 / 估价：128.00元
PSN B-2017-615-1/1

中国传统村落蓝皮书
中国传统村落保护现状报告（2018）
著（编）者：胡彬彬 李向军 王晓波
2018年12月出版 / 估价：99.00元
PSN B-2017-663-1/1

中国农村妇女发展蓝皮书
农村流动女性城市生活发展报告（2018）
著（编）者：谢丽华　2018年12月出版 / 估价：99.00元
PSN B-2014-434-1/1

宗教蓝皮书
中国宗教报告（2017）
著（编）者：邱永辉　2018年8月出版 / 估价：99.00元
PSN B-2008-117-1/1

产业经济类

保健蓝皮书
中国保健服务产业发展报告 No.2
著(编)者: 中国保健协会　　中共中央党校
2018年7月出版 / 估价: 198.00元
PSN B-2012-272-3/3

保健蓝皮书
中国保健食品产业发展报告 No.2
著(编)者: 中国保健协会
　　　　中国社会科学院食品药品产业发展与监管研究中心
2018年8月出版 / 估价: 198.00元
PSN B-2012-271-2/3

保健蓝皮书
中国保健用品产业发展报告 No.2
著(编)者: 中国保健协会
　　　　国务院国有资产监督管理委员会研究中心
2018年3月出版 / 估价: 198.00元
PSN B-2012-270-1/3

保险蓝皮书
中国保险业竞争力报告 (2018)
著(编)者: 保监会　2018年12月出版 / 估价: 99.00元
PSN B-2013-311-1/1

冰雪蓝皮书
中国冰上运动产业发展报告 (2018)
著(编)者: 孙承华 杨占武 刘戈 张鸿俊
2018年9月出版 / 估价: 99.00元
PSN B-2017-648-3/3

冰雪蓝皮书
中国滑雪产业发展报告 (2018)
著(编)者: 孙承华 伍斌 魏庆华 张鸿俊
2018年9月出版 / 估价: 99.00元
PSN B-2016-559-1/3

餐饮产业蓝皮书
中国餐饮产业发展报告 (2018)
著(编)者: 邢颖
2018年6月出版 / 估价: 99.00元
PSN B-2009-151-1/1

茶业蓝皮书
中国茶产业发展报告 (2018)
著(编)者: 杨江帆 李闽榕
2018年10月出版 / 估价: 99.00元
PSN B-2010-164-1/1

产业安全蓝皮书
中国文化产业安全报告 (2018)
著(编)者: 北京印刷学院文化产业安全研究院
2018年12月出版 / 估价: 99.00元
PSN B-2014-378-12/14

产业安全蓝皮书
中国新媒体产业安全报告 (2016~2017)
著(编)者: 肖丽　2018年6月出版 / 估价: 99.00元
PSN B-2015-500-14/14

产业安全蓝皮书
中国出版传媒产业安全报告 (2017~2018)
著(编)者: 北京印刷学院文化产业安全研究院
2018年3月出版 / 估价: 99.00元
PSN B-2014-384-13/14

产业蓝皮书
中国产业竞争力报告 (2018) No.8
著(编)者: 张其仔　2018年12月出版 / 估价: 168.00元
PSN B-2010-175-1/1

动力电池蓝皮书
中国新能源汽车动力电池产业发展报告 (2018)
著(编)者: 中国汽车技术研究中心
2018年8月出版 / 估价: 99.00元
PSN B-2017-639-1/1

杜仲产业绿皮书
中国杜仲橡胶资源与产业发展报告 (2017~2018)
著(编)者: 杜红岩 胡文臻 俞锐
2018年1月出版 / 估价: 99.00元
PSN G-2013-350-1/1

房地产蓝皮书
中国房地产发展报告No.15 (2018)
著(编)者: 李春华 王业强
2018年5月出版 / 估价: 99.00元
PSN B-2004-028-1/1

服务外包蓝皮书
中国服务外包产业发展报告 (2017~2018)
著(编)者: 王晓红 刘德军
2018年6月出版 / 估价: 99.00元
PSN B-2013-331-2/2

服务外包蓝皮书
中国服务外包竞争力报告 (2017~2018)
著(编)者: 刘春生 王力 黄育华
2018年12月出版 / 估价: 99.00元
PSN B-2011-216-1/2

工业和信息化蓝皮书
世界信息技术产业发展报告 (2017~2018)
著(编)者: 尹丽波　2018年6月出版 / 估价: 99.00元
PSN B-2015-449-2/6

工业和信息化蓝皮书
战略性新兴产业发展报告 (2017~2018)
著(编)者: 尹丽波　2018年6月出版 / 估价: 99.00元
PSN B-2015-450-3/6

客车蓝皮书
中国客车产业发展报告（2017～2018）
著（编）者：姚蔚　　2018年10月出版／估价：99.00元
PSN B-2013-361-1/1

流通蓝皮书
中国商业发展报告（2018～2019）
著（编）者：王雪峰　林诗慧
2018年7月出版／估价：99.00元
PSN B-2009-152-1/2

能源蓝皮书
中国能源发展报告（2018）
著（编）者：崔民选　王军生　陈义和
2018年12月出版／估价：99.00元
PSN B-2006-049-1/1

农产品流通蓝皮书
中国农产品流通产业发展报告（2017）
著（编）者：贾敬敦　张东科　张玉玺　张鹏毅　周伟
2018年1月出版／估价：99.00元
PSN B-2012-288-1/1

汽车工业蓝皮书
中国汽车工业发展年度报告（2018）
著（编）者：中国汽车工业协会
　　　　　　中国汽车技术研究中心
　　　　　　丰田汽车公司
2018年5月出版／估价：168.00元
PSN B-2015-463-1/2

汽车工业蓝皮书
中国汽车零部件产业发展报告（2017～2018）
著（编）者：中国汽车工业协会
　　　　　　中国汽车工程研究院深圳市沃特玛电池有限公司
2018年9月出版／估价：99.00元
PSN B-2016-515-2/2

汽车蓝皮书
中国汽车产业发展报告（2018）
著（编）者：中国汽车工程学会
　　　　　　大众汽车集团（中国）
2018年11月出版／估价：99.00元
PSN B-2008-124-1/1

世界茶业蓝皮书
世界茶业发展报告（2018）
著（编）者：李闽榕　冯廷佺
2018年5月出版／估价：168.00元
PSN B-2017-619-1/1

世界能源蓝皮书
世界能源发展报告（2018）
著（编）者：黄晓勇　　2018年6月出版／估价：168.00元
PSN B-2013-349-1/1

体育蓝皮书
国家体育产业基地发展报告（2016～2017）
著（编）者：李颖川　　2018年4月出版／估价：168.00元
PSN B-2017-609-5/5

体育蓝皮书
中国体育产业发展报告（2018）
著（编）者：阮伟　钟秉枢
2018年12月出版／估价：99.00元
PSN B-2010-179-1/5

文化金融蓝皮书
中国文化金融发展报告（2018）
著（编）者：杨涛　金巍
2018年5月出版／估价：99.00元
PSN B-2017-610-1/1

新能源汽车蓝皮书
中国新能源汽车产业发展报告（2018）
著（编）者：中国汽车技术研究中心
　　　　　　日产（中国）投资有限公司
　　　　　　东风汽车有限公司
2018年8月出版／估价：99.00元
PSN B-2013-347-1/1

薏仁米产业蓝皮书
中国薏仁米产业发展报告No.2（2018）
著（编）者：李发耀　石明　秦礼康
2018年8月出版／估价：99.00元
PSN B-2017-645-1/1

邮轮绿皮书
中国邮轮产业发展报告（2018）
著（编）者：汪泓　　2018年10月出版／估价：99.00元
PSN G-2014-419-1/1

智能养老蓝皮书
中国智能养老产业发展报告（2018）
著（编）者：朱勇　　2018年10月出版／估价：99.00元
PSN B-2015-488-1/1

中国节能汽车蓝皮书
中国节能汽车发展报告（2017～2018）
著（编）者：中国汽车工程研究院股份有限公司
2018年9月出版／估价：99.00元
PSN B-2016-565-1/1

中国陶瓷产业蓝皮书
中国陶瓷产业发展报告（2018）
著（编）者：左和平　黄速建
2018年10月出版／估价：99.00元
PSN B-2016-573-1/1

装备制造业蓝皮书
中国装备制造业发展报告（2018）
著（编）者：徐东华　　2018年12月出版／估价：118.00元
PSN B-2015-505-1/1

行业及其他类

"三农"互联网金融蓝皮书
中国"三农"互联网金融发展报告（2018）
著(编)者：李勇坚 王弢
2018年8月出版 / 估价：99.00元
PSN B-2016-560-1/1

SUV蓝皮书
中国SUV市场发展报告（2017~2018）
著(编)者：靳军　2018年9月出版 / 估价：99.00元
PSN B-2016-571-1/1

冰雪蓝皮书
中国冬季奥运会发展报告（2018）
著(编)者：孙承华 伍斌 魏庆华 张鸿俊
2018年9月出版 / 估价：99.00元
PSN B-2017-647-2/3

彩票蓝皮书
中国彩票发展报告（2018）
著(编)者：益彩基金　2018年4月出版 / 估价：99.00元
PSN B-2015-462-1/1

测绘地理信息蓝皮书
测绘地理信息供给侧结构性改革研究报告（2018）
著(编)者：库热西·买合苏提
2018年12月出版 / 估价：168.00元
PSN B-2009-145-1/1

产权市场蓝皮书
中国产权市场发展报告（2017）
著(编)者：曹和平　2018年5月出版 / 估价：99.00元
PSN B-2009-147-1/1

城投蓝皮书
中国城投行业发展报告（2018）
著(编)者：华景斌
2018年11月出版 / 估价：300.00元
PSN B-2016-514-1/1

大数据蓝皮书
中国大数据发展报告（No.2）
著(编)者：连玉明　2018年5月出版 / 估价：99.00元
PSN B-2017-620-1/1

大数据应用蓝皮书
中国大数据应用发展报告No.2（2018）
著(编)者：陈军君　2018年8月出版 / 估价：99.00元
PSN B-2017-644-1/1

对外投资与风险蓝皮书
中国对外直接投资与国家风险报告（2018）
著(编)者：中债资信评估有限责任公司
　　　　　中国社会科学院世界经济与政治研究所
2018年4月出版 / 估价：189.00元
PSN B-2017-606-1/1

工业和信息化蓝皮书
人工智能发展报告（2017~2018）
著(编)者：尹丽波　2018年6月出版 / 估价：99.00元
PSN B-2015-448-1/6

工业和信息化蓝皮书
世界智慧城市发展报告（2017~2018）
著(编)者：尹丽波　2018年6月出版 / 估价：99.00元
PSN B-2017-624-6/6

工业和信息化蓝皮书
世界网络安全发展报告（2017~2018）
著(编)者：尹丽波　2018年6月出版 / 估价：99.00元
PSN B-2015-452-5/6

工业和信息化蓝皮书
世界信息化发展报告（2017~2018）
著(编)者：尹丽波　2018年6月出版 / 估价：99.00元
PSN B-2015-451-4/6

工业设计蓝皮书
中国工业设计发展报告（2018）
著(编)者：王晓红 于炜 张立群　2018年9月出版 / 估价：168.00元
PSN B-2014-420-1/1

公共关系蓝皮书
中国公共关系发展报告（2018）
著(编)者：柳斌杰　2018年11月出版 / 估价：99.00元
PSN B-2016-579-1/1

管理蓝皮书
中国管理发展报告（2018）
著(编)者：张晓东　2018年10月出版 / 估价：99.00元
PSN B-2014-416-1/1

海关发展蓝皮书
中国海关发展前沿报告（2018）
著(编)者：干春晖　2018年6月出版 / 估价：99.00元
PSN B-2017-616-1/1

互联网医疗蓝皮书
中国互联网健康医疗发展报告（2018）
著(编)者：芮晓武　2018年6月出版 / 估价：99.00元
PSN B-2016-567-1/1

黄金市场蓝皮书
中国商业银行黄金业务发展报告（2017~2018）
著(编)者：平安银行　2018年3月出版 / 估价：99.00元
PSN B-2016-524-1/1

会展蓝皮书
中外会展业动态评估研究报告（2018）
著(编)者：张敏 任中峰 聂鑫焱 牛盼强
2018年12月出版 / 估价：99.00元
PSN B-2013-327-1/1

基金会蓝皮书
中国基金会发展报告（2017~2018）
著(编)者：中国基金会发展报告课题组
2018年4月出版 / 估价：99.00元
PSN B-2013-368-1/1

基金会绿皮书
中国基金会发展独立研究报告（2018）
著(编)者：基金会中心网　中央民族大学基金会研究中心
2018年6月出版 / 估价：99.00元
PSN G-2011-213-1/1

基金会透明度蓝皮书
中国基金会透明度发展研究报告（2018）
著(编)者：基金会中心网
　　　　　清华大学廉政与治理研究中心
2018年9月出版 / 估价：99.00元
PSN B-2013-339-1/1

建筑装饰蓝皮书
中国建筑装饰行业发展报告（2018）
著(编)者：葛道顺 刘晓一
2018年10月出版 / 估价：198.00元
PSN B-2016-553-1/1

金融监管蓝皮书
中国金融监管报告（2018）
著(编)者：胡滨　　2018年5月出版 / 估价：99.00元
PSN B-2012-281-1/1

金融蓝皮书
中国互联网金融行业分析与评估（2018~2019）
著(编)者：黄国平 伍旭川　2018年12月出版 / 估价：99.00元
PSN B-2016-585-7/7

金融科技蓝皮书
中国金融科技发展报告（2018）
著(编)者：李扬 孙国峰　　2018年10月出版 / 估价：99.00元
PSN B-2014-374-1/1

金融信息服务蓝皮书
中国金融信息服务发展报告（2018）
著(编)者：李平　　2018年5月出版 / 估价：99.00元
PSN B-2017-621-1/1

京津冀金融蓝皮书
京津冀金融发展报告（2018）
著(编)者：王爱俭 王璟怡　2018年10月出版 / 估价：99.00元
PSN B-2016-527-1/1

科普蓝皮书
国家科普能力发展报告（2018）
著(编)者：王康友　　2018年5月出版 / 估价：138.00元
PSN B-2017-632-4/4

科普蓝皮书
中国基层科普发展报告（2017~2018）
著(编)者：赵立新 陈玲　　2018年9月出版 / 估价：99.00元
PSN B-2016-568-3/4

科普蓝皮书
中国科普基础设施发展报告（2017~2018）
著(编)者：任福君　2018年6月出版 / 估价：99.00元
PSN B-2010-174-1/3

科普蓝皮书
中国科普人才发展报告（2017~2018）
著(编)者：郑念 任嵘嵘　　2018年7月出版 / 估价：99.00元
PSN B-2016-512-2/4

科普能力蓝皮书
中国科普能力评价报告（2018~2019）
著(编)者：李富强 李群　　2018年8月出版 / 估价：99.00元
PSN B-2016-555-1/1

临空经济蓝皮书
中国临空经济发展报告（2018）
著(编)者：连玉明　　2018年9月出版 / 估价：99.00元
PSN B-2014-421-1/1

旅游安全蓝皮书
中国旅游安全报告（2018）
著(编)者：郑向敏　　2018年5月出版 / 估价：158.00元
PSN B-2012-280-1/1

旅游绿皮书
2017~2018年中国旅游发展分析与预测
著(编)者：宋瑞　2018年2月出版 / 估价：99.00元
PSN G-2002-018-1/1

煤炭蓝皮书
中国煤炭工业发展报告（2018）
著(编)者：岳福斌　　2018年12月出版 / 估价：99.00元
PSN B-2008-123-1/1

民营企业社会责任蓝皮书
中国民营企业社会责任报告（2018）
著(编)者：中华全国工商业联合会
2018年12月出版 / 估价：99.00元
PSN B-2015-510-1/1

民营医院蓝皮书
中国民营医院发展报告（2017）
著(编)者：薛晓林　　2018年1月出版 / 估价：99.00元
PSN B-2012-299-1/1

闽商蓝皮书
闽商发展报告（2018）
著(编)者：李闽榕 王日根 林琛
2018年12月出版 / 估价：99.00元
PSN B-2012-298-1/1

农业应对气候变化蓝皮书
中国农业气象灾害及其灾损评估报告（No.3）
著(编)者：矫梅燕　　2018年1月出版 / 估价：118.00元
PSN B-2014-413-1/1

品牌蓝皮书
中国品牌战略发展报告（2018）
著(编)者：汪同三　　2018年10月出版 / 估价：99.00元
PSN B-2016-580-1/1

企业扶贫蓝皮书
中国企业扶贫研究报告（2018）
著(编)者：钟宏武　　2018年12月出版 / 估价：99.00元
PSN B-2016-593-1/1

企业公益蓝皮书
中国企业公益研究报告（2018）
著(编)者：钟宏武 汪杰 黄晓娟
2018年12月出版 / 估价：99.00元
PSN B-2015-501-1/1

企业国际化蓝皮书
中国企业全球化报告（2018）
著(编)者：王辉耀 苗绿　　2018年11月出版 / 估价：99.00元
PSN B-2014-427-1/1

企业蓝皮书
中国企业绿色发展报告No.2（2018）
著(编)者：李红玉 朱光辉
2018年8月出版 / 估价：99.00元
PSN B-2015-481-2/2

企业社会责任蓝皮书
中资企业海外社会责任研究报告（2017～2018）
著(编)者：钟宏武 叶柳红 张蒽
2018年1月出版 / 估价：99.00元
PSN B-2017-603-2/2

企业社会责任蓝皮书
中国企业社会责任研究报告（2018）
著(编)者：黄群慧 钟宏武 张蒽 汪杰
2018年11月出版 / 估价：99.00元
PSN B-2009-149-1/2

汽车安全蓝皮书
中国汽车安全发展报告（2018）
著(编)者：中国汽车技术研究中心
2018年8月出版 / 估价：99.00元
PSN B-2014-385-1/1

汽车电子商务蓝皮书
中国汽车电子商务发展报告（2018）
著(编)者：中华全国工商业联合会汽车经销商商会
　　　　　北方工业大学
　　　　　北京易观智库网络科技有限公司
2018年10月出版 / 估价：158.00元
PSN B-2015-485-1/1

汽车知识产权蓝皮书
中国汽车产业知识产权发展报告（2018）
著(编)者：中国汽车工程研究院股份有限公司
　　　　　中国汽车工程学会
　　　　　重庆长安汽车股份有限公司
2018年12月出版 / 估价：99.00元
PSN B-2016-594-1/1

青少年体育蓝皮书
中国青少年体育发展报告（2017）
著(编)者：刘扶民 杨桦　2018年1月出版 / 估价：99.00元
PSN B-2015-482-1/1

区块链蓝皮书
中国区块链发展报告（2018）
著(编)者：李伟　2018年9月出版 / 估价：99.00元
PSN B-2017-649-1/1

群众体育蓝皮书
中国群众体育发展报告（2017）
著(编)者：刘国永 戴健　2018年5月出版 / 估价：99.00元
PSN B-2014-411-1/3

群众体育蓝皮书
中国社会体育指导员发展报告（2018）
著(编)者：刘国永 王欢　2018年4月出版 / 估价：99.00元
PSN B-2016-520-3/3

人力资源蓝皮书
中国人力资源发展报告（2018）
著(编)者：余兴安　2018年11月出版 / 估价：99.00元
PSN B-2012-287-1/1

融资租赁蓝皮书
中国融资租赁业发展报告（2017～2018）
著(编)者：李光荣 王力　2018年8月出版 / 估价：99.00元
PSN B-2015-443-1/1

商会蓝皮书
中国商会发展报告No.5（2017）
著(编)者：王钦敏　2018年7月出版 / 估价：99.00元
PSN B-2008-125-1/1

商务中心区蓝皮书
中国商务中心区发展报告No.4（2017～2018）
著(编)者：李国红 单菁菁　2018年9月出版 / 估价：99.00元
PSN B-2015-444-1/1

设计产业蓝皮书
中国创新设计发展报告（2018）
著(编)者：王晓红 张立群 于炜
2018年11月出版 / 估价：99.00元
PSN B-2016-581-2/2

社会责任管理蓝皮书
中国上市公司社会责任能力成熟度报告No.4（2018）
著(编)者：肖红军 王晓光 李伟阳
2018年12月出版 / 估价：99.00元
PSN B-2015-507-2/2

社会责任管理蓝皮书
中国企业公众透明度报告No.4（2017～2018）
著(编)者：黄速建 熊梦 王晓光 肖红军
2018年4月出版 / 估价：99.00元
PSN B-2015-440-1/2

食品药品蓝皮书
食品药品安全与监管政策研究报告（2016～2017）
著(编)者：唐民皓　2018年6月出版 / 估价：99.00元
PSN B-2009-129-1/1

输血服务蓝皮书
中国输血行业发展报告（2018）
著(编)者：孙俊　2018年12月出版 / 估价：99.00元
PSN B-2016-582-1/1

水利风景区蓝皮书
中国水利风景区发展报告（2018）
著(编)者：董建文 兰思仁
2018年10月出版 / 估价：99.00元
PSN B-2015-480-1/1

私募市场蓝皮书
中国私募股权市场发展报告（2017～2018）
著(编)者：曹和平　2018年12月出版 / 估价：99.00元
PSN B-2010-162-1/1

碳排放权交易蓝皮书
中国碳排放权交易报告（2018）
著(编)者：孙永平　2018年11月出版 / 估价：99.00元
PSN B-2017-652-1/1

碳市场蓝皮书
中国碳市场报告（2018）
著(编)者：定金彪　2018年11月出版 / 估价：99.00元
PSN B-2014-430-1/1

体育蓝皮书
中国公共体育服务发展报告（2018）
著(编)者：戴健　2018年12月出版 / 估价：99.00元
PSN B-2013-367-2/5

土地市场蓝皮书
中国农村土地市场发展报告（2017～2018）
著(编)者：李光荣　2018年3月出版 / 估价：99.00元
PSN B-2016-526-1/1

土地整治蓝皮书
中国土地整治发展研究报告（No.5）
著(编)者：国土资源部土地整治中心
2018年7月出版 / 估价：99.00元
PSN B-2014-401-1/1

土地政策蓝皮书
中国土地政策研究报告（2018）
著(编)者：高延利 李宪文　2017年12月出版 / 估价：99.00元
PSN B-2015-506-1/1

网络空间安全蓝皮书
中国网络空间安全发展报告（2018）
著(编)者：惠志斌 覃庆玲
2018年11月出版 / 估价：99.00元
PSN B-2015-466-1/1

文化志愿服务蓝皮书
中国文化志愿服务发展报告（2018）
著(编)者：张永新 良警宇　2018年11月出版 / 估价：128.00元
PSN B-2016-596-1/1

西部金融蓝皮书
中国西部金融发展报告（2017～2018）
著(编)者：李忠民　2018年8月出版 / 估价：99.00元
PSN B-2010-160-1/1

协会商会蓝皮书
中国行业协会商会发展报告（2017）
著(编)者：景朝阳 李勇　2018年4月出版 / 估价：99.00元
PSN B-2015-461-1/1

新三板蓝皮书
中国新三板市场发展报告（2018）
著(编)者：王力　2018年8月出版 / 估价：99.00元
PSN B-2016-533-1/1

信托市场蓝皮书
中国信托业市场报告（2017～2018）
著(编)者：用益金融信托研究院
2018年1月出版 / 估价：198.00元
PSN B-2014-371-1/1

信息化蓝皮书
中国信息化形势分析与预测（2017～2018）
著(编)者：周宏仁　2018年8月出版 / 估价：99.00元
PSN B-2010-168-1/1

信用蓝皮书
中国信用发展报告（2017～2018）
著(编)者：章政 田侃　2018年4月出版 / 估价：99.00元
PSN B-2013-328-1/1

休闲绿皮书
2017～2018年中国休闲发展报告
著(编)者：宋瑞　2018年7月出版 / 估价：99.00元
PSN G-2010-158-1/1

休闲体育蓝皮书
中国休闲体育发展报告（2017～2018）
著(编)者：李相如 钟秉枢
2018年10月出版 / 估价：99.00元
PSN B-2016-516-1/1

养老金融蓝皮书
中国养老金融发展报告（2018）
著(编)者：董克用 姚余栋
2018年9月出版 / 估价：99.00元
PSN B-2016-583-1/1

遥感监测绿皮书
中国可持续发展遥感监测报告（2017）
著(编)者：顾行发 汪克强 潘教峰 李闽榕 徐东华 王琦安
2018年6月出版 / 估价：298.00元
PSN B-2017-629-1/1

药品流通蓝皮书
中国药品流通行业发展报告（2018）
著(编)者：佘鲁林 温再兴
2018年7月出版 / 估价：198.00元
PSN B-2014-429-1/1

医疗器械蓝皮书
中国医疗器械行业发展报告（2018）
著(编)者：王宝亭 耿鸿武
2018年10月出版 / 估价：99.00元
PSN B-2017-661-1/1

医院蓝皮书
中国医院竞争力报告（2018）
著(编)者：庄一强 曾益新　2018年3月出版 / 估价：118.00元
PSN B-2016-528-1/1

瑜伽蓝皮书
中国瑜伽业发展报告（2017～2018）
著(编)者：张永建 徐华锋 朱泰余
2018年6月出版 / 估价：198.00元
PSN B-2017-625-1/1

债券市场蓝皮书
中国债券市场发展报告（2017～2018）
著(编)者：杨农　2018年10月出版 / 估价：99.00元
PSN B-2016-572-1/1

志愿服务蓝皮书
中国志愿服务发展报告（2018）
著(编)者：中国志愿服务联合会
2018年11月出版 / 估价：99.00元
PSN B-2017-664-1/1

中国上市公司蓝皮书
中国上市公司发展报告（2018）
著(编)者：张鹏 张平 黄胤英
2018年9月出版 / 估价：99.00元
PSN B-2014-414-1/1

中国新三板蓝皮书
中国新三板创新与发展报告（2018）
著(编)者：刘平安 闻召林
2018年8月出版 / 估价：158.00元
PSN B-2017-638-1/1

中医文化蓝皮书
北京中医药文化传播发展报告（2018）
著(编)者：毛嘉陵 2018年5月出版 / 估价：99.00元
PSN B-2015-468-1/2

中医文化蓝皮书
中国中医药文化传播发展报告（2018）
著(编)者：毛嘉陵 2018年7月出版 / 估价：99.00元
PSN B-2016-584-2/2

中医药蓝皮书
北京中医药知识产权发展报告No.2
著(编)者：汪洪 屠志涛 2018年4月出版 / 估价：168.00元
PSN B-2017-602-1/1

资本市场蓝皮书
中国场外交易市场发展报告（2016～2017）
著(编)者：高峦 2018年3月出版 / 估价：99.00元
PSN B-2009-153-1/1

资产管理蓝皮书
中国资产管理行业发展报告（2018）
著(编)者：郑智 2018年7月出版 / 估价：99.00元
PSN B-2014-407-2/2

资产证券化蓝皮书
中国资产证券化发展报告（2018）
著(编)者：纪志宏 2018年11月出版 / 估价：99.00元
PSN B-2017-660-1/1

自贸区蓝皮书
中国自贸区发展报告（2018）
著(编)者：王力 黄育华 2018年6月出版 / 估价：99.00元
PSN B-2016-558-1/1

国际问题与全球治理类

"一带一路"跨境通道蓝皮书
"一带一路"跨境通道建设研究报告（2018）
著(编)者：郭业洲 2018年8月出版 / 估价：99.00元
PSN B-2016-557-1/1

"一带一路"蓝皮书
"一带一路"建设发展报告（2018）
著(编)者：王晓泉 2018年6月出版 / 估价：99.00元
PSN B-2016-552-1/1

"一带一路"投资安全蓝皮书
中国"一带一路"投资与安全研究报告（2017～2018）
著(编)者：邹统钎 梁昊光 2018年4月出版 / 估价：99.00元
PSN B-2017-612-1/1

"一带一路"文化交流蓝皮书
中阿文化交流发展报告（2017）
著(编)者：王辉 2018年9月出版 / 估价：99.00元
PSN B-2017-655-1/1

G20国家创新竞争力黄皮书
二十国集团（G20）国家创新竞争力发展报告（2017～2018）
著(编)者：李建平 李闽榕 赵新力 周天勇
2018年7月出版 / 估价：168.00元
PSN Y-2011-229-1/1

阿拉伯黄皮书
阿拉伯发展报告（2016～2017）
著(编)者：罗林 2018年3月出版 / 估价：99.00元
PSN Y-2014-381-1/1

北部湾蓝皮书
泛北部湾合作发展报告（2017～2018）
著(编)者：吕余生 2018年12月出版 / 估价：99.00元
PSN B-2008-114-1/1

北极蓝皮书
北极地区发展报告（2017）
著(编)者：刘惠荣 2018年7月出版 / 估价：99.00元
PSN B-2017-634-1/1

大洋洲蓝皮书
大洋洲发展报告（2017～2018）
著(编)者：喻常森 2018年10月出版 / 估价：99.00元
PSN B-2013-341-1/1

东北亚区域合作蓝皮书
2017年"一带一路"倡议与东北亚区域合作
著(编)者：刘亚政 金美花
2018年5月出版 / 估价：99.00元
PSN B-2017-631-1/1

东盟黄皮书
东盟发展报告（2017）
著(编)者：杨晓强 庄国土
2018年3月出版 / 估价：99.00元
PSN Y-2012-303-1/1

东南亚蓝皮书
东南亚地区发展报告（2017～2018）
著(编)者：王勤 2018年12月出版 / 估价：99.00元
PSN B-2012-240-1/1

非洲黄皮书
非洲发展报告No.20（2017～2018）
著(编)者：张宏明 2018年7月出版 / 估价：99.00元
PSN Y-2012-239-1/1

非传统安全蓝皮书
中国非传统安全研究报告（2017～2018）
著(编)者：萧枫 罗中枢 2018年8月出版 / 估价：99.00元
PSN B-2012-273-1/1

国际安全蓝皮书
中国国际安全研究报告（2018）
著(编)者：刘慧　2018年7月出版 / 估价：99.00元
PSN B-2016-521-1/1

国际城市蓝皮书
国际城市发展报告（2018）
著(编)者：屠启宇　2018年2月出版 / 估价：99.00元
PSN B-2012-260-1/1

国际形势黄皮书
全球政治与安全报告（2018）
著(编)者：张宇燕　2018年1月出版 / 估价：99.00元
PSN Y-2001-016-1/1

公共外交蓝皮书
中国公共外交发展报告（2018）
著(编)者：赵启正 雷蔚真　2018年4月出版 / 估价：99.00元
PSN B-2015-457-1/1

金砖国家黄皮书
金砖国家综合创新竞争力发展报告（2018）
著(编)者：赵新力 李闽榕 黄茂兴
2018年8月出版 / 估价：128.00元
PSN Y-2017-643-1/1

拉美黄皮书
拉丁美洲和加勒比发展报告（2017~2018）
著(编)者：袁东振　2018年6月出版 / 估价：99.00元
PSN Y-1999-007-1/1

澜湄合作蓝皮书
澜沧江-湄公河合作发展报告（2018）
著(编)者：刘稚　2018年9月出版 / 估价：99.00元
PSN B-2011-196-1/1

欧洲蓝皮书
欧洲发展报告（2017~2018）
著(编)者：黄平 周弘 程卫东
2018年6月出版 / 估价：99.00元
PSN B-1999-009-1/1

葡语国家蓝皮书
葡语国家发展报告（2016~2017）
著(编)者：王成安 张敏 刘金兰
2018年4月出版 / 估价：99.00元
PSN B-2015-503-1/2

葡语国家蓝皮书
中国与葡语国家关系发展报告·巴西（2016）
著(编)者：张曙光　2018年8月出版 / 估价：99.00元
PSN B-2016-563-2/2

气候变化绿皮书
应对气候变化报告（2018）
著(编)者：王伟光 郑国光　2018年11月出版 / 估价：99.00元
PSN G-2009-144-1/1

全球环境竞争力绿皮书
全球环境竞争力报告（2018）
著(编)者：李建平 李闽榕 王金南
2018年12月出版 / 估价：198.00元
PSN G-2013-363-1/1

全球信息社会蓝皮书
全球信息社会发展报告（2018）
著(编)者：丁波涛 唐涛　2018年10月出版 / 估价：99.00元
PSN B-2017-665-1/1

日本经济蓝皮书
日本经济与中日经贸关系研究报告（2018）
著(编)者：张季风　2018年6月出版 / 估价：99.00元
PSN B-2008-102-1/1

上海合作组织黄皮书
上海合作组织发展报告（2018）
著(编)者：李进峰　2018年6月出版 / 估价：99.00元
PSN Y-2009-130-1/1

世界创新竞争力黄皮书
世界创新竞争力发展报告（2017）
著(编)者：李建平 李闽榕 赵新力
2018年1月出版 / 估价：168.00元
PSN Y-2013-318-1/1

世界经济黄皮书
2018年世界经济形势分析与预测
著(编)者：张宇燕　2018年1月出版 / 估价：99.00元
PSN Y-1999-006-1/1

丝绸之路蓝皮书
丝绸之路经济带发展报告（2018）
著(编)者：任宗哲 白宽犁 谷孟宾
2018年1月出版 / 估价：99.00元
PSN B-2014-410-1/1

新兴经济体蓝皮书
金砖国家发展报告（2018）
著(编)者：林跃勤 周文　2018年8月出版 / 估价：99.00元
PSN B-2011-195-1/1

亚太蓝皮书
亚太地区发展报告（2018）
著(编)者：李向阳　2018年5月出版 / 估价：99.00元
PSN B-2001-015-1/1

印度洋地区蓝皮书
印度洋地区发展报告（2018）
著(编)者：汪戎　2018年6月出版 / 估价：99.00元
PSN B-2013-334-1/1

渝新欧蓝皮书
渝新欧沿线国家发展报告（2018）
著(编)者：杨柏 黄森　2018年6月出版 / 估价：99.00元
PSN B-2017-626-1/1

中阿蓝皮书
中国-阿拉伯国家经贸发展报告（2018）
著(编)者：张廉 段庆林 王林聪 杨巧红
2018年12月出版 / 估价：99.00元
PSN B-2016-598-1/1

中东黄皮书
中东发展报告No.20（2017~2018）
著(编)者：杨光　2018年10月出版 / 估价：99.00元
PSN Y-1998-004-1/1

中亚黄皮书
中亚国家发展报告（2018）
著(编)者：孙力　2018年6月出版 / 估价：99.00元
PSN Y-2012-238-1/1

国别类

澳大利亚蓝皮书
澳大利亚发展报告（2017-2018）
著(编)者：孙有中 韩锋　　2018年12月出版 / 估价：99.00元
PSN B-2016-587-1/1

巴西黄皮书
巴西发展报告（2017）
著(编)者：刘国枝　　2018年5月出版 / 估价：99.00元
PSN Y-2017-614-1/1

德国蓝皮书
德国发展报告（2018）
著(编)者：郑春荣　　2018年6月出版 / 估价：99.00元
PSN B-2012-278-1/1

俄罗斯黄皮书
俄罗斯发展报告（2018）
著(编)者：李永全　　2018年6月出版 / 估价：99.00元
PSN Y-2006-061-1/1

韩国蓝皮书
韩国发展报告（2017）
著(编)者：牛林杰 刘宝全　　2018年5月出版 / 估价：99.00元
PSN B-2010-155-1/1

加拿大蓝皮书
加拿大发展报告（2018）
著(编)者：唐小松　　2018年9月出版 / 估价：99.00元
PSN B-2014-389-1/1

美国蓝皮书
美国研究报告（2018）
著(编)者：郑秉文 黄平　　2018年5月出版 / 估价：99.00元
PSN B-2011-210-1/1

缅甸蓝皮书
缅甸国情报告（2017）
著(编)者：孔鹏 杨祥章　　2018年1月出版 / 估价：99.00元
PSN B-2013-343-1/1

日本蓝皮书
日本研究报告（2018）
著(编)者：杨伯江　　2018年6月出版 / 估价：99.00元
PSN B-2002-020-1/1

土耳其蓝皮书
土耳其发展报告（2018）
著(编)者：郭长刚 刘义　　2018年9月出版 / 估价：99.00元
PSN B-2014-412-1/1

伊朗蓝皮书
伊朗发展报告（2017~2018）
著(编)者：冀开运　　2018年10月 / 估价：99.00元
PSN B-2016-574-1/1

以色列蓝皮书
以色列发展报告（2018）
著(编)者：张倩红　　2018年8月出版 / 估价：99.00元
PSN B-2015-483-1/1

印度蓝皮书
印度国情报告（2017）
著(编)者：吕昭义　　2018年4月出版 / 估价：99.00元
PSN B-2012-241-1/1

英国蓝皮书
英国发展报告（2017~2018）
著(编)者：王展鹏　　2018年12月出版 / 估价：99.00元
PSN B-2015-486-1/1

越南蓝皮书
越南国情报告（2018）
著(编)者：谢林城　　2018年1月出版 / 估价：99.00元
PSN B-2006-056-1/1

泰国蓝皮书
泰国研究报告（2018）
著(编)者：庄国土 张禹东 刘文正
2018年10月出版 / 估价：99.00元
PSN B-2016-556-1/1

文化传媒类

"三农"舆情蓝皮书
中国"三农"网络舆情报告（2017~2018）
著(编)者：农业部信息中心
2018年6月出版 / 估价：99.00元
PSN B-2017-640-1/1

传媒竞争力蓝皮书
中国传媒国际竞争力研究报告（2018）
著(编)者：李本乾 刘强 王大可
2018年8月出版 / 估价：99.00元
PSN B-2013-356-1/1

传媒蓝皮书
中国传媒产业发展报告（2018）
著(编)者：崔保国　　2018年5月出版 / 估价：99.00元
PSN B-2005-035-1/1

传媒投资蓝皮书
中国传媒投资发展报告（2018）
著(编)者：张向东 谭云明
2018年6月出版 / 148.00元
PSN B-2015-474-1/1

更多信息请登录

皮书数据库
http://www.pishu.com.cn

中国皮书网
http://www.pishu.cn

皮书微博
http://weibo.com/pishu

请到当当、亚马逊、京东或各地书店购买，也可办理邮购

咨询 / 邮购电话： 010-59367028 59367070

邮　箱： duzhe@ssap.cn

邮购地址： 北京市西城区北三环中路甲29号院3号楼
　　　　　　华龙大厦13层读者服务中心

邮　编： 100029

银行户名： 社会科学文献出版社

开户银行： 中国工商银行北京北太平庄支行

账　号： 0200010019200365434

权威报告·一手数据·特色资源

皮书数据库
ANNUAL REPORT(YEARBOOK)
DATABASE

当代中国经济与社会发展高端智库平台

所获荣誉

- 2016年，入选"'十三五'国家重点电子出版物出版规划骨干工程"
- 2015年，荣获"搜索中国正能量 点赞2015""创新中国科技创新奖"
- 2013年，荣获"中国出版政府奖·网络出版物奖"提名奖
- 连续多年荣获中国数字出版博览会"数字出版·优秀品牌"奖

成为会员

通过网址www.pishu.com.cn或使用手机扫描二维码进入皮书数据库网站，进行手机号码验证或邮箱验证即可成为皮书数据库会员（建议通过手机号码快速验证注册）。

会员福利

- 使用手机号码首次注册的会员，账号自动充值100元体验金，可直接购买和查看数据库内容（仅限使用手机号码快速注册）。
- 已注册用户购书后可免费获赠100元皮书数据库充值卡。刮开充值卡涂层获取充值密码，登录并进入"会员中心"—"在线充值"—"充值卡充值"，充值成功后即可购买和查看数据库内容。

数据库服务热线：400-008-6695　　　　　图书销售热线：010-59367070/7028
数据库服务QQ：2475522410　　　　　　图书服务QQ：1265056568
数据库服务邮箱：database@ssap.cn　　　图书服务邮箱：duzhe@ssap.cn

中国皮书网

（网址：www.pishu.cn）

发布皮书研创资讯，传播皮书精彩内容
引领皮书出版潮流，打造皮书服务平台

栏目设置

关于皮书：何谓皮书、皮书分类、皮书大事记、皮书荣誉、
　　　　　皮书出版第一人、皮书编辑部

最新资讯：通知公告、新闻动态、媒体聚焦、网站专题、视频直播、下载专区

皮书研创：皮书规范、皮书选题、皮书出版、皮书研究、研创团队

皮书评奖评价：指标体系、皮书评价、皮书评奖

互动专区：皮书说、社科数托邦、皮书微博、留言板

所获荣誉

2008年、2011年，中国皮书网均在全国新闻出版业网站荣誉评选中获得"最具商业价值网站"称号；

2012年，获得"出版业网站百强"称号。

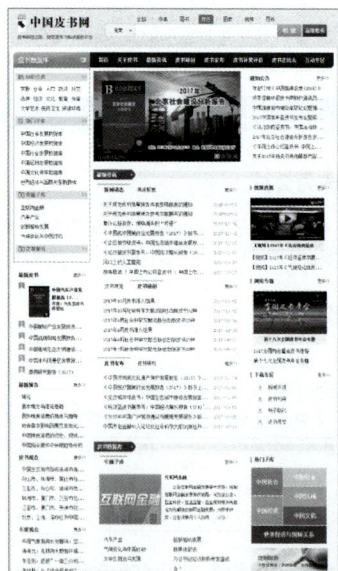

网库合一

2014年，中国皮书网与皮书数据库端口合一，实现资源共享。

❖ 皮书起源 ❖

"皮书"起源于十七、十八世纪的英国，主要指官方或社会组织正式发表的重要文件或报告，多以"白皮书"命名。在中国，"皮书"这一概念被社会广泛接受，并被成功运作、发展成为一种全新的出版形态，则源于中国社会科学院社会科学文献出版社。

❖ 皮书定义 ❖

皮书是对中国与世界发展状况和热点问题进行年度监测，以专业的角度、专家的视野和实证研究方法，针对某一领域或区域现状与发展态势展开分析和预测，具备原创性、实证性、专业性、连续性、前沿性、时效性等特点的公开出版物，由一系列权威研究报告组成。

❖ 皮书作者 ❖

皮书系列的作者以中国社会科学院、著名高校、地方社会科学院的研究人员为主，多为国内一流研究机构的权威专家学者，他们的看法和观点代表了学界对中国与世界的现实和未来最高水平的解读与分析。

❖ 皮书荣誉 ❖

皮书系列已成为社会科学文献出版社的著名图书品牌和中国社会科学院的知名学术品牌。2016年，皮书系列正式列入"十三五"国家重点出版规划项目；2013~2018年，重点皮书列入中国社会科学院承担的国家哲学社会科学创新工程项目；2018年，59种院外皮书使用"中国社会科学院创新工程学术出版项目"标识。

创意城市蓝皮书
北京文化创意产业发展报告（2018）
著(编)者：郭万超 张京成　2018年12月出版 / 估价：99.00元
PSN B-2012-263-1/7

创意城市蓝皮书
天津文化创意产业发展报告（2017～2018）
著(编)者：谢思全　2018年6月出版 / 估价：99.00元
PSN B-2016-536-7/7

创意城市蓝皮书
武汉文化创意产业发展报告（2018）
著(编)者：黄永林 陈汉桥　2018年12月出版 / 估价：99.00元
PSN B-2013-354-4/7

创意上海蓝皮书
上海文化创意产业发展报告（2017～2018）
著(编)者：王慧敏 王兴全　2018年8月出版 / 估价：99.00元
PSN B-2016-561-1/1

非物质文化遗产蓝皮书
广州市非物质文化遗产保护发展报告（2018）
著(编)者：宋俊华　2018年12月出版 / 估价：99.00元
PSN B-2016-589-1/1

甘肃蓝皮书
甘肃文化发展分析与预测（2018）
著(编)者：王俊莲 周小华　2018年1月出版 / 估价：99.00元
PSN B-2013-314-3/6

甘肃蓝皮书
甘肃舆情分析与预测（2018）
著(编)者：陈双梅 张谦元　2018年1月出版 / 估价：99.00元
PSN B-2013-315-4/6

广州蓝皮书
中国广州文化发展报告（2018）
著(编)者：屈哨兵 陆志强　2018年6月出版 / 估价：99.00元
PSN B-2009-134-7/14

广州蓝皮书
广州文化创意产业发展报告（2018）
著(编)者：徐咏虹　2018年7月出版 / 估价：99.00元
PSN B-2008-111-6/14

海淀蓝皮书
海淀区文化和科技融合发展报告（2018）
著(编)者：陈名杰 孟景伟　2018年5月出版 / 估价：99.00元
PSN B-2013-329-1/1

河南蓝皮书
河南文化发展报告（2018）
著(编)者：卫绍生　2018年7月出版 / 估价：99.00元
PSN B-2008-106-2/9

湖北文化产业蓝皮书
湖北省文化产业发展报告（2018）
著(编)者：黄晓华　2018年9月出版 / 估价：99.00元
PSN B-2017-656-1/1

湖北文化蓝皮书
湖北文化发展报告（2017~2018）
著(编)者：湖北大学高等人文研究院
　　　　　中华文化发展湖北省协同创新中心
2018年10月出版 / 估价：99.00元
PSN B-2016-566-1/1

江苏蓝皮书
2018年江苏文化发展分析与展望
著(编)者：王庆五 樊和平　2018年9月出版 / 估价：128.00元
PSN B-2017-637-3/3

江西文化蓝皮书
江西非物质文化遗产发展报告（2018）
著(编)者：张圣才 傅安平　2018年12月出版 / 估价：128.00元
PSN B-2015-499-1/1

洛阳蓝皮书
洛阳文化发展报告（2018）
著(编)者：刘福兴 陈启明　2018年7月出版 / 估价：99.00元
PSN B-2015-476-1/1

南京蓝皮书
南京文化发展报告（2018）
著(编)者：中共南京市委宣传部
2018年12月出版 / 估价：99.00元
PSN B-2014-439-1/1

宁波文化蓝皮书
宁波"一人一艺"全民艺术普及发展报告（2017）
著(编)者：张爱琴　2018年11月出版 / 估价：128.00元
PSN B-2017-668-1/1

山东蓝皮书
山东文化发展报告（2018）
著(编)者：涂可国　2018年5月出版 / 估价：99.00元
PSN B-2014-406-3/5

陕西蓝皮书
陕西文化发展报告（2018）
著(编)者：任宗哲 白宽犁 王长寿
2018年1月出版 / 估价：99.00元
PSN B-2009-137-3/6

上海蓝皮书
上海传媒发展报告（2018）
著(编)者：强荧 焦雨虹　2018年2月出版 / 估价：99.00元
PSN B-2012-295-5/7

上海蓝皮书
上海文学发展报告（2018）
著(编)者：陈圣来　2018年6月出版 / 估价：99.00元
PSN B-2012-297-7/7

上海蓝皮书
上海文化发展报告（2018）
著(编)者：荣跃明　2018年2月出版 / 估价：99.00元
PSN B-2006-059-3/7

深圳蓝皮书
深圳文化发展报告（2018）
著(编)者：张骁儒　2018年7月出版 / 估价：99.00元
PSN B-2016-554-7/7

四川蓝皮书
四川文化产业发展报告（2018）
著(编)者：向宝云 张立伟　2018年4月出版 / 估价：99.00元
PSN B-2006-074-1/7

郑州蓝皮书
2018年郑州文化发展报告
著(编)者：王哲　2018年9月出版 / 估价：99.00元
PSN B-2008-107-1/1

江苏法治蓝皮书
江苏法治发展报告No.6（2017）
著(编)者：蔡道通 龚廷泰　2018年8月出版 / 估价：99.00元
PSN B-2012-290-1/1

江苏蓝皮书
2018年江苏社会发展分析与展望
著(编)者：王庆五 刘旺洪　2018年8月出版 / 估价：128.00元
PSN B-2017-636-2/3

南宁蓝皮书
南宁法治发展报告（2018）
著(编)者：杨维超　2018年12月出版 / 估价：99.00元
PSN B-2015-509-1/3

南宁蓝皮书
南宁社会发展报告（2018）
著(编)者：胡建华　2018年10月出版 / 估价：99.00元
PSN B-2016-570-3/3

内蒙古蓝皮书
内蒙古反腐倡廉建设报告 No.2
著(编)者：张志华　2018年6月出版 / 估价：99.00元
PSN B-2013-365-1/1

青海蓝皮书
2018年青海人才发展报告
著(编)者：王宇燕　2018年9月出版 / 估价：99.00元
PSN B-2017-650-2/2

青海生态文明建设蓝皮书
青海生态文明建设报告（2018）
著(编)者：张西明 高华　2018年12月出版 / 估价：99.00元
PSN B-2016-595-1/1

人口与健康蓝皮书
深圳人口与健康发展报告（2018）
著(编)者：陆杰华 傅崇辉　2018年11月出版 / 估价：99.00元
PSN B-2011-228-1/1

山东蓝皮书
山东社会形势分析与预测（2018）
著(编)者：李善峰　2018年6月出版 / 估价：99.00元
PSN B-2014-405-2/5

陕西蓝皮书
陕西社会发展报告（2018）
著(编)者：任宗哲 白宽犁 牛昉　2018年1月出版 / 估价：99.00元
PSN B-2009-136-2/6

上海蓝皮书
上海法治发展报告（2018）
著(编)者：叶必丰　2018年9月出版 / 估价：99.00元
PSN B-2012-296-6/7

上海蓝皮书
上海社会发展报告（2018）
著(编)者：杨雄 周海旺
2018年2月出版 / 估价：99.00元
PSN B-2006-058-2/7

社会建设蓝皮书
2018年北京社会建设分析报告
著(编)者：宋贵伦 冯虹　2018年9月出版 / 估价：99.00元
PSN B-2010-173-1/1

深圳蓝皮书
深圳法治发展报告（2018）
著(编)者：张骁儒　2018年6月出版 / 估价：99.00元
PSN B-2015-470-6/7

深圳蓝皮书
深圳劳动关系发展报告（2018）
著(编)者：汤庭芬　2018年8月出版 / 估价：99.00元
PSN B-2007-097-2/7

深圳蓝皮书
深圳社会治理与发展报告（2018）
著(编)者：张骁儒　2018年6月出版 / 估价：99.00元
PSN B-2008-113-4/7

生态安全绿皮书
甘肃国家生态安全屏障建设发展报告（2018）
2018年10月出版 / 估价：99.00元
著(编)者：刘举科 喜文华
PSN G-2017-659-1/1

顺义社会建设蓝皮书
北京市顺义区社会建设发展报告（2018）
著(编)者：王学武　2018年9月出版 / 估价：99.00元
PSN B-2017-658-1/1

四川蓝皮书
四川法治发展报告（2018）
著(编)者：郑泰安　2018年1月出版 / 估价：99.00元
PSN B-2015-441-5/7

四川蓝皮书
四川社会发展报告（2018）
著(编)者：李羚　2018年6月出版 / 估价：99.00元
PSN B-2008-127-3/7

云南社会治理蓝皮书
云南社会治理年度报告（2017）
著(编)者：晏雄 韩全芳
2018年5月出版 / 估价：99.00元
PSN B-2017-667-1/1

地方发展类-文化

北京传媒蓝皮书
北京新闻出版广电发展报告（2017~2018）
著(编)者：王志　2018年11月出版 / 估价：99.00元
PSN B-2016-588-1/1

北京蓝皮书
北京文化发展报告（2017~2018）
著(编)者：李建盛　2018年5月出版 / 估价：99.00元
PSN B-2007-082-4/8

湖南蓝皮书
2018年湖南县域经济社会发展报告
著(编)者: 梁志峰　2018年5月出版 / 估价: 128.00元
PSN B-2014-395-7/8

湖南县域绿皮书
湖南县域发展报告（No.5）
著(编)者: 袁准 周小毛 黎仁寅
2018年3月出版 / 估价: 99.00元
PSN G-2012-274-1/1

沪港蓝皮书
沪港发展报告（2018）
著(编)者: 尤安山　2018年9月出版 / 估价: 99.00元
PSN B-2013-362-1/1

吉林蓝皮书
2018年吉林经济社会形势分析与预测
著(编)者: 邵汉明　2017年12月出版 / 估价: 99.00元
PSN B-2013-319-1/1

吉林省城市竞争力蓝皮书
吉林省城市竞争力报告（2018~2019）
著(编)者: 崔岳春 张磊　2018年12月出版 / 估价: 99.00元
PSN B-2016-513-1/1

济源蓝皮书
济源经济社会发展报告（2018）
著(编)者: 喻新安　2018年4月出版 / 估价: 99.00元
PSN B-2014-387-1/1

江苏蓝皮书
2018年江苏经济发展分析与展望
著(编)者: 王庆五 吴先满　2018年7月出版 / 估价: 128.00元
PSN B-2017-635-1/3

江西蓝皮书
江西经济社会发展报告（2018）
著(编)者: 陈石俊 龚建文　2018年10月出版 / 估价: 128.00元
PSN B-2015-484-1/2

江西蓝皮书
江西设区市发展报告（2018）
著(编)者: 姜玮 梁勇　2018年10月出版 / 估价: 99.00元
PSN B-2016-517-2/2

经济特区蓝皮书
中国经济特区发展报告（2017）
著(编)者: 陶一桃　2018年1月出版 / 估价: 99.00元
PSN B-2009-139-1/1

辽宁蓝皮书
2018年辽宁经济社会形势分析与预测
著(编)者: 梁启东 魏红江　2018年6月出版 / 估价: 99.00元
PSN B-2006-053-1/1

民族经济蓝皮书
中国民族地区经济发展报告（2018）
著(编)者: 李曦辉　2018年7月出版 / 估价: 99.00元
PSN B-2017-630-1/1

南宁蓝皮书
南宁经济发展报告（2018）
著(编)者: 胡建华　2018年9月出版 / 估价: 99.00元
PSN B-2016-569-2/3

浦东新区蓝皮书
上海浦东经济发展报告（2018）
著(编)者: 沈开艳 周奇　2018年2月出版 / 估价: 99.00元
PSN B-2011-225-1/1

青海蓝皮书
2018年青海经济社会形势分析与预测
著(编)者: 陈玮　2017年12月出版 / 估价: 99.00元
PSN B-2012-275-1/2

山东蓝皮书
山东经济形势分析与预测（2018）
著(编)者: 李广杰　2018年7月出版 / 估价: 99.00元
PSN B-2014-404-1/5

山东蓝皮书
山东省普惠金融发展报告（2018）
著(编)者: 齐鲁财富网
2018年9月出版 / 估价: 99.00元
PSN B2017-676-5/5

山西蓝皮书
山西资源型经济转型发展报告（2018）
著(编)者: 李志强　2018年7月出版 / 估价: 99.00元
PSN B-2011-197-1/1

陕西蓝皮书
陕西经济发展报告（2018）
著(编)者: 任宗哲 白宽犁 裴成荣
2018年1月出版 / 估价: 99.00元
PSN B-2009-135-1/6

陕西蓝皮书
陕西精准脱贫研究报告（2018）
著(编)者: 任宗哲 白宽犁 王建康
2018年6月出版 / 估价: 99.00元
PSN B-2017-623-6/6

上海蓝皮书
上海经济发展报告（2018）
著(编)者: 沈开艳
2018年2月出版 / 估价: 99.00元
PSN B-2006-057-1/7

上海蓝皮书
上海资源环境发展报告（2018）
著(编)者: 周冯琦 汤庆合
2018年2月出版 / 估价: 99.00元
PSN B-2006-060-4/7

上饶蓝皮书
上饶发展报告（2016~2017）
著(编)者: 廖其志　2018年3月出版 / 估价: 128.00元
PSN B-2014-377-1/1

深圳蓝皮书
深圳经济发展报告（2018）
著(编)者: 张骁儒　2018年6月出版 / 估价: 99.00元
PSN B-2008-112-3/7

四川蓝皮书
四川城镇化发展报告（2018）
著(编)者: 侯水平 陈炜
2018年4月出版 / 估价: 99.00元
PSN B-2015-456-7/7

贵州蓝皮书
贵州册亨经济社会发展报告（2018）
著（编）者：黄德林　2018年3月出版 / 估价：99.00元
PSN B-2016-525-8/9

贵州蓝皮书
贵州地理标志产业发展报告（2018）
著（编）者：李发耀 黄其松　2018年8月出版 / 估价：99.00元
PSN B-2017-646-10/10

贵州蓝皮书
贵安新区发展报告（2017～2018）
著（编）者：马长青 吴大华　2018年6月出版 / 估价：99.00元
PSN B-2015-459-4/10

贵州蓝皮书
贵州国家级开放创新平台发展报告（2017～2018）
著（编）者：申晓庆 吴大华 季泓
2018年11月出版 / 估价：99.00元
PSN B-2016-518-7/10

贵州蓝皮书
贵州国有企业社会责任发展报告（2017～2018）
著（编）者：郭丽　2018年12月出版 / 估价：99.00元
PSN B-2015-511-6/10

贵州蓝皮书
贵州民航业发展报告（2017）
著（编）者：申振东 吴大华　2018年1月出版 / 估价：99.00元
PSN B-2015-471-5/10

贵州蓝皮书
贵州民营经济发展报告（2017）
著（编）者：杨静 吴大华　2018年3月出版 / 估价：99.00元
PSN B-2016-530-9/9

杭州都市圈蓝皮书
杭州都市圈发展报告（2018）
著（编）者：沈翔 戚建国　2018年5月出版 / 估价：128.00元
PSN B-2012-302-1/1

河北经济蓝皮书
河北省经济发展报告（2018）
著（编）者：马树强 金浩 张贵　2018年4月出版 / 估价：99.00元
PSN B-2014-380-1/1

河北蓝皮书
河北经济社会发展报告（2018）
著（编）者：康振海　2018年1月出版 / 估价：99.00元
PSN B-2014-372-1/3

河北蓝皮书
京津冀协同发展报告（2018）
著（编）者：陈璐　2018年1月出版 / 估价：99.00元
PSN B-2017-601-2/3

河南经济蓝皮书
2018年河南经济形势分析与预测
著（编）者：王世炎　2018年3月出版 / 估价：99.00元
PSN B-2007-086-1/1

河南蓝皮书
河南城市发展报告（2018）
著（编）者：张占仓 王建国　2018年5月出版 / 估价：99.00元
PSN B-2009-131-3/9

河南蓝皮书
河南工业发展报告（2018）
著（编）者：张占仓　2018年5月出版 / 估价：99.00元
PSN B-2013-317-5/9

河南蓝皮书
河南金融发展报告（2018）
著（编）者：喻新安 谷建全
2018年6月出版 / 估价：99.00元
PSN B-2014-390-7/9

河南蓝皮书
河南经济发展报告（2018）
著（编）者：张占仓 完世伟
2018年4月出版 / 估价：99.00元
PSN B-2010-157-4/9

河南蓝皮书
河南能源发展报告（2018）
著（编）者：国网河南省电力公司经济技术研究院
　　　　　河南省社会科学院
2018年3月出版 / 估价：99.00元
PSN B-2017-607-9/9

河南商务蓝皮书
河南商务发展报告（2018）
著（编）者：焦锦淼 穆荣国　2018年5月出版 / 估价：99.00元
PSN B-2014-399-1/1

河南双创蓝皮书
河南创新创业发展报告（2018）
著（编）者：喻新安 杨雪梅　2018年8月出版 / 估价：99.00元
PSN B-2017-641-1/1

黑龙江蓝皮书
黑龙江经济发展报告（2018）
著（编）者：朱宇　2018年1月出版 / 估价：99.00元
PSN B-2011-190-2/2

湖南城市蓝皮书
区域城市群整合
著（编）者：童中贤 韩未名　2018年12月出版 / 估价：99.00元
PSN B-2006-064-1/1

湖南蓝皮书
湖南城乡一体化发展报告（2018）
著（编）者：陈文胜 王文强 陆福兴
2018年8月出版 / 估价：99.00元
PSN B-2015-477-8/8

湖南蓝皮书
2018年湖南电子政务发展报告
著（编）者：梁志峰　2018年5月出版 / 估价：128.00元
PSN B-2014-394-6/8

湖南蓝皮书
2018年湖南经济发展报告
著（编）者：卞鹰　2018年5月出版 / 估价：128.00元
PSN B-2011-207-2/8

湖南蓝皮书
2016年湖南经济展望
著（编）者：梁志峰　2018年5月出版 / 估价：128.00元
PSN B-2011-206-1/8

甘肃蓝皮书
甘肃县域和农村发展报告（2018）
著(编)者：朱智文 包东红 王建兵
2018年1月出版 / 估价：99.00元
PSN B-2013-316-5/6

甘肃农业科技绿皮书
甘肃农业科技发展研究报告（2018）
著(编)者：魏胜文 乔德华 张东伟
2018年12月出版 / 估价：198.00元
PSN B-2016-592-1/1

巩义蓝皮书
巩义经济社会发展报告（2018）
著(编)者：丁同民 朱军　2018年4月出版 / 估价：99.00元
PSN B-2016-532-1/1

广东外经贸蓝皮书
广东对外经济贸易发展研究报告（2017~2018）
著(编)者：陈万灵　2018年6月出版 / 估价：99.00元
PSN B-2012-286-1/1

广西北部湾经济区蓝皮书
广西北部湾经济区开放开发报告（2017~2018）
著(编)者：广西壮族自治区北部湾经济区和东盟开放合作办公室
　　　　　广西社会科学院
　　　　　广西北部湾发展研究院
2018年2月出版 / 估价：99.00元
PSN B-2010-181-1/1

广州蓝皮书
广州城市国际化发展报告（2018）
著(编)者：张跃国　2018年8月出版 / 估价：99.00元
PSN B-2012-246-11/14

广州蓝皮书
中国广州城市建设与管理发展报告（2018）
著(编)者：张其学 陈小钢 王宏伟 2018年8月出版 / 估价：99.00元
PSN B-2007-087-4/14

广州蓝皮书
广州创新型城市发展报告（2018）
著(编)者：尹涛　2018年6月出版 / 估价：99.00元
PSN B-2012-247-12/14

广州蓝皮书
广州经济发展报告（2018）
著(编)者：张跃国 尹涛　2018年7月出版 / 估价：99.00元
PSN B-2005-040-1/14

广州蓝皮书
2018年中国广州经济形势分析与预测
著(编)者：魏明海 谢博能 李华
2018年6月出版 / 估价：99.00元
PSN B-2011-185-9/14

广州蓝皮书
中国广州科技创新发展报告（2018）
著(编)者：于欣伟 陈爽 邓佑满　2018年8月出版 / 估价：99.00元
PSN B-2006-065-2/14

广州蓝皮书
广州农村发展报告（2018）
著(编)者：朱名宏　2018年7月出版 / 估价：99.00元
PSN B-2010-167-8/14

广州蓝皮书
广州汽车产业发展报告（2018）
著(编)者：杨再高 冯兴亚　2018年7月出版 / 估价：99.00元
PSN B-2006-066-3/14

广州蓝皮书
广州商贸业发展报告（2018）
著(编)者：张跃国 陈杰 苟振英
2018年7月出版 / 估价：99.00元
PSN B-2012-245-10/14

贵阳蓝皮书
贵阳城市创新发展报告No.3（白云篇）
著(编)者：连玉明　2018年5月出版 / 估价：99.00元
PSN B-2015-491-3/10

贵阳蓝皮书
贵阳城市创新发展报告No.3（观山湖篇）
著(编)者：连玉明　2018年5月出版 / 估价：99.00元
PSN B-2015-497-9/10

贵阳蓝皮书
贵阳城市创新发展报告No.3（花溪篇）
著(编)者：连玉明　2018年5月出版 / 估价：99.00元
PSN B-2015-490-2/10

贵阳蓝皮书
贵阳城市创新发展报告No.3（开阳篇）
著(编)者：连玉明　2018年5月出版 / 估价：99.00元
PSN B-2015-492-4/10

贵阳蓝皮书
贵阳城市创新发展报告No.3（南明篇）
著(编)者：连玉明　2018年5月出版 / 估价：99.00元
PSN B-2015-496-8/10

贵阳蓝皮书
贵阳城市创新发展报告No.3（清镇篇）
著(编)者：连玉明　2018年5月出版 / 估价：99.00元
PSN B-2015-489-1/10

贵阳蓝皮书
贵阳城市创新发展报告No.3（乌当篇）
著(编)者：连玉明　2018年5月出版 / 估价：99.00元
PSN B-2015-495-7/10

贵阳蓝皮书
贵阳城市创新发展报告No.3（息烽篇）
著(编)者：连玉明　2018年5月出版 / 估价：99.00元
PSN B-2015-493-5/10

贵阳蓝皮书
贵阳城市创新发展报告No.3（修文篇）
著(编)者：连玉明　2018年5月出版 / 估价：99.00元
PSN B-2015-494-6/10

贵阳蓝皮书
贵阳城市创新发展报告No.3（云岩篇）
著(编)者：连玉明　2018年5月出版 / 估价：99.00元
PSN B-2015-498-10/10

贵州房地产蓝皮书
贵州房地产发展报告No.5（2018）
著(编)者：武廷方　2018年7月出版 / 估价：99.00元
PSN B-2014-426-1/1

文化蓝皮书
中国文化消费需求景气评价报告（2018）
著(编)者：王亚南　2018年2月出版 / 估价：99.00元
PSN B-2011-236-4/10

文化蓝皮书
中国公共文化投入增长测评报告（2018）
著(编)者：王亚南　2018年2月出版 / 估价：99.00元
PSN B-2014-435-10/10

文化品牌蓝皮书
中国文化品牌发展报告（2018）
著(编)者：欧阳友权　2018年5月出版 / 估价：99.00元
PSN B-2012-277-1/1

文化遗产蓝皮书
中国文化遗产事业发展报告（2017～2018）
著(编)者：苏杨 张颖岚 卓杰 白海峰 陈晨 陈叙图
2018年8月出版 / 估价：99.00元
PSN B-2008-119-1/1

文学蓝皮书
中国文情报告（2017～2018）
著(编)者：白烨　2018年5月出版 / 估价：99.00元
PSN B-2011-221-1/1

新媒体蓝皮书
中国新媒体发展报告No.9（2018）
著(编)者：唐绪军　2018年7月出版 / 估价：99.00元
PSN B-2010-169-1/1

新媒体社会责任蓝皮书
中国新媒体社会责任研究报告（2018）
著(编)者：钟瑛　2018年12月出版 / 估价：99.00元
PSN B-2014-423-1/1

移动互联网蓝皮书
中国移动互联网发展报告（2018）
著(编)者：余清楚　2018年6月出版 / 估价：99.00元
PSN B-2012-282-1/1

影视蓝皮书
中国影视产业发展报告（2018）
著(编)者：司若 陈鹏 陈锐　2018年4月出版 / 估价：99.00元
PSN B-2016-529-1/1

舆情蓝皮书
中国社会舆情与危机管理报告（2018）
著(编)者：谢耘耕　2018年9月出版 / 估价：138.00元
PSN B-2011-235-1/1

地方发展类-经济

澳门蓝皮书
澳门经济社会发展报告（2017～2018）
著(编)者：吴志良 郝雨凡　2018年7月出版 / 估价：99.00元
PSN B-2009-138-1/1

澳门绿皮书
澳门旅游休闲发展报告（2017～2018）
著(编)者：郝雨凡 林广志　2018年5月出版 / 估价：99.00元
PSN G-2017-617-1/1

北京蓝皮书
北京经济发展报告（2017～2018）
著(编)者：杨松　2018年6月出版 / 估价：99.00元
PSN B-2006-054-2/8

北京旅游绿皮书
北京旅游发展报告（2018）
著(编)者：北京旅游学会
2018年7月出版 / 估价：99.00元
PSN G-2012-301-1/1

北京体育蓝皮书
北京体育产业发展报告（2017～2018）
著(编)者：钟秉枢 陈杰 杨铁黎
2018年9月出版 / 估价：99.00元
PSN B-2015-475-1/1

滨海金融蓝皮书
滨海新区金融发展报告（2017）
著(编)者：王爱俭 李向前　2018年4月出版 / 估价：99.00元
PSN B-2014-424-1/1

城乡一体化蓝皮书
北京城乡一体化发展报告（2017～2018）
著(编)者：吴宝新 张宝秀 黄序
2018年5月出版 / 估价：99.00元
PSN B-2012-258-2/2

非公有制企业社会责任蓝皮书
北京非公有制企业社会责任报告（2018）
著(编)者：宋贵伦 冯培　2018年6月出版 / 估价：99.00元
PSN B-2017-613-1/1

福建旅游蓝皮书
福建省旅游产业发展现状研究（2017～2018）
著(编)者：陈敏华 黄远水
2018年12月出版 / 估价：128.00元
PSN B-2016-591-1/1

福建自贸区蓝皮书
中国(福建)自由贸易试验区发展报告（2017～2018）
著(编)者：黄茂兴　2018年4月出版 / 估价：118.00元
PSN B-2016-531-1/1

甘肃蓝皮书
甘肃经济发展分析与预测（2018）
著(编)者：安文华 罗哲　2018年1月出版 / 估价：99.00元
PSN B-2013-312-1/6

甘肃蓝皮书
甘肃商贸流通发展报告（2018）
著(编)者：张应华 王福生 王晓芳
2018年1月出版 / 估价：99.00元
PSN B-2016-522-6/6

非物质文化遗产蓝皮书
中国非物质文化遗产发展报告（2018）
著(编)者：陈平　2018年5月出版 / 估价：128.00元
PSN B-2015-469-1/2

非物质文化遗产蓝皮书
中国非物质文化遗产保护发展报告（2018）
著(编)者：宋俊华　2018年10月出版 / 估价：128.00元
PSN B-2016-586-2/2

广电蓝皮书
中国广播电影电视发展报告（2018）
著(编)者：国家新闻出版广电总局发展研究中心
2018年7月出版 / 估价：99.00元
PSN B-2006-072-1/1

广告主蓝皮书
中国广告主营销传播趋势报告No.9
著(编)者：黄升民 杜国清 邵华冬 等
2018年10月出版 / 估价：158.00元
PSN B-2005-041-1/1

国际传播蓝皮书
中国国际传播发展报告（2018）
著(编)者：胡正荣 李继东 姬德强
2018年12月出版 / 估价：99.00元
PSN B-2014-408-1/1

国家形象蓝皮书
中国国家形象传播报告（2017）
著(编)者：张昆　2018年3月出版 / 估价：128.00元
PSN B-2017-605-1/1

互联网治理蓝皮书
中国网络社会治理研究报告（2018）
著(编)者：罗昕 支庭荣
2018年9月出版 / 估价：118.00元
PSN B-2017-653-1/1

纪录片蓝皮书
中国纪录片发展报告（2018）
著(编)者：何苏六　2018年10月出版 / 估价：99.00元
PSN B-2011-222-1/1

科学传播蓝皮书
中国科学传播报告（2016~2017）
著(编)者：詹正茂　2018年6月出版 / 估价：99.00元
PSN B-2008-120-1/1

两岸创意经济蓝皮书
两岸创意经济研究报告（2018）
著(编)者：罗昌智 董泽平
2018年10月出版 / 估价：99.00元
PSN B-2014-437-1/1

媒介与女性蓝皮书
中国媒介与女性发展报告（2017~2018）
著(编)者：刘利群　2018年5月出版 / 估价：99.00元
PSN B-2013-345-1/1

媒体融合蓝皮书
中国媒体融合发展报告（2017）
著(编)者：梅宁华 支庭荣　2018年1月出版 / 估价：99.00元
PSN B-2015-479-1/1

全球传媒蓝皮书
全球传媒发展报告（2017~2018）
著(编)者：胡正荣 李继东　2018年6月出版 / 估价：99.00元
PSN B-2012-237-1/1

少数民族非遗蓝皮书
中国少数民族非物质文化遗产发展报告（2018）
著(编)者：肖远平（彝）柴立（满）
2018年10月出版 / 估价：118.00元
PSN B-2015-467-1/1

视听新媒体蓝皮书
中国视听新媒体发展报告（2018）
著(编)者：国家新闻出版广电总局发展研究中心
2018年7月出版 / 估价：118.00元
PSN B-2011-184-1/1

数字娱乐产业蓝皮书
中国动画产业发展报告（2018）
著(编)者：孙立军 孙平 牛兴侦
2018年10月出版 / 估价：99.00元
PSN B-2011-198-1/2

数字娱乐产业蓝皮书
中国游戏产业发展报告（2018）
著(编)者：孙立军 刘跃军
2018年10月出版 / 估价：99.00元
PSN B-2017-662-2/2

文化创新蓝皮书
中国文化创新报告（2017·No.8）
著(编)者：傅才武　2018年4月出版 / 估价：99.00元
PSN B-2009-143-1/1

文化建设蓝皮书
中国文化发展报告（2018）
著(编)者：江畅 孙伟平 戴茂堂
2018年5月出版 / 估价：99.00元
PSN B-2014-392-1/1

文化科技蓝皮书
文化科技创新发展报告（2018）
著(编)者：于平 李凤亮　2018年10月出版 / 估价：99.00元
PSN B-2013-342-1/1

文化蓝皮书
中国公共文化服务发展报告（2017~2018）
著(编)者：刘新成 张永新 张旭
2018年12月出版 / 估价：99.00元
PSN B-2007-093-2/10

文化蓝皮书
中国少数民族文化发展报告（2017~2018）
著(编)者：武翠英 张晓明 任乌晶
2018年9月出版 / 估价：99.00元
PSN B-2013-369-9/10

文化蓝皮书
中国文化产业供需协调检测报告（2018）
著(编)者：王亚南　2018年2月出版 / 估价：99.00元
PSN B-2013-323-8/10